개화기에서 일제강점기까지

한국 구비문학과 민간신앙의 지속과 변용

이 저서는 2005년 정부(교육인적자원부)의 재원으로 한국학술진흥재단의 지원을 받아 수행한 연구임.
(KRF-2005-005-J02101·J02102)

동양학 학술총서 2

개화기에서 일제강점기까지

한국 구비문학과 민간신앙의 지속과 변용

단국대학교 동양학연구소 편

단국대학교출판부

발 간 사

'문화전통'이란 전래된 과거 문화유산의 성격 규명에 초점을 맞추는 '전통문화'와 달리 문화 향유 주체들이 전래된 자신들의 전통문화를 향유하면서 유입된 외래문화를 주체적으로 수용하여 자기화하는 과정에서 성립되는 것이다. 따라서 문화전통은 주변 민족과의 접촉과정에서 재래문화와 외래문화의 대립과 수용 과정을 통해 다양한 지속과 변용의 양상을 보이게 된다. 그러나 이러한 과정이 자생적 적응 속도를 넘어서 단기간에 급격하게 이루어지거나 타자에 의해 강요될 경우, 그 지속과 변용은 전면적인 자기부정이나 폐쇄적 수구, 정신적 공황 등의 양상으로 심하게 굴절될 수 있다.

특히 민속은 문화의 가장 기층적인 모습일 뿐 아니라 역사와 전통에 의해 적층되어온 실제적인 생활양상이라는 점에서, 그 지속과 변용에 대한 조명은 매우 중요하다. 그런 의미에서 '민속'이란 고유성과 지속성을 그 본질적 특성으로 하는 바, 이 시기 한국 문화전통의 지속과 변용을 연구하고자 하는 총괄 연구주제의 의의를 가장 집약적으로 보여줄 수 있는 분야라고 할 수 있다.

단국대학교 동양학연구소에서 한국학술진흥재단의 지원 아래 수행하고 있는 연구과제 <개화기에서 일제강점기까지 한국 문화

전통의 지속과 변용-한국 구비문학과 민간신앙의 지속과 변용 양상>은 바로 이러한 연구의도를 가지고 출발하였다. '문화전통'이라는 광범위한 주제를 다룸에 있어 본 연구소는 '민속'이라는 키워드를 초점으로 삼았다. '민속'은 광범위한 문화의 여러 분야 가운데에서도 일반인의 실제생활을 포함하는 가장 기층적인 것이라는 점에서 문화전통의 문제를 전면적으로 다루는 데에 적절할 뿐 아니라, 그 자체가 기존 문화 양상의 적층작용에 의해 형성되는 것이므로 전통의 '지속・변용'이라는 문제와 특히 직결되는 분야하고 할 수 있다.

본 과제가 수행하고자 하는 목표는 크게 두 가지이다. 이 시기 자료의 실상을 최대한 광범위하게 수집・정리하여 연구자들이 쉽게 이용할 수 있는 목록집과 자료집 형태로 만드는 것이 그 하나이고, 그 자료에서 한국문화전통의 당대적・현대적 의미를 해석해내는 것이 또 하나이다. 본서는 1년차에서 살펴본 한국 구비문학·민간신앙 관련 자료 및 논저의 현황을 개괄하고 제언한 내용을 바탕으로 개화기 이후 일제강점기까지 한국 구비문학과 민간신앙의 지속・변용에 대한 다양한 시각과 해석을 담았다.

본 연구소에서는 2006년 세미나에서 발표된 논문을 묶어 『한국문화전통의 자료와 해석』(단국대 출판부, 2006)을 발간한 바 있다. 본서는 그 두 번째 성과로 2007년 7월 27일(금) 학술세미나에서 이 분야 전공학자들이 발표한 5편의 논문을 수정・보완한 것과 그밖에 각 분야 전공학자의 논문을 싣고 있다. 또한 2007년 8월 10일 일본 센슈대학 사회과학연구소에서 열린 한일간담회 및 강연회의 내용을 정리하여 수록하였다.

귀한 옥고를 기꺼이 발표해 주시고 출간하도록 허락해 주신 외부 필자 선생님들께 깊은 감사의 말씀을 전한다.

본 연구소에서는 1단계 3년의 기간 동안 ‘민속’ 분야에서 ‘민간신앙과 구비문학’을 대상으로 자료집(『개화기에서 일제강점기까지 한국 구비문학 관련 자료집』, 단국대 출판부, 2007)의 발간을 수행하고 있으며 목록집 · 전문도서 · 교양도서 등을 지속적으로 발간할 예정이다. 이후 3단계까지 계속될 개화기에서 일제강점기 한국문화전통의 지속과 변용 양상을 다각도로 조명하는 연구를 통해, 관련 학문분야에 구체적인 기여를 할 수 있기를 기대한다. 이 대장정에 기꺼이 함께 해준 단국대출판부 관계자 여러분께도 감사의 말씀을 전한다.

2007년 10월

단국대학교 동양학연구소장 윤 내 현

한국 구비문학과 민간신앙의 지속과 변용

제3부 한일간담회

〔제 1 부〕

총 론

왜정시대 외부요인에 의한 변이양상
- 민간신앙과 설화를 중심으로 -

최 인 학*

Ⅰ. 머리말

1976년부터 1977년까지 김동욱 교수가 중심이 된 12명의 필자들은 몇 차례의 세미나를 거친 후 월간지『讀書生活』에 주어진 테마에 따라 발표를 하기 시작했다. 회원들의 발표가 끝난 뒤 김동욱 교수의 주선으로 삼성출판사에서『日本文化의 源流로서의 比較韓國文化』가 나왔다. 김 교수는 이 책의 서문에서 다음과 같이 언급했다

* 인하대 명예교수.

우리가 이 책의 주제와 같은 작업을 하기 위하여 모인 것은 75년 겨울이었다. 나는 74년 일본에 가서 75년까지 1년 동안 체류하면서 일본문화 속에 한국문화를 피부로 느꼈고 때마침 에가미(江上波夫) 교수가 우리 학자를 만난 자리에서 '나는 당신들을 위하여 무엇인가 일을 했다. 다음은 당신네 차례다'라고 말하였다는 것을 전해 들었던 뒤였다. 이것은 바로 에가미 교수가 자기의 「騎馬民族日本列島征服說」을 두고 말한 것이었다. 우리는 바로 이 학술이 가지는 함정을 인식하면서 우리의 입장에서 이를 해명하려고 모인 것이다. 여기서 함정이라 함은 이 학설이 여전히 일본의 한반도 경영설을 밑에 깔고 있었기 때문이었다.[1)]

에가미 교수의 「騎馬民族日本列島征服說」과 김동욱 교수가 이것이 함정이라고 한 것에 대해서 상기 책에서 천관우 씨는 「韓國史에서 본 騎馬民族說」[2)]이란 글을 통해 해명・비판하고 있다. 여기서 그의 결론만을 인용하면 다음과 같다.

일본으로 이동한 騎馬民族이 다시 한반도 남부의 세력들과 함께 <倭・韓聯合王國>을 이루어 고구려에 대항하였다는 견해도 받아들이기 어렵다. 4~6세기에 倭가 백제의 요청으로 한반도에 온 일은 두 번 있었지만(白江口 전투는 7세기), 그 倭의 원병은 그때마다 한반도에서 궤멸되어 그것이 한반도 정세에 영향을 준 일은 없다.

이른바 <任那日本府>설, <倭의 南朝鮮經營>설 등은 『日本書紀』라

---

1) 김동욱, 「이 책이 나오기까지」, 김동욱 편, 『日本文化의 源流로서의 比較韓國文化』, 東北亞細亞硏究會, 三省出版社, 1980.
필자 진을 목차 순으로 보면 다음과 같다.
제1부 한국사에서 본 기마민족설(천관우), 신화(김열규), 일본기 <神代>(박시인), 언어・문자(송민), 한일민담의 비교(최인학), 고대 한일 양국의 민간신앙(장주근), 조선중후기문화의 에도문화(김태준), 제2부 의고착용민족 일본정복왕조설(김동욱), 장신구(김기웅), 고대한일양국의 무기(김기웅), 마구(김기웅), 음식(윤서석), 토기(김정학), 주거 건축(김정기), 묘제(김기웅)

2) 천관우, 「韓國史에서 본 騎馬民族說」, 위의 책, 15~67면.

는 한 奇書에서 나온 혼란의 산물이요, 거의 같은 시대의 편찬인『古事記』에조차 한마디의 언급이 없는 <倭의 任那支配>설, 실은 <백제의 가야>가『日本書紀』에서 변조되어 실려 있는 것으로 보인다.[3)]

일본인 학자들의 한국 침략을 정당화·합리화 하려는 의도는 계속 이어진다. 이와 같은 의도를 배경으로 침략근성은 노골화하여 갔다. 그 배경을 잠시 살펴보면, 조선침략 초기에 널리 사용된 조선관계 서적은 에모도(榎本武揚)가 중역한『朝鮮事情』(明治9年;1876)이다. 이 책도 직접 한국에 와서 보고 쓴 것이 아니라 프랑스 신부 달레(Ch. Dallet)의 *Histoire de l'église de Corée*를 바탕으로 편찬된 것이다.[4)] 150면에 달하는 이 책의 목차를 보면[5)] 한국을 이해하기 위해서라기보다는 침략을 도모하기 위하여

3) 위의 책, 67면.

4) 박현수,「日帝의 朝鮮文化硏究」,『일제하 민속학연구의 재조명』, 국립민속박물관, 1995. 5. 20(학술강연회)

5) 榎本武揚 重譯,『朝鮮事情』(原名 高麗史畧), 1876. (복사본에는 출판사명이 없음. 추후 원본 확인할 것임)

제1편 지리, 지질, 기후, 물산
제2편 역사, 지나부용 등(支那附庸 等)
제3편 왕실
제4편 정부, 정치, 병제(兵制)
제5편 법률 및 재판소
제6편 학술검사, 계급, 학○
제7편 (이 편은 조선어로 써야하기 때문에 생략함)
제8편 인민, 사회, 종족, 귀족, 평민, 노예
제9편 부녀의 모습
제10편 가족, 양자, 친척 등
제11편 교법(敎法), 교도 등
제12편 이민의 성질, 선행, 외행(猥行), 습속
제13편 유희, 극장, 신년, 환갑
1866년 프랑스 정한출사(征韓出師)의 근원
프랑스 정한출사

서둘러 편집하였음을 짐작할 수 있다. 그 후에 본격적으로 『兵要朝鮮事情』(1885)과 『朝鮮地誌』(1889) 등을 발행하여 조선 침략의 발판으로 착수하여 진행되었다.

> 조선총독부는 초기에는 문화정책을 표방하여 일본본토로부터 교수와 전문가들을 중추원 촉탁으로 초빙하여 본격적으로 한국정세를 조사하기 시작하였다. 그 후에 서양에서 학풍을 수득한 학자들이 경성제국대학에 연이어 들어와 합세한 셈이다. 민속문화 부문의 아카마쓰(赤松智城)와 아키바(秋葉隆) 두 사람은 경성제국대학의 교수였고 무라야마(村山智順)는 총독부 문서과의 촉탁이었다.[6]

3.1운동이 일어나자 일본은 식민지 정책을 바꾸기로 했다. 한일합방 후 10여 년간 무단정치를 해오던 일본의 식민지 정책을 문화정책으로 전환한 것이다. 따라서 조선어로 된 신문과 잡지를 출판하게 하고 조선문화를 연구하는 학회의 설립을 허용하기에 이른다. 그러나 제2차 세계대전이 발발하자 다시 단속이 심해지고 억압하기 시작하였다. 이 무렵 일본인 학자들의 '日鮮同祖論' 주장이 강하게 제기되어 일본의 식민지 정책으로 활용했다.

메이지 유신[明治維新] 이후부터 침략주의 정객들에 의해서 정한론(征韓論)이 대두되면서 침략주의 어용사학자들에 의해서는 일선동조론(日鮮同祖論)·만선사관(滿鮮史觀)·임나일본부설(任那日本府說)·남조선경영설(南朝鮮經營說) 등이 만들어졌다. 그 중 일선동조론은 한국고대사에 대한 연구를 통해 조선과 일본은 같은 민족이라는 결론을 이끌어 내어 조선에 대한 일본의 식민지

미국 정한출사
영불동맹 북경을 침략한 기사

6) 임석재, 「민속학연구회고」, 최인학 외 편, 『한국민속연구사』, 지식산업사, 1994, 5면.

지배를 합리화한 이론이다. 이 이론은 도쿄제국대학 교수들에 의해 저술되고 이후 일본사 교육의 중요한 저본(底本)이 된 「국사안 國史眼」(1901)에서 고대의 한일관계가 동조론의 입장에서 서술됨으로써 나타나기 시작했다. 이후 1910년 일제가 조선을 강점한 것을 합리화하는 사론으로 강조되었다.

> 조선 강점 직후에 일본역사지리학회 기관지인 『역사지리』는 당시 일본의 역사학자 대부분을 동원해 임시증간호로 '조선호'를 발간했는데 그들이 쓴 글은 모두 일본의 조선합병에 대한 동조론을 근거로 예찬했다. 그 집필자의 한 사람인 기다 사다기치(喜田貞吉)는 「일본민족이란 어떤 것인가?」·「한국민족이란 어떤 것인가?」·「한국병합과 역사」 등의 글을 발표해 일선동조론을 언급했다. 그리고 서울의 동원사(同源社)에서 발행하는 『동원 同源』이라는 잡지 제 3호(1919년 12월호)에 「일선양민족동원론의 경개 日鮮兩民族同源論の梗概」라는 제목으로 앞의 논문들을 종합하여 발표했다. 기다 사다기치는 다시 이 글을 증보하여 자신이 주필로 있는 잡지 『민족과 역사』 제 6권 1호에 「일선양민족동원론 日鮮兩民族同源論」이라는 논문을 발표했다. 기다 시다기치는 이상의 논문에서 고문헌에 대한 연구를 통해 유물·언어·신화·풍습 등 다방면에서 조선과 일본의 양 민족이 동원(同源)·동종(同種)이라고 주장했다. 그리고 이러한 동원동조론은 임나 문제를 비롯한 일본의 남조선경영설에 바탕을 두었고, 태고 이래 일본이 조선을 지배했다는 침략적 우월성을 근거로 삼고 있었다. 조선과 일본이 같은 조상으로부터 피를 나눈 근친관계에 있고 태고 이래 조선이 일본의 지배하에 있어서 조선에 대한 일본의 가부장적 지배가 가능한 것이라면, 조선은 이제 일본에 대해 외국·외민족이 될 수 없으므로 일본에 흡수되지 않으면 안 된다며 일제의 조선 강점을 합리화했다.[7)]

「일선동조론」은 한국 청년들을 강제로 징병·징용하는 데에

---

7) 인터넷 네이버 지식in <일선동조론>(旗田巍, 이기동 역, 『日本人의 韓國觀』, 일조각, 1987, 119면 참조)

원용되었다. 한국인들 중에 일부 문학을 지향하는 이들이 이에 합세하거나 또는 신문지상을 통하여 찬양하는 이를테면 친일문학자들이 이 대열에 들어섰다.[8] 민속학 분야도 예외는 아니었다. 이러한 상황에서 한국 민속학이 부분적으로 곡해를 야기한 부분도 있다.

1914년 이마무라(今村鞆)가 발행한 『朝鮮風俗集』에는 32항에 달하는 구체적인 조사를 실시했다.[9] 이는 민간인이 발행한 조선사정을 알리는 최초의 저본이라고 할 수 있다. 또 이 책은 얼마나 일본인이 한국을 알고자 했는가를 여실히 보여주는 증좌라고 할 수 있다. 이 무렵 조선총독부도 서둘러 조선의 실정을 낱낱이 조사 보고하기에 이른다. 예컨대 『朝鮮の謎』, 『朝鮮語辭典』, 『朝鮮植物名彙』, 『朝鮮金石總覽』, 『朝鮮圖書解題』, 『金剛山植物調査書』, 『朝鮮博物館出品圖錄』, 『朝鮮童話集』등 여러 권이 나왔다.[10]

---

8) 조동일, 「일제패망직전의 상황」, 『한국문학통사』 5, 3판, 지식산업사, 1994, 524~528면.

9) 今村鞆, 『朝鮮風俗集』, 斯道館, 1914.
이 책에는 32개 항목이 수록되었다. 朝鮮人の美風, 朝鮮の社會階級, 朝鮮の特殊部落, 朝鮮の冠禮婚禮, 朝鮮の 葬儀, 朝鮮の祭式, 朝鮮人の親族關係, 李朝の官制, 李朝の刑事警察, 李朝の官吏法, 朝鮮人の犯罪, 官吏に對する 頌德行爲, 朝鮮人に對する官命の效果, 朝鮮の孝子烈女, 朝鮮の年中行事, 朝鮮の賭技, 朝鮮の頼母子講, 朝鮮の宿屋, 朝鮮の質屋及金貸, 朝鮮の賣春婦, 朝鮮の寡婦, 朝鮮の奴婢, 朝鮮人の出産, 朝鮮人の迷信及宗敎, 墓地に關する迷信及弊害, 朝鮮人の夢占に就て, 朝鮮人の素人療病禁壓及迷信, 朝鮮人の俗傳, 虎に關する迷信俗傳, 朝鮮の迷信業者, 朝鮮人の服裝, 忠淸北道農事一斑.

10) 朝鮮總督府, 『朝鮮の謎』, 1919.
朝鮮總督府, 『朝鮮金石總攬』, 1919.
朝鮮總督府, 『朝鮮圖書解題』, 1919.
朝鮮總督府, 『金剛山植物調査書』, 1918. (정태현)
朝鮮總督府, 『朝鮮植物名彙』, 1921. (森爲三)
朝鮮總督府, 『朝鮮語辭典』, 1928.

이제 곡해에서 오는 변이양상을 필자 나름대로 지적하고자 한다. 특히 민간신앙 부분에서 무속분야를, 구비문학 부분에서 설화분야에 국한하여 논하고자 한다.

Ⅱ. 무속(巫俗)분야

무속(巫俗)이란 말이 우리나라에서 쓰인 것은 이능화의 「朝鮮巫俗考」 이후이다.[11] 물론 예로부터 무(巫)자를 쓰긴 했으나 오늘날의 무당을 일컫는 용어는 아닌 듯하다. 아마도 『삼국사기』나 『삼국유사』에 무(巫)자가 보이긴 하나 당시 점복자(占卜者)를 지칭하는 것일지 모른다. 아무튼 오늘날의 무당을 칭하는 것은 아닌 듯하다. 확실히 말할 수 있는 것은 오늘날 도교, 불교, 기독교, 이슬람교 등과 같이 우리의 무속이 종교의 개념으로 받아들여지지 않은 것은 사실이다. 다만 종교로서가 아니라 신앙체계로서 민간에서 널리 신앙해 왔음을 알 수 있다.

한편 한국인의 무속신앙을 샤머니즘에 대응해서 샤머니즘의 아류로 간주하려는 경향이 있다. 이는 일찍이 선교사들에 의해 한국의 무속신앙을 종교로 보려는 데에서 개념의 차이에서 오는 일종의 오해일 수 있다. 이러한 오해를 제일 먼저 지적한 이는 임석재 선생이다.

1800년 말부터 1900년 초기에 이르기까지 많은 서양인들이 자신들의 모국어로 조선을 소개하는 책을 출판하였다. 이들 필자

朝鮮總督府, 『朝鮮童話集』, 1924.

11) 이능화, 「조선무속고」, 『계명』 19호, 계명구락부, 1927.

진은 문무관 또는 대사 공사 영사 같은 공무원도 있었고 공무원의 부인들도 있었다. 특히 선교사들에서부터 교사까지 다양했다.12)

1900년대 초에 헐버트, 아펜젤러, 언더우드, 클라크, 앤더슨 등 선교사 일파가 기독교를 선교하려고 우리나라에 왔다. 그리고 그들은 우리나라에 어떤 종교가 널리 퍼져있고, 우리 민족의 종교심성이 어떠한가를 알기 위하여 각 지방을 두루 돌아다녔다. 그

---

12) Percival Lowell, Choson —The land of the morning calm, Boston, 1886.
A.E.J. Cavendish, *Korea and the Sacred White Mountain*, London, 1894.
W.R. Carles, *Life in Korea*, London, 1888.
Rev. James S. Gale, *Korean Sketches*, New York, 1898.
________________, *The Vanguard —A Tale of Korea*, New York, 1904.
Horace G. Underwood, The Call of Korea —Political, Social, Religious, New York, 1908.
Charles Allen Clark, *Religions of Old Korea*, Seoul, 1961.
Angus Hamilton, *Korea*, London, 1904.
Ernest Oppert, *A Forbidden Land —Voyages to the Corea*, New York, 1880.
H.J. Mulett-Merrick, *La Coree Contemporaine*, Paris, 1921.
William Elliot Griffis, *Corea —The Hermit Nation*, New York, 1894. (심복룡 역, 『은자의 나라 한국』,평민사, 1985).
Mrs. Bishop, *Korea and Her Neighbours —A Narrative of Travel, With an Accoun of the Recent Vicissitudes and Present Position of the Country*, London, 1898. (이인화 역, 『한국과 그 이웃나라들—백 년 전 한국의 모든 것』, 도서출판 살림, 1994).
Captain Basil Hall, *Acount of a Voyage of Discovery to the West Coast of Corea*, London, 1818.
N.G. 가린 미하일로보스끼 (김학수 역,『朝鮮 1898』(원제는 『조선・만주・요동반도 기행』이다), 단대출판부, 1981).

리고 일반 사람들이 굿하는 광경을 목격하기도 했다. 그 결과 무속을 샤머니즘의 도식에 맞추어 정리한 듯한 인상을 주고 있다.

선교사들은 한국 사람이 흔히 쓰는 하느님이란 말에 주목하여 원래 조선 사람은 기독교와 같이 하느님이란 일신(一神)을 믿었는데 후세에 중국과 일본의 영향을 받고 유교와 불교문화에 의하여 추루(醜陋)하게 되어 불신성하게 변모하여 다신 군령의 신앙체계로 추락하게 되었다 한다. 그리하여 추락성을 벗겨내면 조선 사람은 깨끗하고 신성한 하느님을 믿게 될 것이라며 기독교화의 가능성을 바라보았다.13)

아카마쓰와 아키바는 미국 선교사들보다 무속 연구에 한층 진전을 보였다. 이 두 사람도 미국선교사들과 마찬가지로 무속의 기원에 대해서는 檀君에서 유래되었다고 보았는데, 이것은 최남선과 이능화의 견해이고, 불교·유교·기독교적 요소가 없는 신앙적인 것을 무속으로 포함시키는 것은 미국 선교사와 아카마쓰(赤松智城)와 아키바(秋葉隆) 두 사람도 같은 견해였다.14)

아카마쓰와 아키바는 전국을 두루 돌아다니며 무속적 자료를 채집·관찰·탐문하고 때에 따라서는 제의에 참여 관찰하기도 했다. 무라야마는 무속자료를 얻기 위하여 조사에 필요한 요건을 기재한 서면을 각지의 경찰서에 배부하여 경관으로 하여금 무속자료를 수집하게 했다. 이렇게 경찰을 동원하여 얻어진 자료가 얼마만큼이나 학술적으로 활용될지는 미지수이다. 그렇다 하더라도 일본인 학자들이 세습무와 강신무라는 이름을 부여한 것은 긍정할 만한 일이다. 아까마쓰와 아키바 두 사람의 현지답사는

13) 임석재, 「민속학 연구 회고」, 최인학 외 편, 『한국민속학연구사』, 지식산업사, 1994, 4면.

14) 任晳宰, 「韓國巫俗硏究의 回顧」, 『人間任晳宰』, 比較民俗學會, 1993, 26면.

괄목할 만하다. 그러나 강신무와 세습무를 구별했으나 이 둘의 지역성에 대해서는 언급이 없었기 때문에 이들이 동일지역에 혼재하는 듯한 감을 주고 있다는 문제점이 있다. 우리의 무속양상은 한강을 경계로 하여 한강 이북지역에는 소위 강신무와 남자 무당인 박수만이 있고 한강이남지역에는 소위 세습무만이 있었다. 그러나 제주도에는 강신무, 세습무, 여무, 남무가 혼재하고 있다.

Eliade의 저서 Shamanism에 의거하여[15] 무속신앙 속에서 ecstasy, trance, possession 등의 현상을 찾아내는 데에 중점을 두고 유사한 현상을 그에 알맞은 것으로 오해하고 왜곡하여서 무속신앙을 Shamanism시 하는 견해를 굳혀가고 있다. trance, possession의 용어는 미국 선교사들이 썼는데 공수 주는 것을 trance의 현상으로, 무의로 갈아입고 신도 앞에 나타나 대화하는 것을 possession의 현상으로 간주했던 것 같다. 무당이 의식 중에 광란적 행동을 하거나 발언하는 것을 미국 선교사들은 자기 최면으로 표현한 것 같다. 자기 최면은 엘리아데가 말하는 ecstasy와 같은 것이다. 미국 선교사들이 무당이 나타내는 행동과 양상을 꽤 면밀히 관찰한 것은 그 당시 상황으로서는 놀랄만한 탐구의 결과라고 할 수 있다. 그러나 그들이 이해하고 파악한 것이 무속의 진상을 이해하고 파악하는 데에 올바른 것이었는지는 의심이 간다.[16]

또 계속해서 임석재 선생은 일본인 학자들이 제의의 종류에 대해서 비교적 세밀히 기록했음에도 불구하고 동종의 제례가 지방에 따라 다른 명칭으로 또는 계절에 따라 다르게 불리고 있다는 사실은 놓치고 있다고 지적하였다. 그리고 무신들은 고하의

---

15) Mircea Eliade (Willard R. Trask), *Shamanism—Archaic Techniques of Ecstasy*, Bollingen Series LXXVI, Pantheon Book, 1970, 236면.

16) 任晳宰, 앞의 책, 27면.

질서도 없고 신 상호간의 관련성이 모호함으로 이들은 오합지중 같다고 멸시하는 듯한 표기를 한 것도 잘못이라고 보았다. 하여튼 그들의 견해, 표현, 평가 등은 우리문화의 구조와 문화요인 또는 문화요건에 무지하였고 그 미묘성을 통찰할 만한 능력이 부족한 데에서 비롯된 것이다.[17)]

신들은 지상신(至上神; 最高神)도 없고 지하신도 없고 모두가 동위 격으로 되어있다. 그래서 신들 사이에는 명령・지시・간섭・복종・시종・예속 등의 사회성이 없다. 또 협의・협력・조력・원조 등도 있을 수 없다. 제의 시 많은 신들은 한 자리에 청입되어도 타 신과 인사하는 법도 없고 담소하는 일도 없다. 각기 유아독존하고 제의가 끝나도 인사 없이 헤어진다. 이와 같이 많은 신들 사이에 계급성이 없고 사회성도 없고 동위격으로 독존하는 신관을 병립신관(竝立神觀)이라는 용어로 표시한다.

그리하여 임석재 선생은 「韓國巫俗研究序說」과 「우리나라의 天地開闢神話」라는 논문을 통해 다음과 같은 결론을 도출하였다.[18)]

> 첫째, 우리의 무속양상은 한강을 경계하여 한강 이북지역에서는 소위 강신무와 남자 무당인 박수만이 있고 한강 이남의 지역에는 소위 세습무만 있습니다. 그러나 제주도에는 강신무, 세습무, 여무, 남무가 혼재하고 있습니다.
>
> 둘째, 무속제의는 그 규모, 제의시간, 공궤제수의 複單 등으로 비손, 푸닥거리와 고사, 큰 굿의 삼종으로 나누어집니다. 큰 굿은 무속제의 중 가장 대규모의 것으로서 行式시간도 2, 3일서 7일에 걸릴 수 있습니다. 큰 굿은 그것의 목적 기능으로서 4종이 있습니다. 비손, 푸

17) 任晳宰, 위의 책, 27~28면.

18) 任晳宰, 「韓國巫俗研究序說」, 『亞細亞女性研究』 제9집, 淑明女大亞細亞女性問題研究所, 1970, 73~90면; 任晳宰, 「우리나라의 天地開闢神話」, 『亞細亞女性研究』 제10집, 淑明女大亞細亞女性問題研究所, 1971, 161~217면.

닥거리와 고사의 명칭은 어느 지역에서든 동일 명칭으로 불리우지만 큰 굿만은 지방에 따라서 명칭이 다릅니다. 이를테면 서울지방의 지노기굿이란 것을 잔라도 지방에서는 시금굿, 동해안 지방에서는 오구굿, 통영에서는 해원굿, 함훙에서는 망무기굿 또는 망묵굿, 새남굿이라 하고, 평안도 황해도 지방에서는 시완굿이라고 하는 이렇게 같은 목적과 기능의 큰 굿을 다른 명칭으로 부르고 있습니다. 또 같은 제례를 계절에 따라서 다른 명칭으로 부르는 수도 있습니다. 이를테면 서울지방에서는 안택굿을 천신굿, 잎맞아굿, 꽃맞이굿, 단풍맞이굿이라고도 합니다.

셋째, 무속신앙체계는 다신교적 신앙체계입니다.

넷째, 현세인의 현세생활에 관련된 사물, 현상, 정황에는 각각 특유의 신이 있는 것으로 믿어지고 있다.

다섯째, 신들은 전지전능한 신들이 아니고 특정 사물 현상 상황을 관장하고 그 관장상황 범위 내에서만 그 영력을 행사하여 인간과 교류할 뿐 관장사항 이외의 것에는 전연 관여하지 않습니다.

여섯째, 신들은 인간세계와는 멀리 떨어져 있다고 보는데 신이 있는 곳이 어디인지는 불명합니다만 높은 곳에 있는 것으로만 알려지고 있습니다. 신들은 모여 있는 특정장소가 있는지는 알 수 없습니다.

일곱째, 신들은 사람이 청하면 來臨 하는 것으로 믿고 있습니다. 이때에는 래임장소(제의장소)을 깨끗이 마련하고 향응하는 여러 가지 공궤물을 갖추고 소청상항을 개진하여야 합니다.

여덟째, 신들은 至上神(최고신)도 없고 지하신도 없고, 모두가 동위격으로 되어 있습니다. 그래서 신들 사이에는 명령 지시 간섭 시종 예속 등의 사회성이 없습니다. 또 협의 협력 조력 원조 등도 있을 수 없습니다.

아홉째, 제례 시 많은 신들이 한자리에 청입되어도 타신과 인사하는 법도 없고 담소하는 일도 없고 각기 유아독존하고 제의가 끝나도 인사 없이 헤어집니다. 이와 같이 많은 신들 사이에 계급성이 없고 사회성이 없고 동위격으로 독존하는 신관을 병립신관(竝立神觀)의 용어로 표시하여 봤습니다.

열째, 신들 중에는 전국적으로 신봉되는 신이 있고 특정지역 또는 특정장소에서만 신봉되는 신이 있습니다. 제석신, 칠석신, 손님신(호구별산)은 전자의 신들이고 최영 장군, 임경업 장군, 김덕령 장군 등은 후자의 신들입니다. 또 명칭은 같으나 다른 신일 수 있습니다. 산신, 용왕, 성주, 조상 등이 그것입니다. 산신에는 백두산 산신, 삼각산 산신, 계룡산 산신 등이 있는데 백두산 산신은 백두산에서만의 산신이지 계룡산 산신이 될 수 없습니다. 용왕에는 동해 용왕, 서해 용왕, 남해 용왕, 북해 용왕들이 있는데 동해 용왕은 서해 용왕이 될 수 없습니다. 김씨가의 성주나 조상신은 이씨가의 성주나 조상신이 될 수 없습니다.

열한째, 신들은 선신도 악신도 아닙니다. 잘 위하고 모시면 신은 신덕을 입혀주지만 위하지 않고 소홀하고 방치하면 재화를 내려 책벌합니다.

열두째, 무속신앙체계는 현세인의 현세적 길복을 증진하고 이것을 희구하는 신심을 충족시키는 신앙체계이고 전세 내세에 대해서는 관심을 두지 않습니다.

열셋째, 사제자는 정상인이지 비정상자거나 Witch처럼 기행 요술 등 기괴한 행동을 취하지 않습니다. 강신무처럼 입무과정에 있어서 정신이상자가 되어 기괴한 행동을 취했다 해도 일단 무당이 되면 정상인과 같은 언행을 하게 됩니다.

열넷째, 무속제의 행식이나 무가가사에는 불교, 도교, 유교 등의 요인이 많이 삽입되어 있습니다. 그러나 이러한 것으로서 불교, 도교, 유교의 교리를 설법하고 부연하는 일은 하지 않고 무속신앙의 핵심인 현세인의 현세적 길복증진 희구를 위하여 효과를 높이는 수식적 용구로 삽입시키고 있을 뿐입니다.

열다섯째, 불교가 처음 우리나라에 들어왔을 때 무속신앙은 이에 대하여 정당하게 대항하거나 투쟁하거나 하지 않고 방치하였습니다. 그러나 불교는 우리나라에 들어와 어느 사이 원래의 불교교리를 벗어나 소위 호국불교 또는 기복 불교가 되었습니다. 다시 말해서 불교도 현세인의 현세적 길복증진 희구의 교로 변질하였습니다.

열여섯째, 무속신자는 제례행식에 동참하기는 하지만 行式에는 특별한 경우가 아니면 행식 안에 참여하지 않고 행식 일체를 사제자에 맡기고 방관하기만 합니다.

열일곱째, 무속신자는 신들을 숭앙의 대상으로서 그 앞에 앉아서 경건하게 대하지 않고 인간의 능력으로서는 미치지 못한 것을 신의 영력으로 날성하려는 태도로서 신을 대하고 있습니다.

열여덟째, 무속신앙체계는 원래는 특별한 명칭이 없는 신앙체계입니다. 이것은 사제자의 무당은 있어도 신자라고 지칭하여 나타나는 신자는 없습니다. 그러나 무속신앙을 필요로 하는 자는 언제나 누구나 신자가 될 수 있습니다. 다시 말해서 무속신앙에는 항상적 신자는 없지만 잠재적 신자는 있습니다.

열아홉째, 무속신앙은 선전하고 포교하려는 작업을 하지 않습니다. 무속신앙을 돈독히 하기 위하여 신자를 집합하는 회합을 갖지 않습니다.

스무째, 무속신앙에 관한 일체의 사항을 문서화하지 않고 구전과 실제행동으로서 이를 전수합니다.

스물한째, 이상의 여러 사항으로 미루어볼 때 무속신앙체계는 샤머니즘의 테두리 안에 들어갈 것이 아니고 샤머니즘과는 별개의 신앙체계라고 봐야 할 것이 아닌가 합니다.[19]

한국의 무속연구가 논문의 수는 월등히 많으나 아직도 식민지시대의 일본인 학자들이 저질러 놓은 이론을 불행하게도 정화(精華)와 조박(糟粕)의 정리단계 없이 그대로 답습한 것은 없는지 반성할 필요가 있다.

Ⅲ. 설화 분야

강효석(姜斅錫)이 편찬한 조선시대의 『일사기문집(逸事奇聞集)』은 태조에서 고종까지 역대의 인물을 중심으로 그들에 관련된 일화를 수집, 왕조 순으로 구분하여 수록했다. 1926년 출판되었으며 김영한(金寧漢)이 서문을 썼다. 대부분 각종 문집・야담・야사・

19) 任晳宰, 「韓國巫俗硏究의 回顧」, 『人間 任晳宰』, 比較民俗學會, 1993, 30~33면.

필기 등에서 뽑은 것으로 일부 편찬자의 견문도 추가하였다. 1920년대에 와서 최종적으로 정리되었으며, 책 끝에 고려 말 충신들의 행장이 부록으로 실려 있다. 사실의 범위를 벗어나 독자를 의식하여 흥미본위로 썼다. 따라서 이 책은 후에 계유출판사(癸酉出版社)가 1934년에 출판한 『조선야사전집』(전 5권) 속에 수록되었다.[20]

이 무렵은 청중이 야담에 흥미를 느끼는 경향이 있었다. 1934년에 출판된 『朝鮮野史全集』(全 5卷) 속에는 「大東野乘」, 「燃藜室記述」, 「三國遺事」 등이 게재되어 있는데 「대동야승」은 총서명으로, 한 개인에 의한 저술이 아니라 여러 저자들에 의해서 편술된 것이 특징이다. 이 책의 편찬자나 편찬연대는 미상이나, 대체로 숙종 말에서 영조 때 편찬되었을 것으로 추정된다. 종래에 사본 72권 72책으로 전해오던 것을 1909~1911년에 조선고서간행회에서 13책으로 출간하여 널리 퍼졌다. 체재는 대체로 조선초 성종 때 사람인 성현(成俔)의 「慵齋叢話」에서 시작하여 인조 때 김시양의 「涪溪奇聞」으로 끝맺어, 대략 250년간에 걸쳐 배출된 유가(儒家)의 작품을 선별하여 저술 시대 순으로 배열한 야사의 일종이라고 할 수 있다. 특히 당쟁과 관계 깊은 사화(士禍)·옥사(獄事)에 대한 기록이나 임진왜란·병자호란에 관한 기록물은 역사연구에 많은 도움을 준다.

『연려실기술』은 조선 후기 실학자 이긍익(李肯翊)이 엮은 조선시대의 사서(史書)로, 저술 연대는 1776년(영조 52) 이전에 완성된 것으로 짐작된다. 내용은 조선 태조부터 현종까지 역대 왕조의 중요한 사건을 고사본말(故事本末) 형식으로 엮은 원집과 지은이가 생존했던 시기인 숙종 당대의 사실을 고사본말로 엮은

20) 尹白南, 『朝鮮野史全集』(全 5卷), 癸酉社出版部, 1934.

속집, 역대의 관직을 위시하여 각종 전례·문예·천문·지리·대외관계·역대고전 등 여러 편목으로 나누어 연혁을 기재하고 출처를 밝힌 별집으로 구성되어 있다. 기사본말체(紀事本末體)로 된 야사로, 당시 조선왕조의 국사를 원집과 속집에 넣고 국조(國朝)·사전(祀典)·사대(事大)·관직·정교(政敎)·문예·천문·지리·변어(대외관계)·역대고전 등을 별집에 수록하여 조선시대의 정치·사회·문화를 보다 체계적이며 다채롭게 이해·파악하고자 하였다. 이 책은 역사서술에 있어서 인과성을 중요시하였고 사건해명을 위주로 하였다.

인용된 조선시대의 야사류·일기류·문집류는 400여 종으로, 야사류는 「동각잡기(東閣雜記)」, 「기재잡기(寄齋雜記)」, 「식소록(識小錄)」, 「해동잡록(海東雜錄)」 등이 있으며, 문집류는 「율곡집(栗谷集)」, 「지봉유설(芝峰類說)」, 「하담집(荷潭集)」, 「성옹집(醒翁集)」, 「음애집(陰崖集)」, 「월사집(月沙集)」, 「서애집(西厓集)」, 「염헌집(恬軒集)」, 「추강집(秋江集)」, 「사재집(思齋集)」, 「우암집(尤菴集)」, 「상촌집(象村集)」등이 있다. 이러한 사료를 인용하면서 원문 그대로 썼으므로 공정성이 인정되고 있다.

이와 같이 야담집이 집성 되자 일반 독자들의 흥미에 맞추어 상업적 수단으로까지 발전하게 되었다. 그 한 예가 김동인이 1935년 12월에 『야담』이란 잡지를 창간한 것이다. 잡지 내용을 보면 첫 호부터 「삼국유사」번역을 싣고, 역사의 내막을 밝힌 글도 선보여 야사를 배제하지 않았지만 잡지 표제는 <야담>이라고 했다. 그래야만 독자의 관심을 끌어 잡지를 팔 수 있다고 생각했다.[21]

이 무렵 한국 설화계에는 아직도 서구의 신화·전설·민담이

21) 조동일, 「10.13.3 야사에서 만담까지」, 『한국문학통사』(5권), 3판, 지식산업사, 544~545면.

라는 삼분법 개념이 도입되지 않고 야사·야담으로만 통하는 시대였다.

1910년 다까하시(高橋亨)가 일본인으로 한국설화집을 최초로 낸 『朝鮮の物語集附俚諺』[22]을 비롯하여 1919년 미와(三輪環)의 『傳說の朝鮮』[23]이나 1920년의 야마사끼(山崎日城)의 『朝鮮の奇譚と傳說』[24]도 이야기나 기담이나 전설로 표현된 것을 보면 아직 일본에도 설화라는 개념이 설정되지 아니하였다.

1919년에 나온 이마무라(今村鞆)의 『傳說の朝鮮』에서는 내용을 산천, 인물, 동식물과 기타, 동화의 4편으로 구분해 놓았는데 산천과 인물편은 전설에 속하며 동식물과 동화편은 민담에 속한다. 이마무라는 당시 평양고등보통학교 교사로 재직하고 있었으며 당시 교사로서는 활발한 저술활동을 했다. 1928년에는 『歷史民俗朝鮮漫談』[25]이란 저술을 냈는데 이 책은 502면에 달한다. 당시 조선을 연구하는 보조역할을 하는 의도에서 사항별, 사건별, 설화 등을 취급했는데 이 당시만 해도 일본이나 조선에는 만담이나 기담과 같이 야사류로만 통용되었다. 1912년 아오야기(靑柳綱太郎)는 『朝鮮野談集』[26]에서 192편이라는 양적으로도 많은 야사를 수록하였는데 지금으로 봐서는 민담에 속한 것도 많으나 시대와 인물에 접목해서 이야기되는 정설류로 되어있다. 한편 1922년 安東洙는 『半萬年間 朝鮮奇譚』[27]을 내놓았다. 이 책에는 102편의

22) 高橋亨, 『朝鮮の物語集附俚諺』, 京城 : 日韓書房, 1910(明治43年).
23) 三輪環, 『傳說の朝鮮』, 東京 : 博文館, 1919(大正8年).
24) 山崎日城(山崎源太郎), 『朝鮮の奇譚と傳說』, 京城 : 우스보야書房, 1920(大正9年).
25) 今村鞆, 『歷史民俗 朝鮮漫談』, 京城 : 南山吟社, 1928(昭和3年).
26) 靑柳綱太郎, 『朝鮮野談集』, 京城 : 朝鮮研究會, 1912(明治45年).
27) 安東洙, 『半萬年間 朝鮮奇譚』, 朝鮮圖書株式會社, 1922(大正11年). (최인학 번안 및 편저, 『반만년간 조선기담』, 박이정, 1999.)

설화가 수록되었는데 내용별로 보면 신화· 전설· 민담이 모두 포함되었다.

한편 일본에서는 동화를 山東京傳의 『骨董集』(1814)에서 구전하는 이야기라고 하여 <옛날이야기>(むかしばなし)라고 개념 설정했다.[28] 다까키(高木敏雄)도 1916년 이래 민담을 동화로 표기하여 민담이 마치 어린이에게 들려주는 이야기처럼 되어버려 용어선택에 신중치 못하였다. 그 후로 민담이 마치 동화로 오인되는 계기가 되어 우리나라에도 지금까지 일부 계속되고 있다. 1923년 조선총독부가 처음으로 『朝鮮童話集』이라고 하여 민담을 25편 수록한 책을 내놓았다. 이 무렵에는 동화가 민담처럼 생각되던 때이다. 이에 뒤따라 1926년에는 심의린이 『朝童話大集』을 놓았다. 심의린은 동화를 어린이에게 들려줄 민담으로 생각했던 것이다. 이때는 민담의 개념이 설정되지 않았던 시절이라 다만 어린이에게 들려줄 민담만을 동화라는 용어로 사용한 듯하다. 이것은 일본에서 혼동하여 사용되던 용어가 우리나라에까지 영향을 미친 것이다.

山東京傳의 『骨董集』 上篇 中卷의 21조에는 다음과 같이 언급되어 있다.[29]

> 『異制庭訓』に, 祖父祖母の物語とあるは, むかしむかしじじとばばとありけり, という發語をとりて, 名目としたるものなるべければ, 童の昔話は, いとふるきことなり, おのれ二十四, 五年前, むかしばなし[童話]の出所をたずねて, 書きとどめたるもの, どうわ(童話)考と名づけて

28) 高木敏雄, 『童話の研究 -その比較と分析-』, 太平出版社 1977, 12면. (초판은 『童話の硏究』, 婦人文庫刊行會, 1916.)

29) 위의 책, 12면 재인용. (山東京傳은 에도시대(江戶時代)의 동화연구가로서 1814년 출판된 『骨董集』에 가마쿠라(鎌倉)시기에 출판된 서적(동화를 기록한 책))의 「異制庭訓」을 인용했음)

一冊あり……

위의 기록으로 보아서 童話의 二字에다 '무까시바나시'(童話)라고 訓을 붙이기도 하고 어떤 곳은 '도오와'(童話)라고도 읽히고 있다는 점이 재미있다. 1800년대에 이미 일본에서는 童話='무까시바나시'(昔話)라는 개념이 일부에서 싹트기 시작한 것 같다. '무까시바나시'라는 말은 우리나라의 '옛날이야기'에 해당하는 말로 일본에서는 옛날부터 사용해 온 말이다. 京傳이 童話라고 써 놓고 읽을 때는 '무까시바나시'(昔話)로 한 것은 전통적인 관념에서 그러한 것 같고 童話와 昔話 사이에 그다지 특별한 구별이 없었던 것 같다. 그저 아동을 위한 이야기가 '무까시무까시'로 시작하는 것이 보통이었기 때문에 가정에서 '무까시바나시'라 하면 동화에 한정되어진 것이 아닌가 생각된다.

그러나 필자의 생각으로는 '무까시바나시' 또는 '무까시꼬' 같은 말은 예로부터 써 내려온 慣用語이지만 童話가 昔話를 대신하는 말로 일반화되지 않았다는 것이다. 기록상으로는 江戶時代에 童話라는 말이 등장하지만 그것은 지극히 한정된 사람들에 의해 사용되었을 뿐, 민중에게 보급되지는 않았다.

비록 아동을 위한 이야기에 한정된 용어로 童話라는 말이 일시적으로 사용되었다 할지라도 '무까시바나시'(昔話)라는 용어가 가지는 歷史性 때문에 童話라는 용어는 일부 학자나 識者들 간에만 사용했을 뿐이었다.

일본에서 民譚이 印刷되어 보급되기는 江戶時代부터이다. 그 이전에는 口傳뿐이었다. 이때는 아동을 대상으로 하는 이야기책은 물론 없었다. 1608~1680년에 걸쳐 민담의 啓蒙을 목표로 해서 赤本·黑本 類의 민담책이 간행되었다. 여기에 게재된 것들이 意圖的으로 아동을 염두에 두고 선택된 민담들이었으므로 童話

라는 말이 다시 復活하는 계기가 되었다. 소위 일본의 五大童話(또는 五大御伽라고도 함)라고도 하는 이 민담들은 당시의 封建道德의 영향 하에서 내용이 상당히 변질된 채 보급이 되었다.[30]

한편 다까기(高木敏雄)가 1916년에 낸 『童話の研究』는 창작동화가 아니라 설화의 연구였다. 이처럼 초기 일본에서도 설화의 명칭에 혼돈을 가져온 것은 사실이다. 설화의 개념이 도입되지 아니하고 서양의 삼분법은 물론 설화 특히 민담을 동화로 쓰기 시작하면서부터 우리나라도 일본의 영향을 받아 동화를 민담의 대체어로 쓰기 시작했다. 조선총독부가 1924년에 출판한 『朝鮮童話集』을 효시로 1926년 심의린이 『朝鮮童話大集』을 낸 것이다. 그리하여 이 무렵 나온 설화집은 야사・기담・전설・동화 등 무질서하게 불리고 쓰였다. 특히 이중에서 동화는 아동문학이 발전하면서 혼란을 초래했으니 이는 일본에서 오류가 시작된 것은 전술한 바와 같다. 그리하여 나온 것이 1930년 손진태의 『朝鮮民譚集』이다. 사실 이 당시는 서구의 설화 삼분법이 아직 정착되지 않은 때이다. 손진태 자신도 민담집이라고 하였으나 이 안에는 신화와 전설까지도 포함시켰다. 그렇다 하더라도 민담이란 용어를 쓰기 시작한 것은 손진태 이후의 일이라 할 수 있다.

Ⅳ. 맺음말

명치유신(明治維新) 이래 근대화에 성공한 일본은 그 연장선상

30) 崔仁鶴, 「韓・日民譚은 同一鄕土에서 生成했다」, 『書書生活』, 三省出版社, 1975年 9月號, 368~393면.

으로 식민지로 획득한 조선을 개발한다는 명분을 내세웠다. 그래서 조선의 통치정책으로 특히 산업화나 사회의 근대화에 중점을 두었다. 그리하여 명치시대에 농촌운동을 추진해온 야마사끼(山崎延吉)를 초빙하여 조선의 농촌진흥운동을 폈던 것이다. 이마무라(今村鞆)의 성씨에 관한 연구도 후에(1940) 창씨개명정책에 기여했음이 틀림없다.

1916년 중추원에 조사과를 두어 조선의 관습, 제도, 풍속 등 세 갈래로 나뉘어 조사를 실시했다. 이 조사연구는 또한 조선반도사의 편찬에 착수하기도 했다. 이들의 궁극적 의도는 일한양국은 기원(起源)이라는 점으로는 같으나 역사적으로는 갈라졌다. 그러므로 뒤진 조선을 동화시켜 발전과 근대화를 촉진시켜야 한다는 통치개념으로 정당화하려는 데 있었다. 이러한 정책을 실현에 옮기기 위해 이마무라, 젠세이(善生永助), 무라야마(村山智順),등이 촉탁으로 활약을 했다.

이 논문은 구체적인 사항을 들어가기 전에 먼저 일본의 아시아 식민지정책에 대하여 어떠한 생각을 가지고 있었는가를 파악할 필요가 있었다. 그러나 이 문제에 대해서는 최길성 교수의 논문이 있으므로 참고하기 바란다.[31]

결론으로 말하자면 한국은 타 식민지 민족에 비해서 민족학적으로 한민족을 이민족으로 보지 않고 일선동조론(日鮮同祖論)의 바탕위에 정책을 세운 것이다. 그러므로 일본의 제도를 도입하여 내지연장주의(內地延長主義)적 입장에서 모든 문제를 처리했기 때문에 민족학의 입장은 배제되었다. 따라서 일본 민속학의 연장선으로 한국 민속학도 연구되었던 것이다.

---

31) 崔吉城, 「日帝植民地時代と朝鮮民俗學」, 『植民地人類學の展望』(中生勝美 編), 風響社, 2000, 171~210면.

일제강점기에 무엇보다도 학문의 발전을 저해한 것은 지배계급과 피지배자 간의 갈등이었다. 일제가 초기에는 한국문화를 피상적으로 파악하고 이해했다는 점을 지적할 수 있다. 다음으로 문화정책의 흐름을 융화하려는듯하였으나 다시 강압적 수단으로 핍박하기 시작했다. 그리하여 신사참배, 창씨개명, 한글사용 금지등 내선일치라는 미명하에 청년들의 강제 소집등 강제노동과 수탈을 야기했다.

한국민속에 있어서는 특히 무속에 힘을 기울여 샤머니즘으로 규정하고 한국고유의 신앙이 아님을 저변에 깔고 있음을 알 수 있다. 설화에 있어서는 특히 일본에서 민담을 곡해한 동화라는 명칭을 민담의 대체어로 사용한 이래 아동문학에서도 혼란을 야기했다. 일본에서 오해를 자초한 동화라는 명칭을 반성의 여지없이 차용함으로서 한국에서도 시행착오를 일으켰다. 아동문학이 발달함에 따라 결국 동화는 창작을 의미하고, 민담은 전래동화라고 명명하게 되었다. 그러나 전래동화는 어린이용이지 성인용은 아니다.

신화・전설・민담의 삼분법이 서구에서의 학풍이었으나 한국은 손진태에 의해 민담이 사용되면서부터 자연스럽게 신화・전설・민담의 삼분법이 사용되게 되었던 것이다.

일제 하 '조선'을 조사한 도리이 류조(鳥居龍藏)의 식민지적 시선

최 석 영*

Ⅰ. 식민지 통치와 인류학 : 영국과 일본

유럽의 인류학계는 인류학이 식민지 정책을 입안하는 데 '특권'의 자리에서 식민지 모국의 이해관계를 대변하는 역할을 수행하였다는 비판 앞에서 '인류학의 위기'를 느끼게 되었다. 이 위기에 대한 인식은 이른바 '식민지 인류학'에 대한 전반적인 검토로 이어졌다. 이는 인류학의 정체성 재확립과도 관련되어 학계 내외에서 제기된 것으로 버튼(John W. Burton)의 표현을 빌리면 "현재의 인류학자들이 계속 인류학사에 있어서 중요한 시기를 잘못

* 중앙대학교 강사.

서술한다면 그러한 가능성(인류학은 비천한 부적절성이라는 딱지—인용자 주)은 보다 농후하게 될 것"[1]이었다.

인류학의 위기 앞에서 유럽의 인류학계 내에서는 인류학이 식민지정책 또는 통치에 어느 정도 관여하였는가, 즉 식민지정부와 인류학자 또는 인류학 관련 연구기관이 어떠한 관련성을 가지고 있었는가, 식민지통치에 인류학자가 동원된 경우 그들은 어느 정도 식민지 통치에서 그들의 역할을 인식하고 있었는가 등 실제로 '식민지 인류학'이라고 부를 만한 특정한 현상이 존재하였는가를 고찰하기 시작하였다.

식민지 통치라는 상황은 인류학에게 적어도 실질조사지와 연구 기회, 자리와 연구지원금과 연구 시 정치적 폭력과 불안정으로부터의 보호 등을 제공[2]한 것은 사실이다. 지금까지 인류학계에서 인류학이 직・간접적으로 식민지 통치에 관여한 것은 인정하고 있지만 인류학자에 의하여 축적된 인류학적 지식이 식민지 통치 현장에서 어느 정도 수용・적용되었는가에 대해서는 회의적이라는 것이 현재 학계의 대체적인 연구동향이다. 이는 식민지 행정 측에서는 정책을 입안하기 위해서는 그들이 미리 결정한 견해들을 뒷받침하고 불확실성을 줄이기 위해 사회과학적 이론과 자료들을 이용하지만 이 때 식민지 행정가들은 인류학적 보고서의 실용성을 의심하는 경향이 두드러졌고 한편 인류학자들은 그들의 연구대상이기도 한, 식민지 권력에 저항하는 '원주민'

---

1) John W. Burton, 'Representing Africa : Colonial Anthropology Revisited, *Journal of Asian and African Studies* 27, No. 3-4, 1992; 최석영 편역, 『사회인류학의 과거・현재와 미래』(서경문화사, 1998)에 번역되어 실렸음.

2) Jan van Bremen & Akitoshi Shimizu ed., *Anthropology and Colonialism in Asia and Oceania*, CURZON, 1999. 384면.

들을 지지하기도 하였고 더 나아가서는 식민지 정부의 식민지 정책을 비판하는 경우도 있었다는 정황이 작용하고 있다. 그렇다고 하여 식민지 상황에서 항상 이 양자의 관계가 대립적이거나 갈등적이지는 않았다. 식민지 정책은 통치주체 및 식민지의 실제적인 상황변화에 따라서 변하였기 때문에 시기에 따라서는 식민지 정부가 인류학 연구소를 설립하여 인류학자들에게 연구비를 제공하기도 하였다.

옥스퍼드 대학, 캠브리지 대학, 런던 대학 안에는 식민지관료들을 대상으로 인류학 강좌가 운영되었지만 커리큘럼의 대부분이 전파주의와 진화주의로 구성되어 있었기 때문에 식민지행정에는 크게 유용하지 않았다. 적어도 1930년대 이전까지는 영국 식민지에서 인류학의 중요성은 큰 호응을 불러일으키지 못하였다고 말할 수 있다.

1930년대에 들어서면서 식민지 정책의 변화로 인류학의 역할에도 변화가 일어났다. 그러면 여기에서 식민지 정책의 변화와 인류학 역할의 변화는 무엇이었는가. 우선 식민지정책의 변화라는 것은 식민지정부에 의한 식민지사회의 변화에 있었다. 이를 위해 식민지정부에서는 응용인류학적 관점이 필요하였다.

인류학 내 변화라는 것은 인류학 관련 연구소들이 설립되고 이에 대한 재정적 지원이 이루어지기 시작하였다는 것이다. 즉 국제아프리카연구소(International African Institute)에서 아프리카 연구자들에게 연구비를 지원하게 되었을 뿐만 아니라 로데스리빙스톤 연구소(Rhodes-Livingstone Institute)가 1938년에 영국령 중앙아프리카에서의 사회연구를 주도할 목적으로 북로데시아에 창립되어 식민지 사회 조사에 힘을 기울이게 되었다. 또한 1926년에 설립된 국제아프리카언어문화연구소(International Instit ute of African Language and Cultures)에는 당시의 저명한 인류학자들이 연구에 참여하고 있었으며 이것은 점차로 사회 안에서 인류학의 역할 기반을 넓혀 가는 데 중요한 요소가 되었다. 카네기 재단과 록펠러 기금에서 연구소의 연구원들에게 연구를 재정적으로 지원하게 됨에 따라서 1930년대 인류학계는 이른 바 '호황'을 맞이하게 되었다. 위의 국제아프리카언어문화연구소는 아프리카가 당면하고 있는 현실적인 문제를 해결하는 데 많은 관심을 가지고 있었다. 국제아프리카언어문화연구소가 제안한 문제해결의 방향은 "본래의 아프리카 사회의 사회적 결속력이 되는 여러 요소들을 이해하고 그 요소들이 새로운 영향력으로 변형되고 있는 방식, 새로운 집단화의 경향 그리고 새로운 사회적 결속의 형성, 아프리카 사회와 서구 사이의 상호협력의 형태를 이해하는 방향이어야 한다는 점을 제안하는 것"에 있었다. 이 점에서 위 연구소는 기능주의적 관점에서 문제를 해결하고자 하였지만 그렇다고 해서 변화를 반대하지도 찬성하지도 않고 다만 변화과정을 객관적이고 과학적으로 연구하는 것을 주목적으로 내걸었다. 따라서 위 연구소의 연구는 식민지관료가 아프리카 여러 제도들과 외래 종교 사이의 올바른 관계를 결정지을 때라든가 아프리카의 여러 제도에서 본질적인 것을 유지할 때라든가 외래의 체제들과 아프리카의 전통, 관습, 정신들 사이의 불필요한 갈등을 제거할 때 크게 참조가 되었다[3].

영국의 근대 인류학사에서 인도와 중동 지방에서 발생한 사건 이후 식민지 정책에 대한 재검토가 이루어졌고 1940년에 식민지

3) 이상은 Adam Kuper, 'Anthropology and Colonialism', Adam Kuper, Anthropologists and Anthropology: *The British School 1922~72*, Penguin, 1973; 최석영 편역, 『사회인류학의 과거・현재와 미래』(서경문화사, 1994)에 수록됨.

발전과 복지에 관한 조례(Colonial Developments and Welfare Act)가 통과되면서 식민지 연구에 정부가 연간 5천 파운드를 예산 할애하게 되었고 이에 따라서 식민지에서의 인류학 연구는 큰 성과를 거두게 되었다.

그럼에도 불구하고 인류학자와 식민지 행정가들 사이에는 일정하게 거리가 있었다. 즉 기능주의적 관점에서 식민지 사회를 연구하던 인류학자들은 식민지 행정에 의한 식민지 사회의 변화를 달갑게 여기지 않았고 이에 식민지 행정가들은 인류학자들의 "엉성한 기능주의 관점"을 가장 싫어하였다[4].

한편 일본에서는 제2차 세계대전 이후 사회인류학, 문화인류학이라는 명칭을 가진 학과의 성립과 함께 관련 학회의 명칭은 여전히 일본민족학회였다[5]. 그러나 최근 일본 민족학회 내에서 전쟁과 식민지와 민족학과의 관련성에 대한 논의[6]가 이루어졌고(中生勝美, 1993, 1995), 학회 내에서 '민족학의 반성'과 함께 문화

---

4) 인류학적 가치와 식민지 행정가들의 이해관계에서 나타난 모순을 증명하기 위하여 1920년대 말과 1930년대 초에 *Africa*라는 학술지를 통하여 논의가 이루어졌다. John W. Burton, 'Representing Africa : Colonial Anthropology Revisited', *Journal of Asian and African Studies 27*, No. 3-4, 1992; 최석영 편역, 『사회인류학의 과거・현재와 미래』(서경문화사, 1998), 148면에 번역되어 실렸음.

5) 최길성, 「일본 인류학・민족학의 교육」, 『한국문화인류학』 제19집, 한국문화인류학회, 1987 참조.

6) 中生勝美의 다음과 같은 일련의 논고들이다.

「植民地主義と日本民族學」, 『中國-社會と文化』 제8호, 1993.

「植民地の民族學-滿洲民族學會の活動」, 『へるめす』 제52호, 1994.

「舊植民地を訪ねて-滿洲と臺灣の少數民族」, 明治大學人文科學研究所 編, 『文化における「異」と「同」』, 風間書房, 1995.

「民族研究所の組織と活動: 戰爭中の日本民族學」, 『民族學研究』 제62권 제1호, 1997.

그 외 편한 책으로 『植民地人類學の展望』(風響社, 2000)이 있다.

인류학회로 학회명칭을 변경하게 되는 과정이 있었다. 일본도 영국과 마찬가지로 해외에 "외지"(外地; 식민지)를 경영하는 과정과 인류학의 출현 및 발전과정이 상호 관련성을 가지고 있었다.

명치정부는 동경제국대학 이과대학 안에 인류학교실을 설치 운영하였고 인류학과가 설치된 것은 1939년이었다. 초창기 일본의 인류학의 경향은 인문(역사학, 고고학)·자연과학적 접근이었다[7]. 다만 여기에서 한 가지 이해해 둘 것은 이과대학 인류학교실(강좌의 성격)의 운영이 학과로서 발전되어 간 경우이기 때문에 일본 인류학의 역사는 인류학교실에서 찾아야 할 것이지만 더 나아가면 1884년 인류학회의 선구적 모임으로까지 거슬러 올라가야 할 것이라는 점이다[8].

명치정부는 도쿠가와 막부의 창평학교(昌平學校)를 계승하고 그것을 토대로 개성(開成), 의학 및 병학(兵學) 3교를 부속기관으로 하여 근대 대학으로서 출발하였다. 개성학교, 의학교 모두 전문교육기관으로서 발전하면서 1877년 (명치 10년) 2월 1일 가또히로유키(加藤弘之)를 동경개성학교 종리(綜理)로 임명하고 2월 10일자로 다음과 같은 의견서를 문부성에 제출하였다. 그것을 요약하면 동경이라는 지역명칭보다는 일본의 대학교로서의 명칭에

7) 이에 대해서는 최길성, 「일본 인류학·민족학의 교육」, 『한국문화인류학』 제19집, 한국문화인류학회, 1987를 참조할 것.

8) 한국학계에서 일본 인류학 역사에 관해 전반적 혹은 부분적 연구 성과 중 참조가 될 만한 것을 들어 보면 다음과 같다.

최길성, 「일본 인류학·민족학의 교육」, 『한국문화인류학』 제19집, 한국문화인류학회, 1987.

전경수, 『한국인류학사 백년』, 일지사.

최석영, 『일제하 무속론과 식민지권력』, 서경문화사, 1999.

권혁희, 「일본 박람회의 '조선인 전시'에 관한 연구」, 서울대학교 대학원 인류학과 석사학위논문, 2007.

어울리는 것으로서는 개성대학교라 칭하는 것이 과칭(過稱)은 아니라는 취지의 의견서였다. 따라서 university로서의 대학교의 형태에 대한 논의가 시작되었고 문부성에서 동경개성학교와 동경의학교를 합쳐서 동경대학이라 하여 3월 24일자로 태정관(太政官)에 제출하였다. 따라서 동경개성학교의 3개 학과(법학, 이학, 문학)와 의학이 합쳐져서 법학부, 이학부, 문학부, 의학부 4개 학부로 구성된 동경대학이 탄생하였다. 이 4개 학부 외에 동경대학 예비문(豫備門) 및 소석천(小石川) 식물원이 부속기관으로 편제되었다.

「제국대학령」제1조에 의하면 제국대학의 미션(mission)은 다음과 같은 것이었다. "국가의 수요(須要)에 응하는 학술기예(學術技藝)를 교수하고 그 온오(蘊奧)를 고구(攷究)하는 것"이 설립 목적이었다. 그리고 서구의 대학을 모방하여 "현재 경비도 많지 않고 교원이 될 만한 사람도 많지 않기 때문에" 한 사람의 교원이 두 강좌 혹은 3강좌를 겸해서 담당하는 강좌제(講座制)를 실시하였다. 동경제국대학에게 부여된 시대적 요청과 관련하여 주목할 만한 강좌 중 과목에는 문학부강좌보조 강좌에는 국사학, 사학, 지리학, 박언학(오늘날의 언어학)을 비롯하여 조선어학(朝鮮語學)이 설치되어 있었고 이학부강좌보조 강좌에는 동・식물 광학 외에 인류학이 설치되어 있었다는 점이다. 당시 인류학강좌의 교수는 후술하게 될 츠보이 쇼고로우(坪井正五郎)였다.[9] 즉 근대 일본 역사의 이행을 위하여 현실적으로 지배와 통치에 필요한 역사와 지리, 언어뿐만 아니라 조선어학이 설치되었고 일본의 인류학이 이학(理學)으로서 출발하였다는 점이다.

일본에서 근대 대학의 등장은 동시에 같은 전공 혹은 유사 전

9) 동경제국대학, 『東京帝國大學五十年史』(上), 1932.

공의 연구자들이 연구 성과의 발표와 정보의 교환, 인적 교류와 관련 연구 성과의 보급 등을 목적으로 학회를 만들어냈다. 동경인류학회는 동경제국대학 재학생들에 의하여 창립되었다. 이것은 다른 학회와는 다른 연혁적인 특징을 가지고 있다.

1884년 10월 12일, 생물학과의 츠보이 쇼고로우(坪井正五郎), 시라이 미츠타로(白井光太郎), 공부(工部)대학의 사또 류타로(佐藤勇太郎)와 꼬바(駒場)농학교의 후쿠게 우메타로(福家梅太郎)가 중심이 되어 제1회 모임을 가졌다. 그 이전에도 모임이 있었는데 그 때는 "인류학의 우(友)"라고 명명하였던 것으로 보인다. 제1회 모임부터는 대학 내 학회 활동 공간을 빌리기 위해서는 공문서를 작성하여 제출할 필요성에서 명칭을 "인류학연구회"라 바꾸었다. 그러다가 1884년 12월 6일부로 매월 둘째 일요일에 모임을 갖게 되면서부터는 "인류학회"로 변경하였다. 그러나 기관지 발행과 관련하여 지명을 표시할 필요성이 일어나고 그에 따라 1886년 6월부터 "동경인류학회"로 개칭하게 되었다[10]. 이처럼 일본 근대 인류학회의 명칭은 인류학의 우(友) → 인류학연구회 → 인류학회 → 동경인류학회로 현실적인 필요성에 의하여 변경되어 갔다.

「동경인류학회규칙」에 의하면 동경인류학회의 미션(mission)은 "인류학상의 사항을 연구하고 인류학상의 지식을 보급"하는 것이었고 이 조직을 위해 평의원과 간사를 두고 평의원 중에서 평의원장 1명을 호선하기로 되어 있었다.

1884년에 창립된 동경인류학회의 회원 수는 1934년 당시 300명 정도로서 가장 회원이 많았던 시기는 1927년으로 440명에 달했다. 창립 회원 가운데 츠보이 쇼고로우가 유럽유학을 마치고 돌

10) 松村 瞭, 「東京人類學會五十年史」, 『人類學雜誌』 제49권 제11호, 1934.

아와 7명의 위원으로 구성되는 위원회를 조직하고 각 지방에 여러 명의 지방위원을 두는 체계 하에서 1896년 10월에 회장에 취임하여 16년 7개월 간 재임하였다. 그러나 그의 사후에는 회장을 두지 않고 간사와 평의원제도로써 학회를 운영하였다.

학회가 창립된 후 동시 혹은 일정기간이 지난 후에 학회의 기관지를 발행하는 것이 보통인데 동경인류학회는 창립 후 2년이 지난 1886년 2월에 기관지로서 『人類學會報告』라는 제목으로 국판 16쪽의 소책자를 발행하였으나 국외로의 발송 등과 관련하여 그 다음해 8월에 『東京人類學會雜誌』(제2권 제18호~제26권 제300호)로 개칭하였다가 1911년 3월에 『人類學雜誌』(제27권 제301호~)로 바꾸었다.

일본의 인류학회는 프랑스, 영국, 캐나다, 독일, 미국, 러시아 등 해외의 인류학회와 학술정보를 교환하여 세계적인 인류학 흐름과 변화를 수용하고자 노력하였다. 그리고 일본의 식민지 확보와 함께 해외조사에 회원들을 파견하여 식민지정책의 수립에 직·간접적으로 관여하였다. 인류학회 차원에서 해외에 조사자를 파견한 것은 도리이 류조(鳥居龍藏)를 1895년 6월에 요동반도에 파견한 것이 그 대표적인 예가 될 것이다. 그 후 일본의 대만 영유 이후 대만의 번족(蕃族)의 언어풍속 조사를 시작으로 대만에 건너가 조사범위를 넓혀 체질, 토속, 고고 조사 등에 걸쳐서 다요(田代安定), 이노우(伊能嘉矩), 도리이 류조(鳥居龍藏) 등이 조사를 수행하였다. 특히 도리이 류조는 대만 번족의 머리 모양을 측정 보고하였다. 그는 대만에 이어서 조선 강점 이후에는 '조선지방'을 조사하게 되었다.

II. 도리이 류조의 조선조사

일본 국내에서는 도리이 류조를 일본 근대 인류학사에서 인류학의 토대를 구축한 사람으로 주목하고는 있지만 그에 대한 자서전[11]의 형태가 지배적이고 학술적인 연구는 대체로 부분적인 언급에 그치고 있는 실정이다[12]. 한편 한국학계에서는 일제 강점기 고고·인류학 연구와 관련하여 주목할 만한 가치가 있음에도 불구하고 도리이 류조에 대한 본격적인 연구단계에는 아직 와 도달해 있지 않은 상황이다. 이것은 도리이 류조뿐만 아니라 일제 강점 시기 동안 조선에서 활동한 인류학자 및 고고학자에 대한 연구의 부진과도 무관하지 않다.

도리이 류조는 인류학의 학문적 속성에서 일본의 식민지 확보를 위한 전쟁을 긍정적으로 바라보았다. 당연히 일본 근대국가를 만들어 가는 과정에서 일본 민족에 대한 연구는 중요한 국가적 과제였다. 아시아에 일본의 식민지를 확보하는 것은 이제 막 인류학회가 발족되고 동경제국대학 안에 인류학교실을 설치한 일본의 인류학계에게는 '혼합민족설'을 증빙할 수 있는 절호의 기회였다. 그것은 비교연구를 통하여 일본 민족의 정체에 대한 구명과 동시에 아시아에서 일본문화의 위상, 즉 당시 일본 인류학계

---

11) 일본 국내에서 도리이 류조에 대한 자서전적 연구 성과로서는 中薗英助, 『鳥居龍藏傳』(岩波書店, 1995)과 田畑久夫, 『民族學者 鳥居龍藏』(古今書院, 1997)을 들 수 있다.

12) 한국과 일본학계에서 도리이 류조에 대한 연구 성과 가운데 대표적인 것으로 졸저, 『일제하 무속론과 식민지권력』(서경문화사, 1999) 및 坂野 徹, 『帝國日本と人類學者』(勁草書房, 2005)를 들 수 있다.

에 크게 영향을 미치고 있던 영국의 진화주의에 비추어서 일본과 주변 민족문화 간의 문화발달정도를 측정하는 작업이기도 하였다. 후자는 그 후 일본의 식민지 통치를 정당화하는 데 하나의 도구가 되기도 하였다는 점은 주목할 만하다.

도리이의 공식적인 학력은 소학교 2학년 중퇴가 전부였다. 그는 독학으로 일본의 고고학 및 인류학 수업을 해냈고 그의 생애를 보면 일본 고고인류학사에서 입지전적(立志傳的)의 인물이었다. 일본 고고인류학사 전체를 통해 볼 때 도리이 류조와 같은 존재는 없었기 때문이다.

그의 생애동안 행한 토속학적(土俗學的)[13] 조사의 대략적인 것을 열거해 보면 다음과 같다[14].

1870년 4월 4일 도쿠시마시(德島市) 센바쵸(船場町)에서 출생
1877년 소학교 중퇴, 고등소학교 및 중학교 과정 독학
1886년(16세) 동경인류학회 회원 가입
1892년(22세) 처음으로 치바켄(千葉縣) 나와시마(綱島) 패총발굴조사
1893년(23세) 동경제국대학 이과대학 인류학교실 표본정리 담당
1895년(25세) 동경인류학회 파견에 의하여 처음으로 해외 현지조사(요동반도)
1896년(26세) 동경제국대학 파견에 의하여 대만에서 인류학 조사(처

13) 도리이 류조는 실제 스스로를 순수한 고고학자라기보다는 원시대시와 유사(有史)이전을 인류학적 방법에 의하여 연구하는 인류학자라고 규정하였다(鳥居龍藏,『有史以前の日本』서언 및『鳥居龍藏全集』 제1권, 朝日新聞社, 1985, 170면). 그러나 여기에서 그러나 도리이에게 인류학은 "인류 그 자체에 대한 연구가 아니라 오히려 인종이라든가 민족에 대한 연구를 주로 하는, 특히 동부아시아의 민족"의 기원, 분포, 계통 등을 파악하는 데 중점을 두고 있었던 인종학에 가까운 것이었다. 이와 같은 ethnography를 도리이는 "토속학"이라고 번역하였다. 淸水昭俊, 「民族學と文化人類學」, 『民博通信』 No. 70, 日本國立民族博物館.

14) 이 정리는 中薗英助, 『鳥居龍藏傳』(岩波書店, 1995)을 참조하였다.

음으로 사진기 휴대) 대만조사 후 돌아오는 길에 오끼나와 풍속조사
1897년(27세) 동경제국대학 파견으로 다시 대만 홍두서(紅頭嶼) 조사
1898년(28세) 동경제국대학 이과대학 조수(助手)로 임명됨. 대만조사(제3회)
1899년(29세) 동경제국대학 파견으로 기타치시마(北千島) 조사
1900년(30세) 대만조사(제4회)
1902년(32세) 동경제국대학 이과대학 파견으로 서남 중국의 묘족(苗族) 조사
1904년(34세) 오끼나와 조사
1905년(35세) 동경제국대학 강사로 임명됨. 동경제국대학 파견으로 만주조사
1907년(37세) 가족과 함께 몽골조사
1910년(40세) 조선에 대한 예비조사
1911년(41세) 조선(제1회), 남사할린 조사
1912년(42세) 조선 조사(제2회)
1913년(43세) 조선 조사(제3회). 도리이를 학문적으로 이끌어주었던 쓰보이 쇼고로(坪井正五郎) 러시아 뻬테르부르크에서 급사(急死)
1914년(44세) 조선 조사(제4회)
1915년(45세) 조선 조사(제5회)
1916년(46세) 조선 조사(제6회)
1918년(48세) 일본의 시베리아 출병(出兵)
1919년(49세) 동경제국대학 파견으로 동부 시베리아 조사(제1회)
1920년(50세) 프랑스 파리 학사원(學士院)으로부터 팔무 아카데미상을 받음. 파리의 만국연맹인류학원으로부터 정회원 및 일본 대표위원으로 추천됨
1921년(51세) 「만몽(滿蒙)의 유사이전(有史以前)」으로 문부대신으로부터 문학박사학위[15] 받음. 6월부터 8월까지 북사할린과 동부

15) 도리이는 동경제국대학에 제출한 논문이 심사에 통과함으로써 "대학원에 입학하여 정규의 시험을 통과한 사람"과 동등하게 취급되어 "명치31년(1898년) 칙령 제343호 학위령(學位令) 제2조"에 의거하여 1921년 5월 10일자로 박사학위를 받았다(제1658호). 도리이의 나이 51세였

시베리아의 아무루 강반 조사
1922년(52세) 동경제국대학 조교수・제2대 동경제국대학 이학부 인류학교실 주임으로 임명. 국학원대학(國學院大學) 강사로 임명
1923년(53세) 국학원대학 교수로 임명
1924년(54세) 동경제국대학 사직
1926년(56세) 중국 산동성 조사
1927년(57세) 만주조사(제4회)
1928년(58세) 죠찌(上智)대학 창립에 진력하고 문학부장・교수로 임명. 4월부터 7월까지 동부 시베리아조사(제4회), 만주조사(제5회)
1930년(60세) 몽골조사(제3회)
1931년(61세) 만주조사(제6회)
1932년(62세) 7월부터 8월까지 만주조사(제7회), 조선조사(제7회)
1933년(63세) 동방문화학원(東方文化學院) 동경연구소 파견으로 몽골조사(제4회). 국학원대학 교수 사직
1935년(65세) 11월부터 12월까지 동방문화학원 동경연구소 파견으로 만주 및 북중국 조사(제9회)
1937년(67세) 4월부터 그 다음 해 2월까지 외무성으로부터 문화사절로서 임명되어 브라질로 파견됨. 페루, 볼리비아에서 잉카 제국 유적 조사
1938년(68세) 화북에서 요(遼) 및 북송 관계 유적 조사
1939년(69세) 중국 북경의 미국 미션계 연경(燕京)대학의 객좌교수로 임명
1940년(70세) 만주의 요나라 화상석묘(畵像石墓) 조사
1941년~1945년 : 태평양전쟁
1951년(80세) 연경대학 퇴직. 북경으로부터 귀국
1953년(83세) 「고고학의 회고」를 마지막으로 생애를 마침

도리이 류조는 16세 때 동경인류학회에 가입하고 23세부터 동경제국대학 이과대학의 인류학교실에서 표본정리를 담당한 이래

다. 최석영, 「식민지 지배와 도리이 류우죠우의 인류학적 조사」, 『일제 하 무속론과 식민지권력』, 서경문화사, 1999.

일본 국내 조사뿐만 아니라 동경제국대학의 파견명령을 받고 신변의 위험에도 불구하고 요동반도를 비롯하여 대만, 조선, 기타치시마(北千島), 만주, 몽골, 중국, 시베리아, 사할린 등을 현지조사를 하였다. 생애를 마친 날까지 약 60년 동안의 교육자 및 연구자 생활이었다. 그간 그의 조선 조사는 1910년 일제가 대한제국을 강점한 후 1916년까지 총 6회에 걸친 것이었다. 그 사이에 1913년 그의 스승적인 존재였던 츠보이 쇼고로우가 러시아 학회에 참석 중 사망하는 비보를 접하였다. 고고·인류학계에서 어찌되었든 정규과정을 밟지 않은 마이너리티(a minority)로서의 도리이에게 외부로부터 불어오는 '바람막이' 역할을 했던 츠보이 쇼고로우의 죽음은 도리이 류조에게 정신적 지주의 상실과 같았을 것이다.

위에서 언급한 영국 인류학의 경향은 일본 인류학에도 일정하게 영향을 미치어 토속학적, 민족학적 성격의 인류학이 등장하기에 이르렀다. 토속학적, 민족학적 인류학은 근대 일본 인류학의 토대를 개척하는 데 큰 역할을 한 도리이 류조(鳥居龍藏)에 의하면 인종학(人種學)에 가까운 것이었다. 즉 그는 인종의 형성, 그 최초의 형성지 및 분포로부터 인종상의 유전, 인종 심리, 고유의 인종의 변화 요인, 언어, 고고학 등을 고찰하는 데 역사학적 접근의 중요성을 강조한 것이 그것이다[16].

도리이는 그의 몽골여행기가 연재되고 있던 『세까이(世界)』의 발행자 니노미야 도쿠지로우(二宮德次郞)가 권유·알선하여 테라우찌 조선총독과 인연을 맺게 되었고 조선총독부 학무국 고적조사과(古蹟調査課)의 촉탁으로 임명을 받게 되면서 그의 조선과의 인연은 시작되었다. 그 조사는 조선총독부에 의해 실시된 「사료

---

16) 『鳥居龍藏全集』 제1권, 조일신문사, 1985 : 471~480면.

조사(史料調査)」였고 도리이 류조에게는 촉탁으로서 교과서 편찬을 위한 자료들을 수집하는 것이었다. 도리이가 조선에서 행한 조사활동은 대체로 다음과 같은 것이었다.

- 전국에 걸친 「사료조사」에서 토속학적 조사
- 무속과 조선인 신체에 대한 측정, 석기시대 문화 등(1910년부터 1916년까지)
- 박물관협의원(博物館協議員) : 1916년 4월에 임명
- 고적조사위원 : 1916년 4월 임명

현지조사(field work)를 위한 여러 조건 가운데 중요시되는 것 가운데 하나는 현지의 언어로써 현지 문화의 키워드를 찾아낸 일이다. 도리이 류조는 이 점을 깊이 인식하고 있었고 인류학자에게는 현지조사에서 필수요건 가운데 하나인 현지어 구사력은 영어를 비롯하여 프랑스어, 중국어, 몽골어, 러시아어에 걸친 것이었다. 이 언어를 그는 거의 독학에 의하여 익힌 것이었다. 필자가 이번에 번역한 이 책에서도 그의 외국어 실력이 어느 정도였는가를 엿볼 수 있다. 조선어 실력은 어느 정도였는가는 알 수 없고 그의 조선문화에 관한 글도 그렇게 많지 않다. 그 가운데에서도 무속과 조선인 체격, 돌멘(dolmen), 석기시대 문화에 관한 글 정도가 남아 있다. 무속과 조선인 체격에 관해서는 필자의 졸저 및 졸고[17]를 참조하기 바란다.[18]

---

17) 최석영, 『일제하 무속론과 식민지권력』(서경문화사, 1999) 및 「일제의 '조선인' 신체에 대한 식민지적 시선」, 『한림일본학』 제9집(한림대학교 일본학연구소, 2004) 등 최근에 들어서서 일제하 체질인류학적 조사가 가지는 의미를 논한 연구 성과가 나오고 있다. 이와 관련하여 박순영 교수(서울대학교 인류학과)의 다음과 같은 논고는 참고할 만하다. 「일제 식민통치 하의 조선 체질인류학이 남긴 학문적 과제와 서구 체질인류학사로부터의 교훈」, 『비교문화연구』 제10집 1호, 서울대 비교문화연

도리이 류조는 근대 초창기 인류학계에서 연구 활동을 하면서 그가 가지고 있었던 인류학적 방법은 인종학에 가까운 것이었다. 그의 인종학적 연구방법에 대한 구체적인 것은 필자의 졸고를 참고하고 다만 여기에서는 요약해 두는 것으로 한다. 도리이에게 인종학적 방법은 인종의 형성과 분포, 계통, 체격적인 특징에 대한 고찰 이외에 민족심리를 파악하기 위하여 인종, 민족에 관한 언어, 유적, 역사, 토속 등을 종합적으로 검토하는 것이었다. 그의 인종학적 방법에서 두드러진 특징은 역사적 문헌을 중시하였으며 이 방법에 의한 궁극적인 목적은 타일러의 잔존(survival)개념에 비추어서 문화진화를 기술하는 것에 있었다.[19)]

그러면 도리이에게 강하게 영향을 미쳤던 타일러(E. B. Tylor, 1832~1917)[20)]의 잔존개념은 무엇인가. 타일러는 기본적으로 인

구소, 2004와 「일제 식민주의와 조선인의 몸에 대한 "인류학적" 시선 : 조선인 신체에 대한 일제 체질인류학자들의 작업을 중심으로」, 『비교문화연구』 제12집 2호, 서울대 비교문화연구소, 2006.

18) 한국학계에서는 1990년대 후반까지는 도리이에 대해 고고학 개설서 수준에서 이름 정도 거론되는 정도였으나, 그 후 서울대학교 박물관, 국립중앙박물관에서 도리이가 촬영하여 남겼다는 유리원판 사진에 대한 특별전시와 목록집이 발간되면서, 도리이에 대한 관심이 조금씩 나타나기 시작하게 됨에 따라 도리이에 대한 한국학계에서의 연구는 이제부터라고 말해도 좋을 상황에 있다.

19) 명치 21년 당시 동경제국대학 대학원생이었던 츠보이 쇼고로우가 대학의 명을 받고 구주(九州)조사를 마치고 돌아가던 길에 다카마츠(高松)에 들러 인류학회 발족에 동참한 후쿠이에 우메타로(福家梅太郎)를 방문하였고 그와 함께 도쿠시마(德島)의 도리이 집에서 2박인가 3박을 하면서 도리이에게 타일러의 『인류학개론(Anthropology)』를 읽어볼 것을 권유하였다. 寺田和夫, 『日本の人類學』, 思索社, 1975, 69~70면. 영국 인류학의 기초를 닦은 타일러는 잔존(survival), 애니미즘(animism)이라는 용어를 만들어 문화를 설명하고자 하였다.

20) 타일러도 정규적인 인류학 과정을 밟지 않았고 건강이 나빠서 1856년 쿠바와 멕시코에서 휴양을 보냈다. 거기에서 활발한 고대사가 헨리 크

간사회는 유사한 지적 잠재력을 가지고 있다고 주장하고 각 사회는 유사한 발전단계를 거친다고 보았다. 따라서 그는 사회진화 이론을 발전시키고 그 가운데 잔존설을 채택하였다. 잔존설은 어느 단계의 사회 진화에서 다른 단계로 옮겨질 때 남은 문화의 없어지거나 혹은 고풍적인 측면(obsolete or archaic aspects)을 말한다. 즉 남아 있는 문화적 화석(cultural fossils)이 과거에 대한 단서가 되며 현재의 문화단계가 그 이전에서 진화되었음이 분명하다는 점을 증명하였다는 것이다. 그에게 전파주의라든가 독립적인 문화 창출이라든가 진화에 의하여 변화가 일어난다는 것은 중요하지 않았다.[21]

도리이에게 잔존개념은 일본 민족의 개념을 수립하는 데 적절한 것이었다. 일본문화 형성에 영향을 미쳤다고 생각되는 일본 주변 민족들의 문화를 타자화(他者化)하여 비교함으로써 일본 민족의 개념을 만들어내고자 했다.

도리이의 시베리아 조사에 대한 동기도 바로 이 점에서 출발하였다.

> 나는 인류학적으로 시베리아를 연구하고 싶다는 상당한 희망과 흥미 등을 가지고 있었으며 또 일본과의 비교라는 관점에서도 한층 그

리스티(Henry Christy)와 함께 전혀 다른 문화와 접하게 되고 인류학과 고고학을 처음으로 경험하게 되었다. 1865년 그는 처음으로 인류학과 관련된 『인류 초기 역사에 대한 연구(Researches into the early history of mankind)』를 발간한 데 이어서 1871년 그 유명한 『원시문화(Primitive cultures)』를 발간하였다. 그는 1875년 옥스퍼드대학으로부터 명예학위를 받았고 그는 그 때 유명한 교과서를 서술하였고(1881년) 그것이 1884년 영국협회의 인류학섹션이 창립되는 데 중요한 역할을 했다. 옥스퍼드대학에서 강의를 했으며 1907년 명예교수로서 퇴직하였다.

21) Thomas Barfield ed., *The Dictionary of Anthropology*, Blackwell pub. 1997, 477~478면.

러한 느낌이 깊어지고 언젠가는 자신의 목적을 달성할 날이 올 것이라는 희망을 가지고 있었다. 내가 지금까지 종사해 온 만주, 몽골 내지 조선 조사라는 것은 요약하자면 내가 점점 시베리아 쪽으로 향하도록 하는 기분을 만들어 주었다. 바꾸어 말하면 우리들의 입장에 있어서 동부 시베리아의 사실이 밝혀지지 않았다면 도저히 연구에 있어서 비교, 참고에 있어서 편리가 충분하지 않음을 한층 깊이 느껴왔기 때문이다.22)

III. 도리이의 시베리아와 사할린 북부 조사와 그 조사일기

1. 도리이의 시베리아 조사 목적

도리이에게 시베리아 조사의 큰 계기가 된 것이 일본의 시베리아 출병이었다. 그는 이 출병으로 인하여 인류학적 조사지가 또 다시 확보되었다는 점에 큰 의미를 부여하였고 이 기회를 일본이 국가적으로 이용할 것을 제안하였다.

시베리아 출병의 목적이 어떠하든 간에 나는 그것을 통해 일본 세력이 이곳까지 뻗쳐 있다는 것을 느끼고 시베리아 출병이 무의미한 것은 아니라고 생각하였다. 그것을 어떻게 이용하는가는 일본인의 임무이며 만약 이 기회를 간과하여 어떠한 이용도 하지 않는다면 시베리아 출병의 효과는 없을 것이다. 시베리아 출병이 의의가 있도록 하기 위해서는 오직 군대만이 아니라 일본국민도 역시 그것을 이용하지 않으면 안 되는 것이다. 혹시 그것을 이용하지 않았다면 시베리아

22) 鳥居龍藏, 『人類學及人種學上より見たる東北亞細亞』, 岡書院, 1924, 「自序」.

> 출병은 단지 군대로서의 실패뿐만 아니라 일본국민으로서도 실패라고 말하지 않을 수 없다. 제3자의 입장에 서 있는 우리와 같은 사람들은 그와 같이 느끼는 것이다.[23)]
>
> 시베리아 출병은 실패라고 주장하는 사람이 있다. 나는 한 연구자로 본래부터 그 가부(可否)에 관해서는 아무 것도 모르지만 적어도 출병으로 의하여 그 지역에 대한 조사 편의가 마련된 것은 하나의 효과라고 생각하지 않을 수 없다. 그러면서 당시 주둔군의 보호편의가 있었는데 일본의 신사들이 그 지역을 조사하거나 그 외 여행조차도 감히 하지 않았다고 하는 것은 가장 유감스러운 부분이다. 그 천재일우의 계기를 맞이하여 당시까지 비밀고(秘密庫)로서 살펴보는 것이 허용되지 않았던 시베리아에 왜 일본의 신사가 가지 않았던 것일까, 여러분은 시베리아 출병의 실패를 말하기 전에 스스로 마음속을 되돌아봄 직하다. 특히 일본의 각 제국대학 및 그 외 학자가 그것에 대해 어떠한 행동도 시도하지 않았던 것은 내가 가장 유감스럽게 생각하는 바이다. 나는 불초한 존재이지만 이 좋은 기회에 그 지역의 탐험조사를 하고 그것도 감히 불충분하다고 말할 수 있지만 이 분야에 관한 상당한 결과를 낼 수 있었기 때문에 시베리아 출병은 인류학, 인종학 및 고고학에 대해 귀중한 기여를 한 것으로 깊이 경의를 표하고자 한다[24)].

도리이가 시베리아를 조사해야 하는 목적은 크게 보아 다섯 가지였다.

각 지방을 가능하면 널리 실지답사하고 각 지방의 박물관의 수집품을 자세히 조사하고 각 지방의 학자를 방문하고 그 연구 성과를 살피고 각 지방의 도서관을 섭렵하여 많은 자료를 수집하는 것이며 자신의 전공분야와 관련된 서적들을 구매하는 것이었다.

---

23) 鳥居龍藏, 위의 책, 「自序」, 1924.
24) 鳥居龍藏, 「自序」, 1924.

도리이는 각 지역의 언어를 들어보기도 하고 그 지역사람들의 신체를 측정하기도 하고 풍속 및 관습을 조사하고 토속품 등도 수집하였고 그 지역의 고분 등을 발굴하기도 하였다.

이와 같은 목적을 가지고 도리이가 시베리아, 북만주와 사할린에서 행한 조사 일정은 다음과 같았다.

우선 도리이의 시베리아와 북만주 조사일정을 월일별로 정리하면 아래와 같다.

1919년 6월 8일 동경을 출발하여 블라디보스토크에 도착한 것은 6월 13일이었다. 그 곳에 6월 말까지 머물렀다.

1919년 7월 1일 블라디보스토크를 출발하여 지린성(吉林省) 목림강(穆林江), 하얼빈역, 쑹화강, 재재(齋齋)하얼빈, 넌장강(嫩江), 흥안령, 하일라르(海納爾) → 만저우리(滿洲里, 7월 5일), 다우리야역, 볼쟈야강, 오논강 → 제다(齊多), 7월 6일 → 우엘프네우친스키(7월 8일) → 이르쿠츠크(7월 9일) → 치타(7월 17일 출발) → 다우리야역 도착(7월 18일) → 만저우리 도착(7월 20일) → 하일라얼(7월 22일) → 자랸테역(7월 24일)→ 하일라얼 도착(7월 26일)

7월 27일 포합다를 향하여 하일라얼 출발, 밤에 포합다 도착, 28일, 29일 체재

7월 30일 포합다 출발, 8월 1일 항봉자구(杭棒子溝)에 도착

8월 4일 포합다에 다시 돌아옴. 하얼빈으로 가기로 결정하고 치치하얼을 향하여 출발. 오후 4시 치치하얼 도착.

8월 5일 치치하얼 조사

8월 6일 12시경 하얼빈 도착하여 10일까지 체재

8월 13일 하일라얼 도착

8월 14일 제다를 향하여 출발

8월 15일 제다에 도착. 8월 18일까지 제다에 머물면서 조사

8월 19일 제다를 출발하여 밤 12시 마고츠이역 도착

8월 24일 아긴스코에 도착

8월 25일 오전 10시 반 출발

8월 27일 스레텐스크로 출발
8월 28일 카루이므스카야를 출발, 오후 11시 스레텐스크 도착, 조사
9월 1일 헤이룽강 하항 준비
9월 2일 오전 8시 출발. 헤이룽강 주변 조사
9월 5일 에루마꼬프 도착
9월 6일 브라고뷔센스키 도착. 13일까지 체재(12일 아이훈에서 숙박)
9월 14일 하바로프스크로 출발
9월 17일 하바로프스크에 도착. 28일까지 체재
9월 28일 정오 하바로프스크 출발
10월 3일 니콜라예프스크에 도착
10월 5일 타푸타를 출발. 오전 9시 치루에 도착
10월 21일 니콜라예프스크를 출발
10월 27일 하바로프스크에 도착
11월 25일 하바로프스크를 출발하여 블라디보스토크로 향함
11월 28일 오후 9시경 블라디보스토크에 도착
12월 4일 니콜리스크로 출발. 오후 2시경 니콜리스크에 도착
12월 7일 오전 3시경 블라디보스토크에 도착
12월 7일 오후 1시경
12월 10일 오전 11시경 츠루가에 도착
12월 12일 오전 기차로 츠루가 출발하여 고메하라(米原)에서 동경행으로 바꾸어 타고 12월 13일 오전 8시에 동경역에 도착

도리이의 시베리아 조사에 작용한 인식과 조사방법은 무엇이었나. 도리이는 시베리아 각지에 주둔하고 있던 일본 병참부와 군대의 인력뿐만 아니라 시설 등을 이용하면서 현지조사를 수행하였다. 그의 조사는 크게 보아 엄밀한 의미에서의 인류학적 조사라기보다는 서베이(survey)조사에 토대한, 그가 말하는 토속학적 조사(즉, 민족지학적 조사)였다. 도리이는 시베리아에 주둔한 일본군인들 가운데에는 현지 민족조사에서 일정하게 성과를 거두고 있던 사람이라든가 현지 박물관장, 현지 학자들로부터 해당 민족과 지리환경 등에 관한 정보를 얻는가 하면 현지 서점과 도

서관과 박물관을 찾아 관련 문헌들을 수집하면서 조사 현지에 직접 가서 그가 말하는 유사 이전의 문화와 역사와 관련한 유물들을 조사수집하고 현지의 민족들을 대상으로 그 체격 등을 측정하였다. 전쟁이 수행되는 상황에서 수행된 조사였기 때문에 신변의 안전이 무엇보다도 중요한 것이었는데 이는 현지에 주둔하고 있는 일본 병참부에 사전 도움을 요청하여 일본군부로부터 조사편의를 크게 받았다. 현지 조사 시 일본군뿐만 아니라 현지 사람들로부터 현지 안내를 받았다. 현지인이 안내를 거부하였을 때 동행한 일본군이 권총으로 그를 위협하기도 하였다.

당시 급박한 전쟁 속에서 배와 철도를 이용하여 이동하는 조사활동이었기 때문에 조사일정은 상황에 따라서는 변경하지 않으면 안 되는 경우도 있었다.

도리이의 시베리아 조사는 1919년 6월 13일 블라디보스토크에 도착하여 그 해 12월 7일 블라디보스토크로 되돌아왔으므로 약 6개월에 걸친 조사였다.

2. 도리이의 연해주 사할린주 북부조사

도리이는 시베리아와 북만주 조사를 마치고 1년 후 또 다시 이번에는 연해주 사할린주 북부 조사에 나섰다. 1920년 6월 24일부터 8월 3일까지의 조사일정이었다. 이 조사에서는 1919년에 조사했던 지역에 대한 조사도 포함되어 있었기 때문에 1년 안에 변화된 해당 지역에 대해 묘사하고 있는 점도 주목할 만하다.

6월 24일 10시 10분 우에노역 출발하여 아오모리(靑森)로 향함. 이 조사에 인류학 선과생(選科生) 미야사카 미츠츠기(宮坂光次)와 동반.

6월 25일 오타루(小樽)에 도착. 고타루의 테미야(手宮)의 조각문자 조사
6월 26일 북사할린으로 출발
6월 29일 북사할린의 알렉산드로프스크항[亞港]에 도착
7월 1일 오전 알렉산드로프스크를 출발하여 데까수또리로 향함
7월 2일 데까수또리에 도착. 정오 데까수또리를 출발하여 달원해협으로 향함. 오후 8시경 헤이룽강 하구에 도착하여 1박
7월 3일 헤이룽강 거슬러 올라감. 오전 11시경 니꼴라예프스크에 도착. 니꼴라예프스크의 처절한 모습 목격.
7월 5일 치누이로프와 치루 재조사.
7월 6일 치루에서 여러 가지 조사
7월 7일 마린스크를 출발하여 기지호수 도착. 데까수또리 도착.
7월 9일 알렉산드로프스크항에 도착
7월 11일 츠이무강 유역 조사
7월 19일까지 오호츠크해 주변 조사
7월 20일 누이오를 출발
7월 25일 알렉산드로프스크에 도착
7월 26일부터 29일까지 알렉산드로프스크에 머물면서 조사
7월 30일 북해도 출발
8월 1일 오타루에 도착
8월 3일 동경 도착

3. 도리이가 남긴 조사일기

도리이 류조가 남긴 저서들 가운데 『인류학 및 인종학에서 본 동북아시아: 시베리아, 북만주, 사할린』(『人類學及人種學上より見たる東北亞世亞』, 岡書院, 1924, 총 501쪽)은 모두 20장과 부록(2편)으로 구성되어 있다. 구체적으로는 1919년 6월부터 12월까지 시베리아, 북만주에 대한 조사와 1920년 6월부터 8월 3일까지 북사할린 조사 시에 적은 도리이의 일기를 발간한 것으로 제1장부터 제14장까지는 동부 시베리아 조사일기이며 제15장부터 제20장

까지는 북사할린 조사일기이다. 부록 2편은 시베리아, 북만주, 북사할린 조사를 모두 마치고 1921년 11월 11일 제국학사원(帝國學士院) 총회에서 행한 강연과 같은 해 12월 수교사(水交社)에서 설립한 유종회(有終會)에서 행한 강연 내용을 수록한 것이다.

또한 도리이의 조사일기는 도리이가 동경제국대학에 제출한 사직서가 수리된 1924년 6월 20일 후 얼마 안 있어 출간되었다. 도리이가 「자서」에 밝히고 있듯이 23세부터 54세까지 30여 년 동안 동경제국대학 인류학교실과 관련하여 조사 및 연구 활동을 해 오다가 비로소 "숙원이었던 한 사람 역할의 낭인적(浪人的) 학자(인용자 주—자유로운 개인적 학자)"가 되어 만주와 몽골 조사에 전력을 다하게 된다.

이 조사일기는 전쟁과 인류학적 조사와의 관련성을 보여주는 것이다. 즉 1919년 조사 당시의 일본군의 상황뿐만 아니라 러시아 각 민족의 정치·경제·문화적 상황을 보여주고 있으며 시베리아 조사 1년이 지난 후 1919년 6월에 조사했던 지역의 변화도 보여주고 있다. 또한 이 책은 일제 강점 하에서 조선인의 시베리아 강제이주의 역사, 조선인들의 거주분포와 생활상태 등도 엿볼 수 있다는 점에서 일독의 가치가 있다. 그리고 도리이는 현지조사지에 소재하고 있는 박물관을 반드시 방문하여 진열되어 있는 유물들을 관찰·조사하였기 때문에 이 점에서도 러시아의 박물관 역사와 관련해서 참고가 될 만하다. 특히 블라디보스토크박물관과 하바로프스크박물관에 대한 도리이의 묘사는 구체적인 것이기 때문에 오늘날 해당 박물관의 역사를 고찰하고자 할 때 참고가 될 것이다.

도리이의 조사목적 가운데 현지에 어느 정도의 연구자와 연구기관이 있는가를 조사하는 것이 포함되어 있었는데 도리이는 블라디보스토크의 동양학원과 러시아 각지에 조직된 지학협회의 존재에 크게 주목하였다. 그러나 도리이는 현지의 교육고등기관인 대학에는 방문하지 않았다. 아마도 일정상 그렇게 할 수 없었던 상황이 작용한 것 같다.

Ⅳ. 맺는 말

일제는 서구의 정치와 문화로부터 일정하게 영향을 받으면서 '일본식' 근대화를 추구하였고 그와 같은 근대화의 방향에 그들이 해외에 확보한 식민지경영이 또한 영향을 미쳤다. 일제의 조선강점 전후 그들의 조사활동과 관련하여 일본 국내의 학계 변화 가운데 주목할 만한 것은 인류학회와 고고학회의 발족을 들 수 있다. 명치정부도 정부지만 대학차원에서 인류학이라고 하더라도 이제 막 서구의 인류학의 개념을 '소화'시키려고 하던 단계에 있던 대학 내 연구자들을 말하자면 '해외지역조사'에 파견하였다는 점에서 영국의 식민지경영에서 보이는 과정과 비교할 만하다. 다만 영국의 인도에 대한 간접통치 때문에 식민지경영에 인류학적 조사가 큰 의미를 갖지 못하게 되었는지 어떤지는 향후 보다 고찰이 필요한 주제이지만 일제의 조선강점과 경영에 있어서는 일본 국내의 제국대학 졸업생들이 조선조사활동에 적극 참여하였고 식민지 행정 쪽과도 그렇게 충돌 내지 갈등과 같은 것은 보이지 않는다. 그 만큼 일본의 조선 통치는 현지에 대한 정보 수집이 필요하였고 이는 일본군부 세력들의 조선에 대한 '독자적인 통치영역'의 경영방침과도 무관하지 않은 것이었다. 즉 적어도

1910년대 조선통치 초기에는 일본 국내의 법적인 테두리가 아니라 조선통치에 대한 나름대로의 독자적인 '식민지법'을 제정해야 한다는 현실적인 강박이 크게 작용하였던 것이다. 이 점은 영국의 인도 통치방침과는 큰 차이를 보이고 있는 부분이다. 다른 한편 인류학의 학문의 속성에서 보아 일제의 해외지역 확보는 그들에게 학문의 '실험지'와 같은 것이었다.

실제로 식민지 경영에 조사연구자로서 참가한 일본인들 가운데 도리이 류조는 특히 일제의 조선에 대한 동화주의(同化主義) 신봉자였으며 조선과 일본과의 '동원(同源)'을 굳게 믿고 있었다. 이는 일본인의 기원을 모색하고자 하는 당시 일본 국내의 현실적인 과제와도 맞물려 있었던 것이다. 도리이 류조는 일본의 해외침략을 학문의 발전, 더 나아가 일본의 발전이라는 관점에서 보고 있었고 이에 따라서 그는 해외조사에 그 어느 누구보다도 적극적인 태도와 실천을 보여 주었다.

고고학자로서 '토속학'자(민족지학자)로서 도리이 류조는 일본문화의 '잔존(survival)'을 조선을 비롯한 몽골과 시베리아 등지에서 찾고자 하였다. 양자 간의 발전상의 '차이'를 통해서 일본문화의 '원형'을 설명하고자 하였던 도리이 류조는 거의 '독학'에 의하여 구축한 나름대로의 학문적 관점에서 당시 시대요청을 충실하게 실천하고자 하였다. 그의 조사 성과는 일본제국주의와 군부, 그리고 동경제국대학의 인류학교실의 '삼중주'가 어울려진 협동에 의한 산물이었다.

〔제 2 부〕

구비문학과 민간신앙

잡가에서 신민요까지

-개화기에서 일제강점기까지 민간 가창양식의 흐름과 추이-

박 애 경*

Ⅰ. 서 론

개화기에서 일제 강점기에 이르는 시기는 세기의 전환이 일어난 시기이며, 왕조는 제국으로, 제국은 보호국으로, 보호국은 식민지로 나라 운명의 급전직하를 겪었던 시기이기도 하다. 또한 이 시기는 근대라는 새로운 환경과 본격적으로 대면하면서 전 분야에 걸쳐 변화와 재편이 일어난 총체적 변화의 시기이기도 하다. 이러한 변화상은 문화면에도 예외 없이 반영되었다. 그 결과 서구와 일본을 통해 신문물과 제도가 본격적으로 유입되면서 낡은 것과 새로운 것, 전통적인 것과 이입된 것, 지역과 중앙의

* 연세대학교 문과대학 강사.

대립과 착종이 나타나기 시작했고, 이는 19세기 이래 지속되었던 문화의 중층화, 다양화 현상을 심화하였다. 말하자면 이 시기는 문화적 전통의 지속과 단절이라는 양면성이 드러난 총체적 개편기라 할 수 있다.

이 글에서는 개화기에서 일제 강점기에 이르는 시기 구전문화의 변용양상을 민간 가창양식을 중심으로 살피려 한다. 특히 도시를 중심으로 대중적으로 향유되었던 잡가와 신민요의 현황과 환경을 살필 것이다.[1)] 이를 위해 잡가가 가집에 본격적으로 존재를 드러내기 시작한 1860년대부터 신민요가 대중가요의 하위 양식으로 정착한 1930년대까지의 민간 가창 양식의 변화를 추적하고자 한다.

주지하다시피 잡가는 조선 후기, 근대 전환기, 일제 감정기라는 이질적인 시기를 거치며 중세적 시가 양식의 마지막 장르로 출발하여 근대 대중문화로 순조롭게 정착하였다.[2)] 이러한 잡가의

---

1) 이 글에서 잡가를 '조선 후기부터 일제시대까지 시정을 중심으로 전문적 창자에 의해 불린 민간 가창양식의 총합'으로, 신민요를 '전문 작사가·작곡가가 조선 민요에서 선율이나 형식을 취해 만든 창작 민요'로 전제하고, 논의를 전개하고자 한다.

2) 여기서 근대적 대중문화라고 하는 것은 대중매체에 의한 대량 생산과 대량 보급이라는 소통방식에 근거하여 존재하는 예술을 의미한다. 시가학계에서는 1990년대부터 잡가를 자생적 대중가요의 효시로 보는 견해가 꾸준히 제출되었다. 이러한 논의들에서는 공통적으로 잡가의 대중 예술적 속성을 주목하고, 개화기 이후 외래 양식의 이입은 잡가와 통속 민요가 개척한 대중적 기반 위에 정착했다고 보고 있다. (이노형, 「한국근대대중가요의 역사적 전개과정 연구」, 서울대학교 박사학위 논문, 1992; 고미숙, 「20세기 초 잡가의 양식적 특질과 시대적 의미」, 『창작과 비평』 89호, 창작과 비평사, 1995; 강등학, 「19세기 이후 대중가요의 동향과 외래양식 이입의 문제」, 『인문과학』 31집, 2001, 241~263면; 강연진, 「한국근대대중가요 형성과정 연구」, 이화여자대학교 박사학위 논문, 2002) 이러한 연구 성과가 쌓이면서, 대중음악의 역사를 외래 양

독특한 위상은 전통 노래문화의 지속과 단절 양상을 해명하고 그 의미를 밝히기에 적합한 대상이라 할 수 있다. 즉, 조선 후기 가창문화권의 개편 과정에서 부상한 잡가의 20세기 이후 진로는 전근대 시가양식과 노래문화의 근대적 대응 양상을 보여주고 있다는 것이다.[3] 또한 잡가의 변용의 한 징후라 할 수 있는 신민요는 전통의 선법, 선법과 외래 양식과의 혼합을 보여주는 대표적 징후로, 전통문화의 변용 과정에 나타나는 혼성양상과 그 문화적 의미를 짚어보기에 적합한 대상이라 할 수 있다.

이렇듯 민간 가창양식의 변용양상을 추적하는 것은 전통적 시가 양식이 근대라는 새로운 시대, 새로운 환경과 만나면서 어떻게 생존해왔으며 어떻게 자체 변화를 꾀하여왔는지를 탐색하는

식의 일방적 이입으로 본 견해에 대한 반론으로서의 의미는 확보하였지만, 음반의 등장을 대중가요의 유력한 징후로 보는 이식론과의 거리는 여전히 해소되지 않은 채 남아있다. 이견의 해소를 위해 토속가요와 통속가요를 포함한 전통가요와 협의의 대중가요를 구분하여 살피려는 대안이 제기되기도 하였다(장유정, 「일제 강점기 한국 대중가요 연구」, 서울대학교 박사학위 논문, 2004). 또한 잡가가 지닌 대중가요적 속성에 초점을 맞춘 나머지 전 근대와 근대라는 이질적 환경에서 소통되었던 잡가의 위상을 일면적으로 파악하려한다는 문제점이 제기되기도 하였다(박애경, 「잡가의 개념과 범주 문제」, 『한국시가연구』, 2003; 권도희, 「20세기 초 서울음악계의 성격과 대중음악 형성에 관한 연구」, 『서울학연구』 22집, 2004). 이 글은 전근대 잡가와 대중예술로 정착한 20세기의 잡가는 동일한 대상임에도 불구하고 소통 환경이 달라진다는 점에서 의도적으로라도 분리하여 접근해야한다는 전제 위에 작성되었다.

3) 잡가를 근대성 혹은 근대 시민문화의 연원과 관련하여 진행한 논의가 손태도에 의해 제출되기도 하였다. 그러나 이 논의는 잡가의 시대를 가집이 본격 출판된 1910~20년대로 한정하고, 정가에 대한 상대개념으로 포괄적으로 접근하고 있다는 점에서 조선후기 가창문화의 연속선상에서 잡가에 접근하고, 20세기 이후에는 정가와 잡가의 구분이 무의미해졌다고 보고 있는 이 글과는 방향을 달리하고 있다. 손태도, 「1910~20년대 잡가에 대한 시각」, 『고전문학과 교육』, 2000, 207~208면.

데 성찰의 근거를 마련해준다고 할 수 있다. 이는 비단 가창 양식만의 문제가 아니라 판소리, 구활자본 고소설 등 전근대 시대에 형성된 대중적 문예 양식의 추이와 그 시대적 의미와도 직결되는 보다 포괄적인 문제라 할 수 있다. 따라서 민간 가창양식에 대한 접근은 '조선 후기 도시적 분위기에서 성장한 대중적 문학. 예술이 식민지 근대를 어떤 방식으로 맞이하고, 체현했는가?', '공동체의 정체성을 매개하는 노래는 어떤 방식으로 재편되는가?' 라는 포괄적 질문에 대한 답변의 근거를 마련하는 데에도 유효하리라고 본다. 또한 이는 근대 이후에도 여전히 비 엘리트층을 위한 대중양식으로 '동시대적'으로 존재하고 있었던 대중적 문예 양식의 위상을 가늠하고, 근대 이후 구비전승의 위상을 가늠하는 데에도 유효한 접근 방식이라 생각한다.

Ⅱ. 시정문화의 성숙과 잡가

잡가는 국문학의 여러 하위 갈래 중 가장 논란이 많은 문제적 영역이기도 하다. 그 이유는 상당 부분 잡가의 모호한 갈래의 정체성에 기인한다고 할 수 있다. 그 결과 잡가의 개념과 범주 등 연구의 시작부터 연구자 간에 이견을 노출할 수밖에 없는 분야라 할 수 있다. 물론 잡가에 대한 연구 성과가 쌓이면서 가사의 변격 혹은 민요의 특수 형태 정도로 취급 받았던 잡가의 장르적 독자성과 정체성이 제시되기도 하였다.[4] 나아가 잡가의 특수한

---

4) 잡가의 정체에 대한 기존 논의는 대략 다음과 같이 정리해 볼 수 있다.
고정옥, 『조선민요연구』, 수선사, 1949.

존재 방식과 수용 양상을 들어 잡가를 근대적 대중가요의 초보 형태로 보는 논의가 제기되기도 하였다.[5] 또한 잡가의 사설 구성 원리와 담론화의 과정을 통해 잡가의 정체를 해명하여, 잡가를 본격 텍스트 연구 대상으로 삼기도 하였다.[6] 그런데 축적된 연구

조윤제, 『국문학개설』, 동국문화사, 1955.
이병기, 『국문학전사』, 신구문화사, 1965.
정재호, 「잡가고」, 『민족문화연구』 6집, 고려대학교 민족문화연구소, 1972.
김문기. 『서민가사연구』, 형설출판사, 1982.
최상수, 「잡가의 장르적 성향과 수용양상」, 성균관대학교 석사학위 논문, 1986.
하희정, 「잡가의 장르적 성격:12잡가를 중심으로」, 이화여자대학교 석사학위 논문, 1986.
윤기홍, 「잡가의 성격과 민요 판소리와의 관계」, 최철 편저, 『한국민요론』, 집문당, 1986.
이노형, 「잡가의 유형과 그 담당층에 대한 연구」, 서울대학교 석사학위 논문, 1987.
최원오, 「잡가의 교섭갈래적 성격과 그 이론화의 가능성 검토 시론」, 『관악어문연구』 19집, 관악어문연구회, 1994.
한영숙, 「잡가의 역사와 개념 규정」, 『한국음악산고』 9집, 한양대학교 전통음악연구회, 2001.

5) 이노형, 「한국 근대 대중가요의 역사적 전개과정 연구」, 서울대학교 박사학위 논문, 1992.
박애경, 「조선 후기 시가의 통속화 과정에 대한 연구 —잡가를 중심으로」, 『연세어문학』 27집, 1995.
고미숙, 「20세기 초 잡가의 양식적 특질과 시대적 의미」, 『창작과 비평』 89호, 1995.

6) 송여주, 「잡가의 사설 차용 현상에 대한 연구」, 서울대학교 석사학위 논문, 1996.
신은경, 「창사의 유기성에 대한 텍스트 언어학적 조명 -잡가의 경우」, 『우리시 다시 읽기』, 보고사, 1997.
성무경, 「잡가 '유산가'의 형성 원리에 대하여」, 『가사의 시학과 장르 실현』, 보고사, 2000.
김학성, 「잡가의 사설 특성에 나타난 구비성과 기록성」, 한국고전문학회

에도 불구하고, 잡가에 대한 연구는 다시 원점에 돌아와 있는 듯하다. 여기에는 "기원이 다른 가창 양식의 복합체라 할 수 있는 잡가를 내적 통일성을 가진 문학적 장르로 보는 것이 타당한가?"에 대한 의문도 포함되어 있다고 할 수 있다. [7] 이렇듯 잡가를 둘러싼 난맥상의 이유는 상당 부분 다른 장르와의 경계 속에서 자기 정체성을 형성해왔던 잡가의 특수성을 간과한 데에서 비롯되었다고 할 수 있다.[8] 뿐만 아니라 잡가에 대한 기록이 빈약하

엮음, 『국문학의 구비성과 기록성』, 태학사, 1999.

7) 이러한 논의는 주로 국악계에서 제출되었다. 국악계에서는 잡가라는 포괄적 명칭대신 12잡가, 12가사, 경기민요, 서도민요 등 음악 하위양식에 따른 명칭을 주로 사용하고 있다. 또한 국문학계에서도 잡가의 개념에 대한 논의를 원점부터 다시 시작하려는 움직임이 보이고 있다. 박애경, 「잡가의 개념과 범주 문제」, 『한국시가연구』 13집, 한국시가학회, 2002.

8) 애초에 잡가는 장르로서의 귀속성을 획득하지 못한 작품군을 지칭하는 범칭이었다. 즉 가곡 등 이미 공인된 장르를 제외한 나머지 장르, 정악으로서의 정통성을 지니지 못한 장르 혹은 이미 확증된 장르로서의 귀속성을 지니지 못한 텍스트나 작품군을 지칭하는 개념이 담겨 있다고 할 수 있다. 이미 장르로서 확정된 작품군을 제외하는 방식으로 잡가의 범주와 정체를 규정하는 관행은 비단 형성기의 잡가 뿐 아니라 지금도 선택되는 방식이라 할 수 있다. 예를 들면 잡가의 범주 문제를 본격적으로 제기한 정재호의 「잡가고」에서는 잡가의 범주를 잡가집 소재 작품 중에서 기존 시가 장르인 가사, 시조, 한시, 창가에 각 편을 돌려준 후 나머지 작품을 잡가의 범주로 삼아, '공인된 장르'를 배제하는 방식으로 잡가의 범주와 정체를 설정하고 있다. (정재호, 「잡가고」, 『민족문화연구』 6집, 고려대학교 민족문화연구소, 1972) 이러한 방식은 자칫 잡가의 독립성을 부정하는 견해로 비춰질 수 있다. 그러나 기원이 동일하지 않은 잡가라는 범주의 형성에는 구심적 견인력 못지않게 배제의 원리 역시 작용했다는 점은 부인하기 어려울 것이다. 이는 다른 장르와의 관계 속에서 자기 부상한 잡가의 형성과정과도 무관하지 않다. 또한 배제의 방식이 당대 문화현상에 조응한 담론의 기반 위에서 이루어지므로, 배제의 원리와 공식을 밝혀낼 수 있다면 이 또한 잡가의 정체를 해명하는 데 도움이 되리라 생각한다. 방향은 다르지만 이 과정

여 잡가가 어느 시점에서부터 불려지고, 향유되었는지는 정확히 알려진 바 없다는 점도 잡가에 대한 진지한 접근을 어렵게 한다.

잡가가 언제부터 향유되었는지는 분명하게 알 수 없으나, 농민층의 분화가 진행되었던 18세기 이후 하층 유랑연예인을 중심으로 불렸을 것으로 추정하고 있다. 그러나 도시 유흥의 장에 본격적으로 모습을 드러낸 것은, 잡가의 3명창인 추교신, 조기준, 박춘경의 3명인을 배출한 19세기 중엽 이후이다. 이들은 모두 서울의 성 밖에 거주하던 사계축 출신의 창자로 민간의 속악에 뿌리를 두었다. 이들이 활약하던 시기는 12잡가의 일부 레퍼토리가 서울을 중심으로 성창되기 시작한 시기와 일치한다.[9] 잡가라는

은 잡가로 범주화된 작품군이 공유하는 문화적 기반을 확인하는 방식과도 상통한다고 할 수 있다. 역사적 시기에 따른 잡가의 개념과 범주, 잡가를 둘러싼 인접 장르와의 관계에 대해선 선행 논문에서 정리한 바 있다. 잡가의 정체에 대한 시비, 그에 대한 생각은 이 논문에 제출했던 결론으로 대신하고자 한다. 잡가에 대한 필자의 생각은 그때와 달라지지 않았다. “첫째, 20세기 이전의 잡가 정확히 말해서 18세기 말부터 개화기 이전의 잡가는 가곡의 타자에서 정악 전반의 타자로, 정악 전반의 타자에서 풍류방, 도시 유흥 공간 등 가창문화권의 중심에 놓이는 긴 노래로 끊임없이 개념의 변화를 겪으며, 범주를 확정하여 왔다. 둘째, 19세기 잡가는 창곡의 전성시대를 맞아 가창문화권이 확산되는 가운데 장르 간의 공존과 경쟁 속에서 끊임없이 자신의 외연을 확산할 수 있는 일종의 ‘동태적인 장르’로 존재했었다. 셋째, 텍스트, 장르, 수용층, 지역 간의 넘나듦 과정을 거친 후 가창문화의 전면에 부상했던 잡가는 20세기 새로운 전승환경과 만나며 근대 대중문화의 맹아로 떠오르는 동시에 외래 음악의 타자로 부상하였다. 넷째, 19세기 잡가와 20세기의 잡가는 잡가를 둘러싼 문화적 기반이 달라진 만큼 그 범주를 달리한다. 이렇듯 잡가의 개념과 범주는 매 시기 타 장르와의 관계 속에서 확정되었다고 볼 수 있다. 이는 잡가가 문학적 혹은 음악적 장르 이전에 가창문화의 변화와 재편을 매개하는 문화현상으로 존재하고 있었다는 사실을 증명하는 것이라 할 수 있다.” 박애경, 앞의 글, 307면.

9) 이창배, 『국가창대계』, 홍인문화사, 1976, 162~163면.

명칭이 문헌에 나타나기 시작하는 시점도 이 무렵부터이다. 잡가라는 명칭이 문헌에 나타나기 시작하는 시점도 이 무렵부터이다.

19세기 중엽 이후 시정의 가창문화를 반영하고 있는 가집 『남훈태평가』에는 잡가편에 <소춘향가>, <매화가>, <백구사> 등 3편의 작품을, 가사편에 <춘면곡>, <상사별곡>, <처사가>, <어부사> 등 4 편의 작품을 싣고 있어 19세기 중엽 이미 잡가가 널리 가창되었다는 것을 보고하고 있다. 그런데 현재 12가사의 레퍼토리로 알려진 <매화사>와 <백구사>가 잡가로 편재되고, 12가사 중 일찍이 텍스트가 완성된 것으로 보이는 <춘면곡> 이하 4곡은 가사편에 수록되어 있는 데에서 확인해볼 수 있듯 이 시기 가사와 잡가의 경계는 확정되지 않았다고 할 수 있다. 가사는 그 뿌리를 정가에 두고 있지만 민요조 가락이 섞여들어, 정가 중에서 격이 낮은 것으로 취급되었고, 그 결과 잡가로 인식되기도 했던 것으로 보인다.

시정의 놀이와 풍속을 묘사한 기록에서도 이 시기 가사와 잡가의 경계가 불분명하다는 사실을 보여주고 있다.

> 술자리 무르익는데 밤은 어느 때인가　杯盤爛處夜始何
> 가곡이 끝나자 잡가로 이어지네　曲罷篇歌變雜歌
> 고조 춘면곡은 지금 부르지 않고　古調春眠今不唱
> 황계사는 흐느끼며 백구사는 어지럽네　黃鷄鳴咽白鷗珪

유만공의 <歲時風謠>에서는 <춘면가>, <황계사>, <백구사> 등 12가사의 곡목을 잡가로 지칭하고 있어 가사와 잡가의 영역이 불분명함을 보여 주고 있다.

서울 별감들의 풍류를 묘사한 가사 <한양가>에서도 이 점을 확인해 볼 수 있다.

> 擧床調 내린 후에 소리하는 어린 기생
> 한 손으로 머리 받고 이마를 반쯤 숙여
> 우조라 계면이며 소용이 편락이며
> 춘면곡 처사가며 어부사 상사별곡
> 황계타령 매화타령 시조잡가 듣기좋다.'10)

놀이판에 불려온 어린 기생이 가곡과 시조 잡가를 부르는 대목에서 별감들이 주최하는 도시 유흥의 규모를 살필 수 있다. 그런데 여기에서도 가사를 곧 잡가로 부르고 있다. 진주 지방관으로 부임한 정현석이 관아들에게 가무를 가르치기 위해 편찬한 『교방가요』의 잡가편에도 주로 12가사의 곡목이 수록되어 있다.

이는 12가사와 12잡가 사이의 친연성을 보여주는 것인데, 양자는 음악 어법 면에서도 유사함을 보여 발생·전개 과정에서 밀접한 관련이 있었던 것으로 보고 있다.11) 이는 정가에 속하는 가사가 속악의 영향을 받아 도시유흥의 중심을 이루고 저층의 소리를 자양분으로 하여 성장한 잡가가 정가의 영향을 받아 기법적으로 세련화되는 경향은 상·하층 갈래 간의 간 모방과 상호 침투가 두드려졌던 이 시기 문화적 흐름을 보여준다고 할 수 있다.

또한 가사 뿐 아니라 판소리와 잡가 간 명칭의 착종도 보인다.

> 우리나라 광대들의 잡희는 창자는 서고 고수는 앉는데 선 사람은 창을 부르며 앉아있는 사람은 장고를 치며 가락을 맞춘다. 대체로 잡가는 12마당이며 향랑가는 그 중에 하나이다.12)

---

10) 『한양가』, 민창문화사, 1994.

11) 12가사에 대한 음악적 설명은 다음 논의를 참조할 것. 장사훈, 『국악총론』, 정음사, 1976, 김해숙, 백태웅, 최태현 공저, 『전통음악 개론』, 도서출판 어울림, 1995.

12) 尹達善, <廣寒樓樂府> 序, '我國倡優之戲 一人立一人座 而立者唱 座

<廣寒樓樂府>는 판소리 <춘향전>을 한시로 엮은 작품이므로 서문에서 언급한 잡가 12강이란 곧 판소리 열두마당을 가리키는 것임을 알 수 있다.

판소리와 잡가 간의 착종은 송만재의 <관우희>에서 더욱 생생하게 나타난다. 총 50수로 이루어진 관우희는 영산회상, 판소리, 줄타기, 땅재주 놀음을 담아내어 민간의 속가와 유흥이 전면에 등장한 양상을 짐작케 한다. 관우희에는 본사의 내용을 요약적으로 제시한 '병서'를 덧붙였는데, 여기에 '잡가'라는 명칭이 보인다.

> 말이 입술과 이 사이에서 샘처럼 흘러나오니 <靈山會相> 제 1투조의 장단이요. 타령, 잡가 오만가지 별체를 노래하는데 때로는 앉아서 혹은 쭈그리고 또는 서서 또는 말하고 노래를 부르는가 하면 북도 쳐가며 혹 웃기도 하고 울기도 하면서, 한 번 길게 뽑으면 한 번은 짧게, 한 번은 맑게 한 번은 흐르게, 한 번은 울리고 한 번은 떨어지고, 바른가 하면 느리게 한다.13)

본사 중 타령 부분에 판소리 공연을 묘사하였고 12가사나 12잡가의 어느 곡도 소개하지 않은 것으로 보아, 위 기록의 잡가는 타령 즉 판소리를 지칭하는 것으로 보인다. 판소리는 <춘향전>을 한시화한 유진한의 '歌詞春香歌 二百句' 이래 꾸준히 打令, 打鈴 혹은 打詠 등으로 불렀다. 그런가하면 가창가사 중 매화사, 황계사를 매화타령, 황계타령이라고 부르기도 하였다. 이로보아 이

者以鼓節之 凡雜歌十二腔 香郎歌卽其一也', 尹達善, <廣寒樓樂府>(연세대학교 중앙도서관 소장)

13) 宋晩載, <觀優戱> 竝序, '言泉流於盾齒 靈山會相一套調腔 打令雜歌千百船別體 或座或踞 惑立或語 或歌或咢 或笑或泣 一長一短 一淸一濁 一抗一墜 一疾一舒', 윤광봉, 『한국의 연희시』(박이정, 1997)에서 재인용.

시기 판소리, 잡가 등 민간의 속가 혹은 속가에 기반을 둔 긴 노래를 두루 타령이라 불렀고 이를 곧 잡가라 하기도 한 듯하다. 20세기 이후 잡가집에 새로이 등장하는 작품 중 '타령'을 붙이는 가명이 많은 것은 이러한 사정과 무관하지 않은 듯싶다.

> 시조 3장을 노래한 후 계속해서 우·계면 한 바탕을 부르고 또 잡가를 노래했는데 모흥갑과 송흥록 등 명창의 조격을 꿰뚫지 않은 바가 없으니 진실로 절세명인이라 부를만하다.[14)]

안민영의 개인 가집인『금옥총부』에 실린 작품 후기는 기생 금향선이 시조창과 가곡창 잡가를 노래하는 모습을 묘사한 대목이다. 안민영은 대원군의 후원을 받으며, 여항예술의 격조를 높이는데 심혈을 기울인 가객으로서, 당대의 일급 기생들과 광범위하게 교유하였다. 당시 일급 기생들은 가곡·가사·서예·정재무 외에는 하지 않고 잡가는 입에 올리지 않았다고 한다.[15)]

이로보아 19세기 중엽 이후의 시정의 노래문화를 반영한『남훈태평가』에서 잡가를 독립된 장르로 취급하였지만, 대부분은 판소리, 가창가사를 두루 잡가로 부르고 있어 잡가와 가창가사, 판소리 간의 경계, 특히 잡가와 가창가사 간의 경계가 불분명하다는 것을 알 수 있다. 그런데 이러한 현상이 단순히 '잡가가 아닌 것을 잡가로 인식하는' 차원이 아닌 것은 분명해 보인다. 기록을 남긴 당대인들은 가곡, 시조 등 정가로서 장르적 정통성을 획득한 음악을 제외하고, 도시의 가창문화권 내에 편입된 민속악 전반, 혹은 민속악과의 교섭 흔적이 뚜렷한 가창물을 두루 잡가로

---

14) '唱時調三章後續唱羽界面一編 又唱雜歌 牟宋等名唱調格 莫不透妙 眞可謂絶世名人也', 安玟英,『金玉叢部』(중앙 국립도서관 소장), 157번 후기.
15) 이창배, 앞의 책

인식했던 듯하다. 즉, 잡가의 개념은 고정된 실체를 기반으로 만들어진 개념이 아니라, 가창 문화권에서 '정가의 정통성을 지니지 못한' 혹은 '격조에서 상대적으로 떨어지는' 개념을 포괄하면서 만들어졌던 것으로 '상대적 개념'으로 보인다. 말하자면 '주류로서의 정통성을 지니지 못한' 가창물이 시정의 공간에서 함께 불리면서 이를 곧 잡가로 인식했던 듯하다.

주목할 만한 것은 성 밖의 문화에 머물었던 잡가가 시정의 유흥공간에서 널리 불리게 되면서 장르 간의 개방성이 증대되었다는 점이다. 앞서 안민영과 관기 금향선의 사례에서 보이듯 상당한 음악적 감식안을 지닌 예인의 놀이에 격이 떨어지는 것으로 취급받았던 잡가가 불리었다는 것은 갈래 간의 폐쇄적 장벽이 점차 사라지고 있는 당대의 문화적 경향을 보여주고 있는 것이라 하겠다. 이를 매개할 수 있었던 것은 도시를 배경으로 성행되던 다양한 도시유흥이라 할 수 있다. 이렇듯 도시유흥의 장은 다양한 장르의 놀음과 노래가 오락을 위한 연행물로 공존하는 개방적 장인 동시에 유락적인 잡가가 소통될 수 있는 장이라 할 수 있다. 아울러 이는 정가와 속가로 기원을 달리하는 민간의 가창물이 공존하고, 지역문화와 도시문화가 교차하는 혼종의 장이기도 하다.

Ⅲ. 지역 민요권과 잡가

잡가의 형성과 전승, 범주 확정에서 가장 문제가 되는 것은 공동체의 노래로 전승되어 온 있는 민요와의 관계라 할 수 있다.

물론 잡가와 민요는 기원이나 전승 과정에서 유사성을 보이기도 한다. 그 결과 전문 소리꾼에게 포섭된 지역의 민요 중 일부는 잡가로 취급되기도 하였다. 물론 지역의 민요가 잡가집에 수록되는 것은 20세기 이후 활판 가집의 활황과 함께 나타난 현상이지만, 19세기에 이미 민요를 흥행의 레퍼토리로 삼았던 전문 소리꾼의 흔적이 보이고 있다. 이들이 불렀던 민요는 전문 소리꾼이 흥행이나 상업적 이익을 위해 불렀다는 점에서 공동체 내부에서 자족적으로 소통되는 민요와는 양상을 달리했다고 할 수 있다.[16]

지역 민요권과 잡가의 관계는 유랑 연예인의 존재로 확인해 볼 수 있다. 앞서 언급한 『교방가요』 '잡요'항에는 <산타령>, <놀량(遊令)>, <杵타령>, <花杵타령>을 가사 없이 간단한 해설과 함께 소개하고 있다.

> ① 이는 걸사와 사당패 무리들이 부르는데 내용이 음탕하고 가사가 비루하다. 오늘날에는 거리의 아이들과 종들도 이를 부를 줄 안다.[17]

여기에서 소개한 작품은 서울, 경・서도에서 불린 선소리(立唱) 한마당의 주요 곡목들이다. <산타령>과 <놀량>은 선소리(立唱) 한마당의 주요 레퍼토리로 과천, 애오개, 뚝섬 등 서울 각 권역에서 활약하던 선소리패들이 주로 불렀다고 한다.[18] <저타령>과 <화저타령>은 이후 잡가집에 등장하는 <방아타령>과 <화초사

---

16) 전문적 창자에 의해, 목적의식적으로 불리는 민요는 흔히 도시민요(Urban Folksong), 통속민요 혹은 가창유희요 등 세분화된 개념으로 불리고 있다.

17) '此乞士舍黨所唱 皆是淫辭鄙詞也 今街童厮隷亦解唱此' 鄭顯奭, 『敎坊歌謠』, 아세아문화사 영인, 1975.

18) 이창배, 1976, 317면.

거리>를 가리키는 듯하다. 원래 <산타령> 계통의 입창은 사당패 등 유랑 연예인의 레퍼토리로 알려져 있다.[19] 이들은 비단 서울뿐 아니라 서도, 남도에 걸쳐 광범위하게 존재하면서, 각 지역의 민요를 경·서도와 남도의 선소리로 바꾸어 놓았다. <산타령>의 기원은 확실치 않으나, 정월 상원일에 고래로 내려오는 답교놀이의 중심된 노래라는 점[20]에서 민요가 변형된 노래인 것은 분명해 보인다. 이로보아 서울 각 권역에서 활약하던 선소리패는 바로 이들의 유랑 연예인의 한 부류라 할 수 있다.

『교방가요』에 소개된 잡요는 시정의 풍류방에 자리 잡은 잡가와 지역 민요의 중간 영역에 속하는 오락과 흥행을 위한 전문 창자의 민요 즉, 통속민요의 개념으로 볼 수 있다. 이로보아 '잡요'는 전문적 혹은 반전문적 소리꾼에 의해 지역 민요가 흥행을 위한 레퍼토리로 정착되면서 지역의 협소한 영역을 넘어서는 과정을 잘 보여주고 있다. 거리의 아이들과 종들도 이 노래를 불렀다는 것에서 소리꾼의 노래가 다시 지역 민요권에 침투하여 이후 잡가와 민요의 경계가 불분명해지는 현상을 확인해 볼 수 있다.[21]

통속민요와 떠돌이 노래패의 존재는 한말 최영년의 시에서도 확인해 볼 수 있다.

② 짙은 눈썹 윤기있는 살결 그림인 양	濃黛凝脂似畵椶
비단치마에 흰 부채는 빙그르르	羅裙紈扇舞螺旋
춘향가 일곡에 양산도 부르자	春歌一曲陽山道
소리꾼 붉은 생초에 돈이 비오듯	肖者紅綃雨萬錢 [22]

19) 송방송, 『한국음악통사』, 일조각, 1984, 468면.

20) 이창배, 1976, 317면.

21) 『교방가요』는 진주 관아의 관기 교육을 위한 가집이기는 하나, 진주 지역문화를 반영했다고 보기는 어렵다. 이는 가집의 편재와 레퍼토리로 확인된다.

<사당패>라는 시는 떠돌이 연예인들이 공연 모습을 묘사하고 있다. 이를 통해 지역의 민요가 전문 창자에 의해 지역을 넘어 소통되는 양상을 보여주고 있다. <양산도>는 1910년대 이후 잡가집에 빈번히 수록되는 인기 레퍼토리로, 서도소리에 기원을 둔 대표적인 경기민요로 분류되고 있다. 그런데 <양산도>가 20세기 들어 가장 인기 있는 선소리의 레퍼토리로 정착한 배후에는 이렇듯 사당패와 같은 유랑 연예인들이 있었다. 특히 사당패들이 주로 부른 노래는 <산천초목>, <갈가부다>, <오돌또기>, <방아타령>, <잦은 방아타령>, <놀량창> 등 주로 산타령 계통의 입창으로 특유의 메기는 소리로 불렀다고 한다.[23] 이들은 비단 서울 뿐 아니라 서도, 남도에 걸쳐 광범위하게 존재하면서, 각 지역의 민요를 경·서도와 남도의 선소리로 바꾸어 놓았다. 20세기 이후 가창문화의 중심으로 부상한 경·서도 잡가, 남도잡가 등 지역 민요권에 기반을 둔 잡가는 이처럼 유랑 연예인이 지역에 기반한 민요를 흥행에 적합한 노래로 바뀌는 과정에서 형성되었다.

19세기 초에 편찬된 것으로 추정되는 『東大伽倻琴譜』에 현행 경기민요로 분류되는 <흥타령>이 수록되고, 19세기 말에 편찬된 『蛾洋琴譜』에 <방아타령>, <오독기> 등이 수록된 사실[24]로 미루어 보아 지역민요가 전문 소리꾼이나 음악인에 의해 협소한 영역을 넘어 전국적으로 퍼지며, 통속화하는 과정은 19세기에도 이미 진행되었던 듯하다.

---

22) 윤광봉, 『조선후기의 연희』(박이정, 1998)에서 재인용.

23) 권도희, 「20세기 전반기의 민속악계 형성에 관한 음악사회학적 연구」, 서울대학교 박사학위 논문, 2003, 31면.

24) 권오경, 「19세기 고악보 소재 민요 연구」, 『한국시가연구』 12집, 한국시가학회, 2002.

이렇듯 지역 문화권과의 교섭을 거쳐 잡가가 대표적인 도시의 문화로 편입되면서 지역 문화의 특징적 요소들이 잡가에 수용되는 양상 역시 창자의 역할과 관련하여 주목할 만하다. 12가사의 요성에 서도소리가 섞여 있다는 점[25]은 선상기로 뽑혀온 평양 기녀들의 상경과 관련지어 볼 수 있을 듯하다. 또한 경복궁 중건 시, 각 지역의 노래패들이 상경하여 역부들을 위로했던 것으로 보아[26] 서도와 남도 예능인은 서울 유입은 19세기에 이미 광범위하게 진행되었던 것으로 보인다.

19세기 중엽 이후 서울로 상경한 대표적 유랑 예능인으로는 평양 기생 외에도 평양 지방을 근거로 한 사당패였던 날탕패, 남도의 판소리 광대들을 꼽을 수 있다. 이들은 지역문화와 함께 상경하여, 19세기 도시유흥의 한 주역으로 자리 잡은 후, 20세기 이후 극장의 시대가 열리면서 극장 공연의 총아로 부상하게 되었다. 이렇듯 지역 예능인의 상경과 함께 지역의 문화가 서울로 집중되면서, 지역에 기반을 둔 향토문화가 유흥에 걸맞은 세련된 도시문화로 탈바꿈하는 양상이 광범위하게 지속되었다.

지역 문화의 서울 유입은 하층민을 기반으로 한 통속적 가창물이 부상하는 계기가 되었다. 그 이유는 우선 지역 문화 유입의 하나가 전국을 유랑하는 하층 연예인 집단이었다는 데에서 찾아볼 수 있다. 판소리 광대와 날탕패 등 사당패는 이미 서울 외곽을 본거지로 삼으며 잡가를 부르던 사계축, 삼패들과 함께 지역의 소리를 도시유흥에 걸맞은 레퍼토리로 바꿔 유흥에 관심이 많은 왈짜 부류와 부상(富商)에게 각광을 받게 되었다.

이렇듯 지역에 기반을 둔 노래가 전문적인 연예인과 만나며

25) 장사훈, 『국악총론』, 세광음악출판사, 1980, 280면.

26) 이능화, 「朝鮮鄕土藝術論」, 『삼천리』 1941년 4월 논설 <鄕土藝術과 農村娛樂의 振興策> 중

흥행을 위한 노래로 탈바꿈하고, 이것이 지역 공동체를 넘어 전국으로 보급된 점, 지역마다 유흥의 레퍼토리가 통일되는 점은 가창문화권이 저변화되면서 잡가의 전승이 전국에 걸쳐 이루어졌다는 것을 의미하고 있다. 지역 문화의 서울 유입, 지역 민요권과 잡가 문화권의 교섭은 유흥의 저변화와 레퍼토리의 평준화를 가져왔고, 이는 여가와 노동의 분리, 지역색을 탈피한 노래의 등장이라는 결과로 이어졌다. 여기에서 민간 가창문화의 중심이 생활과 신념을 공유하는 농촌 공동체에서 점차 취향과 쾌락을 공유하는 도시 공동체로 확산되어가는 조짐을 발견할 수 있다. 사당패 등 전문 창자에 의해 지역에 기반한 민요가 탈 지역화, 통속화되면서 '민요의 통속화 · 잡가화' 현상이 광범위하게 나타나기 시작했다. 20세기 이후 이러한 현상이 가속화되면서 잡가의 외연은 확대되어 갔다. 세기가 바뀌면서 주류적 정통성을 지니지 못한 잉여의 장르로 인식되었던 잡가의 위상은 한결 높아졌다고 할 수 있다.

Ⅳ. 매체의 확산과 잡가, 통속민요, 신민요

19세기 도시유흥의 장에 모습을 드러낸 잡가는 20세기 이후 대량 출판과 극장공연, 음반화라는 이제까지와는 전혀 다른 환경을 맞이하게 되었다. 1902년 협률사, 1903년 광무대가 차례로 생기고, 1907년 민간 자본에 의해 연흥사와 단성사가 차례로 생기면서 [27] 잡가가 극장 공연물로 각광을 받게 되었다. 또한 가집과

---

27) 근대 극장의 등장과 역사적 성격에 관한 논의는 다음의 저서를 참조

축음기를 통해 잡가가 미디어를 통해 대량 보급될 수 있는 기반이 조성되었다.

극장, 출판가집, 축음기로 대표되는 새로운 매체는 가창 향유방식의 변화를 초래하였다고 할 수 있다. 극장은 무대와 객석이 분리된 공간이다. 객석과 분리된 무대 위에서 이루어지는 연행은 관객들에게 볼거리를 제공하며 텍스트가 표상하는 세계를 시각으로 재현한다. 뿐만 아니라 공연자를 우위에 두는 극장의 공연방식은 따라서 '부르는 문화' 혹은 '듣는 문화'로 기능하던 민간의 노래는 '보고 듣는 문화'로 탈바꿈하게 된 것이다. 또한 대량 출판에 의한 가집의 보급은 기록과 수용을 용이하게 할 수 있다는 점에서 가창양식이 저변화, 대중화될 수 있는 기반을 마련했다고 할 수 있다. 유성기, 음반사의 등장은 대량 생산과 대량 소비를 근간으로 하는 매스 미디어가 본격적으로 유입되었음을 의미한다. 이러한 매체환경의 변화는 근대 대중가요의 전승과 수용을 결정짓는 물적 기반의 구축 과정이라고도 할 수 있다.[28]

할 것. 유민영, 『한국근대극장변천사』, 태학사, 1998.

28) 영미권에서 대중음악을 정의할 때에는 대략 네 가지 분석틀을 제시한다. 첫째, 규범적 의미로는 하위 장르, 둘째 부정적 의미로는 예술로서의 음악이 아니며 민속음악(Folk)이 아닌 것, 셋째, 사회적 의미로는 특수한 사회집단(대중)에 의한 그리고 그를 위한 것, 넷째, 경제적으로는 매스미디어나 음반 산업에 의해 유통되는 음악으로 정의하고 있다. (Richard Middleton, *Studying Popular Music*, Philadelpia : Open University Press, 1990, 1~19면) 따라서 대중음악(대중가요)는 산업화가 상당히 진행된 19세기 중엽 이후의 산물이 된다. 이영미는 대중가요를 '근대 이후 대중매체에 의해 전달되면서 그 나름의 작품적 관행을 지닌 서민의 노래'로 정의하고 있다. (이영미, 『한국대중가요사』, 시공사, 1998, 17면) 이 의견에 따르면 한국에서 대중가요의 기점은 대중매체가 이입된 20세기 이후, 정확히 말하면 전기녹음 방식으로 음악의 대량 보급이 가능해진 1920년대 이후라 할 수 있다. 두 견해는 대중매체를 대중가요를 정의하는 결정적 변수로 상정하여 미디어의 발달, 미디

여기에서 주목할 만한 것은 잡가와 타 장르와의 관계가 현저하게 변화되었다는 점이다. 즉 19세기에는 잡가가 정가로서의 본류적 정통성을 지니지 못한 장르를 포괄하면서, 가사, 시조, 민요, 판소리 등 타 장르와 인접 관계를 형성했다면, 20세기에는 창가. 찬송가. 예술가곡 등 외래의 양식과 긴장관계를 형성하거나 일부 포섭하면서 민간의 대표적 가창 양식으로 부상하기에 이른다. 이렇듯 잡가가 상업적 가창물의 중심으로 자리 잡으며, 정가에 뿌리를 둔 시조와 가곡도 잡가의 영역에 포섭되었다. 특히 전 시대에는 '잡요'에 머물렀던 통속민요가 급속히 잡가의 영역에 포섭되면서 잡가의 외연은 한결 확대되었다.

잡가의 외연 확대는 1910년대부터 본격적으로 쏟아진 활판 잡가집에서도 확인된다. 활판 잡가집은 1914년 『정정증보신구잡가전(訂正增補新舊雜歌全)』이 최초로 편찬된 이후 10년 사이에 무려 15종 이상의 잡가집이 쏟아져 나왔다. 잡가집의 명칭은 잡가, 가사(歌詞), 속가, 속곡, 유행창가 등 다양하나 잡가를 가집의 전면에 내세운 것이 주를 이룬다. 그런데 이 시기 출판된 잡가집에는 한시, 가곡, 시조에서부터 가사, 경기잡가, 서울의 선소리, 서도잡가와 통속민요, 심지어는 유행창가까지 골고루 수록하고 있다.[29)]

이로보아 20세기 초에는 전승 방식의 변화에 따른 전파의 광역화, 전국화, 그에 따른 외연의 확장으로 인해 잡가의 외연의 확대와 지위 상승이라는 결과를 낳았다고 볼 수 있다. 즉 잡가류의 창법이 대중적으로 확산되면서, 이에 걸맞는 사설이 계속 창작되고, 지역민요가 국지적 전승범위를 넘어 전문 창자가 부르는 통

어의 발달을 조장한 자본의 유입을 대중가요 성립의 기반으로 상정했다는 공통점을 지니고 있다.

29) 1923년 12월에 출판된 『20세기 신구 유행창가』에는 제목에 걸맞게 유행창가를 풍부하게 싣고 있다.

속민요로 바뀌고, 이것이 다시 고도의 숙련된 전문가와 광역화된 전승 수단과 만나며 잡가로 정착되는 과정을 거치면서 잡가의 외연은 확대되었다.

이렇듯 잡가가 상업적 가창물의 중심으로 자리 잡으면서 '가(歌)'로서 존재한 반면, 계몽이념의 통로로 기능했던 시조와 가사는 읽는 '시(詩)'로 기능하게 되었다. 이는 시와 가의 결합체였던 시가가 근대 이후 달라진 매체 환경에 의해 시와 가로 분리되기 시작했다는 것을 의미한다.

20세기 민간 가창양식의 매체에서 빼놓을 수 없는 것은 축음기 음반과 라디오라 할 수 있다. 음반은 제작과 유통 과정에서 대규모 자본과 테크놀로지가 개입하므로 음반의 도입은 매체의 근대화를 의미하기도 한다. 음반의 시대는 20세기 초 미국 콜롬비아사의 국내 진출과 함께 시작되었지만, 1896년 이미 음반이 발매된 것으로 보아 축음기의 도입과 녹음 행위는 더 일찍 시작되었던 것으로 보인다. 축음기 음반은 이입된 기기일 뿐 아니라, 주로 외국의 자본에 의존하고 있다는 점[30]에서 이식성과 식민성의 징후로 거론되기도 하였다.[31]

그런데 비록 축음기가 외래의 자본과 기술을 배경으로 도입되었지만, 여기에 주로 담긴 것은 잡가, 판소리 등 전통적인 민간

---

30) 이는 SP 음반의 전성시대라 하는 1930년대 소위 육대 레코드사의 면면으로도 확인해볼 수 있다. 육대 레코드사는 콜롬비아, 빅타, 포리돌, 시에론, 태평, 오케이다. 「육대회사 레코드전」, 『삼천리』 1933년 5월호. 이중 콜롬비아와 빅타는 미국과 .일본 합작회사의 한국 지부였고, 포리돌은 독일. 일본 합작회사의 한국지부였다. 또한 시에론, 오케, 태평은 일본 현지 법인의 한국 지부였다. 식민지 시대 음반사의 성격에 관한 논의는 다음 글을 참조할 것. 장유정, 「일제 강점기 한국 대중가요 연구」, 서울대학교 박사학위 논문, 2004. 418~422면.

31) 이영미, 앞의 책.

가창양식이었다는 점을 주목할 필요가 있다. 잡가와 판소리 등 전통적 민간 가창양식에 대한 선호는 1907년 미 콜롬비아사에 의해 첫 녹음이 이루어진 이래 1930년대까지 지속된 것을 확인해 볼 수 있다. [32] 신매체의 도입에도 불구하고 여전히 잡가가 선택되었던 이유로는 각광받을 수 있었던 요인으로는 먼저 이왕에 형성된 수용자 집단을 우선 꼽을 수 있을 것이다. 또한 1920년대까지는 흥행을 보장할 수 있는 유행가나 유행가 가수를 찾기 어려웠던 사실[33]도 감안해야 한다. 반면 전통적 가창양식의 경우, 오랜 시간 대중의 검증을 거쳐 온 레퍼토리가 구비되어 있었고, 이를 부르는 예능인 집단 즉 창우나 기생들이 조직화되어 있었다.

1926년에는 사단법인 경성방송이 개국하였고, 1927년에는 JODK라는 호출부호로 방송을 송출하기 시작했다. 1933년에는 조선어 전용 방송인 제2방송이 개국하면서, 청취자층을 확대하였다. 이때 전통 시가는 라디오 방송에서도 큰 비중을 차지하였다. 왜냐하면 경성방송은 출범 초기부터 국민적인 정서와 취향에 부합하기 위해 전통 문화양식을 대폭적으로 수용하였기 때문이다. 이러한 기조는 1937 중일전쟁 이후 총력전 체제로 돌입하기 전까지 지속되었다. 1933년 제2방송 편성표를 보면, 하루에 두 차례, 각 30분씩 음악·연예 방송을 내보낸 것을 확인할 수 있다. 음악·연예 방송의 주류는 대개 방송극과 전통음악이었다.[34]

32) '유행가의 시대'로 불리는 1930년대에도 잡가와 판소리로 대표되는 민간의 전통 가창 양식은 여전히 선호되는 레퍼토리였다. 1930년대 잡가의 위상에 대해서는 다음 논의를 참조할 것. 고은지, 「20세기 유성기 음반에 나타난 대중가요의 장르 분화 양상과 문화적 의미」, 『한국시가연구』 21집, 한국시가학회, 2006.

33) 1926년 윤심덕이 취입했던 유행가 <사의 찬미>의 인기는 예외적인 경우라 할 수 있다. <사의 찬미>의 흥행은 현해단에서 애인 김우진과 동반 자살했던 스캔들에 힘입은 것이다.

광역화된 신매체의 확산은 문화의 서울 집중을 가속화하였고, 이는 지역 민요권의 쇠퇴라는 결과로 이어지게 되었다.

> 그러나 나는 忠南 일대를 여행하는 중에 山歌村笛도 들어보지 못하얏다. 忠南은 참 寂寞鄕이다. 음악도 업고 극장도 업다. 예술이 발달되지 못한 우리 朝鮮에서 어느 곳이던지 다 일반이겟지만 그래도 黃平兩西에는 守心歌가 잇고 全羅慶尙道에는 六字拍이와 伽倻琴이 잇고 江原道에는 아리랑 타령이 잇서 樵童牧叟라도 곳곳마다 노래를 한다. 그런테 忠南은 그것도 업다. 瑞山 泰安은 원래 歌鄕이니 律鄕이니 하야 속담에 瑞山가서 시조하는 척 말고 泰安가서 잡가하는 척 말나는 말까지 잇지만은 이것도 과거의 역사담이오 지금은 별로 업다. 冬節인 까닭에 蛙鼓鶯歌도 드를수 업고 물 건너 고양이떼가 여간 重要地는 모도 유린하는 까닭에 닭의 소리도 들이지 안는다. 아 -忠南의 형제는 무슨 취미로 살며 무슨 희망으로 사는가. 올타 논이 만으니까 이밥 자미에나 살가. 논도 6할 이상은 외인의 손에 다 들어갓스니 이밥인들 엇지 잘 먹으며, 제 논이 잇다 하야도 산에 나무가 업스니 생쌀만 먹고 사나 생각하면 속만 답답하다.[35]

1920년대 초『개벽』에 실린 이 글은 문화의 서울 집중으로 향촌 공동체의 문화가 붕괴되고, 지역 민요권이 해체되고 있는 현상을 묘사하고 있다. 이는 공동체적 생활에 기반하여 발전해왔던 민요가 점점 광역 매체에 의해 전파되는 오락물로 바뀌어가는 과정이라 할 수 있다. 말하자면 민간 가창양식의 수용과 전파에서 지역색의 탈피, 소통과 전승의 광역화, 연행자와 관객의 분리, 테크놀로지의 개입 등 근대 대중문화를 구성하는 요소가 눈에 띄게 나타난다는 것이다.

---

34) 한진만,「일제시대의 라디오 프로그램 편성」, 임상원. 김민환. 유선영 외,『매체. 역사. 근대성』, 나남출판, 2004.

35) 靑吾,「湖西雜感」,『개벽』46호, 1924. 4.

라디오의 보급 대수가 10만대에 이르고, 1928년 전기녹음방식 도입과 함께 음반이 대량 생산 체제에 본격 돌입하면서, 대중가요를 위한 물적 기반은 완벽하게 구축되었다고 할 수 있다. 그런데 테크놀로지의 진보는 민간 가창양식의 전파를 용이하게 한 반면 새로운 위사 상황을 조성하기도 하였다. 예컨대 전기녹음방식의 도입과 함께 주요한 기기로 부상한 마이크로폰은 통성을 사용하는 전통적 가창양식의 음질과는 어울리지 않았다. 급증하는 수요에 걸맞는 새로운 레퍼토리를 지속적으로 생산할 수 없다는 것 역시 약점이 되었다. 한마디로 전통 시가는 대량 생산 체제의 상품으로 존재하기 위해 필수적으로 거쳐야 하는 산업화, 표준화에 한계가 있었다는 것이다.[36]

1930년대 이후 나타난 신민요는 이러한 새로운 매체 환경에 부응하기 위한 의도적 혼성화의 소산이라 할 수 있다. 물론 잡가로 대표되는 가창양식의 혼성화는 이미 19세기에도 시도된 바 있다. 시와 노래의 복합체이면서 연행을 통해 장르의 실체가 완성되는 가창양식의 속성상 혼성화란 피할 수 없는 관문이기도 하다. 그런데 신민요에 이르면 혼성화의 범위가 외래 양식으로까지 확산되기에 이른다. 신민요는 '전문 작사가·작곡가가 조선민요에서 선율이나 형식을 취해 만든 창작민요'로 정리해 볼 수 있다.[37] 즉 신민요는 조선의 통속적 선율, 특히 경기민요의 선율을 기반으로 하면서, 서양식 화성이나 반주 편성을 적극 도입했다는 점에서 전통 가창양식과 서양음악의 본격적인 혼성이라 할 수 있다. 전통 가창양식과 외래 음악의 혼성화는 1920년대부터 이미

36) 권도희, 『한국근대음악사회사』, 민속원, 2004, 282~291면.

37) '新民謠라는 것은 古來로 전승되여 오든 民謠에 대하여 새로이 창작된 民謠를 말함이나…' 김사엽, "신민요의 재인식—아울러 일본민요운동의 작금", 조선일보, 1935년 12월 11일자.

부분적으로 시도되었다. 그러나 이는 <양산도>와 같이 잘 알려진 통속민요에 양악 반주를 붙이거나, <청년경계가>와 같은 번안가요를 기생들이 토종의 창법으로 부르는 정도였다. 그런데 전문적 창작자에 의해 보급되는 신민요는 신작에 대한 필요성을 지속적으로 충족해주었고, 양악기로 편곡을 함으로써 악보에 의한 재현과 연주가 가능해졌다. 즉 신민요는 익숙한 것을 선호하는 조선 대중의 취향과 새로운 기술 환경 간의 접점을 찾기 위한 노력이었다고도 볼 수 있다.

Ⅴ. 나오는 말

개화기에서 일제 강점기 민간 가창양식의 변화를 추적하다 보면, 19세기 시정문화의 활력이 20세기 이후 대중들의 일상을 지배하는 문화양식으로 부상하는 현상을 발견하게 된다. 아울러 민간의 가창양식과 이를 매개하는 공동체가 형성. 유지되는 요소가 신분, 혈연, 지연, 생활에서 자본의 흐름, 취향, 여가, 신념으로 대치되고 있다는 것도 포착할 수 있다. 이는 '생활과 여가의 분리'라는 근대 문화 수용의 방향을 선명하게 보여주는 것이라 할 수 있다. 말하자면 '잡가'로 표현되는 시정문화의 경험이 20세기 이후 근대 대중문화를 구성하는 요소로 자리잡아가는 과정을 민간 가창양식의 추이에서 포착할 수 있다는 것이다. 이는 근대문화의 기원과 관련해서도 의미심장한 문젯거리를 던져주고 있다. 즉 근대문화로의 진행에서 '이입된' 혹은 '번안된' 근대라는 일방 뿐 아니라, '전통의 근대화' 라는 다른 방향의 가능성을 적극적으로 성찰할 근거를 마련해주는 것이다.

나아가 이러한 접근 방식은 대중문화의 기원, 조선 후기 시정문화와 근대 초기 문화 간의 내적 관계를 해명하는 데에도 단서를 제공해 줄 수 있으리라 생각한다. 뿐만 아니라, 개화의 이념을 선점한 지식인의 시선으로 살펴보았던 근대 초기 문화상도 당대의 실물과 실상에 의해 재구될 가능성도 모색해 볼 수 있다. 이러한 가능성을 염두에 둔다면, '일제 강점기 식민정책에 복무한 반시대적이고, 퇴영적인 문화'로 요약되는 민간 가창양식에 대한 폄하도 상당 부분 시정될 수 있을 것이다.

조선후기와 일제강점기의 <山有花歌> 전승의 비교를 중심으로

윤 재 환*

Ⅰ. 서 론

민요는 예로부터 민중들 사이에서 불려오던 소박한 노래로, 민중들의 사상·생활·감정 등을 담고 있는 구전 가요이다. 민요는 악보나 문자로 기록되지 않은 채 口碑 전승된다는 특징을 지니고 있기 때문에 언제부터 불리기 시작했는지 정확히 알 수 없다. '노동기원설'에 따르면 민요는 노동을 하면서 박자에 맞추어 소리를 내고, 이러한 무의미한 소리에 선율을 얹어 부르면서 시작되었을 것으로 추측된다.

* 단국대학교 동양학연구소.

'노동기원설'에 따르면 민요는 오랜 옛날부터 있었다고 할 수 있다. 흔히 민요의 가능성이 있는 옛 노래를 추측하는 데 있어서 『三國志』·「魏志 東夷傳」에 실린 祭天行事에 대한 기록 중 '連日飮酒歌舞'라는 말을 토대로 하는 경우가 많다. 이것은 우리 민족이 일찍이 춤과 노래를 즐겼으며 그때 불려진 노래가 민요라고 가정하는 것이다. 이러한 관점에서 문헌으로 남아 있는 민요를 살펴보면, 『海東繹史』·『大東詩選』 등의 여러 책에 수록되어 있는 상고시대의 <公無渡河歌>나 『三國遺事』의 「駕洛國記」 편에 언급되어 있는 <龜旨歌>를 들 수 있다. 또 『樂學軌範』에는 고구려의 <黃鳥歌>」, 백제의 <井邑詞>, 『三國遺事』에는 신라의 <薯童謠>·<風謠>·<獻花歌>·<禱千手大悲歌>·<處容歌> 등이 실려 있다.

고려시대의 민요는 이전의 주술적 형태에서 벗어나 일정한 체계를 갖고 있었다고 보이는데, 이제현의 『益齋亂藁』, 「小樂府」에 실려 있는 11수의 시와 이인로의 『破閑集』에 있는 민요계 시를 이 시기 민요의 예로 들 수 있다. 이 시대의 대표적 민요로 흔히 <가시리>를 든다.

조선 초기의 민요로는 강희맹이 채집한 讖謠 14수가 『增補文獻備考』에 전하고, 조선 후기의 민요로는 이학규가 채록한 경상남도 김해지방의 민요가 있어 당시의 민요에 대한 다각적인 이해를 돕고 있다. 조선 후기 이후에는 전국에 직업적인 소리꾼이 생겨났는데 이들이 부른 민요를 흔히 통속민요라고 한다. 통속민요는 음악적으로 매우 세련된 모습을 갖추고 있다. 여기에는 <창부타령>·<성주풀이>·<육자배기>·<아리랑> 등이 있다.

이렇게 보았을 때 우리 민요의 역사는 우리 민족의 역사와 일치한다고도 할 수 있을 정도로 유구하다. 하지만 이런 오랜 역사를 지니고 있는 민요이지만 그 채록 자료의 경우 현재 턱없이 부족한 실정이다.

예를 들어 현재 우리는 신라 시기 <방아 찧는 소리>의 존재 가능성이나 고려 말 <모심는 소리>의 존재, 조선 전기 <논메는 소리>의 존재를 유추할 수 있는 자료를 가지고는 있지만, 이전 시기의 민요를 그 자체로 이해할 수 있는 자료는 거의 가지지 못한 실정이다. 그것은 지금 우리에게 남겨져 있는 민요 관련 자료들이 민요 자체에 대한 관심에 의해 수집된 것이 아니라, 각 시대의 역사를 정리하는 가운데, 또는 개인적인 취향에 의해, 그리고 더러는 각 시대상을 기술하거나 민심을 알아보기 위한 정책적인 배려에서 우연히 남게 된 것들이기 때문이다. 그러므로 옛 문헌에 민요 자료가 적은 것은 자연스러운 결과라 할 수 있다.[1)]

이렇게 본다면 현재 우리들이 민요로 인식하고 접하는 대부분의 노래들은 그 시작이 얼마나 오래되었는지 그 근원을 확정하거나 전승 양상, 변모 과정에 대해 논외로 두고 본다면, 현재와 같은 모습으로 고정된 시기는 대체로 근대 문헌 정착 시기 이후로 볼 수 있다. 결국 근대 문헌 정착 시기의 민요를 현재 우리들이 살펴볼 수 있는 민요의 가장 오래된 모습이라고 할 수 있고, 민요에 대한 본격적인 연구도 이 시기의 자료를 기본으로 시작하게 된다.

근대 문헌 정착 시기 민요의 채집·수록은 1912년 조선총독부에서 각 지방관서 및 초등학교에 민요 및 속담, 수수께끼 등을 조사하여 보고하도록 지시하면서 시작되었다고 할 수 있다. 그러나 이 민요 자료 조사는 일제의 식민통치 정책 수립의 기초 자

---

1) 강등학, 『한국민요학의 논리와 시각』, 민속원, 2005. 12. 18면.

료 확보를 위한 의도적 행위였기에 이전 시기에 이루어졌었던 정치적 의도에 의한 민요 채록과 본질적으로 구분하기 어렵다.[2] 특히 일제의 정치적 의도는 식민 통치의 공고화에 있었던 만큼 변조와 왜곡의 여지가 충분히 존재한다. 이렇게 본다면 1920년대 들어 일부 연구자들이 민요에 대해 관심을 가지고 자료를 수집하기 이전까지 본격적인 민요 자료의 수집은 없었다고 할 수 있다.

1920년대에 들어서면서 민요의 가치에 대한 자각의 결과 이루어진 민요 자료의 수집 활동은 일제강점기를 거쳐 해방 이후까지 꾸준히 지속되었고, 1970년대 구비문학에 대한 연구가 본격화되면서 더욱 활기를 띠며 오늘에 이르게 되었다. 이런 민요 연구의 역사는 민요 자료의 수집과 연구가 일제강점기 동안 그 틀을 다져 오늘에 이르렀음을 말해주는 것이면서도, 1920년대 본격화되어 거의 100년에 이른 연구 역사를 가진 민요 연구의 시작점에 대해 늘 의혹의 시선을 거둘 수 없게 만든다. 그것은 민요 연구의 시작점이었던 일제강점기 동안 이루어진 민요 자료의 조사와 연구가 민요 자체에 대한 관심 보다 제국주의와 민족주의라는 양 방향에서 정치적 의도를 지닌 행위가 아니었을까 하는 유추를 가능하게 하기 때문이다.

사실 이런 의혹은 민요뿐만 아니라 우리 민속 연구의 모든 부분에서 찾을 수 있는 것이다. 제국주의시대 식민지로 존재했었던 일제강점기 동안 이전까지 우리 민족 문화의 내부에 존재하고 있었던 내적 발전의 역량이 억압될 수밖에 없었고, 민족 문화 자체의 주체적 발전이 일방적인 수용에 의한 왜곡으로 전환될 수밖에 없었기 때문이다. 특히 앞에서 언급한 것과 같이 이 시기

---

2) 任東權,「朝鮮總督府의 1912년에 실시한 俚謠俚諺 及 通俗的 讀物 等 調査」,『국어국문학』27, 국어국문학회, 1964. 8.

민요에 대한 연구의 시작이 일제에 의해 이루어졌고, 그에 따라 민요 자료의 조사와 연구가 식민지 통치 정책의 일환으로 시작되었다는 점은 이런 의혹을 뒷받침 한다.[3)]

그러나 문화가 정신적 산물이고, 민요가 이 문화의 가장 기층적인 모습이면서 기존 문화 양상의 적층작용에 의해 드러나는 실제적인 현상이라고 한다면, 일제강점기동안 일제가 아무리 강력한 물리적 압력을 행사하여 변조와 왜곡을 시도하였다고 하더라도 우리 민족의 민요에는 우리 민족만의 특성이 드러날 수밖에 없다. 이런 민요의 특성은 근 100년의 역사를 지닌 민요 연구에서 그 연구의 시작점에 존재하는 자료들을 새롭게 문제 삼게 한다.

앞에서도 간략하게 언급했지만 민요는 과거 어느 시점부터 현재에 이르기까지 오랜 시간동안 민중에 의해 창작·전승·향유되면서 민중들의 삶 속에서 일정한 기능을 수행해 온 노래이다. 따라서 민요는 전승 기간 동안 민중들이 지녔던 의식세계와 삶의 애환을 오롯하게 담아내는 민중 예술, 민족 예술의 정수라고 할 수 있다. 이런 민요의 속성은 우리가 아무리 일제강점기라는 정신적·물리적 압제의 시간을 거쳤다고 하더라도 현재 남아 전하는 우리의 민요에는 우리만의 고유한 무엇인가가 지속되고 있다고 가정하기에 어려움이 없을 것이다.

이 글은 이러한 전제를 바탕으로 개화기에서 일제강점기까지 한국 민요의 지속과 변용 양상에 대해 살펴보고자 하는 것이다. 이 작업은 개화기에서 일제강점기까지 한국 문화전통의 지속과 변용이라는 연구 과제의 두 번째 과정이다. 한국학술진흥재단 지

3) 윤재환, 「개화기에서 일제강점기까지 한국 민요 자료의 현황과 문제점」, 『개화기에서 일제강점기까지 한국 문화전통의 자료와 해석』, 단국대학교 출판부, 2007, 31~35면.

원 연구과제의 제 1단계 2년차 작업으로 그 동안 살펴보고 확인한 민요 자료를 바탕으로, 그 지속과 변용의 양상에 대해 구체적으로 확인해 보고자 하는 것이다. 따라서 평가나 의미부여보다 나타난 양상의 구체적인 확인에 초점을 맞추고자 하는 것임을 분명하게 밝혀둔다.

Ⅱ. 山有花歌의 연원과 성격

이 글은 개화기에서 일제강점기까지 한국 민요의 지속과 변용 양상에 대해 산유화가를 중심으로 살펴보고자 하는 것이다. 이 글에서 산유화가를 중심으로 논의를 전개하고자 하는 것은 산유화가가 조선 후기부터 지금까지 전국적으로 퍼져 불리고 있는 우리나라의 대표적인 민요 가운데 하나이기 때문이다. 이 산유화가는 '山有花', '메나리', '香娘謠', '薌娘曲' 등 다양한 명칭으로 불리는데, 하나의 노래가 전국적인 분포를 가지면서 이렇게 다양한 명칭을 지니고 있다는 것은 이 노래의 유래가 상당히 길다는 것과 그 영향력이 적지 않았다는 것을 반증해 주는 것이기도 하다.

현재 전하고 있는 산유화가는 다양한 변모 양상을 보이는데, 그 연원은 크게 두 계열로 나뉜다. 하나는 백제시대 부여지방의 노래로 보는 경우이고, 다른 하나는 경상북도 선산 지방의 노래로 보는 것이다. 부여지방의 노래로 보는 경우는 『增補文獻備考』 「藝文考」의 附歌曲類에 '山有花歌一篇, 男女相悅之辭, 音調悽惋, 如伴侶玉樹'라는 기록을 근거로 하고 있다. 선산지방의 노래로 보는 경우도 『增補文獻備考』 권106 「樂考 俗部樂條」에 '肅宗戊寅年

間, 善山府民女名香娘, 早寡守節, 其父母欲奪志, 香娘作山有花歌以見志, 遂投洛東江以死, 俗樂部世傳山有花歌曲'이라는 기록과 文集·邑誌 등에 나타나는 香娘에 대한 故事를 근거로 하고 있다.

이 두 연원설은 모두 文獻의 기록을 근거로 한 것이기 때문에 상당한 설득력과 신빙성을 지닌다. 그러나 이 두 연원설은 시대적으로 상당한 거리가 있기 때문에 하나의 연원에서 뻗어 나온 두 개의 줄기로 보는 것이 타당할 것이라 생각된다.[4]

이와 같이 보는 이유는 선산지방의 산유화가가 선산 지방에서 향랑이 이 노래를 부르며 정절을 지키다가 낙동강에 빠져죽었다는 부대 설화와 함께 전하기 때문이다. 설화에 따르면 향랑이 낙동강에 투신하면서, 나물 캐는 아이에게 이 노래를 지어주고 자신의 부모에게 전해 달라고 부탁한 뒤 자살하였다고 하는데, 그렇다면 향랑이 산유화가를 부르기 이전에 어떤 형태로든 산유화가가 전하고 있었다고 생각할 수 있기 때문이다.

이와 함께 현재 선산지방에서 향랑의 산유화가와는 전혀 다른 산유화가가 전하고 있다는 것도 향랑의 산유화가가 그의 독창적인 창작곡이라기보다는 전래하는 민요에 가사만 바꾸어 부른 노래라 보는 것이 타당하다는 생각을 가지게 한다. 이렇게 보았을 때 선산지방의 노래보다 훨씬 오래된 백제시대 부여지방의 산유화가가 선산지방으로 전승되어 향랑의 산유화가에 영향을 미쳤다고 보는 것이 보다 타당하리라 생각된다.[5]

산유화가란 노래의 題名은 산에 피는 꽃을 사설에 올린다고

4) 金榮淑, 「山有花歌의 樣相과 變貌」, 『民族文化論叢』 第 2·3輯, 영남대 민족문화연구소, 1983, 118~119면.

5) 산유화가의 전승 경로에 대한 연구는 趙載勳의 다음 글에 자세하게 나타나 있다. 趙載勳, 「山有花歌硏究」, 『百濟文化』 第七·八合輯, 公州師範大學校, 1975.

하여 이루어진 것이라고 하는데, 노래의 원래 제목은 '메나리'로, '메'는 산이고 '나리'는 꽃이라는 뜻이다. 민요의 장단 중 하나인 '메나리調'라는 말이 이 민요에서 비롯되었다고 한다. 선산지방의 산유화가는 길게 뽑는 슬픈 곡조의 노래로, 그 가사가 "기경 가자 기경 가자, 만고 장판에 기경 가자, 하늘이 높고 땅이 넓어도 이 몸 담을 곳 없네."하는 내용인데, 당시의 부사 趙龜祥이 "天何高遠, 地何曠貌, 天地雖大, 一身靡托, 寧投此淵, 葬於魚腹."이라고 한역한 것이 있다. 이 노래는 향랑의 전설 때문에 조선 후기 한시에도 많이 수용되었다.

이와 달리 부여지방의 산유화가는 <긴 산유화가(긴 모심는 소리) → 자즌 산유화가(자즌 모심는 소리) → 긴 김매는 소리 → 자즌 김매는 소리 → 벼 바심 소리 → 나비질 소리 → 노적 소리 → 마침 소리>의 순서로 가창되는 순전한 農謠이다. 특히 이 노래의 가사는 농사일의 고귀함, 농민 자신의 신분에 대한 자의식과 자존심의 표출, 역사의 회한과 슬픔의 애절한 회상, 자연의 아름다움 찬미라는 다양한 양상을 띠고 있다.6)

부여지방의 산유화가가 지니는 이러한 특징은 『增補文獻備考』「藝文考」의 附歌曲類에 '山有花歌一篇, 男女相悅之辭, 音調悽惋, 如伴侶玉樹'라는 기록과 배치되는 것이다. 하지만 부여지방의 산유화가 지니고 있는 이런 특성은 산유화가의 변화 혹은 전승의 과정에 의한 자연스러운 변모 양상이라고 할 수 있다. 백제 의자왕 당대의 산유화가는 남녀상열적 가사를 지닌 노래로 玉樹後庭花와 유사한 양상으로 향유되었다고 짐작되는데, 이 노래는 백제 패망 이후 悽惋한 가락은 변함없지만 노랫말은 두 가지 형태로

6) 손찬식, 「山有花歌 硏究」, 『인문학 연구』 33권 3호, 충남대학교 인문과학연구소, 2006. 77면.

달리 전승되었다고 유추할 수 있다. 즉 백제 패망 이후 산유화가는 백제의 古都인 부여지역을 중심으로 한 일군의 지역에서 백제의 패망과 관련된 정서, 곧 망국의 한이나 무상감을 담은 노랫말로 변형되어 전승되는 한편 백제와 무관한 여타의 지역에서는 원래의 노랫말이 전승의 과정동안 자연스럽게 노동요로 변형되어 그 원 노랫말이 일실되었을 것이라 생각할 수 있다.[7]

이런 산유화가는 조선시대 한역의 과정을 거치면서 처음 문헌에 정착되었고, 이후 다양한 모습으로 전해져 일제강점기에 와서는 민요뿐만 아니라 현대시에서도 그 모습을 보여주고 있다. 다음 장에서는 조선시대 특히 조선 후기인 18~19세기 문헌에 정착된 산유화가의 모습과 성격을 확인해 보도록 하겠다.

Ⅲ. 조선 후기 산유화가의 전승과 기록 양상

조선 후기는 우리 문학사에서 그 이전시기까지 찾아볼 수 없는 다대한 변화를 보여준 시기이다. 이 변화는 당대의 문학사에서뿐만 아니라 우리 사회 전반에서 일어난 것이기 때문에 어떻게 본다면 문단에서 일어난 변화는 오히려 당연하다고까지 할 수 있을 정도이다. 당대 문단에서 일어난 변화는 여러 가지 측면에서 논의가 가능하다. 작가와 향유자 계층의 확대·문학양식의 다변화·내용과 대상의 확대가 그 논의의 중심에 놓여 있지만, 이러한 변화는 모두 당대인들의 의식 변화를 원인으로 한다.

---

7) 조재훈, 「산유화가 연구」, 『한국시가의 통시적 연구』, 국학자료원, 1996, 88~99면.

조선 후기 문학 담당층의 의식 변화가 어떤 이유에 의해 나타나는 것인가 하는 문제에 대해서는 연구자마다 각기 다양한 의견들을 제시하고 있지만, 현재까지 연구자들이 거론하고 있는 공통적인 요인으로는 민족에 대한 자각과 민중에 대한 새로운 인식을 들 수 있다.

민족과 민중에 대한 자각과 인식은 우리 것에 대한 자각을 의미하는 것이고 그 결과 나타난 현상적인 특질로 들 수 있는 것이 바로 "朝鮮詩・朝鮮風"이라고 할 것이다. 이 조선시・조선풍에 대한 주목은 필연적으로 우리 것에 대한 관심을 이끌 수밖에 없는데, 이런 관심은 자연스럽게 민요에 대한 새로운 의미 부여로 드러나게 되었다고 생각된다.8)

이런 시대적 분위기에 의해 조선 후기에 오면 "民謠風", 혹은 "民謠趣" 라고 불리는 시들이 대량 창작된다. 물론 고려나 조선 전기에도 李齊賢・閔思平의 <小樂府>가 있었고, 姜希孟의 <農謳> 같은 작품이 있었다. 그러나 질적인 면에서, 또 양적인 면에서 그 이전 시기는 조선 후기와 비교되지 않는다고 할 수 있다.

이런 조선 후기의 시대적 경향은 이 시기에 와서 다양한 형식의 산유화가가 문헌에 정착되는 중요한 원인이 되었다고 보인다. 산유화가의 문헌 정착 시기는 산유화가의 노래 계열에 따라 약간의 차이를 보인다. 부여 계열의 산유화가는 전술한 것과 같이 다시 두 종류로 나눌 수 있는데, 그 가운데 백제 멸망의 애상을 노래한 산유화가는 1907년 12월 편찬된 『增補文獻備考』를 제외하고는 대부분 17세기 후반에서 18세기 사이에 문헌에 기록되었다고 보인다. 가장 빠른 기록으로 李師命(1647~1689)의 『蒲菴集』에

8) 조선 후기 한시에 나타난 민요 취향에 대해서는 李東煥, 「朝鮮後期 漢詩에 있어서 民謠趣向의 擡頭」(『한국한문학연구』 제3・4 합집, 한국한문학회, 1979)에 자세하게 기술되어 있다.

있는 <聞山有花>・<山有花>를 들 수 있고, 그 다음으로 林泳(1649~1696)의『滄溪集』속에 있는 <山有花百濟舊曲也 有音而無詞 戲效憶奏娥體爲之>를 들 수 있다. 이후로 18세기 중반 李思質(생몰년 미상)의『翕齋稿』속에 있는 <山有花補詞小引>과 <於難難曲>, 黃胤錫(1729~1791)의『頤齋亂藁』속에 있는 <古歌新翻二十九章 並序>, 李奎軾(생몰년 미상)의『樂齋藁』속에 있는 <山有花歌>,『扶餘郡誌』에 나오는 尹昶山(생몰년 미상)의 <山有花歌>를 들 수 있다. 구체적으로 작품을 살펴보기로 한다.

江南五月草如煙　오월 강남엔 안개처럼 풀 이는데
游女行歌滿水田　유녀들의 노랫소리 논에 가득하네.
終古遺民悲舊主　예부터 유민들 옛 임금 그리워해
至今哀唱似當年　지금의 슬픈 노래 그때와 같네.
江邊漁唱起三更　강가 어부 노래 소리 삼경에 일어나고
霜露橫空月正明　서리 이슬 비낀 하늘에 달 정녕 밝구나.
定是梨園供奉典　정녕 이원에선 법도 따라 행했건만
向來亡國爲何聲　그때의 나라 망함 어떤 소리 때문인가.
聞昔樓臺橫復斜　그 옛날 누대의 으리으리함 속에서
三千羅穀擅繁華　삼천 궁녀들 온갖 사치 다했다는데
生前富貴露晞草　생전의 부귀는 풀 위 이슬처럼 다하고
身後悲歌山有花　죽은 뒤에 산유화 슬픈 노래만 남았네.
山花落盡子規啼　산의 꽃 다하고 자규는 우는데
千古思歸路已迷　천년 되돌아갈 생각해도 길 이미 혼미하네.
灞水游魂招不得　파수에 떠도는 혼 불러도 오지 않으니
王孫芳草自悽悽　왕손과 고운 풀만 절로 처량하구나.

위에 옮겨본 작품은 李師命의 <山有花>이다. 이 작품에 앞서 이사명은 <聞山有花>에서 "이 노래는 바로 백제 의자왕이 지은 것인데, 백제의 유민들이 지금까지도 부른다. 그 노래 소리가 처량하고 원망하는듯하여 사람들을 감동시킨다(此曲, 乃百濟義慈王

所製, 而遺民至今歌之, 其聲悽怨動人).”라고 했다. 그래서인지 이 작품에서 이사명은 백제의 망국에 대한 한을 읊고 있다. 현재에서 과거, 다시 현재로 이어지는 시간적 흐름을 바탕으로 현재와 과거를 대비하며 백제의 유민들이 느꼈을 한을 구체적인 사물들을 통해 드러내고 있다.

山有花歌百濟歌	산유화가는 백제의 노래.
百濟亡國擅佳麗	백제 망할 때 화려함 떨쳤으니
當時歌舞矜豪奢	당시의 노래와 춤 호화로움 자랑했네.
一年三百六十日	일 년이면 삼백 육십일
强半君王不在闕	반 넘어 군왕은 궐에 계시지 않고
黃金飾輦七寶車	황금 칠보 장식한 수레를 타고
東風出遊無時訖	봄바람에 나들이 그칠 때가 없었네.
鐵馬聲來岩花飜	철마소리 들려오면 바위 꽃도 휘날리니
繁華到此那可論	번화도 이쯤이면 말해 무엇 하리요.
潭波驚沸毒龍死	못 물결 놀라 끓고 독룡도 죽었으니
扶風王氣冷如水	부여의 왕기는 물처럼 싸늘하네.
興廢悠悠奈若何	아득한 홍망을 어찌할 꺼나
遺民但唱山有花	유민들 부질없이 산유화만 부르네.
山有花使人涕漣	산유화 사람들 하염없이 울게 하고
嘆息宮墟一千年	궁궐터 천년 동안 탄식만 자아내네.

이 작품은 『扶餘郡誌』에 나오는 尹昶山의 <山有花歌>이다. 앞에서 살펴본 것과 같이 이 작품도 백제의 홍망을 노래하고 있는데, 작품의 마지막 부분에서 산유화가의 성격과 창자에 대해 언급하고 있는 부분이 있어 주목하게 한다.

이 두 노래를 통해 부여 계열의 산유화가 중 백제 멸망의 애상을 노래한 산유화가의 경우 전래되던 민요의 원형을 확인할 수 없다는 것을 알 수 있다. 윤창산의 <산유화가>에서 “유민들 부질없이 산유화만 부르네”라고 하여 현재 전하고 있는 산유화가 있는 듯하지만 林泳이나 黃胤錫의 글(林泳, 「山有花百濟舊曲也, 有音而無詞, 戱效憶奏娥體爲之」, 『滄溪集』, "山有花百濟舊曲也, 有音而無詞", 黃胤錫, 「古歌新翻二十九章 並序」, 『頤齋亂藁』, "又如百濟山有花一曲, 只有其聲而其詞則亡")을 통해 18세기 중반 이미 이 계열 산유화가의 가사를 확인할 수 없게 되었음을 확인할 수 있다. 이와 함께 李思質의 글(「山有花補詞小引」, 『翕齋稿』, "今山有花曲調雖不傳, 竊惟其意, 不過乎寓興於山花皐蘭之香, 以助其濃情蕩志者也")을 통해 전해지는 곡조마저 완전한 것이 아님을 짐작하게 된다. 또 앞에서 살펴본 이사질의 글과 李師命의 글(「聞山有花」, 『蒲菴集』 "此曲, 乃百濟義慈王所製, 而遺民至今歌之, 其聲悽惋動人")이나 『增補文獻備考』 「藝文考」에서 "山有花歌一篇, 男女相悅之辭, 音調悽惋, 如伴侶玉樹"라고 한 것으로 보아 산유화가 곡조의 기본 정조가 애상적이고 구슬픈 가락이었음을 알 수 있다. 그래서인지 이 계열의 산유화가에 대해서는 민요 그대로를 옮겨놓은 한역가나 긍정적 평가를 보이는 작품을 찾기 어렵다. 그 보다는 민요를 들은 뒤 개개인이 느끼는 심사를 시로 옮겨놓은 민요 취향의 한시가 대부분이다.

부여 계열의 산유화가 가운데 백제 멸망의 애상에 대해 노래하고 있는 것과 다른 경향을 지니는, 노동요로서의 산유화가가 정착된 문헌을 찾기는 그리 쉽지 않다. 가장 쉽게 발견할 수 있는 것이 李奎象(1727~1799)의 『樂齋藁』 속에 있는 <山有花詞>이고, 이 외의 것으로 姜浚欽(1768~1833)의 『三溟集』 속에 있는 <造山農歌>와 權思潤(1732~1803)의 『信天齋集』 속에 있는 「聞山有花有感 幷書」를 들 수 있다. 이외에도 李濟泳(1799~1871)의 『東阿先生文集』 속에 있는 <山有花六曲>이나 姜栢(1690~1777)의 『愚谷集』 속의 <山有花柴陋荒, 所謂山有花歌, 俚而不雅, 采詩

者何取焉, 遂廣其意作三章> 등이 이와 유사한 성격을 지닌 노래라 할 수 있다. 구체적으로 작품을 살펴보기로 한다.

白馬江頭滿白沙　　백마강 어귀에 흰 모래 가득한데
扶餘遺恨舊白沙　　부여의 남은 한 흰 모래에 서려있네.
田邊農夫獨何興　　밭 가 농부만 홀로 무슨 흥 나는지
落日爭歌山有花　　석양 아래 다투어 산유화를 부르네.

其一
蝶汝西山共我之　　나비야 서산가자 나와 함께 가자
雙飛虎蝶汝宜隨　初唱　짝지어 나는 범나비 너도 따라 가자.

同行若也山光暮　　함께 가다 산의 해 저물어지면
花裡應多可宿枝　答唱　꽃 속에 당연히 잘 가지 많겠지.

其二
朝飧汲水一盆兒　　아침저녁 물 긷는 동이 인 아이야
水是淸溪是玉溪　初唱　이 물은 청계더냐 옥계더냐

二水元來淸濁別　　두 물 원래부터 청탁이 달랐으니
須君一歃自能知　答唱　그대 한 번 마셔보면 절로 알겠지.

其三
筐似晨星戴饁娘　　샛별 같은 광주리 들 밥 인 아가씨
依然半月下西方　初唱　의연히 반달 아래 서방으로 내려오네.

看渠已是中年後　　저를 보면 이미 중년을 넘었으니
爭及初生半月光　答唱　초승달이 반달과 빛을 다투네.

其四
喫了方休休了耔　　먹고 나선 쉬고 쉬고 나선 김매니
長田一頃若鋤遲　初唱　긴 밭 한 뙈기에 호미질 더디기만 하네.

紡車鐵串安排晚		물레 수레 꼬챙이 안배가 늦었으니
輪得絲來未半規	答唱	수레 걷힌 실타래 반도 안 되네.

其五

天際斜陽欲下山		하늘 가 비낀 해 산 아래로 지려니
前程千里杳茫間	初唱	앞 길 천리가 아득한 사이라네.
靑驟捲矣行難盡		청노새 지쳐서 길 다가기 어려우니
任汝徐行莫着鞭	答唱	그에 맡겨 천천히 가라 채찍질도 않네.

위에서 인용한 첫 번째 작품은 李奎象의 『樂齋藁』 속에 있는 <山有花詞>이고, 두 번째 작품은 姜浚欽의 『三溟集』 속에 있는 <造山農歌>이다. 이 두 작품은 부여지방의 산유화가 중 노동요의 성격을 지니고 있는 노래의 양상을 구체적으로 보여주고 있다. 첫 번째 작품만을 본다면 당대의 산유화가가 밭농사와 깊은 관련이 있는 노래였다고 짐작할 수 있지만, 두 번째 작품을 통해 당대의 산유화가가 밭농사뿐만이 아니라 노동 일반에서 부르는 노래로 그 영역이 확대되어 있음을 유추할 수 있다.

이 두 노래 가운데 두 번째 노래인 강준흠의 <조산농가>는 제목으로 보아 산유화가와는 아무런 상관이 없는 듯도 보이지만 그가 직접 쓴 서문에 “은율현 앞에 조산 평야가 있는데 농민들이 한 소리로 산화가곡을 불렀다. 그 가사가 몹시 비루하고 내용이 천박해 옛날 황화의 절양류나 시골 미천한 사람의 더러움도 이 정도는 아니다. 저 무지한 사람들이 어찌 열두 국풍이 있다는 것을 알겠는가. 그러나 그 가사가 때때로 저절로 비나 흥의 남긴 뜻과 합하니 어찌 그 가사와 곡조가 성정・천기가 움직인 것으로부터 나온 것으로 고금의 다름이 있겠는가. 내가 한가한 중에 옮겨 글로 써서 시를 채집할 사람을 기다린다(殷栗縣前有造山坪, 農者齊聲唱山有花曲. 辭甚俚淺想, 古皇華折楊下里巴人汚不至此. 彼蚩蚩者豈知有十二國風. 而其詞往往自合於比興遺旨, 豈詞曲出自性情天機所動, 無古今殊歟. 余於閑中譯而成文以俟采詩者)."고 한 것으로 보아 그가 황해도 조산 지방에서 노동요로 불렸던 산유화가를 그대로 한역해 놓은 것이라 할 수 있다. 또 初唱과 答唱으로 분류해 놓은 노래의 기록 양식으로 보아 조산 지방에서 불렸던 산유화가는 交換唱 혹은 先後唱의 형태로 불렸음을 알 수 있다. 강준흠의 <조산농가>는 당대 불렸던 노동요 산유화가의 가창 방식과 내용에 대해 구체적으로 확인할 수 있게 해 준다는 점에서 상당한 자료적 가치를 지닌다.

부여지방의 산유화가 보다 선산지방의 산유화가는 조선 후기의 문헌 속에서 보다 많이 찾아볼 수 있다. 『肅宗實錄』을 살펴보면 향랑 사건은 1702년 경상도 선산지방에서 일어났으며 당시 선산 부사로 재직하고 있던 趙龜祥(1645~1712)이 처음으로 이 사건을 기록하여 조정에 보고하였다. 그러나 조정에서 별다른 조치를 취하지 않자 조구상은 다시 1703년 「烈女香娘圖記(香娘傳)」를 만들었고, 이듬해인 1704년 조정에서는 향랑에게 旌表를 내리고 사건의 전말을 실록에 수록하도록 하였다고 한다.

역사적 실체를 지니고 있는 사건으로 향랑이 정표를 받았다는 사실 때문인지 향랑의 이야기는 많은 사람들에게 소개되어 傳을 비롯한 다양한 산문 양식으로 전하고 있다. 이 때문에 향랑의 고사와 연관된 산유화가는 전 속의 삽입 가요 형식으로 전하거나, 그 내용만을 전하는 서사시, 혹은 향랑의 전이나 노래·이야기를 듣고 자신의 감회를 읊는 형식으로 기술된 것이 대부분이다.

傳 속에 삽입 가요로 기록되어 있는 산유화가로는 趙龜祥의

<烈女香娘圖記(香娘傳)>를 필두로 嚴慶遂(1672~1718)의 <孚齋日記>, 李光庭(1552~1627)의 <林烈婦薌娘傳>, 兪漢雋(1732~1811)의 <善山二烈女」> 李安中(1752~1791)의 <香娘傳>, 李鈺(1760~1812)의 <尙娘傳>, 張志淵(1864~1921)의 <香娘>과 <一善誌>를 들 수 있다. 향랑의 이야기를 바탕으로 자신의 정서를 노래한 산유화가로는 鄭澔(1634~1717)의 <讀一善香娘傳>, 金昌翕(1653~1722)의 <望泰安砥柱下有香娘碑>, <春夜海上咏崔士集山有花歌, 感別多懷, 因得六十韻>, 李學逵(1770~1835)의 <夜聞隣人唱山有花有懷却寄伯津>이나 <山有花歌>·<山有花>, 李魯元(생몰년미상)의 <山有花曲>·<山有花後曲>, 李友信(?~1822)의 <山有花曲>, 崔永年(1856~1935)의 <山有花>, 李裕元(1814~1888)의 <山有花>를 들 수 있다. 이외에 장편 서사시의 형태로 기술된 것으로 李光庭의 <薌娘謠>, 崔守哲(1683~1712)의 <朴烈婦行>, 申維翰(1681~1752)의 <山有花曲>, 崔成大(1691~?)의 <山有花女歌>, 李德懋(1741~1793)의 <香娘詩 幷序>를 들 수 있다. 구체적으로 작품을 살펴보도록 한다.

天何高遠　하늘은 어찌 이리 높고도 멀며
地何曠貌　땅은 어찌 이리 넓고도 아득한가.
天地雖大　하늘 땅 비록 크다 하나
一身靡托　이 한 몸 맡길 곳 없으니
寧投此淵　차라리 이 연못에 뛰어 들어
葬於魚腹　고기 뱃속에 장사 지내리.

山上有花花下山　산 위엔 꽃 피었고 꽃 아랜 산인데
一腔欲斷淚潸潸　애간장 끊어지니 눈물만 하염없네.
洛東江水無窮極　낙동강 그 물은 끝없이 흐르지만
碧恨水流去不還　한 품은 푸른 물결 가선 돌아오지 않네.

첫 번째 작품은 당시 선산 부사였던 趙龜祥의 「烈女香娘圖記(香娘傳)」 속에 나오는 삽입가요 산유화가이고, 두 번째 작품은 李裕元의 <山有花>이다. 조구상의 「烈女香娘圖記(香娘傳)」 속에 나오는 산유화가는 향랑이 불렀다고 하는 노래를 조구상이 한역한 것이다. 향랑이 낙동강에 몸을 던지기 전에 이 노래를 불렀다고 하는데, 이 노래에 대해 "기경 가자 기경 가자, 만고 장판에 기경 가자, 하늘이 높고 땅이 넓어도 이 몸담을 곳 없네."하는 노래가 原辭라고 한다. 당대 구전되던 이 노래를 한자로 옮긴 것이라 보인다.

두 번째 작품은 李裕元의 『林下筆記』 속에 나오는 <山有花>이다. 노래의 내용으로 보아 향랑의 전설을 들었거나 傳記를 보고 지은 작품이라 생각된다. 꽃과 물을 통해 당시 향랑이 지니고 있었던 한의 정서를 극대화 하고 있다.

이 계열의 산유화가가 가장 많이 전하고 있다는 것은 조선이라는 사회의 보편적 도덕관념과 향랑의 고사가 연계되어 있다는 점에서 당연한 것이라고 할 수 있다. 그래서인지 이 계열의 산유화가에서는 대체로 향랑의 처지와 모습에 대해 긍정하고 안타까운 시선을 보이고 있다. 이와 함께 이 계열의 산유화가 역시 당대 민요로 불렸던 노래의 원형을 확인하기 어렵다는 특징을 지닌다. 이 계열의 산유화가 중 민요의 원형을 짐작할 수 있는 것은 조구상의 전 속에 삽입된 노래에 불과하다.

이렇게 지금까지 살펴본 조선후기의 산유화가는 그 계통이나 계열, 내용상의 차이에도 불구하고 대체로 동일한 관점에서 기록되었다고 생각된다. 이 시기 기록된 산유화가에서 찾을 수 있는 특징은 우선 산유화가의 기록이 민요에 대한 관심에서 비롯된 것임은 분명하나, 그 관심이 민요 자체에 놓여 있었던 것이 아니라는 것이다. 따라서 당대 향유되고 있었던 노래가 어떤 것이었는지 보다 그 민요를 듣고 자신이 어떤 평가를 내렸는지, 혹은 그 노래가 당대 사회에 어떤 영향을 미치는지에 대해 주목하고 있다. 이런 특징은 당대 가장 많은 관심의 대상이 되었던 산유화가가 선산지방 향랑의 고사와 연관된 산유화가였다는 점에서도 알 수 있다. 이런 특징은 당대의 산유화가가 소재적 차원에서 활용되었음을 의미하는 것이다.

따라서 이 시기 기록된 산유화가 관련 기록물들은 몇 몇 작품을 제외하고는 당대 불리던 민요의 정감이나 민요에 투영된 민중들의 의식을 있는 그대로 전해주지 못한다는 본질적인 한계를 지닌다.

Ⅳ. 일제강점기 채록 산유화가의 양상

앞에서 이미 밝힌 것과 같이 현재 우리들이 민요로 인식하고 접하는 대부분의 노래들은 근대 문헌 정착 시기 이후 기록된 것이다. 따라서 근대 문헌 정착 시기의 민요가 현재 우리들이 원형을 그대로 살펴볼 수 있는 민요의 가장 오래된 모습이라고 할 수 있고, 민요에 대한 본격적인 연구도 이 시기의 자료를 기본으로 시작하게 된다. 근대 문헌 정착 시기 민요의 채집·수록은 1912년 조선총독부에서 각 지방관서 및 초등학교에 민요 및 속담, 수수께끼 등을 조사하여 보고하도록 지시하면서 시작되었고, 1920년대 들어 일부 연구자들이 민요에 대해 관심을 가지고 자료를 수집하기 이전까지 본격적인 민요 자료의 수집은 없었다고 할 수 있다.

근대 문헌 정착 시기 즉, 개화기에서 일제강점기까지를 대상으로 현재 확인할 수 있는 민요의 현황을 살펴보면 민요관련 자료들은 1922년 처음 발간되어 1927년 이후 점차 확대되다가 1930년대 본격화되었음을 알 수 있다.[9] 이런 현상은 우리 국민들이 1920년대에 들어서 비로소 민요에 대해 자각하기 시작했고[10], 1930년대 들어 그 의식을 점차 확대·심화하게 되었음을 보여주는 것이라고 할 수 있다.

1920년대를 거쳐 1930년대에 들어서면서 민요에 대해 더욱 주목하게 된 것은 한국인뿐만 아니라 일본인도 마찬가지였다. 조선총독부에서 직접 주관했던 『朝鮮』지와 재조선일본인들이 발행했던 『朝鮮及滿洲』지에 실려 있는 민요관련 자료들이 1920년대 12건에서 1930년대 18건으로 확대되었고, 당대 조선에 와서 민요연구에 종사했던 일본인과 자료의 수도 1920년대 5명 10건에서 1930년대 8명 19건으로 늘어났음을 확인할 수 있다.[11]

개화기에서 일제강점기까지의 한국 민요 현황에 대한 조사와 연구는 『朝鮮』 38호에 실린 石川義一과 加藤覓峰의 글로 시작되었지만, 전국적인 민요 조사는 앞에서 밝힌 것과 같이 이보다 더

---

9) 윤재환, 「개화기에서 일제강점기까지 한국 민요자료의 현황과 문제점」, 『개화기에서 일제강점기까지 한국 문화전통의 자료와 해석』, 단국대학교 출판부, 2007.

10) 林慶花, 「민족의 소리로서의 민요」, 『근대 한국과 일본의 민요 창출』, 소명출판, 2005. 참조. 이 글에서 필자는 1910년대까지 한글지에서 民謠라는 용어가 보이지 않는다는 것과 당대의 정치 상황을 예로 들어 근대적 民謠의 개념은 3·1운동이후 무단정치에서 문화정치로 식민지 정책이 이행되고, 한정적으로 획득된 언론 자유에 의해 민족주의적 담론이 나타나면서 도입되었다고 보고 있다.

11) 윤재환, 앞의 책.

빠른 시기에 조선총독부에 의해 이루어졌다. 1912년 조선총독부에서는 「通俗的 讀物 及 俚諺俚謠 調査ニ關スル件」이라는 공문을 발송하여 각 지방관서 및 초등학교에 민요 및 속담, 수수께끼 등을 조사하여 보고하도록 지시하였다. 이후에도 일제는 1933년에서 1935년의 민요조사와 1936년에 조사하여 1940년 『朝鮮の鄉土娛樂』이라는 단행본을 발간하는 전국적인 민요 조사를 실시하였다.

이렇게 표면적으로만 본다면 당대 우리의 민요에 대한 관심은 한국인이나 일본인 모두 1920년대에서 1930년대로 넘어갈수록 보다 심화 확대되었음을 알 수 있다. 이런 현상은 일본인 학자들이 그들의 식민지 지배정책을 합리화하기 위한 전략으로 민요에 주목한 만큼 한국인 학자들도 민족의식, 민중의식을 고양하기 위해 민요에 매달렸기 때문이다. 결국 이 시기 민요 자료의 발굴과 연구 성과는 각기 다른 두 방향이 지닌 강한 정치적 의도와 이념적 편향성으로 인해 의도적이건 우연적이건 오류를 내포하고 있을 가능성이 그만큼 커지게 되었다.

특히 개화기에서 일제강점기까지의 민요자료가 대부분 신문과 잡지의 문예란에 수록되어 있고, 그 내용도 외세의 영향을 받지 않은 민족 고유의 가요라는 민족의 고유성 강조에 주목하고 있다는 것은 민요에 대한 해설과 논의의 초점이 민요를 통한 민족성 탐구와 향토성의 표현에 맞추어져 있었음을 알 수 있게 한다. 이런 현상은 이 시기의 민요 연구가 조선의 민족성 탐구를 통해 식민정책의 틀을 세우고자 한 일제의 의도와 민요를 통해 민족의식을 일깨우고자 했던 한국인 학자들의 의도가 표면적으로 일치한 결과라고도 할 수 있다.

이런 당대 채록 민요의 특성은 산유화가에서도 볼 수 있다. 현재까지 산유화가는 여러 지방에서 다양한 형태로 불리고 있는데, 주로 채록되는 지역은 부여, 예산, 선산, 관서 지역이다. 이 가운데 이 글에서 논의의 중심으로 두고 있는 시기인 개화기에서 일제강점기까지 동안 산유화가가 채록된 지역은 제천, 평안북도, 예산 지역이다. 이 중 가장 앞선 시기에 채록된 산유화가는 임동권의 『한국민요집』 VI권 2부에 <山有花>라는 제목으로 수록된 민요이다. 이 민요는 1933년에서 1935년까지 조선총독부의 민요자료 조사의 결과로 수록된 제천(堤川)지방의 민요이다. 구체적으로 작품을 살펴보도록 한다.

山有花兮 산유화여
저꽃이피여 농사일시작하여
저꽃이지도록 필역하세

얼널널널 상사듸
어여듸여 상사뒤

山有花兮 산유화여
저꽃이피여 번화함을
자랑마라
九十韶光 잠간간다

얼널널널 상사듸
어여듸여 상사뒤

충영봉에 날뜨고
사자강에 달진다
저날떠서 들에나와
저달져서 집에돌아간다

얼널널널 상사듸

어여듸여 상사뒤

농사짓는일이 바쁘건만
부모처자 구제하기
뉘손을 기달일고

얼널널널 상사듸
어여듸여 상사뒤

이 노래는 전체 4장으로 되어 있는 연장체 민요로, 각 장의 끝 부분에 "얼널널널 상사듸 어여듸여 상사뒤"라는 후렴구를 지니고 있다. 사설의 내용으로 보아 노동 특히 농업 노동의 가치와 필요성을 강조하는 노동요로서 특정한 노동에서 불린 기능요라기 보다는 노동 일반에 부를 수 있는 보편적인 노동요라 생각된다. 하지만 이 이상 유추해 들어가기가 어렵다. 그것은 이 산유화가에 대해 노래 사설을 제외한 어떤 정보도 찾아내기 어렵기 때문이다. 곡조나 구연 상황, 가창자와 가창 방법에 대한 정보를 전혀 얻을 수 없다는 것은 전술한 것과 같이 당대 이 산유화가를 채록한 인물들이 이 시기의 산유화가를 도구로 인식하고 있었다는 뜻이 된다.

다음 노래는 1933년 간행된 金素雲의 『朝鮮口傳民謠集』에 수록되어 있는 <미나리 一篇>이라는 평안북도지역의 민요이다.

메나린가 개나린가
장미꽂에 벌날인가
이산저산 넘어가서
돌메나리 쓰더다가
살낭살낭 씰는물에
아주삼박 데처내여

단장쓴장 치나새나
은제놋제 거나새나
나흘나흘 먹어보자
개싸에서 미나리 쓰드며

이 노래는 전술한 『조선구전민요집』에 <미나리 일편>이라는 제목으로 1802번째 수록되었다. '메나리'라는 어구를 첫 구에 두고 있다는 점에서 산유화가 계열의 일종이라고 볼 수 있다. 또 미나리를 뜯는다고 한 것으로 보아 나물 캐는 여성 화자가 불렀던 여성 노동요의 일종이라 보인다.

다음 노래는 역시 『조선구전민요집』에 1480번째 수록된 노래이다.

나븨나븨 호랑나븨
나하구 청산가세
가다가 저물거든
꼿속에 들고가세
꼿속에서 푸대접하거든
닙밋헤 자고가세

이 노래는 <나븨 一篇>이라는 제목으로 수록된 민요이다. 그런데 이 노래는 앞 장에서 살펴본 강준흠의 「조산농가」 제1장의 내용과 일치한다. 채록 지역 역시 「조산농가」가 기록된 황해도 지역으로 되어 있다는 점으로 보아 이 노래 역시 산유화가 계열의 일종이라고 할 수 있다. 그렇지만 원래 「조산농가」에 남아있던 뒷부분 4장이 모두 제거되고 첫 1장만 남아있다는 것과 남아있는 노래의 내용으로 보아 이 노래를 어떤 계열로 분류해야 할 것인지 노래의 성격이 분명하지 않다는 문제점이 보인다.

다음으로 확인할 수 있는 민요는 1949년 발간된 고정옥의 『朝鮮民謠硏究』에 <메나리꽃아>라는 제목으로 수록된 충남 예산(禮山)의 민요이다.

메나리꽃아 메나리꽃아
저꽃이피어 農事일始作하여
저꽃이저서 農事일畢役하세

얼럴럴상사뒤여 어뒤여상사뒤

메나리꽃아 메나리꽃아
저꽃이피어 繁華함을자랑말아
九十春光 잠간간단다

얼럴럴상사뒤여 어뒤여상사뒤

이 노래에 대해 고정옥은 충실하게 주를 달아놓고 있는데, 그 내용을 살펴보면 이 <메나리꽃아>라는 노래가 산유화 계열의 일종이라는 것을 분명하게 확인할 수 있다. 이 노래에 대해 고정옥은 "이 노래는 부여고적보존회 발행 『백제사적』·『부여 명승구적』에 실린 山有花曲과 같되, 초구가 '山有花兮 山有花兮' 대신 여기에는 '메나리꽃아 메나리꽃아'로 되어 있다. 이는 산유화가와 미나리의 교섭에 착목한 이재욱씨의 탁견의 한 유력한 증좌가 되리라고 생각한다. 즉 그는 山有 → 山遊 → 뫼놀이 → 미나리로 추단하였는데, 이 노래는 현행 산유화가가 메나리로 되어 있는 예다."라고 한 뒤 노래의 마지막에 "소위 '미나리'의 일종인데, 후절은 무상하니까 부지런히 일에 힘써야 된다는 뜻으로도, 무상하니까 놀아보자는 뜻으로도 해석된다."고 하는 설명을 덧붙이고 있다. 이런 해석으로 보아 고정옥이 이 노래를 채록할 당시 산유화가는 이전에 지니고 있었던 향랑의 고사나 백제의 멸망을 애상하는 노래에서 이탈하여 노동요로 그 성격을 완전히 변모시켰다고 생각된다.

V. 조선후기와 일제강점기 채록 산유화가의 성격 비교

지금까지 조선후기에 채록된 산유화가 관련 기록과 개화기에서 일제강점까지 채록된 산유화가를 살펴보았다. 조선후기와 일제강점기에 각기 채록된 산유화가 관련 기록을 살펴보면 일단의 공통점과 함께 차이점을 발견할 수 있다.

우선 공통점을 살펴보면 두 시기 산유화가 관련 기록이 모두 사설을 중심으로 하고 있고, 가락이나 구연 상황, 창자에 대해 별다른 고려가 없었다는 것이다. 이런 특성은 조선 후기부터 일제강점기가 끝날 때까지 산유화가 채록자들의 관심이 산유화가 그 자체에 놓여 있지 않았음을 의미한다.

산유화가에 대한 이러한 접근은 이 두 시기 산유화가에 접근하고자 했던 인물들이 지니고 있었던 성격과 의식으로 보아 어쩔 수 없는 것이었다고 하더라도 후대 민요 연구에 많은 한계를 보여줄 수밖에 없다. 기본적으로 민요는 구비전승되는 것으로 가락과 기능, 창자와 구연 상황에 따라 각기 다른 양상과 의미를 지니게 된다. 그런데 민요를 사설 중심으로 바라본다는 것은 민요의 많은 요소 가운데 사설과 내용, 더 나아가 기능에 초점을 맞추어 민요를 바라보게 됨을 의미한다. 이런 관점은 민요의 중요한 구성 요소인 가락과 창자, 그리고 구연 상황에 대한 고려를

버리는 것으로 민요에 대한 총체적인 접근을 어렵게 만드는 하나의 요인이 된다.

이와 함께 찾을 수 있는 또 다른 공통점은 채록자 혹은 연구자의 성격이다. 조선 후기 산유화가에 대해 관심을 가지고 채록하거나 시문 창작에 힘쓴 사람들의 경우 대부분 당대의 지식인으로 거론되는 인물들이지만, 당대 사회에서 사회적으로나 정치적으로 그다지 큰 세력을 확보하지 못한 인물들이었다. 남인이나 북인 계열의 몰락 양반이었거나 실학파 계열의 작가가 중심이 된다. 이들은 그들 나름대로 동호인적인 관계를 유지하고 있었으며 당대 사회와 민간의 삶에 대해 강한 애정을 지니고는 있었지만 그 애정을 현실 사회 속에서 적절히 표출할 수 있는 방법을 찾기 어려웠다. 이들이 산유화가라는 민요에 관심을 가지게 된 이유의 일단이 여기에 있지 않을까 생각된다.

이런 점은 개화기에서 일제강점까지의 민요 채록자들에게서도 발견할 수 있는 것이다. 개화기에서 일제강점기까지 민요에 관한 자료 186건 중 신문자료가 20건(10.7%), 잡지자료가 139건(74.7%)으로 이 두 매체에 수록된 자료를 합은 전체 자료의 약 85%에 달한다. 이 시기 민요 수록 매체로 잡지가 가장 큰 비중을 차지하고 있다는 것은 당대 민요에 관심을 가지고 있었던 이들이 동호인적 성격을 강하게 지니고 있었음을 말해주는 것이라고도 할 수 있다. 이와 함께 당대 민요가 수록된 잡지가 『開闢』·『朝鮮文壇』·『新民』·『東光』·『現代評論』·『朝鮮之光』·『別乾坤』·『三千里』 등 몇 종에 한정되어 있고, 이 잡지들이 시사(時事)를 다루는 인문학적인 잡지라는 것에서 이들의 동호인적 성격도 인문학적인 소양을 갖추고 강한 사회 비판의식을 지닌 지식인 집단이라고 유추할 수 있을 듯하다.[12]

마지막으로 찾을 수 있는 공통점은 두 시기 산유화가 채록자들이 산유화가를 비롯하여 민요에 대해 관심을 가지게 된 이유이다. 조선 후기 민요 채록자들이 민요에 대해 관심을 가지게 된 이유는 전술한 것과 같이 민족에 대한 자각과 민중에 대한 의식의 확대에 기인한다. 이들은 민요가 지니고 있는 민족성과 민중성에 주목하여 민요를 기존의 문학 양식 속으로 편입시키고자 하였고, 이를 통해 우리만의 것을 구현하고자 하였다. 이런 성격은 개화기에서 일제강점기까지의 민요 채록자에게서도 발견할 수 있는 것이다. 개화기에서 일제강점기까지의 민요 채록자들 역시 민요를 '민족성을 표현한 노래'로 규정하고 민요의 채록을 통해 민족정신을 일깨우고자 하였다.

민요에 대한 이런 접근 시각은 두 시기 민요 채록자들이 사설 중심으로 민요에 접근했고, 민요를 통해 민족 고유의 정서를 밝혀 민족성을 함양하고자 했다는 점에서 쉽게 확인할 수 있다. 하지만 이 때문에 현재 남아 전하는 민요 자료는 대부분 간접 조사 방식을 통해 기록되어 사설 중심이고, 창자와 구연 상황에 대해 구체적으로 확인해 볼 수 있는 방법이 없다. 당대의 민요 자료가 지니는 이런 한계점은 민요의 전승양상과 변모 과정을 확인하고, 시대상의 변화와 민요의 변천을 아울러 살피는 민요 연구에 결정적인 결여 사항을 야기한다.

이와 함께 당대 민요 채록자들의 이러한 인식은 채록된 민요의 범위와 내용을 한정한다. 당대 채록된 민요가 대부분 개인들의 노력에 의한 것이었기 때문에 채록 범위가 전국적인 단위의 체계적인 조사로 확대되기 어려웠을 뿐만 아니라 읍·면 단위의 집중적인 채록 대상도 가지지 못하였다. 이에 따라 현재 전하는

---

12) 윤재환, 앞의 책.

민요 자료들은 채록자 개인이 흔히 접할 수 있는 지역에서 향토성과 민족성을 쉽게 드러내는 민요들이 대부분이다.

이런 공통점이 있음에도 불구하고 조선후기와 일제강점기의 산유화가를 비교해 보면 많은 차이점을 발견하게 된다. 그 차이점 가운데 가장 큰 것이 전승된 민요의 내용과 성격이다. 조선후기의 산유화가는 세 계열로 나뉘어 각기 다양한 변모 과정을 거치면서 발전해 갔다. 하지만 일제강점기 산유화가 계열의 민요들은 오로지 노동요 계열만 남아 전하고 있다. 그러나 일제강점기 채록 산유화가의 이런 성격 변화는 조선 후기 당대에 기록된 민요의 모습으로 보아 당연한 결과라고 할 수 있다.

조선 후기 당대에 이미 백제의 멸망에 대해 애상을 드러내는 부여 지방의 산유화가나 향랑 설화를 바탕으로 형성된 선산 지방의 산유화가는 그 가락과 곡조를 온전히 전할 수 없는 상황이었다. 따라서 조선 후기 그 가락과 사설을 온전히 유지하고 있었던 노래는 부여 지방의 산유화가 중 노동요 계열에 불과했다고 할 수 있고, 이 노래가 조선 후기를 거쳐 일제강점기까지 이어졌다고 생각된다.

이와 함께 일제강점기 산유화가에서 볼 수 있는 또 다른 차이점은 다른 민요와의 습합이 상당부분 이루어지고 있었다는 것이다. 앞서 살펴본 네 편의 산유화가 가운데 산유화가의 원형을 가장 잘 보존하고 있는 노래는 임동권 채록의 제천지방 산유화가이다. 그 이외의 노래들은 이미 다양한 경로로 전승·발전하여 원형에서 상당히 멀어진 것으로 추정된다. 고정옥 채록의 <메나리꽃아>에 부기된 주를 보면 이미 부여지방에서도 산유화가가 완전히 노동요로 전환되었음을 짐작하게 한다. 이런 변모 양상의 단초는 조선 후기 강준흠의 「조산농가」에서도 확인할 수 있는 것이지만, 더 근본적인 원인은 민요가 지니고 있는 본질적인 성격에 기인하는 것이라고 할 수 있다. 즉 민요란 창자 스스로가 생활상의 필요에 의해 부르는 노래인데, 조선 후기 이후 일제강점기까지 시대 상황의 변화가 민중들에게 더 이상 노동요 이외의 산유화가에 대해 관심을 두지 못하게 하였기 때문이라 생각된다.

Ⅵ. 결 론

흔히 개화기에서 일제강점기까지의 시기, 특히 일제강점기는 우리 문화의 주체적 움직임이나 자발적 변화가 억압되고, 당대 우리에게 전파된 제반 문화 양상을 일방적으로 수용하여 존재하는 기존의 문화 양상들을 굴절시킨 우리 문화의 일방적 굴절기로 작용하였을 것이라 생각한다. 그러나 일제강점기 동안 우리나라가 식민지 사회였음에도 불구하고 우리는 수없이 많은 우리의 전통을 지켜냈고, 그 전통을 현재까지 이어오고 있다.

우리가 보다 중요하게 바라보아야 할 것은 우리가 지켜온 문화 전통이 어떤 것이고, 변용된 것은 무엇인가를 객관적으로 밝히는 것이다. 이 작업은 우리 문화의 정체성을 재확인하기 위한 첫 번째 단계로써 의미를 지니는 것이다. 개화기에서 일제강점기까지의 민요 자료를 대상으로 그 지속과 변용의 양상에 대해 확인하고자 하는 작업 역시 현재 우리에게 존재하고 있는 우리 문화의 정체성을 분명하게 확인하고 그 문화적 전통성에 대해 새로운 의미를 부여하고자 하는 것이다.

이런 의도에 따라 이루어 진 조선 후기부터 일제강점기까지 민요 자료의 지속과 변용 양상에 대한 연구가 보다 구체적이고 분명한 연구 성과를 얻기 위해서는 이 두 시기에 존재하는 모든 민요들을 대상으로 그 구체적인 변화의 양상을 확인해 보아야 한다. 그러나 조선 후기의 민요 자료나 민요집이 존재하지 않는다는 자료적 한계는 일제강점기 채록 민요가 보여주는 모습이 지속인지 혹은 변용인지를 확인할 수 없게 만든다. 이런 어려움은 일제강점기에 채록된 민요에 대해 막연한 의심을 품게 하고, 우리 스스로 우리의 전통성에 회의하게 한다. 이런 점에서 현재까지 그 모습을 확인할 수 있는 산유화가를 통해 두 시기 민요의 지속과 변용의 양상을 확인해 보고자 한 작업은 일정한 의미를 지니는 것이라 할 수 있다.

지금까지 살펴본 바에 따르면 조선 후기와 일제강점기의 산유화가는 공통점과 함께 상당한 차이점을 보여준다. 그러나 두 시기 산유화가가 지니는 차이점은 일제강점기라는 시기 일어난 의도적 개변의 결과물이 아니라 산유화가의 전승 과정에서 일어난 당연한 변용의 양상이라고 할 수 있다. 산유화가에서 확인할 수 있는 변용 양상에 대해 곧바로 조선 후기와 일제강점기 민요의 연속성으로 확대 해석하기는 어렵지만, 현재까지 확인한 결과 산유화가 계열만을 놓고 볼 때 조선 후기에서 일제강점기까지의 민요는 일정한 연속성을 지니며 지속·발전해 왔다고 할 수 있다. 앞으로 산유화가 계열의 민요에서 보다 주목하여 살펴보아야 할 것은 동일시기 산유화가가 보여주는 지역적 변용의 양상과 다른 민요와의 습합에 관한 것이라고 생각한다.

산유화가 계열의 민요가 보여주는 지역적 변용의 양상이나 다른 민요와의 습합은 조선 후기 산유화가에서부터 확인이 가능하다. 이 지역적 변용이나 습합의 원인에 대한 검토는 우리 민요의 전반적인 변용의 양상을 확인하는 하나의 단서로서 중요한 의미를 지니리라 생각한다. 이와 함께 산유화가 이외에 조선 후기 당대 가창되었던 민요를 발굴하여 일제강점기까지의 연속성을 파악하고, 이를 통해 조선 후기 민요와 일제강점기 채록 민요와의 관계를 확정하는 작업 역시 지속되어야 할 과제라고 할 것이다. 이에 대해 더 많은 연구자들의 관심과 노력이 있어야 할 것이다.

일제강점기 민요의 전통성 탐구

- 고대시가의 배경기사[1]에 나타난 창작 배경 및 연행상황을 중심으로 -

이 현 우*

Ⅰ. 서 론

민요란 무엇인가? 이에 관해 지금까지 수많은 연구자들에 의

* 단국대학교 동양학연구소.

1) 일반적으로 향가를 중심으로 한 고대 시가의 창작 경위를 보여주는 기사에 대해 배경설화라는 용어를 사용하여왔다. 그러나 설화라는 용어가 일정한 구조를 지닌 가공된 또는 사실적으로 꾸며진 이야기라는 것을 전제로 한다면 향가를 둘러싼 모든 기사들을 통칭하여 배경설화라고 하는 것은 부적절한 용어의 선택이라고 생각된다. 따라서 이 글에서는 배경 기사라는 가치중립적인 용어를 사용하기로 한다.

해 다양한 정의가 시도되었지만 연구자들의 수만큼이나 다양한 견해가 존재하고 있을 뿐이다. 하지만 대체적으로 민요란 민중에 의해 불려진 노래이며 민중의 생활과 밀접한 관련을 가지고 고대로부터 전승되어온 문학 장르라고 정의되어질 수 있을 것이다.

이 글에서는 다양한 민요에 관한 정의들 중[2]에서 '비전문적인 민중의 노래'[3] 또는 '피지배층인 민중에 의해 불려진 노래로써 생활적 기능을 중심으로 묶인 노래'[4]라는 정의를 수용하여 사용하도록 하겠다. 이 두 가지 정의가 수많은 민요의 성격들을 세부적으로 모두 포괄하는 것이라고는 할 수는 없지만 전자의 경우 노래를 직업으로 삼지 않는 '일반인'에 의해 불려진 민요의 비전문적 성격을 잘 나타내주고 있다는 장점이 있고, 후자의 경우 일반인들의 생활과 어우러진 민요의 기능적 측면을 잘 나타내주고 있다는 장점이 있기 때문이다.[5]

이 발표지에서는 우리나라 민요의 성격을 파악함에 있어 민요의 정의나 분류와 같은 원론적인 접근법보다는 고려 이전 시기

---

2) 민요의 정의에 관한 가장 선험적이며 탁월한 저서로 고정옥의 『조선민요연구』를 들 수 있다. 이 책에서 고정옥은 민요의 개념을 민(民)의 의미에 맞춰 설명하고 있다. 즉 ① 개(個)에 대한 민, ② 군(君)·관(官)에 대한 민, ③ 국(國)에 대한 민 등 세 가지로 나눠서 설명하고 있는데 민요란 집단창작물로써 민(民)에 의해 향유되고 그 범위는 민족에 국한된 개념이라는 것이다.

3) 장덕순 외, 『구비문학개설』, 일조각, 1971.

4) 강등학, 『한국민요학의 논리와 시각』, 민속원, 2005, 256면. 이 책에서 강등학은 민요를 신분계층을 중심으로 파악하고 있다. 강등학의 이러한 시각은 기층문학적인 성격을 지니고 있는 민요에 대하여 사대부층이 향유하였던 상층가요와 국가에서 활용되던 궁중가요 등의 각 계층별 범주가 대비될 수 있다는 장점을 지니고 있다.

5) 위의 조동일과 강등학의 정의가 민요에 대한 최초의 정의는 아니지만 민요의 비전문성과 다른 장르와의 비교에 있어서는 가장 간결하면서도 선명한 설명을 하고 있다고 판단된다.

의 여러 문헌—주로 『三國史記』와 『三國遺事』—에 기록된 고대 시가 및 그 배경기사의 의미 파악을 중심으로 한 해석에 초점을 맞추고자 한다. 그러한 해석을 통하여 향가를 비롯한 기타 작품들의 연행상황과 그 변모과정을 추적하여 볼 것이다. 이를 통하여 민요와 고대시가와의 관계 및 각 작품들의 창작배경이나 연행상황에서 나타나는 민요적 성격을 파악하여 우리 민요가 가지고 있는 전통을 조금이나마 찾아낼 수 있다면 이 글의 의의는 충분하리라 생각한다.

Ⅱ. 민요의 발생

민요는 민중들의 생활과 밀접한 연관을 맺으며 자연스럽게 창작되고 전승되지만, 현전하는 민요들의 연원이나 작자는 대부분 알려져 있지 않다. 다만 민요라는 노래 장르가 발생한 것은 고대인들이 염원하는 대상을 소리가 가지고 있는 주술적인 힘에 의지하여 이루고자 한 것에서 비롯되었을 것이다.

공주 석장리(현재 장암리로 바뀜) 구석기 유적에서 바닥과 벽에 새긴 고래상과 조각한 물고기상이 출토된 것으로 보아 이때부터 이미 예술적 혹은 제의적 의도에 의해 원시적인 의미의 예술 활동이 시작되었다는 것을 알 수 있다. 구석기인들이 이미 예술에 대한 인식을 가지고 있었다면 민요의 발생을 이 당시로 잡는 것은 무리가 없을 것으로 보여진다. 다만 구석기 시대의 민요의 모습은 주로 수렵이나 채집을 통한 풍요로운 먹거리의 수집 등의 내용을 단순한 형태의 노랫가락에 얹어 불렀을 것으로 추측된다.

수렵과 채집이 경제활동의 주된 영역이던 구석기 시대로부터 본격적인 농경문화가 시작된 신석기 시대로 이행되면서 그 소재나 형식면에서 단순하던 형태의 민요가 한층 세분화된 형태로 변화되었을 것이다. 신석기 시대는 주거의 형태나 경제활동 면에서 이전 시기에 비해 획기적인 모습으로 변화하게 된다. 주거의 형태에서 보면 단일 가족 중심의 주거형태가 여러 가족이 모인 집단 공동체적-마을이나 부족으로 이행되어 가고, 이에 따라 개인이나 가족 단위로 그들의 염원을 담아 부르던 노래들도 좀 더 마을이나 부족의 풍요와 안녕을 기원하는 쪽으로 바뀌어 나갔을 것이다. 따라서 원시적인 민요 역시 형식적인 틀을 갖추게 되고 내용적으로도 그들의 생활에 맞도록 세분화 되는 양상을 띠었을 것이다. 특히 신석기 유적지에서는 다양한 장신구들이 출토되는데 다양한 장신구의 등장은 그들이 구석기인들과는 달리 좀 더 다양한 형태의 예술적 인식을 지니고 있었음을 시사하고 있다고 보여진다. 또한 함께 출토된 여러 조각상들도 구석기 시대보다 더욱 상징적인 형태의 것들이 많다. 이러한 사실들로 미루어 신석기 시대는 구석기 시대와 비교하여 미적 감각이 더욱 발달하였다는 사실을 입증하여 준다고 볼 수 있다. 따라서 언어예술의 한 형태인 민요도 신석기 인들의 의식 변화에 맞춰 다양한 형태로 심화되었다고 여겨진다.[6]

---

6) 조동일은『한국문학통사』1권(지식산업사, 1982)에서 신석기 시대에 갈이노래, 심기노래, 거두기노래 같은 종류와 교환창, 선후창과 같은 가창방식이 마련된 것으로 보고 있다. 농경사회에 필요한 갈이노래, 심기노래, 거두기노래 같은 종류의 노래들이 농경문화의 시작에 발맞춰 생성되었다는 것을 타당한 견해라고 여겨진다. 그러나 교환창이나 선후창과 같은 가창방식까지 이 때 생겨났다고 언급하는 것은 지나친 추측이 아닌가 한다.

부족국가 시대에 이르러 비로소 원시예술이 태동하게 된다. 곡(曲)·가(歌)·무(舞)가 하나로 결합된 원시종합예술은 그들이 속해있는 부족이나 국가의 제의 또는 축제의 장에서 주로 불려지게 된다. 원시예술의 한 축을 지지하고 있던 민요는 이 시기에서는 오히려 민중들만의 것이라기보다는 민중과 지배층을 아울러 창작·향유되었을 것으로 보여진다.

Ⅲ. 삼국시대 가악의 민요적 성격과 그 변모 양상

삼국시대로 내려오면 곡(曲)·가(歌)·무(舞)가 합쳐진 형태의 원시종합예술은 각각 분리되어 각자의 문예 양식에 맞는 미적 특질들을 찾아가게 된다. 민요 역시 이 시기를 거치면서 내부적으로 세분화의 길을 걷게 된다. 삼국 이전의 시기에서부터 이어져 내려온 다수의 민중에 의해 창작되고 향유되는 민요만의 특질은 그대로 유지하면서도 내부적으로는 새로운 노래 양식을 분화시켜내게 된다.

이 장에서는 현재 남아있는 삼국의 가악관련 기록을 분석하여 그 안에 내포되어 있는 민요 양식의 특질들과 변화 양상을 파악해 보도록 하겠다.

> 5년 11월 겨울 왕이 국내를 순행(巡行)하다가 한 노파가 굶주리고 얼어서 거의 죽어감을 보고 말하기를, "내가 조그만 몸으로 왕위에 있어 능히 백성들을 보살피지 못하고 늙은이와 어린이들로 하여금 이렇게 극심한 지경에까지 이르게 하니 이는 나의 죄구나"라고 하였다. 그리고는 옷을 벗어 그를 덮어 주고 음식을 받들어 먹인 후, 유

사(有司)에게 명하여 곳곳마다 홀아비·과부·고아·자식 없는 자·노인·병든 자로써 스스로 살아가기 어려운 자를 존문(存問:慰問)하여 먹을 것을 주어 부양하게 하였더니, 이웃 나라 백성들이 소문을 듣고 찾아오는 자가 많았다. 이 해에 민속(民俗)이 즐겁고 편안하여 비로소 도솔가(兜率歌)를 지으니, 이것이 가악(歌樂)의 시초이다.

五年 冬十一月 王巡行國內 見一老嫗飢凍將死 曰 予以眇身居上 不能養民 使老幼至於此極 是予之罪也 解衣以覆之 推食以食之 仍命有司在處存問 鰥寡孤獨老病不能自活者 給養之 於是 隣國百姓聞而來者衆矣 是年 民俗歡康 始製兜率歌 此歌樂之始也.

『三國史記』卷第一 新羅本紀 第一 儒理尼師今條

위의 기사는 『삼국사기』에 나타난 '도솔가(兜率歌)' 관련 기록이다.

'도솔가'와 관련된 기록은 『삼국유사』에서도 나타나는데 함께 비교하여 살펴보겠다.

유성공(劉聖公)[7] 경시원년(更始元年) 계미(癸未)에 즉위하여(연표에는 갑신에 즉위하였다고 되어있다) 육부의 이름을 고치고 또 여섯 성(姓)을 내려주었다. 처음으로 도솔가(兜率歌)를 지었는데 차사(嗟辭)와 사뇌격(詞腦格)이 있었다.

劉聖公更始元年癸未卽位(年表云 甲申卽位) 改定六部號 仍賜六姓 始作兜率歌 有嗟辭·詞腦格.

『三國遺事』卷第一 紀異第一 第三弩禮王條

『삼국사기』와 『삼국유사』의 문면만을 그대로 살펴보면 『삼국사기』에서는 '도솔가'가 (우리나라) 가악의 시초라고 기록하고 있고, 『삼국유사』에서는 처음으로 '도솔가'를 지었다고 하고 있다.

7) 劉玄. 성공은 그의 자(字)이다. 후한 사람으로 경시는 그의 연호이다.

이 말은 유리왕대에 이전 시기까지 유행하던 원시적인 민요와는 다른 새로운 노래 형식이 나타났다는 것을 의미한다. 그렇다면 김부식이 『삼국사기』에서 '도솔가'를 가악의 시초라고 하고 있는데 여기서 '가악(歌樂)'이란 제의성이 제거된, 순수하게 '노래 그 자체만을 즐기기 위한 노래'라고 생각된다. 즉, '도솔가'가 가악의 시초였다는 것은 이전까지 그들의 염원이나 제의에 사용되기 위한 노래가 아닌 한 개인의 정서를 읊어낸 서정시가의 탄생을 의미한다고 해석해야 할 것이다.

또한 『삼국유사』의 기록을 아울러 살펴보면, 유리왕에 의해 창작되었으며 당대의 민속을 읊은 '도솔가'는 형태적인 면에서도 이전의 원시 민요와는 차별화된 새로운 형태의 노래라고 볼 수 있다. 특히 사뇌가가 가지고 있는 '차사'와 '사뇌격'을 '도솔가'가 역시 지니고 있었다는 점에서 '도솔가'가 민요와 향가—특히 사뇌가—의 중간적인 위치에 있던 노래 형식이라는 사실을 유추하여 볼 수 있다. 여기서 원시 민요에서 '도솔가'를 통해 향가로 이어지는 우리나라 고대 노래 양식의 전통을 파악해 볼 수 있다.

『삼국사기』 유리이사금조에는 '도솔가'외에도 <會蘇曲>관련기록이 있다.

> 9년 봄에 왕이 6부의 이름을 고친 후 …… 왕이 이미 정한 육부를 둘로 나누어 왕녀(王女) 두 사람으로 하여금 각각 부내(部內)의 여자를 거느려 편을 짜고 패를 나눠 7월 16일(旣望)부터 매일 대부(大部)의 마당에 일찍이 모여 을야(乙夜:밤9시에서 11시 사이)에 파할 때까지 길쌈을 계속하게 하고, 8월 15일에 이르러 그 공의 다소를 생각하여 지는 편은 주식(酒食)을 장만하여 이긴 편에 사례하니 이에 가무와 온갖 유희로 즐겼으니, 이를 가배(嘉俳)라 하였다. 이 때 진편의 한 여자가 일어나 춤추며 탄식하기를, 회소회소(會蘇會蘇)라 하여 그 음조가 슬프고 아름답거늘, 뒷사람들이 그 소리로써 노래를 지어 회

소곡(會蘇曲)이라 이름하였다.

> 九年 春 改六部之名 …… 王既定六部 中分爲二 使王女二人各率部內女子 分朋造黨 自秋七月既望 每日早集大部之庭 績麻乙夜而罷 至八月十五日 考其功之多小 負者置酒食 以謝勝者 於是 歌舞百戲皆作 謂之嘉俳 是時 負家一女子 起舞歎曰 會蘇會蘇 其音哀雅 後人因其聲而作歌 名會蘇曲
>
> 『三國史記』卷第一 新羅本紀 第一 儒理尼師今條

<회소곡>의 경우 창작시기는 '도솔가' 보다 5년 이상 뒤이지만 좀 더 원시적인 형태의 민요에 가까웠다고 보여진다. 형태적인 면을 살펴보면 팔월 한가위를 맞아 벌어진 길쌈에 진 원통함과 탄식을 담아 한 궁녀가 낸 '회소회소'라는 말을 단순히 음차하여 <회소곡>을 지었으므로 '회소회소'라는 후렴구를 가진 단순한 형태의 노래로 생각된다. 따라서 최소한 '차사'와 '사뇌격'을 가진 '도솔가'의 형태는 아니었을 것으로 생각되며, 그렇다면 후인(민중)들에 의해 민속명절인 한가위를 소재로 창작된 민요일 가능성이 아주 높다고 여겨진다.

위의 기사를 통해 알 수 있는 또 다른 사실은 유리왕 대에 서정요인 '도솔가'가 창작되기 시작하였으나 일반 민중들이 주로 향유하던 노래는 아직까지는 '도솔가'류의 노래 형식보다는 민요에 가까운 형식의 노래였음을 알 수 있다.

『三國史記』卷第三十二 雜志第一 樂條에 민요로 불려지던 <회소곡>이 궁중에 편입되면서 어떠한 변개과정을 거쳤는지 그 일단을 살펴볼 수 있는 기록이 있다.

> <회악(會樂)>과 <신열악(辛熱樂)>은 유리왕 때에 만들어진 것이다.
>
> 會樂及辛熱樂 儒理王時作也

『三國史記』卷第三十二 雜志第一 樂條

김부식은 같은 편목에서 “이는 모두 우리나라 사람들의 즐기는 음악에 따라 만들어진 것인데, 악기의 수효나 노래·춤의 모양은 후세에 전하지 아니한다.”[8]라고 기록하여 이 두 악곡이 이미 실전되었음을 알려주고 있다. 그러나 바로 뒤이어 “정명왕 9년(689)에 신촌에 행차하여 잔치를 베풀고 음악을 연주하게 했는데, …… 하신열무는 감 네 명, 금척 한 명, 무척 두 명, 가척 한 명이었으며, …… 상신열무는 감 세 명, 금척 한 명, 무척 두 명, 가척 두 명이었고, …… ”[9]라고 두 악곡의 규모를 짐작할 수 있는『고기』의 기록을 인용하고 있다. 위의 기록을 통해 살펴보면, 유리왕대에 만들어진 <신열악>은 후대에 여러 가지 변모를 거쳐 <하신열무(下辛熱舞)>와 <상신열무(上辛熱舞)>로 나눠진 것으로 보인다.[10][11] 그렇다면 <회소곡> 역시 같은 유리왕 대이기는 하지

---

8) “…… 此皆鄕人喜樂之所由作也 而聲器之數 歌舞之容 不傳於後世 ……”

9) “…… 但古記云 政明王九年 幸新村 設酺奏樂 …… 下辛熱舞 監四人 琴尺一人 舞尺二人 歌尺三人 …… 上辛熱舞 監三人 琴尺一人 舞尺二人 歌尺二人 ……”

10) 이에 관해 전하는 다른 기록이 보이지 않아 두 악곡 사이(약 600여 년)에 어떤 변개과정이 있었는지는 알 수 없다. 다만 그 변개과정을 단순화하여 본다면 ① <신열악> → <하신열악>, <상신열악> → <하신열무>, <상신열무> 또는 ② <신열악> → <신열무> → <하신열무>, <상신열무>의 과정을 거쳤을 것이라 추측하여 볼 수 있다. 물론 <신열악>과 <신열무>가 각각 존재하였을 가능성도 부정할 수는 없을 것이다. 그러나 <신열무>가 하, 상으로 나뉘었던 것으로 보아 최소한 <신열악>도 하, 상 두 악곡으로 나누어져 전승되는 과정을 거쳤을 것으로 보인다.

11) 김부식이「잡지(雜志)」부분에서 나열한 신라의 악곡 중 뒤에 인용된『고기』의 정명왕(政明王) 9년 기록과 그 명칭이 정확히 일치하는 것은 <가무(笳舞)> 한 작품 밖에 없다. 이외에 내해왕(奈解王) 때 <사내악

만 궁중에 편입되어 <회악>으로 변주되었을 가능성이 높다고 할 수 있다.

방아타령계 민요의 근원설화로 알려진 백결선생의 <대악> 역시 <회소곡>과 비슷한 전승양상을 보여준다.

> 백결선생(百結先生)은 어떤 사람인지는 알 수 없다. 낭산(狼山: 지금 경주 낭산) 아래에 살았는데, 집이 매우 가난하여 옷이 해어져 백군데나 잡아매어 마치 메추라기 달아 맨 것과 같았으므로, 세상 사람들이 동리(東里)의 백결선생(百結先生)이라 이름하였다. 일찍이 영계기(榮啓期:중국 고대에 거문고 타며 즐기던 이인(異人))의 사람됨을 사모하여 거문고를 가지고 다니며 모든 희노비환(喜怒悲歡)과 불평사(不平事)를 거문고로 풀었다. 세모(歲暮)가 되어 이웃에서는 방아를 찧는데, 그 아내가 방아 찧는 소리를 듣고 말하기를 "남들은 모두 곡식이 있어 방아를 찧는데 우리만 홀로 없으니 어떻게 이 해를 보낼까" 하였다. 선생이 하늘을 우러러보며 탄식하기를 "무릇 생과 사는 명(命)이 있고 부귀(富貴)는 하늘에 달렸으니, 그 오는 것을 막을 수 없고 가는 것을 좇을 수 없거늘 그대는 어째서 상심하는가. 내가 그대를 위하여 방앗소리를 내어 위로하겠소" 하고, 이에 거문고를 타며 방앗소리를 내니, 세상에 전하여 '대악(碓樂)'이라 이름하였다.
>
> 百結先生 不知何許人 居狼山下 家極貧 衣百結若懸鶉 時人號爲東里

(思內樂)>과 정명왕 때 <사내무(思內舞)>, 애장왕(哀莊王) 때 <사내금(思內琴)> 등의 기록을 통해 본다면 시간이 흐름에 따라 명칭의 변화에 맞춰 악곡의 연주 방식도 변화하였거나 연주 방식의 다양한 분화가 이루어졌음을 알 수 있다. 법흥왕(法興王) 때의 <미지악(美知樂)>과 정명왕 때의 <미지무(美知舞)>의 관계 역시 마찬가지이다. 이중 가장 특이한 변화양상을 보여주는 악곡은 <대악(碓樂)>이다. 자비왕(慈悲王)대의 <대악>은 애장왕대에 와서는 <대금무(碓琴舞)>로 변주되는데, 위의 <사내악>·<사내무>·<사내금>처럼 <대악>·<대금(碓琴)>·<대무(碓舞)>으로 변주되는 것이 아니라 명칭이 <대금무>로 나타나므로 명칭으로 미루어보면 각각의 변주방식이 하나의 악곡 내에 모두 수용된 형태라고 보인다.

百結先生 嘗慕榮啓期之爲人 以琴自隨 凡喜怒悲歡不平之事 皆以琴宣之 歲將暮 鄰里舂粟 其妻聞杵聲曰 人皆有粟舂之 我獨無焉 何以卒歲 先生仰天嘆曰 夫死生有命 富貴在天 其來也不可拒 其往也不可追 汝何傷乎 吾爲汝 作杵聲以慰之 乃鼓琴作杵聲 世傳之 名爲碓樂

『三國史記』卷第四十八 列傳 第八 百結先生條

이 기사에서는 저무는 해 끝에 곡식이 떨어져 곤궁한 삶을 살아가면서도 음악으로 삶의 무게를 덜어내는 백결선생의 초탈한 모습이 엿보인다. 현전하는 '방아소리'계 노동요들이 모두 그렇듯이 <대악>도 방아소리를 흉내 낸 반복적인 의성어의 사용과 충실한 박자감각으로 가장 리드미컬한 민요 중 하나일 것으로 생각된다.

각주 11번에서 알 수 있듯이 <대악>은 명칭 상 독특한 변화양상을 보여준다. 같은 조목의 다른 악곡들과는 달리 단계별로 변화해 나가는 것이 아니라 금(琴)과 무(舞)가 한 악곡의 명칭에 함께 들어가 있어 두 악곡이 하나로 합쳐진 형태를 취하고 있었던 것이 아닌가 한다.

향가 중 민요계라고 불리는 것은 4구체 향가가 대부분이다. 그 형식이 단순하기 때문이기도 하거니와 현전하는 4구체 향가 중 특히 <풍요>와 <서동요>가 배경기사나 설화의 내용, 형식 등 여러 문면에서 민요라고 보여지기 때문이다. <풍요>나 <서동요>가 민요적 성격을 띠고 있다는 사실은 이미 많은 논문에서 검토된 바이기 때문에 이 문제에 대해서 여기서는 새삼 거론하지 않겠다. 다만 <서동요>의 배경기사만을 살펴보도록 하겠다. <서동요>는『삼국유사』무왕조에 실려 있는데 관련부분만 살펴보도록 하겠다.

…… 신라진평왕의 셋째 공주 선화의 미모가 뛰어남을 듣고는 머

리를 깎고 서울로 갔다. 이에 마를 캐어 어린 아이들에게 나누어 먹이니 아이들이 그의 곁에서 친하게 지냈다. 곧 노래를 지어 아이들을 꾀어 부르게 하니 …… 민요가 서울에 가득하여 궁궐에까지 이르렀다. 모든 신하들이 극렬히 간하니 공주를 먼 곳으로 귀양보냈다. …… 곧 동요의 영험함을 알게 되었다. ……

…… 聞新羅眞平王第三公主善花美艶無雙 剃髮來京師 以薯蕷餉閭里羣童 羣童親附之 乃作謠 誘群童而唱之云 …… 童謠滿京 達於宮禁 百官極諫 竄流公主於遠方 …… 乃信童謠之驗 ……

『三國遺事』卷第二 紀異第二 武王條

문맥상으로 살펴보았을 때 <서동요>는 서동이 아이들을 꾀어 부른 민요에 해당된다. 그러나 이 기록에서 주목해보아야 할 것은 <서동요>가 민요라는 사실보다는 신라 진평왕 당시에도 이미 민요가 언로(言路)의 역할을 하고 있다는 것을 보여준다는 것이다. 그렇기에 서동이 목적한바(선화공주와의 결혼)를 이루기 위하여 민요를 적극적으로 이용하였고 결국 소원을 성취하게 된다. 이 문맥만으로 볼 때 <서동요> 자체가 궁중에 퍼져 연향에까지 사용되지는 않았을 것으로 보이지만 <회소곡>의 경우처럼 세인(世人)들이 지었다고 하더라도 세간에 떠도는 민요가 궁중으로 유입되고 또 상당한 영향력을 발휘할 수 있는 가능성만은 충분히 열려 있었다는 사실은 알 수 있다.

4구체 향가가 민요와의 친연성이 가장 높다는 것은『삼국유사』의 월명사도솔가조(月明師兜率歌條)를 통해서도 알 수 있다.

경덕왕(景德王) 19년 경자(庚子) 4월 1일에 해 둘이 나란히 나타나 열흘 동안이나 없어지지 않았다. 일관(日官)이 아뢰기를 인연이 있는 승려(緣僧)를 청하여 산화공덕(散花功德)을 지으면 재앙을 물리칠 수 있을 것이라 하였다. 이에 깨끗한 단을 조원전(朝元殿)에 설치하고 청양루(靑陽樓)에 거둥하여 연승(緣僧)을 기다렸다. 때마침 월명사(月明師)가 천맥(阡陌) 남쪽 길을 가므로 왕이 사신을 보내 그를 불러 단을 열고 계(啓)를 짓도록 하였다. 월명이 아뢰어 말하기를 "신승은 국선(國仙)의 무리에 속하여 단지 향가를 알뿐이요 범성(梵聲)에는 익숙치 못하다"고 하였다. 왕이 "이미 연승으로 뽑혔으니 향가라도 좋다"고 하였다. 이에 월명은 도솔가를 지어 바쳤다. 그 가사에 '오늘 이에 산화가(散花歌)를 불러 뿌린 꽃이야 너는 곧은 마음에 명(命)을 부려 미륵좌주(彌勒座主)를 모셔라'하였다. 그 시를 해석하면 이렇다. '용루(龍樓)에서 오늘 산화가를 불러, 청운에 한 조각 꽃을 보내니 은중한 곧은 마음이 시킴이니 멀리 도솔의 대선가(大僊家:부처)를 맞이하여라'하였다. 지금 세속에서 이것을 산화가(散花歌)라고 이르고 있으나 잘못이다. 마땅히 도솔가라고 불러야 할 것이다. 산화가는 따로 있으나 글이 번다하여 싣지 않는다. 조금 후에 괴변이 사라졌다.

景德王十九年庚子四月朔 二日並現 挾旬不滅. 日官奏請緣僧 作散花功德則可禳. 於是 潔壇於朝元殿 駕幸靑陽樓 望緣僧. 時有月明師 行于阡陌時之南路 王使召之 命開壇作啓. 明奏云 臣僧但屬於國仙之徒 只解鄕歌 不閑聲梵. 王曰 旣卜緣僧 雖用鄕歌可也. 明乃作兜率歌賦之 其詞曰 今日此矣散花唱良巴 寶白乎隱花良汝隱 直等隱心音矣命叱使以惡只彌勒座主陪立羅良. 解曰 龍樓此日散花歌 挑送靑雲一片花 殷重直心之所使 遠邀兜率大僊家. 今俗謂此爲散花歌 誤矣 宜云兜率歌. 別有散花歌 文多不載. 旣而日怪卽滅

『三國遺事』卷第五 感通第七 月明師兜率歌條

일차적인 문맥을 통해보면 신라시기에 화랑의 무리들이 향가를 창작하는 것은 그리 어려운 일이 아니었다는 점은 일반적인 사실로 보인다. 그리고 <도솔가>가 세속에 널리 퍼져 '산화가'라는 이름으로 불리고 있었다는 사실을 알 수 있었으며, 이에 대해 일연은 오류를 바로잡고자 노력하고 있는 것으로 보인다. 그렇다면 세속에서 원 <산화가>를 모른 채 <도솔가>를 '산화가'로 부르고 있다는 점, 이미 많은 향가 작품이 소실된 고려 중기의 스님 일연이 원 <산화가>의 존재와 가사 전부를 이미 알고 있었다는 점, 그리고 너무 길어 여기서 소개하지 않는다고 진술한 점에서 원 <산화가>는 향가 양식을 띠고 있었다기 보다는 범성(梵聲)일 가능성이 높다.

위의 배경설화를 놓고 본다면 국가의 공식적인 제의 자리에서 범성을 잘하지 못하고 향가만 알 뿐이라는 이야기를 하며 제의가(祭儀歌)의 창작을 거절하는 월명사의 태도는 국가의 공식적인 제의에서 향가가 쓰이는 것이 일반적인 경향은 아니라는 사실을 알게 해준다. 또한 '천지와 귀신'을 자주 감동시킬 정도로 향가를 잘 지었던 특히 현전하는 향가 중 문학적 형상화가 가장 뛰어난 작품 중의 하나인 <제망매가>의 작가인 월명사가 굳이 향가 중에서도 4구체 향가를 택해 지은 것은 4구체 향가가 원시 민요와 가장 가깝기 때문에 대중들에게 가장 친근한 형식이며 누구나 쉽게 이해할 수 있는 형식이라는 사실을 알고 의도적으로 택한 결과라고 보여진다.[12)]

> 세상에서 전하는 말에 의하면 이 노래를 비파 밑바닥에 써서 둔 것이 중국 강남까지 흐르고 흘러갔는데 강남(江南) 사람들이 그 가사를 해석하지 못한 채 있었다. 광종(光宗) 때 고려사람 장진공(張晉公)이 사신이 되어 강남에 가니 강남 사람들이 장진공에게 물었으므로 그가 다음과 같은 시로써 해석하여 주었다 한다.
>
> 달 밝은 한송정 밤에
> 파도 소리 고요한 경포의 가을
> 슬피 울며 왔다가 다시 가는

---

12) 월명사가 4구체 향가를 택한 이유로 형식적인 면 외에 향가의 제의적인 측면도 고려될 수 있을 것이다. 향가의 제의적 성격이나 <도솔가>의 제의성에 관한 문제는 이미 왕성한 논의가 있었으므로 여기서는 새삼 거론하지 않기로 한다.

저 사구(沙鷗)는 신의(信義) 있구나!

世傳 此歌書於琵底 流至江南 江南人未解其詞 光宗朝國人張晉公奉使江南 江南人問之 晉公作詩解之曰 月白寒松夜 波安鏡浦秋 哀鳴來又去 有信一沙鴗.

『高麗史』卷第七十一 樂志 俗樂 寒松亭條

유가에서 가(歌)와 악(樂)은 단순히 즐거움을 위한 예술장르가 아니라 세상의 풍속을 바로잡고 또한 그것을 통하여 풍교(風教)를 행할 수 있는 하나의 수단으로 여겨진다.[13] 가(歌)와 악(樂)이 정치적 목적을 띨 수 있기 때문에 역사서인 『고려사』에 삼국의 음악에 대한 조목을 편성해 넣은 것이다. 비록 한자로 기록되었다고는 하나 당나라 사람들이 해석하지 못해서 장진공의 한역시를 통해 이해를 도모한 사실로 미루어보아 위의 <한송정>이라는 노래는 향찰로 기록되었을 개연성이 높다. 한역시의 길이와 속악조에 편성되어 있는 점을 살펴볼 때 <한송정>은 길이가 짧은 4구체 향가 또는 민요로 볼 수 있을 것이다. <한송정>의 원래 모습이 어떤 모습을 보이고 있었더라도 이 노래가 비파의 뒷면에 기록되어 있다는 사실에서 <한송정>이 비파를 뜯으며 부를 수 있는 노래였으리라고 추측된다.

마지막으로 향가집 『삼대목』에 관한 기록이다.

2년 2월 왕이 전부터 각간 위홍과 좋아지내더니, 이에 이르러는 항상 조정에 들어와 업무를 보게 하고는 이내 그에게 명하여 대구화상(大矩和尙)과 함께 향가를 수집(修集)케 하여 삼대목(三代目)이라 이름하였다. 위홍이 죽으니 그를 추시(追諡)하여 혜성대왕(惠成大王)이

13) 강재철, 「동양의 설화채록제도와 정치적 목적」, 『비교민속학』 26집, 비교민속학회, 2003. 참조.

라 하였다. 왕은 이후로 비밀히 2, 3명의 아름다운 소년들을 불러들여 음란한 행동을 하며 이내 그들에게 요직을 주고 국정을 맡기기까지 하였다. 이로 인하여 간사함과 아첨이 극에 달하였고 뇌물이 공공연히 행하여지니 상벌이 공평치 못하고 기강이 문란해졌다. 이 때에 누가 익명으로 시정(時政)을 비방하는 문자를 나열하여 대로상에 게시한 일이 있었다. 왕은 (곧) 사람을 시켜 수색케 하여 보았으나 잡지 못하였다. 어떤 자가 왕에게 고하기를, 이는 반드시 뜻을 잃은 한 문인이 한 행동일 것이니 아마 대야주(大耶州:지금의 합천)의 은자 거인(巨仁)이 아닐까 하였다. 왕이 명하여 거인을 서울 감옥에 잡아 가두고 장차 형을 가하려 하므로 거인은 분하고 원통하여 옥의 벽 위에 글을 써 말하기를, "우공(于公)이 통곡하여 3년 동안 날이 가물었고 추연(鄒衍)이 슬픔을 품어 5월에도 서리가 내렸다. 지금 이내 근심도 예와 다름이 없는데 황천(皇天)은 아무 말도 없이 창창(蒼蒼)할 뿐이로구나" 하였다. 그 날 저녁에 홀연히 운무(雲霧)가 끼고 벼락·지진이 일어나고 우박이 쏟아지니, 왕은 두려워하여 거인을 석방시켜 돌려보냈다.

二年 春二月 王素與角干魏弘通 至是 常入內用事 仍命與大矩和尙修集鄕歌 謂之三代目云 及魏弘卒 追謚爲惠成大王 此後 潛引少年美丈夫兩三人淫亂 仍授其人以要職 委以國政 由是 佞倖肆志 貨賂公行 賞罰不公 紀綱壞弛 時有無名子 欺謗時政 構辭榜於朝路 王命人搜索 不能得 或告王曰 此必文人不得志者所爲 殆是大耶州隱者巨仁耶 王命拘巨仁京獄 將刑之 巨仁憤怨 書於獄壁曰 于公慟哭三年旱 鄒衍含悲五月霜 今我幽愁還似古 皇天無語但蒼蒼 其夕 忽雲霧震雷雨雹 王懼 出巨仁放歸

『三國史記』卷第十一 新羅本紀 第十一 眞聖王條

진성여왕이 각간 위홍과 대구화상으로 하여금 향가를 모아 『삼대목』을 편찬토록 하였다는 기사이다. 이 기사에서 한 가지 특이한 점은 진성여왕이 향가를 수집(修集)하게 하였다는 점이다. 일반적으로 거둘 수(收)를 많이 사용하는데 이 부분에서 고칠 또는 닦을 수(修)를 사용한 이유는 무엇일까. 먼저 『삼대목』의 찬자

대구화상에 관한 『삼국유사』의 관련 부분을 살펴보도록 하겠다.

> 국선 요원랑 예흔랑, 계원, 숙종랑 등이 금란(金蘭)을 유람할 때 은근히 임금을 도와 나라를 다스리려는 뜻이 있었다. 이에 노래 세 수를 지어 심필 사지를 시켜 침권을 주어 대구화상에게 보내어 세 가지 곡을 짓게하니 첫째가 <현금포곡>이요, 둘째가 <대도곡>이요, 셋째가 <문군곡>이었다. 대궐에 들어가서 왕에게 아뢰니 크게 기뻐하여 칭찬했다. 노래는 알려져 있지 않다.
>
> 國仙邀元郎 譽昕郎, 桂元, 叔宗郎等 遊覽金蘭 暗有爲君主理邦國之意 乃作歌三首 使心弼舍知 授針卷 送大矩和尙處 令作三歌 初名玄琴抱曲 第二大道曲 第三問群曲 入奏於王 王大喜稱賞 歌未詳
>
> 『三國遺事』紀異第二 四十八 景文大王條

이 기사를 통해보면 대구화상은 향가를 잘 지었을 뿐만 아니라 악기에도 능한 스님이었다는 사실을 알 수 있다. 세 향가의 제목을 통해서 볼 때 <대도곡>과 <문군곡>이 어떤 내용을 가지고 있었는지는 물론이고 그 형태조차 짐작하기 어렵지만 <현금포곡>은 거문고를 타며 부를 수 있는 노래였다는 사실은 알 수 있을 것이다. 대구화상은 왕이 듣고서 크게 기뻐할 정도로 음악과 내용 양쪽 모두를 만족시킬만한 작사, 작곡 능력을 가지고 있었다고 보여진다. 또 신라 하대의 20~40년 동안 향가를 가장 잘 하는 사람으로 알려져 있었던 것으로 볼 수 있다.

그렇다면 대구화상과 각간 위홍에게 향가를 수집(修集)하게 한 진성여왕의 의도는 무엇이었을까? 『삼국사기』의 해당 기사 문맥을 살펴볼 때 이는 유교적인 의미의 채시관과는 맞지 않다는 사실을 알 수 있다. 즉, 『삼대목』이라는 책을 편찬하면서 대구화상에게 명령을 내린 것은 그가 향가를 가장 대표하는 대표적 인물이기 때문이기도 하지만 다른 한 편으로는 그가 향가의 창작자였기에 왕의 구미에 맞게 모은 향가를 잘 다듬을 수 있었기 때문은 아니었을까 한다. 이런 이유로 김부식이 해당 기사를 작성하면서 각간 위홍의 정사와 조정의 문란함 등을 비판하는 사이에 『삼대목』 기사를 끼워놓았으며, 또한 아첨의 의미에서 모은 향가를 변개하였다는 비판을 하고 있는 것으로 보인다.

Ⅳ. 결 론

이상으로 우리나라 고대시가의 배경 기사를 통하여 각각의 시가가 가지고 있는 민요적 성격과 그 변모양상을 살펴보았다.

우리나라 민요의 역사는 우리 민족의 태동과 그 시원을 함께하고 있다. 지금까지 초기 민요에 관한 연구는 신라시대의 4구체 향가나 고려 속요를 문학적으로 파악하고자 한 것들이 대부분이다. 물론 민요의 가사가 지니고 있는 미적 특질들을 파악하는 것은 중요한 작업이 아닐 수 없다. 하지만 민요라는 장르가 노래되어지는 것을 전제로 한다면 단편적이나마 현전하는 문헌에 나타난 민요의 여러 가지 모습들을 통하여 각 민요의 연행상황을 찾아보려는 시도는 제한된 자료 안에서 상당히 의미 있는 일이라고 생각된다.

3장에서 여러 부전가요들과 그 배경기사를 통하여 각 악곡들이 어떤 변개과정을 거쳐 정제된 궁중악으로 변하여 갔는지를 추론하여 보았다. 그 중심에는 노래의 내용은 전하지 않지만 『삼국사기』에 민요가 궁중악으로 수용되면서 그 명칭이 변화되어가는 과정을 비교적 상세히 보여주는 <회소곡>과 <대악>이 있었다.

고대시가가 가지고 있는 자료적 한계성 때문에 작품의 실제적 접근은 하지 못하고 주로 전승 배경과 그 명칭을 통한 접근방식은 이 발표지의 한계라고도 지적될 수 있을 것이다. 그러나 단편적으로나마 내려오는 부전가요들의 모습을 통하여 우리 시가가 가지고 있는 전승방식이나 연행상황의 전통성을 찾아 볼 수 있었다는데 그 의의를 찾고자 한다.

설화의 근대적 수용과 변용 양상 소고

- 근대 공연예술의 레퍼토리를 중심으로 -

김 호 연*

Ⅰ. 서 언

설화(說話0는 입에서 입으로 전해 내려오는 이야기를 일컫는다. 흔히 설화를 하위 개념으로 신화, 전설, 민담으로 나누어 말하지만 그 본질은 결국 민중들 사이에서 살아 숨 쉬는 이야기라는 점에 있을 것이다.

설화의 특징은 전승자에 의한 내용상의 개변(改變)이 이루어진다 하더라고, 전혀 새로운 내용을 만들어 내는 것이 아니라 그들의 의식 속에 쌓여진 공동의 설화 자산(모티프들)으로부터 이끌려 내어진다.[1] 이러한 바탕은 아주 잘 짜인 이야기로 전승되어지

---

* 단국대학교 동양학연구소.

1) 조희웅, 「구비문학」, 『국문학신강』, 새문사, 1985, 246면.

고, 문헌으로 정착되어 진다. 이러한 모습은 설화의 근대적 수용과 변용 양상에서 두드러지게 찾아볼 수 있는데, 설화의 결정체인 판소리계 소설이 문자로 정착되는 과정이나 판소리가 레코드나 라디오와 같은 방송 매체로 기록되어지는 것은 그러한 모습의 대표적 예일 것이다.

이러한 흐름은 자연스럽게 살아 숨 쉬는 공연예술로 수용되는데, 특히 한국 문화의 전통 계승이란 측면과 변이 양상이란 측면에서 주의 깊게 바라 볼 필요가 있을 듯하다. 그런데 과문한 탓인지 한국 근대 공연예술에서 설화 수용에 관한 검토는 뚜렷이 이루어지지 못하였다.[2] 그런 의미에서 본고에서는 근대 공연예술에서 설화가 어떻게 수용되고 변용되었는지 전반적으로 살펴보고자 한다. 먼저 창극과 연극에 나타난 설화 수용 양상을 하나하나 추려보고, 이들이 시대정신과 맞물려 어떠한 의미를 가지는지 찾아보고자 한다. 이 시기의 설화 수용 연극 작품은 지면에 발표되거나 지금 대본으로 전해지는 것이 많지 않아 정확한 내용을 알기 힘들다. 그럼에도 그동안 공연된 레퍼토리를 하나하나 정리해 나아간다면 그 전체적 흐름을 대강 파악할 수 있을 것이다.

첫 번째 논의에서는 근대 창극의 공연 레퍼토리 중 기존의 전통 레퍼토리가 어떻게 변용되어 나타나는지 주목하고자 한다. 창

2) 설화가 수용된 공연예술에 대한 일제강점기 검토는 좀처럼 찾기 힘들다. 또한 희곡사나 연극사에서도 깊이 있게 다루어지지 못하였다. 유민영은 『한국현대희곡사』에서 「제5부 민족해방과 극작가의 변모 설화와 통과의례의 세계」에서 오영진에 집중하고 있고, 서연호의 『한국근대희곡사』는 「II. 사실주의 전개와 대중극의 확산 9. 고전의 현대화」에서 박승희의 <이 대감 망할 대감>, 유치진의 <춘향전>, 채만식의 <심봉사>만 논의하고 있다. 이러한 문제는 김승옥의 박사학위논문에서 조금은 분석적인 측면에서 이루어졌다. 김승옥, 「한국 현대 희곡의 전통 수용 양상 연구」, 단국대학교 박사학위논문, 1996.

극은 기본적으로 판소리에 바탕을 두지만 이런 기본적 모습이 시대 상황에 따라 어떻게 변모하는지 살펴볼 것이다. 두 번째 논의는 연극 속에서 설화가 어떠한 모티프로 차용되는지 검토해 보고자 한다. 특히 설화 수용의 몇 가지 다른 양상을 통해 어떻게 관객들에 수용되어지는지 공연예술 측면에서도 살펴볼 것이다.

Ⅱ. 공연예술 속에 나타난 설화의 모습

1. 창극에 나타난 설화의 수용 양상

한국 근대 공연예술은 한국 근대 문화의 모든 부분이 그러하듯 서양의 근대적 장치와 자생적 고민을 함께 하면서 변화를 겪는다. 서양의 충격은 많은 부분, 일본을 통해 수용되었고, 이런 부분은 한국 공연예술의 근본을 변화시킬 만큼 획기적이었다. 개화시기 공연예술의 변화 중 가장 두드러지게 나타나는 현상은 극장이 생긴다는 점이다. 종래 한국 공연예술 형태는 탈춤이나 판소리, 남사당놀이에서 보이듯 객석이란 개념이 존재하긴 하였으나 그 경계는 미미하여 배우와 관객이 함께 어우러지는 무대를 구성하고 있었다. 그러나 이 땅에 협률사, 원각사, 광무대, 단성사 등의 실내극장이 생기면서 한국의 공연은 객석과 무대가 분리된 구조를 가지게 되었고, 공연 형태도 이에 맞게 집단적으로 변화하게 된다. 혼자 부르던 판소리가 각각 배역에 맞게 나누어 부르는 분창(分唱)이 이루어져 창극으로 변화하는 것도 경극(京劇)이나 가무기(歌舞伎)의 영향이 컸겠지만, 그 이전에 무대의 변화가 있었기 때문에 가능하였다.

초기 극장에서 연희된 공연은 관기(官妓), 예기(藝妓) 그리고 광대패들이 중심을 이루었다. 그러다 1907년 광무대가 들어설 무렵 분창 형식을 띤 창극이 그 첫 모습을 드러낸다. 먼저 레퍼토리는 판소리 중요 마당인 <춘향전>이 그 첫 대상으로 등장한다.

> (演戲改良) 近日에 電氣鐵道會社 任員 李相弼 郭漢承 郭漢英 諸氏等이 我國에 由來ᄒᆞᄂᆞᆫ 諸般 演戲等節을 一新改良ᄒᆞ기 爲ᄒᆞ야 嶺南에서 上來한 唱歌 女䂓亞 蓮花(13세)와 桂花(11세)를 고용ᄒᆞ야 各項 打令을 연습케 ᄒᆞᄂᆞᆫ데 미려한 용모와 청아한 歌喉는 眞是 기묘ᄒᆞ야 令人 可愛ᄒᆞᆫ 상태를 包有ᄒᆞ얏고, 또 아국 명창으로 칭도하는 김창환 송만갑 양인을 교사로 정하여 해 女兒 等의 打令을 교수ᄒᆞ야 長短節奏를 조정ᄒᆞᄂᆞᆫᄃᆡ 해 임원 등이 其唱和之節을 參酌ᄒᆞ야 개량ᄒᆞᄂᆞᆫ 事에 착수ᄒᆞ얏다는데 기 목적인즉 동서양 문명국의 연희를 效倣ᄒᆞ야 觀聽人의 이목을 유쾌케ᄒᆞᆯ 뿐 아니라 心志를 挑發ᄒᆞ야 愛國思想과 人道義務를 감홍케 ᄒᆞᆯ터인데 위선 춘향가부터 개량ᄒᆞ야 일주일 후에 동대문내 전기창에 부속한 활동사진소에서 該施戲를 演設ᄒᆞᆫ다더라[3]

> 춘향가 중 수회를 연극하난대 재인 등의 창가와 기예가 천연적 眞景을 畵出하거니와 12세 女 蓮花난 上丹의 형모를 換出하고 12세 여 桂花난 춘향이가 재생한듯 百般 비탄한 상태를 模出할뿐더러 唱歌 彈琴 僧舞가 無非絶妙하야 가히 歌舞場裏에 제일등을 점거할 거시라[4]

초기의 분창은 대화창 형식을 띠었으며 서사적인 구조를 가진 판소리의 차용보다는 관객들에게 호응을 얻을 수 있는 중요한 부분만을 부른 형태였다. 이는 아직까지 창극에 대한 개념 정립이 되어있지 않았고, 이를 무대에서 공연할만한 작가와 연출가가 등장하지 못한 이유에서이다. 그럼에도 불구하고 창극은 흥미를 끌만한 요소가 듬뿍 담겨 있었기에 연극개량운동과 더불어 실험

3) 『萬歲報』, 1907. 5. 21.
4) 『萬歲報』, 1908. 5 .30.

적 노력이 계속되어진다. 그래서 이전의 <춘향전>, <심청전>의 고정 레퍼토리에서 벗어나 <화용도>, <배비장전>과 같은 작품의 창극화라는 새로운 시도가 이루어진다.

> 사동 演興社에셔 각種 演藝를 擴張ᄒᆞᄂᆞᆫ 中인대 僞善 華容道를 實施하기 爲하야 該社員 壹名을 日昨에 삼남 등지로 派送ᄒᆞ야 唱夫 三十名을 募集ᄒᆞᆫ다ᄂᆞᆫᄃᆡ 所入經費ᄂᆞᆫ 紙貨 八百圓이라더라[5)]

> 중부사동 연흥샤에셔ᄂᆞᆫ 所謂 裵裨將打令을 設行ᄒᆞ고 蕩子淫婦를 誘人ᄒᆞ야 巨大ᄒᆞᆫ 젼액을 奪取ㅋ코ᄌᆞ 하야 別種凶計를 百倍做出하되 足히 觀覽ᄒᆞᆫ 것이 無하야 每夜 玩賞하ᄂᆞᆫ 남녀의 수효가 삼십여명에 불과ᄒᆞᆷ으로 不遠간 폐지ᄒᆞᆯ 慮가 有ᄒᆞ다더라[6)]

그렇지만 이러한 활발한 창극 운동은 1910년 일본의 강제합병 이후 공연 문화의 위축과 더불어 더딘 행보를 하게 된다. 중앙무대의 공연단체는 협률사라는 명칭 앞에 명창의 이름을 붙인 단체들이 뿔뿔이 지방으로 흩어졌고, 권번의 단편적인 공연만이 간헐적으로 이루어졌다.

그러다가 1934년 조선성악연구회(朝鮮聲樂硏究會)가 결성된 이후 좀 더 짜임새 있는 공연이 이루어진다. 이전까지 전통 연희에 대한 공연 레퍼토리는 대부분 잡다하게 나타난다. 재담, 잡가, 민요, 판소리 등이 뒤섞여 있었고, 분창이 이루어진 창극이 이루어졌지만 흥미를 끌기에는 부족하였다. 그런데 이들이 조직되면서 무대 공연 중심의 창극으로 단순화되면서 레퍼토리의 변화를 가져오며 발전을 거듭하게 된다. 먼저 레퍼토리를 <춘향가>, <심청가>, <흥보가>, <수궁가>, <적벽가>, <배비장 타령> 등 관

5) 『大韓每日申報』, 1908. 5. 6.
6) 『大韓每日申報』, 1909. 3. 23.

객들에 호응을 얻을 수 있는 몇 개의 작품으로 단순화시킨다.

조선성악연구회가 판소리계 소설을 창극화한 작품을 살펴보면 다음과 같다.

1934.11.6 <흥보전>, 동양극장
1936.2.9~13 喜唱劇 <배비장전>(5막), 동양극장
1936.9.24~28 <춘향전>(7막 11장), 김용승 각색, 정정렬 연출, 동양극장
1936.11.6~10 <홍부전>(5막), 김용승 각색, 정정렬 연출, 동양극장
1936.12.15~17 <심청전> 김용승 각색, 정정렬 연출, 동양극장
1937.1.31~2.2 <춘향전>, <심청전>, 평양 금천대좌
1937.2.26~3.1 <숙영낭자전>(4막6장), 김용승 각색, 정정렬 연출, 동양극장
1937.3.2~5 <배비장전>(5막), 동양극장
1937.6.23~26 <춘향전>(6막6장) 김용승 각색, 동양극장
1937.6.27~30 <심청전>(6막6장), 김용승 각색, 동양극장
1937.9.16~21 <춘향전>(6막 12장), 김용승 각색, 연출, 동양극장
1938.3.13~17 <토끼타령>(4막), 김용승 각색, 동양극장
1938.5.14~16 <춘향전>, <심청전>, <흥부전>, 동양극장
1938.8.8~12 <옹고집>, 김용승 각색, 동양극장
1938.10.7~9 <춘향전>(7막 16장), 김용승 각색, 동양극장
1938.10.10~12 <심청전>(6막 9장), 김용승 각색, 동양극장
1939.1.29~2.5 <춘향전>(9막 19장), 김용승 각색, 동양극장
1939.10.7~17 창극 신작 <춘향전>, 김용승 각색, 동양극장
1939.10.13~16 <심청전>, 김용승 각색, 동양극장
1939.12.8 <춘향전>, <심청전>, 평양 금천대좌
1940.2.26~31 <흥보전>(5막 14장), 김용승 각색, 제일극장
1940.10.9~13 <심청전>(3막 6장), 김용승 각색, 동양극장
1940.10.14~17 <배비장전>, 김용승 각색, 박생남 연출, 동양극장
1941.2.15~18 <심청전>(4막5장), 김용승 각색, 동양극장

1941.2.19~23 <춘향전>(6막 14장), 김용승 각색, 동양극장
1941.6.20~23 <흥보전>(5막), 김용승 각색, 동양극장
1941.6.24~26 <심청전>(5막), 김용승 각색, 동양극장
1941.6.27~29 <춘향전>(9막), 김용승 각색, 동양극장

위에서 목록화한 작품은 판소리 레퍼토리를 창극화한 것만을 정리한 것이다. 조선성악연구회의 활동은 명창대회나 전조선향토연예대회 그리고 그 밖의 <유충렬전>과 같은 연쇄극 형태의 공연 등이 다양하게 나타난다. 그럼에도 불구하고 이들 공연의 핵심은 <춘향전>, <심청전>, <숙영낭자전>, <배비장전>, <옹고집> 등 판소리 레퍼토리가 중심을 이룬다. 그렇지만 이는 낯익은 것에 대한 낯설음을 통한 것이었기에 새로움을 주기에는 충분한 것이었다.

이전의 창극이 판소리를 단순하게 分唱하는 형식에서 머물렀다면 조선성악연구회는 원전에 대한 새로운 각색을 통해 관객들에게 새로움을 전달할 수 있었다. 이는 대사 전달 중심의 창극에서 벗어나 연극성을 획득하게 되었음을 의미하는 것인데, 이는 정정렬 연출을 맡을 때 김용승이 신극에 영향을 받아 시대감각에 알맞도록 윤색하고 대사를 많이 삽입하면서 만들어 낸 결과이다.[7]

이러한 현상은 창극단이 새롭게 만들어지는 1940년대 초에도 그대로 이어진다. 조선성악연구회는 그 아래에 창극좌(唱劇座)를 두고 활동을 펼친다.[8] 이전의 중요 레퍼토리였던 <춘향전>, <심

---

7) 朴晃, 『唱劇史研究』, 白鹿出版社, 1976, 89면.

8) 백현미는 『한국창극사연구』, 태학사, 1997, 313면에서 조선성악연구회 직영 창극좌라는 창극단이 활동하지만 이는 결국 조선성악연구회가 이름만 바꾼 형태로 바라보았다. 이름만 바꾼 이유로 조선성악연구회의 다수가 이탈하여 만든 화랑창극단이 결성되면서 공연단체의 이름으로

청전>은 고정 레퍼토리였고, <백제의 낙화암>, <재봉춘> 등의 작품이 새롭게 창작되어진다.

1941.9.7~16 <심청전>(5막 6장), <춘향전>(6막 9장), <흥보전>(5막 14장), 영등포町 가설극장
1941.9.18~19 <백제의 낙화암>(5막 6장), 영등포町 가설극장
1941.9.20~21 <춘향전>(6막 9장), <심청전>(5막 6장), 광무극장
1941.12.22 창극좌 북선순연, 김용승 각색 창극<심청전>(5막 6장), <홍부전>(6막 4장)
1942.1.1~2 <백제의 낙화암>(5막), 김용승 각색, <춘향전>(6막 9장), 김용승 각색, 평양 금천대좌
1942.1.11~12 <백제의 낙화암>(5막), 김용승 각색, <춘향전>(6막 9장), 김용승 각색, 평양 금천대좌
1942.2.7~10 <심청전>(5막 7장), 김용승 각색, 동양극장
1942.2.11~14 <춘향전>(5막 9장), 김용승 각색, 동양극장
1942.2.23~3.10 <백제의 낙화암>(5막 6장), <춘향전>(5막 9장), <심청전>(6막 8장0, <흥보전>(5막 14장), 영월 가설극장

이러한 모습은 화랑창극단(花郎唱劇團)에서 좀 더 진일보되어 나타난다. 이들은 조선성악연구회에서 이탈한 박석기를 중심으로 결성되었는데, 한성준, 임방울, 박초월 등이 참여한다. 이들의 특징적인 면모는 기존의 판소리 바탕에서 벗어나 야담소재극과 역사극을 창작한다는 점이다. 1940년 12월 24일부터 31일까지 공연한 <八潭春夢>(3막 6장)이나 1941년 11월 5일부터 공연한 <望夫石>(2막)은 설화에 바탕을 두어 새롭게 만든 작품으로 김광우, 이서구 등 희곡작가들이 창극에 참여하여 새로운 변화를 가지고

표면화되는 것에 영향을 받았거나 조선연극협회와 같이 총독부 주도의 협회에 의해 문화 활동이 주도되며 조선성악연구회가 지닌 협회적 성격이 허용되지 않았을 것으로 유추하였다. 이는 <劇藝術研究會>가 극연좌로 명칭이 바뀐 것처럼 후자의 가능성이 더욱 높아 보인다.

오게 된 것이다.

그러나 이러한 실험적 노력은 1942년 창극좌와 화랑가극단이 조선창극단으로 결합하면서 다시 원점으로 되돌아간다. 레퍼토리는 <皐蘭寺의 종소리>를 제외하고는 거의 대부분 이전의 <춘향전>, <심청전> 등의 기본적인 것에 의존하고 있는 것이다. 변화를 꾀한 점은 연극연출가 박진이 참여하였다는 점에 있다. 또한 이즈음 동일창극단도 결성되는데, 그 내용은 기존의 것과 별반 차이가 없었지만 시대적인 강요에 의해 <銃後國民>, <歸還兵の家族> 등의 공연도 함께 이루어진다. 게다가 연극의 도시편중으로부터 산업전선에, 근로오락의 확립, 시국인식의 철저, 대동아전쟁에의 연극정신(挺身)을 내걸고 이동극단의 결성되었고, 이와 더불어 창극에서도 이동극단이 등장하여 공연을 펼친다. 그렇지만 창극단의 친일적 모습은 다른 공연예술보다는 그 장르적 성격상 미미하였고, 스스로 적극적 참여를 하기보다는 조선문화협회의 통제 아래에서 시국에 편승하게 된다.

1943.1.16~19	조선창극단, 김용승 각색, 신편 <춘향전>(창극좌, 화랑 합동기념), 종로문화극장
1943.3.23	조선창극단, <심청전>, 김용승 각색, 우미관
1943.3.24	조선창극단, <춘향전>, 김용승 각색, 우미관
1943.4.17~6.19	동일창극단, 북선1회 공연 김용승 각색, <홍부전>
1943.5.1~4	조선창극단, <고란사의 종소리>(5막), 박영진 작, <報恩瓢>(5막9장), 부민관
1943.6.11~12	조선창극단, <심청전>, <홍부 놀부>, 영등포영보극장
1943.9.8~10	동일창극단 창립공연, 김용승 각색, 창극 <춘향전>(7막 10장), 제일극장
1943.10.2~7	동일창극단, 김용승 각색, 조상선 연출, 신편창극 <춘향전>(7막 9장), 부민관

1943.11.1 조선창극단, 박진 각색, 박영진 연출 <장화홍련전>, 제일극장

1943.11.8~10 조선창극단, 박진 각색, 박영진 연출 <춘향전>, 제일극장

1943.12.27~29 동일창극단, <흥보와 놀보>(5막 8장), 제일극장

1944.2.21~27 동일창극단, <흥보와 놀보>(4막) 김아부 작, 동양극장

1944.3.9~13 조선창극단, <장화홍련전>(4막), 박진 각색, 제일극장

1944.3.27~30 동일창극단, <흥보와 놀보>(4막 5장), 김아부 작, 동양극장

1944.4.6~7 조선창극단, <홍보와 놀보>(6막 9장), 박영진 작, 영보극장

1944.4.9~11 조선창극단, <장화홍련전>(4막 7장), 박진 작, <심청전>(5막 9장), 김용승 작, 신부좌

1944.4.15~9 동일창극단, <흥보와 놀보>(5막 8장), 김아부 작, 동양극장

1944.7.31~8.4 조선이동창극단, <홍보전>(3막 4장), 제일극장

1944.9.26~30 동일창극단, <흥부전>(3막), 김아부 작, 김욱 연출, 동양극장

1944.12.1~3 조선이동창극단, <심청전>(3막 4장), 박영진 작·연출, <장화홍련전>, 박진 작·연출 제일극장

1944.12.4~8 조선이동창극단, <장화홍련전>(4막), 박진 작·연출, 제일극장

1945.1.24~28 동일창극단, <흥부와 놀보>(3막 4장), 김아부 작, 동양극장

1945.3.17~3.26 동일창극단, <춘향전>(3막 9장), 김건 각색, 박진 연출, 동양극장

1945.4.25~29 조선창극단, <춘향전>, 김건 작, 박진 연출, 제일극장

1945.5.7~11 조선창극단, <장화홍련전>, 박진 작·연출, 제일극장

이상과 같이 근대 창극의 흐름 그 속에서 설화에 바탕을 둔 창극에 대해 간략하게 살펴보았다. 개화기와 근대 창극의 흐름 속에서 그 대표적 레퍼토리를 살펴보면 <춘향전>, <심청전>, <흥보전> 등 기존 판소리 바탕들이 중심을 이루고 있음을 알 수 있다. 창극이 고전 설화에 바탕을 둔 판소리를 그대로 수용하였고, 판소리의 비판적 발전 양상이라는 점이기에 당연한 현상일 것이다.

게다가 이런 이야기들은 한민족의 원형을 고스란히 간직하고 있었기에 그 영속성은 쭉 이어질 수 있는 것이었다. 고전은 빈틈이 많지만 그만큼 그 빈틈을 통해 새로운 해석과 가능성을 항상 열어 놓고 있기 때문이다. 이러한 면모는 판소리에서 창극으로 변화될 수 있었고, 창극의 생산자들이나 관객들의 호응에 의해 새로운 작품으로 만들어낼 수 있게 된 바탕이 된 것이다.

2. 연극 속에 나타난 설화의 수용 양상

개화기 이후 근대연극사의 흐름은 크게 창극, 신파극, 신극으로 나눌 수 있는데 이는 연극(판소리) 개량시대 → 신파극시대 → 신극시대라는 과정을 밟은 것으로 설명된다.[9] 그러나 흔히 말하는 신극이란 서양 근대 희곡의 영향을 받은 리얼리즘 연극을 의미하는 것으로 이는 한국의 현실상 외국 근대극 수용은 불가피한 것으로 보는 입장이다.

한국 근대 연극의 흐름은 리얼리즘 연극과 신파극에서 비롯된 대중극의 두 축을 통해 발전을 거듭한다. 리얼리즘 연극은 근대극의 출발점이며 지금까지도 연극의 중요한 형식으로 자리 한다.

---

9) 유민영, 『한국현대희곡사』, 홍성사, 1982, 33면.

리얼리즘이란 이상이나 관념보다는 현실이나 현상을 존중하면서 대상을 충실히 또한 바르고 적확하게 포착하려고 하는 과학적 태도이자 객관적 사상이다.[10] 한국의 리얼리즘 수용은 1919년 3·1운동을 계기로 젊은이들에 의해 수용되는데 이는 다분히 계몽적이며 사상적인 면으로 흐른다. 리얼리즘 연극은 학생극을 중심으로 전개되는데 1920년대 극예술협회의 동우회, 토월회가 중심이 되어 리얼리즘 극의 소개와 공연을 통해 근대정신을 북돋우며 민중들을 계몽한다.

특히 극예술연구회의 연극운동론은 서양 근대극을 이 땅에 이식함으로 대중의 시야를 넓히고 연극 발전에 큰 이바지를 한다. 그러나 리얼리즘만을 강조하여 엄숙주의로 흘렀으며 계몽적이었으며 이상적인 태도 때문에 관객에게 큰 호응을 얻지 못한다. 이는 전통을 무시하고 강제적으로 서양의 근대정신을 이입하여 자생적인 노력가 결여되어 있음을 보여주는 것이다.

유치진은 그동안 극예술연구회가 범했던 고답적인 자세에서 벗어나 관객을 교화의 대상이 아니라 연극을 통하여 자신의 의지를 실천하는 주체임을 강조한다.

> 要컨댄 至今은 우리가 飜譯劇으로써 先進國의 劇術의 模索에 沒頭하고 잇지만는 이 飜譯劇의 模索期가 느러지면 느러질수록 우리에게는 여간 큰 損失이 오지 안는 것이다 一에 飜譯劇이 우리 生活에 너무나 生硬한 탓으로 차차 觀客의 하품이 늘어갈 것이오, 二에 演技者의 演技에 內面的 ' 에모숀 '의 統一을 결하게 될 것이다. 그 理由는 外國作品에 나타나는 델리카시한 感情生活이란 우리가 理性으로는 理解할 수 있으나 우리의 感情으로는 경험해 보지 못한 것이 많다. 그러므로 飜譯劇에 잇어서 우리의 演技者는 恒常 外國人의 生活의 表面的 흉내에만 끄치고, 그들의 生活感情의 深奧한 部分에 突入하지

10) 장사선, 『한국리얼리즘문학론』, 새문사, 1988, 7면.

를 못하고 잇는 것이다.[11)]

연극이란 본질적으로 관객의 감수성에 호소하는 것으로 번역극이 관객에게 받아들여지지 않는 이유로 관객의 지적 수준 때문이 아니라 번역극 자체가 관객을 감정적으로 포착할 수 없기 때문이라는 것이다. 관중 본위의 연극 즉 대중성을 강조하는 연극의 신념을 그는 지니고 있었던 것이다. 그래서 금후에 우리의 번역극을 어떻게 우리의 관중한테다 가져갈 것이냐는 문제에 대해서 그는 다만 한가지의 답안만을 제시하는데 그것은 '관중본위'라고 말한다.

이러한 실천적 노력의 중심은 결국 외국연극에서 찾는 것이 아니라 한국 전통에서 소재를 구하는 것이었고 이러한 문제는 여러 노력을 통해 나타난다. 이는 극예술연구회나 유치진에게만 있는 국한되는 것이 아니라 한국 근대 연극에서 가장 깊이 있게 고민되는 문제였다.

1920~30년 한국 연극의 중심은 신파극 그리고 이에 영향을 받은 대중극 공연이 중심을 이룬다. 이런 대중극단들의 공연 레퍼토리는 하루에 대개 희극, 비극, 희가극(喜歌劇) 등 3편 정도를 공연하였는데, 공연할만한 창작극이 부족하였으며, 번역극이 있다 하더라도 아직까지 관객들이 장막극을 수용할 수 있는 분위기가 조성되지 못하였기 때문이다. 이러한 흐름은 1935년 부민관, 동양극장 등 커다란 극장이 등장하면서 변화 양상을 보였고, 그동안 천편일률적으로 자극적으로 웃음과 울음을 요구하던 기존 레퍼토리의 대안적 방안의 하나로 전통에 대한 재발견을 새롭게 요구하게 되었다.

11) 유치진, "극문학 계발의 두 가지 과제", 東亞日報, 1935. 1. 8.

다음은 지면을 통해 지면을 통해 발표된 설화를 수용한 희곡 작품들이다.

박승희, <이 대감 망할 대감>(1928년 토월회 공연, 『한국희곡문학대계』, 한국연극사, 1976)
최병화, <낙랑공주>, 『學生』11~12, 1930.2~3
유치진, <춘향전>(『朝鮮日報』, 1936.2~8)
채만식, <심청가>(1936년 집필, 『한국문학전집』, 민중서관, 1960)
이훈, <콩쥐팥쥐>, (『東亞日報』, 1938.3.30~4.8)
장혁주, <춘향>(『三千里文學』 2, 1938.4)
함세덕, <落花巖>, (『조광』 51~55, 1940.1~4)
이동규, <落花圖>, (『映畵演劇』2, 1940.2)
서항석·설의식, <銀河水>, (『春秋』15, 1942.4)
서항석, <牽牛織女>(『春秋』19, 1942.8)
함세덕, <エミレエの鍾>(『國民文學』14, 1943, 2)
오영진, <孟進士邸慶事>, (『國民文學』16, 1943.4)

개화기에서 일제강점기까지 설화를 모티프로 발표된 희곡은 그리 많은 편이 아니다. 앞서 살폈듯이 한국 근대 희곡은 대부분 리얼리즘이 중심을 이루었고, 한국 근대 연극사의 중요한 흐름인 대중극의 경우 당시 공연만 되어 대본으로 제대로 전해지지 않기 때문에 그 실제적 모습은 자세히 알기 힘들다.

박승희, <이 대감 망할 대감>은 토월회 제57회 공연으로 1928년 10월 1일부터 3일까지 공연된 작품으로 전통의 수용과 변용의 가능성을 열어준 첫 번째 작품으로 자리매김 한다.[12)] 이 작품은 <배비장전>의 모티프에 바탕을 둔다. 이 이야기의 소재가 될 만한 說話는 徐巨正의 『太平閑話滑稽傳』에 수록되어 있는 拔齒說

12) 김승옥, 「한국 현대 희곡의 전통 수용 양상 연구」, 단국대학교 박사학위논문, 1996, 19면.

話와 『東野彙集』에 수록되어 있는 栗櫃說話의 합쳐진 형태이다.[13] <배비장전>은 판소리 12마당의 하나로 알려져 있지만 후에 판소리로 명맥이 끊기고, 판소리계 소설로만 전하는 이야기로 지배계급의 위선적이며 호색적인 생활에 대한 풍자가 가득 담겨져 있다.

<이 대감 망할 대감>은 단막극이기에 고전의 전면적인 수용이 아니라 모티프만을 수용한다. 무대도 조선 어느 대감댁 후원과 방안으로 한정하고, 이야기도 내수가 대감에 돈을 주었음에도 아무런 대가가 없자 대감을 혼내준다는 이야기에 초점을 맞춘다. 그렇지만 풍자정신보다는 등장인물의 희화화나 감각적인 여성인물의 형상화는 문제점으로 드러나는데 임화는 역사인식이 드러나지 않고 이광수 류의 왜곡된 민중극으로 만들었다고 혹평을 한다.[14]

유치진의 <춘향전>은 <극예술연구회>에 있어서나 유치진에 있어서나 전환점이 되는 작품이다. 조선에 진정한 극문화를 수립한다는 취지로 해외문학파 출신의 유학생들을 중심으로 조직된 극예술연구회는 이 땅에 펼쳐진 상업적 대중극에 반기를 들고 본격적인 외국의 근대극을 수용하여 새로운 연극의 기틀을 마련하였다. 초기에는 일본 츠키지(築地)소극장 출신의 홍해성을 중심으로 '번역극 우선론'과 '소극장 중심론'으로 그들이 나아갈 방향을 잡았는데, <검찰관>, <해전>, <옥문> 등의 번역극과 <토막>, <소> 등 유치진의 초기 리얼리즘 연극을 중심으로 사회를 사실적으로 표현하는데 중점을 둔다.

그러나 홍해성이 동양극장으로 옮기고, 유치진이 극작, 연출 등

---

13) 김동욱, 「판소리발생고2」, 서울대 논문집, 1956.
14) 임화, 「토월회 57회 공연을 보고」, 『조선지광』 81, 1928.

전반적인 활동을 주도하면서 아마추어적인 태도에서 벗어나 전문극단으로 전진하며 경제적 기반을 다지겠다고 밝힌다.[15] 경제적 기반을 다진다는 것은 적극적으로 관객의 획득을 목표로 삼고 이러한 실천 방안으로 소극장 공연에서 벗어나 부민관으로 진출하여 많은 관객을 획득하기 위해 노력한 것이다. 이는 유치진이 지닌 연극관에서 비롯되는데 '관중 본위의 연극', 즉 대중성을 강조하는 연극에 그 신념을 가지고 있었던 것이다. 특히 <춘향전>의 경우 부민관에 연일 2천 여 명의 관객이 들어차는 등 대성황을 이루었다. 이런 경향이 사회비판적 시각에서 낭만적 경향으로 경도된 것은 사실이지만, 언제나 적자만 보던 극예술연구회가 처음으로 흑자를 본 공연이었다.[16]

서항석의 설화 수용을 통한 새로운 창작 방법론은 좀 더 실제적인 모습으로 나타난다. 1930년대 후반부터 대중 공연예술에서 가장 두드러진 활동을 펼친 장르는 단연 악극이 첫손에 꼽힐 것이다. 특히 레코드사 소속 악극단의 활동은 그동안 막간무대라고 비난을 받던 악극의 단순성을 극복하여 하나의 예술 장르로 올려놓는다.

특히 라미라가극단(羅美羅歌劇團)과 반도가극단(半島歌劇團)의 레퍼토리는 줄곧 우리 고전에 바탕을 둔 창작 악극만을 고집하였으며 이러한 공연 내용은 일제강점기 민족정체성을 일깨우는 하나의 방법으로 표현되었다. 당시 대부분의 공연예술이 연극경연대회나 이동극단에서 보이듯 황국신민화에 젖어 있었던데 반해 이런 레퍼토리는 예술성을 통해 공동체 의식을 일깨우는 계기가 되기에 충분한 것이었다. 서항석은 <牽牛織女>(1941), <콩

15) 유치진, "극예술연구회 제8회 공연을 앞두고", 東亞日報, 1935. 11. 17.
16) 유민영, 『우리시대 연극운동사』, 단국대출판부, 1990, 162면.

쥐팥쥐>(1941), <銀河水>(1942) 등 우리 고전 설화에 바탕을 둔 수준 높은 작품을 남기게 되면서 본격적인 공연무대를 만들어 간다. 특히 <견우직녀>[17]는 설의식 가사, 서항석 구성・연출, 안기영(安基永) 작곡 全9景의 작품으로 설화를 기초로 하여 만들어 졌는데, 가극(歌劇)이란 명칭답게 오페레타 형식의 구성과 배우들의 진일보된 연기로 악극(樂劇)이 하나의 장르로 정착할 수 있는 기틀을 만들어 주었다. 또한 이어 공연된 <銀河水>[18]를 통해 <견우직녀>의 완결된 하나의 이야기를 보여 주었다. 이때 출연진을 보면 이인선, 송진혁, 성애라 등의 클래식 전공자들과 계수남과 같은 대중가수들, 윤부길, 태을민, 박용구 등이 공연에 참여함으로 다양한 작품 세계를 표출할 수 있었었다.

이렇게 악극이 역사적 상황에서 소재를 구하지 않고 고전에서 소재를 구하게 된 배경에는 설화의 대중성, 재미라는 측면이 존재할 것이다. 이는 악극의 대중성과 깊이 관련된 부분으로 항상 열린 공간으로 쉽게 다가오는 설화를 이야기 구조로 선택함으로 관객의 심미적 기대지평을 넓힐 수 있었던 것이다.[19]

오영진은 전통을 가장 적절하게 무대화한 대표적 작가 중 한 사람이다. 그는 아키바 타카시(秋葉隆)의 『朝鮮巫俗の研究』 등

---

17) <牽牛織女>(1941.8.28~31, 府民館)는 <新生第一課>(李扶風작, 蔡廷根연출, 7경)과 함께 콜롬비아악극단에 의해 初演 되었으며, 그 다음해 8월에 徐恒錫 構成, 薛義植 歌詞로 『春秋』 19호에 발표되었다.

18) <銀河水>는 앞서의 <견우직녀>가 地上의 이야기라면 天上篇이란 부제에서 보듯 본래의 견우직녀 설화에 바탕으로 두어 전개되고 있다. 그래서 앞서의 <견우직녀>와 완결된 하나의 이야기 구조를 이루고 있다. 1942년 1월 15일 라미라 악극단에서 의해 부민관에서 초연되었으며, 小梧生(薛義植), <銀河水>, 견우직녀 第二部 天上篇, (『춘추』 15, 1942. 4)으로 발표되었다.

19) 김호연, 「한국 근대 악극 연구」, 단국대학교 박사학위 논문, 2003, 65면.

당대 조선 전통 연구에 영향을 받아 전통에 대한 관심을 그의 작품 세계에 지속적으로 드러낸다. <맹진사댁 경사>는 민담(民譚)인 '뱀서방 이야기'의 모티프와 영향 관계에 놓이지만 이 희곡은 설화나 기존 소설과는 전혀 새로운 서사적 구조를 가지며 전통의 원형적 모습을 드러내고 있다. 맹진사로 대표되는 작품 속 양반의 모습은 조선 후기 양반들의 탐욕스럽고 허위적 모습 그대로인데 이는 탈춤의 양반과장과 맥을 같이한다. 또한 입분이의 상승과정은 <춘향전>의 일정 모티프의 자연스런 수용 양상으로 비추어지며 입분과 갑분의 관계는 <콩쥐팥쥐>의 선악구조에 맞닿아 있다. 이는 머릿속에 흐르는 한국적 원형구조의 조합과 작가의 뛰어난 드라마투르기를 통해 한국의 전통을 제대로 묘파한 연극으로 일컬어지게 된 배경일 것이다. 이 작품이 발표 당시보다는 광복 이후 더욱 사랑을 받게 되는 점은 시대를 초월하여 가질 수 있는 원형의 재발견과 더불어 해학과 풍자 등 보편적으로 누구나 공유할 수 있는 모습을 표현하고 있기 때문일 것이다. 그럼에도 <맹진사댁 경사>와 <배뱅이굿>이 모두 일어로 처음 선보였다는 점은 좀 더 심층적인 분석을 뒤따라야 할 듯하다.

함세덕은 뛰어난 극작술로 일제 강점기 가장 많은 논의가 이루어지는 작가 중 하나이다. 그럼에도 그의 친일성 짙은 몇몇 작품으로 인해 항상 비판의 대상에 놓이기도 한다. 특히 역사나 전통을 소재로 한 두서너 편의 작품은 은연중에 내선일체를 강요하는 모습을 드러내 깊이 있게 논의할 여지를 남겨 놓고 있다.

그의 <에밀레종>은 민중들에 잘 알려진 성덕대왕 신종 설화의 모티프를 차용하고 있다. 그렇지만 여기서는 어린 아이의 희생을 통해서라도 혼이 담긴 종소리를 얻고자하는 슬픈 이야기와 왕족인 시모나(詩牟那) 공주와 평민인 미추홀 사이의 신분을 초월한 사랑 이야기가 중첩되어 드러난다. 그래서 오정민은 '鑄鐘과 人身供養에 관련하여 민간에 전래되어온 哀話를 취재한 것으로 작자가 그에 첨부하여 鑄鐘師와 신라공주와의 지위를 초월한 사랑은 멜로드라마적 오락성을 노리고 있다'고 바라보았다.[20]

그렇지만 이 작품은 작가의 이러한 극작법과 더불어 또 다른 의도가 숨겨져 있어 문제점으로 나타난다. 함세덕은 '문화를 통한 내선일체의 역사적 고찰을 해보려고 했다. 나는 당시의 內鮮勅使往來와 鑄鐘 資材 運搬, 주종 樣相 등을 전면에 내고 技工의 勞心과 로맨스와 또한 구전되는 전설을 조미로 하야 실로 연극적 희곡을 써보고저 한다'고 작품의 의도를 드러낸다.[21] 결국 이 작품은 내선일체(內鮮一體)의 위한 도구로 설화가 차용되었고, 신비한 종소리가 울리며 미추홀과 시모나 두 사람이 일본으로 떠난다는 장면은 이러한 모습을 극대화하여 보여준 예라 할 것이다.

이상과 같이 연극에서 나타난 설화 수용 양상에 대해 간략하게 살펴보았다. 창극에 비해 연극에서는 설화의 수용양상이 전면적인 수용부터 모티프를 차용하여 새롭게 재구성하는 모습까지 다양하게 나타난다.

Ⅲ. 소 결

본고는 개화기부터 일제강점기까지 그동안 소홀히 다루었던 한국 공연예술에서 설화의 수용과 변용 양상에 대하여 살펴보고 그 의미를 규명해보고자 한 실증적 시도이다. 창극은 판소리의

---

20) 오정민, 「어밀레종을 보고」, 『조광』, 1943. 6, 102~103면.
21) 함세덕, 「어밀레종」, 『대동아』, 1942. 7, 160면.

발전적 변용의 한 모습이다. 그렇기에 판소리의 기본 레퍼토리를 그대로 받아들인다. 개화기와 근대 창극의 흐름 속에서 그 대표적 레퍼토리를 살펴보면 <춘향전>, <심청전>, <흥보전> 등 기존 판소리바탕들이 중심을 이루고 있음은 그러한 예이다. 그렇지만 전통에 대한 새로운 이야기의 생산은 이루어지지 못한 점은 아쉬운 점으로 남는다. 물론 고전의 새로운 해석을 통해 시대에 맞는 작품을 양산하는 것도 의미가 있었겠지만 수많은 설화의 모티프를 제대로 수용하지 못한 점은 현대 창극이 정체되어 있는 것과 맞물리는 부분이다.

근대 연극에서는 설화가 다양한 형태로 변용되어 나타난다. 유치진을 비롯한 많은 작가들에 의해 각색된 <춘향전>와 같은 전면적인 수용에서부터 <배비장전>의 부분적 수용인 <이 대감 망할 대감>, 그리고 '뱀서방 설화'에 바탕을 두지만 새로운 작품으로 승화된 <맹진사댁 경사>까지 여러 유형을 통해 표출된다. 그럼에도 불구하고 설화를 변용하여 관객에게 다가선 의미들은 모두 틀리게 나타난다. 1930년대 서항석을 중심으로 한 악극운동은 우리 고전 설화에서 작품 소재를 선택하여 그 동안 단순한 희가극에 머물던 악극의 소재 범위를 확대시켰으며 오페라 형식과 가요의 형식을 적절하게 조화시켜 유행가의 변종으로 인식되던 악극을 한 차원 높은 단계로 끌어올리는 계기가 되었다. 또한 레퍼토리는 줄곧 우리 고전에 바탕을 둔 창작 악극만을 고집하였으며 미력하나마 일제강점기 민족정체성을 일깨우는 하나의 방법으로 표현되었다. 그렇지만 함세덕의 <에밀레종>처럼 내선일체의 위한 도구로 설화가 차용되는 등 민중의 이야기가 그 쓰임에 따라 어떻게 변질되는가의 모습도 살펴볼 수 있었다.

설화 중심의 공연예술은 1940년대 광복 이전까지 집중되는데 이는 이 시기가 리얼리즘 연극을 표출할만한 여건이 되지 못하였으며 또한 라미라, 반도, 조선악극단의 중요레퍼토리가 이런 설화에 바탕을 둔 연극이 중심이었기에 나타난 결과라 할 것이다.

본고는 그동안 소홀히 다룬 근대공연예술에 있어 설화의 수용 양상과 변용을 살피는 기초적 작업이다. 이러한 考究는 이 시기의 공연문화를 살피는 계기가 되었을 뿐 아니라 한국 문화 전통의 지속과 변용, 특히 설화의 변이적 전승이란 측면에서 조금 새로운 눈으로 바라보는 계기가 되기를 바란다.

설화 채록의 전통과 그 근대적 변모
- 일제강점기 대중잡지 수록 설화를 중심으로 -

송 혁 기*

Ⅰ. 서 론

설화는 기본적으로 구전(口傳)의 방식으로 전달된다. 그 전승 과정에서 적층성(積層性)과 유동성(流動性)을 지니며, 끊임없이 개변(改變)되는 속성을 지닌다. 따라서 오늘날처럼 오디오나 비디오와 같은 기록수단이 없는 한, 동일 공간에서 일회적으로 구연되는 설화를 시간과 공간을 넘어 보존하는 유일한 방법은 문헌 기록이었다. 이렇게 형성된 이른바 문헌설화는 구전설화와 상호 교섭하면서 설화의 또 다른 전승 수단으로 활용되어 왔을 뿐 아니라, 문헌설화 상호 간에도 영향을 주고받으며 설화의 역사를

* 고려대학교 한문학과.

형성해 왔다.

개화기 이후 일제강점기에 이르는 시기 우리 민족은, 자의이든 타의이든 간에 이전까지의 문화 전통에 대해 매우 다른 시각과 인식을 가지게 되었다. 설화를 비롯한 구비문학이 별도의 근대적 학문 대상으로 부각된 것 역시 서구인과 일본인의 자료 조사 및 연구에 자극되고 계발된 바 크다.

개화기에 이미 서구인에 의한 설화 관련 자료의 수집·소개가 이루어졌고,[1] 일제 역시 이 시기부터 착수된 우리 사회·문화 전반에 대한 조사 작업을 기반으로 하여 한일합방이 시작된 1910년대에 바로 『조선야담집(朝鮮野談集)』, 『전설의 조선(傳說の朝鮮)』 등의 단행본 성과를 제출하였고,[2] 1920년대에는 『조선기담과 전

---

1) 실제 채록의 과정을 거친 설화집으로 N. G. Garin의 *Po Koree, Man'chzhurï i Lyadunskomu Poluostrovu* (St. Petesburg, 1889)이 대표적이다. 그 외에도 다음의 자료들이 이 시기에 이미 출판되어 서구에 우리나라의 설화를 소개하는 역할을 하였다. H. N. Allen, *Korean Tales*, New York & London: G. P. Putnam's Sons, 1889; W. G. Aston, 「Corean Popular Literature」, *Transactions of the Asiatic Society of Japan* XVIII, 1890; H. G. Arnous, *Koreanische Märchen und Legenden*, Leipzig, 1893; N. C. Gale, *Koreanische Märchen*, Zürich, 1893; H. G. Arnous, *Koreanische Märchen Populari*, Rome, 1895; L. Nocentini, *Leggende racconti populari delle Corea*, Rome, 1895; E. B. Landis, 「Korean Folk Tales」, *China Review* XXII, 1897; W. G. Aston, 「Chhoi-chhung-Corean Märchen」, *Transactions of the Asiatic Society of Japan* XXVII, 1900; H. N. Allen, *Korea: Fact and Fancy*, Seoul: Methodist Publishing House, 1904; N. Garin-Mixailovskii, *Koreiskie skazki [Korean Tales]*, St. Petesburg, 1904; W. Arther Nobel, *A Tale of Korea*, New York : Eaton & Mains, 1906.

2) 단행본으로 출간된 성과만 들면 다음과 같다. 靑柳綱太郎, 『朝鮮野談集』, 朝鮮硏究會, 1912; 朝鮮總督府, 『俚謠俚諺及通俗的讀物等調査』, 朝鮮民俗資料 3, 1912; 樽木末實, 『朝鮮の迷信と俗傳』, 新文社, 1913; 高橋亨, 『朝鮮の俚諺集(附物語)』, 日韓書房, 1914; 今村鞆, 『朝鮮風俗集』, ウ

설(朝鮮奇談と傳說)』, 『조선동화집(朝鮮童話集)』에서 『조선신화전설집(朝鮮神話傳說集)』에 이르는 본격적 성과를 내었다.[3] 그런데 서구인의 우리 설화 채록은 단순한 이문화(異文化)에 대한 호기심이거나 선교활동의 일환인 경우가 대부분이었고, 일본인의 경우 이른바 '내선일체(內鮮一體)'의 목적을 가진 정책적 접근이 주류를 이루었다.

우리나라의 경우 1920년대 들어 기담(奇譚), 사화(史話), 동화(童話) 등의 명목으로 단행본을 엮어 내기 시작했으며,[4] 1930년 손진태의 『조선민담집(朝鮮民譚集)』(東京: 鄕土硏究社)에 이르러 근대적 학문대상으로서 설화를 채록하는 성과에 이르게 된다.[5]

주로 일제강점기에 이루어진 이러한 설화 채록 및 소개의 역사에서 연구사적으로 주목할 것은 대중잡지와 신문에 실린 관계 기사들이다. 위에서 든 단행본들의 경우 비교적 입수가 용이하고 개별 선행 연구들에 의해 어느 정도 그 윤곽이 드러났다.[6] 그러

ツボヤ書籍店, 朝鮮京城, 1914; 三輪環, 『傳說の朝鮮』, 東京 : 博文館, 1919.

3) 山崎源太郞, 『朝鮮奇談と傳說』, ウツボヤ書籍店, 1920; 細井肇, 『五百年奇談』, 自由討究社, 1923; 朝鮮總督府, 『朝鮮童話集』, 大阪屋書店, 1924; 中村亮平, 『朝鮮童話集』, 東京: 富山房, 1926; 今村鞆, 『歷史民俗朝鮮漫談』, 南山吟社, 1928; 中村亮平, 『朝鮮神話傳說集』(松村武雄 편, 『支那朝鮮臺灣神話と傳說』), 東京, 大洋社, 1929.

4) 안동수, 『半萬年間 朝鮮奇譚』, 조선도서주식회사, 1922; 문일평, 『朝鮮史話』, 東京: 人文社, 1925; 심의린, 『조선동화대집』, 한성도서주식회사, 1926.

5) 이상 개화기에서 일제강점기까지의 자료 및 연구 성과에 대해서는 송혁기, 「개화기에서 일제강점기까지 한국설화 자료의 현황과 문제점」, 『개화기에서 일제강점기까지 한국문화전통의 자료와 해석』, 단국대출판부, 2007의 목록 참조.

6) 조희웅, 『이야기문학 모꼬지』, 박이정, 1995; 남근우, 「'손진태학'의 기초연구」, 『한국민속학』 28, 한국민속학회, 1996; 최광식, 『남창 손진태

나 잡지 및 신문에 실린 설화 관련 기사들은 아직 그 자료적 실체조차 온전히 파악되지 못하고 있다. 이에 본 발표에서는 그 가운데 대중잡지에 실린 기사를 대상으로 하여[7] 일제강점기 설화의 기록[8] 양상을 고찰하고자 한다.

본 발표에서 초점으로 삼는 것은 어느 시기 어떤 대중잡지에서 설화 수록이 두드러지는가, 그리고 그 수록된 설화는 전대의 문헌설화와 어떤 연관과 차별을 지니는가의 문제이다. 이를 위해 우선 전근대 시기 설화 채록의 전통을 통시적으로 개괄하고, 일제강점기 대중잡지의 설화 수록 양상을 잡지별, 시기별로 조사 보고한다.

의 삶과 학문』, 고려대박물관, 2000; 김헌선 외 역, 『한국 민화에 대하여』, 역락, 2000(손진태, 『朝鮮民譚集』 번역); 조희웅, 「임석재 선생 학문의 조명: 구비설화·문헌설화·고전소설의 관계 -『임석재전집: 한국구전설화』 수록 자료를 중심으로-」, 『비교민속학』 20, 비교민속학회, 2001; 『남창 손진태의 역사민속학 연구』, 민속원, 2003; 권혁래, 『조선동화집—우리나라 최초 전래동화집(1924년)의 번역·연구』, 집문당, 2003.

7) 신문 자료 역시 중요한 의미를 지니지만 아직 충분히 검토하지 못한 관계로 본 발표에서는 잡지 자료만으로 대상을 한정하였다. 신문 자료의 중요한 예로서 최남선이 『매일신보』에 1929년~1939년 사이에 연재한 「隱君子說話」, 「怪談」, 「變化怪談」, 「動物怪談」, 「人妖談」, 「異物世界說話」, 「動物故鄕說話」, 「朝鮮의 民譚·童話」, 「怪談小說」, 「寶盆說話」, 「因鬼致富說話」, 「仙境說話」, 「如意珠說話」, 「異人說話」, 「조선의 신화」 등을 들 수 있다.

8) 이들 잡지 자료들은 별도의 편집 의도를 가지고 묶은 설화집과는 달리, 단순히 읽을거리로서 이전의 문헌설화에서 발췌하거나 항간의 이야기를 상당 부분 개작해서 실은 것이 대부분이다. 따라서 구술자의 구연(口演)을 현장 그대로 옮겨 적는다는 의미에서의 '채록'이라고 할 수는 없다. 따라서 문헌화의 과정을 넓게 지칭하는 수록, 혹은 기록이라는 용어를 사용하고자 한다.

Ⅱ. 전근대 조선의 설화 채록 전통

설화의 채록 전통은 멀리 고려시대의 『삼국유사(三國遺事)』나 『수이전(殊異傳)』 등으로 거슬러 올라간다. 『수이전』의 경우 전모가 전해지지는 않고 있지만, 이들은 고려조 이전의 설화의 모습까지 담겨 있는 소중한 문헌설화집이다. 여기에 『삼국사기(三國史記)』, 『해동고승전(海東高僧傳)』 등의 일부도 설화를 바탕으로 구성된 것으로 볼 수 있다. 그러나 자료의 양으로 볼 때 대량의 설화가 문헌에 정착된 것은 역시 조선후기에 이르러서이다. 물론 고려시대의 시화(詩話)나 조선전기의 필기잡록(筆記雜錄) 가운데에도 설화라고 할 수 있는 이야기들이 섞여 있기는 하지만, 조선후기에 양산된 이른바 야담(野談)에 비교할 때 설화로서의 농도는 비교가 되지 않을 정도로 묽다.

야담에 기록된 이야기들 역시 엄밀히 말해 설화의 채록이라고 할 수 없는 것들이 상당 부분 섞여 있는 것이 사실이다. 그러나 양란을 비롯한 역사적 격변은 인물담을 비롯한 많은 이야기를 낳았고, 그 실제 역사의 재현에 전승과정에서의 윤색이 가해지고 거기에 기록자의 선택과 개작이 더해진 결과 상당히 의미 있는 문헌설화의 성과로 이어진 것이다. 이러한 문헌설화들이 독서물로 향유되면서 다시 다양한 형태의 구전설화를 낳았음은 물론이다.

주지하다시피 야담이라는 말이 최초로 사용된 것은 17세기 초 유몽인(柳夢寅. 1559~1623)의 『어우야담(於于野譚)』인데, 30종 가까운 이본을 낳을 정도로 폭넓게 읽혔으며 후대에의 영향도 크다. 매우 다양한 소재를 담고 있어서 초기 문헌설화로서 작지 않은 의미를 지니지만, '서사적 이야기'라고 할 수 없는 설명, 논평에 해당하는 조목들이 꽤 섞여 있어서 본격적 문헌설화집이라고 하기는 어렵다. 이어 18세기 초에 출현한 임방(任埅. 1640~1724)의 『천예록(天倪錄)』은 개별 이야기에 대한 평을 포함한 일정한 형식을 갖춘 본격적 문헌설화집이라고 할 수 있고, 특히 설화의 중요한 속성 가운데 하나인 신이담(神異談)이 많이 보인다는 점에서 의의를 지닌다.

18세기 중기에 이르면 조선후기 야담집의 전형을 보여주는 노명흠(盧命欽. 1713~1775)의 『동패락송(東稗洛誦)』이 출현하였다. 19세기로 넘어서면서 이희평(李羲平. 1772~1839)의 『계서잡록(溪西雜錄)』이 편찬되었는데, 1828년에 편찬된 이 야담집의 상당 부분은 『동패락송』에 실린 이야기들을 윤색하거나 전재(轉載)하고 있다. 문헌설화 간의 구체적 영향 관계를 살필 수 있는 대목이다.

19세기 초기는 가히 문헌설화의 황금기라고 할 만하다. 편자미상의 『기리총화(綺里叢話)』에는 한문단편이라고 할 만큼 서사성이 뛰어난 설화들이 섞여 있다. 뒤에 나온 이 시기 대표적 야담집 『청구야담(靑邱野談)』은 이 책에서 14화를 전재했고, 김경진(金敬鎭. 1815~1873)의 『청구이문(靑邱異聞)』은 이 책을 거의 그대로 전재하기도 했다.

19세기 중엽에 편찬된 것으로 보이는 편자미상의 『청구야담(靑邱野談)』은 조선후기 야담집을 대표할 만한 분량과 내용을 갖추고 있다. 그러나 그 상당 부분 역시 전대의 문헌에서 전재한 것이다. 이처럼 문헌설화 상호간의 직접적 영향 관계는 19세기 말에 이르면 더욱 커진다. 『계서잡록』의 영향을 많이 받은 편자미상의 『기문총화(記聞叢話)』를 거쳐, 이원명(李源命. 1807~1887)의 『동야휘집(東野彙輯)』은 이전 야담집들을 종합해서 흥미 위주로

변개한 성격을 지닌다.[9]

이상 개관한 조선시대의 설화 채록 전통은 20세기 초기까지 면면히 이어져 왔다. 그 가운데 본 발표와 관련하여 주목할 성격 몇 가지를 짚는 것으로 본 장을 가름한다.

첫째, 설화 채록 과정에서 보이는 기존 문헌설화와의 직접적 영향 관계이다. 앞서 간략하게나마 언급했듯이, 개별 야담집에서 보이는 기존 야담집의 전재 내지 변용은 매우 빈번하고 보편적인 양상이라 할 수 있다. 심지어 편자 미상의 『청구총화(靑邱叢話)』는 수록 설화 69화 모두가 『기문총화』와 중복되고, 『선언편(選言篇)』은 『기문총화』·『계서잡록』에서, 『파수편(罷睡篇)』은 『동패락송』·『청구야담』에서 각기 대부분의 설화를 가져왔음을 확인할 수 있다.[10] 여기서 각각의 야담집에서 어느 이야기가 기존 문헌설화를 작가가 전재·변용한 것인지, 어느 이야기는 항간의 이야기를 직접 수집하여 문자화한 것인지를 일일이 따질 겨를은 없다. 다만, 구전설화의 문헌화 못지않게 문헌설화의 재수록 내지 변개 역시 상당한 비율을 차지한다는 점에 주목한다.

둘째, 통속성의 문제이다. 구전설화를 채록하는 경우는 물론이거니와 기존 문헌설화에서 옮겨 오는 경우에도, 편자의 선택과

---

9) 조선조 문헌설화의 개관은 다음을 참조. 조희웅, 『조선후기 문헌설화의 연구』, 형설출판사, 1982; 두정임 「동야휘집 연구」. 『국문학연구』 97집, 서울대 국문학연구회, 1990; 김상조, 「계서야담계 연구」, 고려대 국문과 박사학위논문, 1991; 이신성, 「천예록 연구」, 동아대 박사학위논문, 1993; 정명기, 『한국야담문학연구』, 보고사, 1996; 임완혁, 「문헌전승에 의한 야담의 변모 양상」, 성균관대 한문학과 박사학위논문, 1997; 김영진, 「조선후기 사대부의 야담 창작과 향유의 일양상」, 『어문논집』 37호, 안암어문학회, 1998; 임형택, 「<동패락송> 연구」, 『한국한문학연구』 23집, 한국한문학회, 1999; 김준형, 「<기문총화>의 전대문헌 수용 양상」, 『한국문학논총』 26호, 한국문학회, 2000.

10) 서대석 편, 『조선조문헌설화집요』(Ⅱ), 집문당, 1992 참조.

개작 방향은 그것대로 중요하다. 그런데 대체로 수준 높은 한문학을 구사하는 작가들이 문장력을 기울여 표현해낸 정통 한문 서사단편의 성격을 지니는 것이 17세기~18세기 초기 문헌설화의 대체적 양상이라면, 18세기 후기를 넘어 19세기에는 점차 흥미 위주의 독서물, 내지는 구전의 원자료로서 기능하는 면이 강해진다. 앞서 언급한 대로 19세기말의 대표적 문헌설화집인 『동야휘집』의 경우 이런 통속성의 측면이 잘 드러난다. 편자 이원명은 등장인물 중심으로 야담을 분류 배열하였고 다양한 고사와 속담 등을 이용하여 표현을 풍부하게 하는 등 독서물로서의 재미를 높이려는 의도를 보인다.

셋째, 표기문자의 문제이다. 이상의 문헌설화들은 대개 한문으로 기록되어 있다. 따라서 그 원형이 구전설화라 하더라도 문헌 기록의 과정에서 이질적 언어문자 체계인 한문으로 일단 변개될 수밖에 없다. 이 점은 설화 채록에 있어 기본적인 한계로 작용한다. 『어우야담』 낙선재본이나 『청구야담』 규장각본 등은 한글로 기록되어 있으나, 양자 모두 한문본을 그대로 번역한 것이어서 구전설화를 한글로 채록한 것이라 하기는 어렵다. 아울러 이는 기록 과정의 문제일 뿐 아니라 향유와 소통의 면에서도 큰 한계가 아닐 수 없다. 이들 문헌설화집이 상당한 종의 이본(異本)을 가지며 많이 읽힌 것은 사실이지만, 정작 구전(口傳)의 주체인 불특정 다수의 민중들로서는 쉽게 구해 읽을 수도, 구전의 소스로 활용하기도 매우 어려웠던 것이다. 따라서 전승 과정에서의 구전과 문헌의 넘나듦이라는 것도 상당히 제한적일 수밖에 없었다.

개화기를 거쳐 일제강점기에 들어서면서 이상의 세 가지 측면은 기본적으로 여전히 이어지면서도 다양한 변화의 양상을 보인다. 이제 대중잡지 자료를 중심으로 그 지속과 변화의 양상을 살핀다.

Ⅲ. 일제강점기 대중잡지의 설화 채록 양상

서론에서 개관했다시피, 개화기에서 1910년대에 이르는 시기 우리 설화는 서구인과 일본인에 의해 먼저 채록되고 소개되었다. 19세기말까지 양적으로 팽창하는 양상을 보이던 문헌설화의 전통은, 이 시기에 이르러 일단 주춤하면서 몇 갈래의 새로운 흐름으로 이어진다.

첫째, 이러한 타자에 의한 설화 채록·소개에 자극받아 그에 대응하는 것으로서 우리의 설화를 채록하고 연구하려는 움직임이다. 손진태가 근대적 학문방법으로 직접 현장조사를 통해 설화를 채록하여 민담집을 편찬한 것이나, 유사 설화를 근거로 '일선동원(日鮮同源)'을 주장하려는 일제의 의도에 맞서서 최남선이 사상 투쟁 및 대중 계몽의 수단으로 설화를 내용으로 하는 장기간의 신문 연재물을 집필한 것, 임석재가 1931년~1940년의 10년에 걸쳐 전국 각 지역의 설화 자료를 구술 그대로 기록·수집한 것 등이 그 대표적인 예이다.[11)]

이는 설화 연구사의 입장에서 매우 소중한 성과이다. 이들을 통해 우리는 일제강점기 설화의 실상을 원형 그대로 볼 수 있으며 당시 설화 연구가 식민지 상황에서 어떤 의미를 지니는지를 가늠할 수 있다. 이 가운데 손진태와 임석재의 경우, 기존의 문헌설화에서 가져온 것이 아니라 당대에 구전되던 설화를 채록하였다는 점에서 더욱 큰 의미를 지니며, 학문적 관심에서 실증적으

---

11) 이 때 채록한 설화들은 다음의 자료에 실려 있다. 임석재, 『한국구전설화』1-10, 『임석재전집』, 평민사, 1987.

로 설화에 접근함으로써 통속성과도 거리가 있다. 다만 손진태의 경우 일본어로 기록했다는 점에서 표기문자상의 한계를 지닌다.

둘째, 조선시대에 유행한 야담집들을 한글로 번역하여 출판하는 것이다. 이는 주로 1920년대에 조선서관에서 집중적으로 이루어졌다. 조선후기의 야담집에서 뽑은 야담들을 주로 현토체나 국한문 혼용체의 형태로 『청구기담(靑邱奇談)』, 『실사총담(實事叢談)』, 『대동기문(大東奇聞)』, 『청야휘편(靑野彙編)』 등의 서명으로 출간한 것이다.[12)]

이는 일단 구전설화와는 관계없는 문헌설화의 발췌라는 면에서 근대적 설화 채록으로서는 결격 사유를 지닌다. 또 참신한 편찬 의도를 지녔다기보다 기존의 독서관습에 기대어 대중의 읽을거리를 제공하는 정도의 목적으로 간행된 것으로 보인다. 그러나 문헌설화가 국한문혼용체로나마 번역되어 독서 대중에게 제공되었다는 사실 자체는 매우 의미 있는 것으로 보인다.[13)]

셋째, 1920년대 말의 야담운동 및 1930년대 『월간야담』, 『야담』 등 야담전문잡지의 출간이다. 1928년 김진구에 의해 제창된 '야담운동'은, 일본의 강담사(講談師) 문화의 틀을 따되 야담의 구연을 통해 민중을 계몽하고자 한 의식적 운동이었다. '조선야담사(朝鮮野談社)'를 창립하며 상당한 대중적 반향을 일으킨 이 운동은, 그러나 일제의 탄압으로 인해 1년도 채 지속되지 못했다.

그리고는 몇 년의 공백기 이후 이에 관여한 인물 가운데 한

---

12) 임형택, 「야담의 근대적 면모」, 『한국한문학연구』 19, 한국한문학회, 1996.

13) 다만 그러한 의도에도 불구하고 이 국역 야담집들이 실제로 얼마나 많이 읽혔는가에 있어서는 한계를 지니는 것으로 보고되고 있다. 차혜영, 「1930년대 『월간야담』과 『야담』의 자리」, 『희귀잡지로 본 문학사』, 상허학회, 깊은샘, 2002.

사람인 윤백남에 의해 1934년 10월 『월간야담』이 창간되었고,[14] 이어 여기에 주도적으로 글을 싣던 김동인에 의해 『야담』이 독립 창간된다. 이후 두 잡지는 경쟁적으로 독자를 늘여가며 『월간야담』은 1939년 통권 55호까지, 『야담』은 임경일에게 주도권을 넘겨서 1945년 통권 110호까지 출간하기에 이른다. 당시 잡지들이 대개 한두 해를 넘기지 못하고 폐간된 상황에 비교하면 매우 높은 상업적 인기를 누린 셈이다.

이들 야담 전문잡지의 출현은, 전문 연사에 의한 강담 집회에서 야담 전문잡지의 출간으로 형태가 바뀌었을 뿐 아니라, 초기 김진구가 강조한 이른바 계몽성은 탈각되고 대중성과 상업성이 부가된다는 점에서 주목된다. 단행본 야담집에 비해 훨씬 폭넓은 독자층을 확보할 수 있는 잡지의 특성을 살려 통속성이 극대화된 셈이다. 어쨌든 『월간야담』과 『야담』의 장기간 발행은 문헌설화가 대중 독서물로 확실하게 자리 잡았음을 의미한다. 대개 전대 문헌설화집의 선별적 전재에 불과하고 설화라기보다 역사기록의 각색에 가까운 것이 많기는 했지만, 한글로 활자화된 설화가 대중과 폭넓게 만났다는 점에서 작지 않은 의미를 지닌다.

이상의 세 흐름에 대해서는 선행 연구에서 각기 어느 정도 조명된 바 있다.[15] 그런데 『월간야담』과 『야담』처럼 야담 전문잡지

14) 실은 1928년 10월 야담운동의 실질적 주축에 의해 기관지 『야담』을 창간할 계획이었으나 9월 대구에서 가진 야담대회에서 야담사가 검거되는 등 일제의 탄압으로 인해 뜻을 이루지 못하게 된다. 윤백남 역시 연사의 한 사람이기는 했으나 상대적으로 사상적 지향성이 약한, 흥미위주의 연사였다. 그런 면에서 야담운동이 좌절되고 몇 년의 공백 뒤에 윤백남에 의해 발간된 『월간야담』은 야담운동의 본래 정신과는 거리를 지니는 것이기도 하다. 이에 대해서는 다음을 참조. 김준형, 「야담운동의 출현과 전개 양상」, 『민족문학사연구』 20, 민족문학사학회, 2002.

15) 아직 충분히 연구되었다고 볼 수는 없고 거시적인 정리가 이루어진

를 표방한 경우를 제외한 일반 대중잡지에서의 설화 채록·소개 양상을 본격적으로 다룬 선행 연구는 아직 없다. 이를 위해서는 일제강점기 우리나라와 일본에서 다양하게 간행된 잡지 자료들을 종합적으로 검토함으로써 산발적으로 보이는 설화 관련 기사를 정리하는 작업이 선행되어야 할 것이다.

필자가 속한 연구과제팀에서 현재까지 검토한 184종의 일제강점기 발행 잡지 가운데 설화 관련 기사가 5편 이상 수록된 잡지는 다음의 17종이다.

『朝光』 111편 (1935~1944, 朝鮮日報社出版部/朝光社)
『朝鮮』·『朝鮮及滿洲』 43편 (1908~1941, 日韓書房/朝鮮雜誌社/朝鮮及滿洲社)
『靑年』 33편 (1921~1940, 大韓YMCA)
『別乾坤』 32편 (1926~1934, 개벽사)
『朝鮮』 28편 (1920~1944, 朝鮮總督府)
『新時代』 28편 (1941~1945, 博文書館)
『新東亞』 25편 (1931~, 新東亞社)
『東光』 20편 (1926~1933, 東光社)
『月刊每申』 16편 (1934~, 每申申報社)
『東明』 15편 (1922~1923, 東明社)
『新女性』 12편 (1923~, 新女性社)
『時事評論』 10편 (1922~1923, 時事評論社)
『開闢』 9편 (1920~1926, 開闢社)
『三千里』 8편 (1929~1942, 三千里社)
『우리집』 7편 (1931~1936, 家庭社)
『新興朝鮮』 6편 (1933~1934, 新興朝鮮社)
『계우』 5편 (1927~1936, 중앙고등보통학교)

것도 아니다. 특히 둘째, 셋째 흐름에 대해서는 위의 임형택, 차혜영, 김준형의 연구 외에 다음이 유일한 것으로 보인다. 정부교, 「근대 야담의 서사적 전통과 대중 지향적 면모」, 부산대학교 석사학위논문, 1999.

이 가운데 분량상 압도적으로 많은 것이 『조광』이다. 10년간 110호를 발간하면서 설화 관련 기사를 111편 실은 것이다. 거의 고정란과 고정필자를 두고 지면을 할애한 셈이다. 그 내용을 보면 사화(史話)에 해당하는 것이거나, 제목 앞에 '야담', '괴담(怪談)'이라는 머릿글을 달고 전대 문헌설화를 가져온 것들이 대부분이다. 그러나 창간호에 실린 송석하의 「신화전설(神話傳說)의 신라(新羅)」로부터 시작해서 전설이나 유래담을 채록한 기사들도 찾아볼 수 있다. 또 나름대로 설화를 재해석해서 독서대중의 기호에 맞추고자 하는 시도도 보인다.

『조광』이 발간된 시기는 1930년대 후반에서 1940년대 전반이다. 야담전문잡지까지 출현하면서 야담이 부담 없고 건전한 읽을거리로서 각광을 받던 시기인 것이다. 따라서 상대적으로 많은 양의 설화가 수록되어 있다고 해서 『조광』에 어떤 문화 선도적 의미를 부여하기는 어려울 것으로 보인다. 그보다는 고정 필자들의 활동상을 추적하거나, 여기에 실린 개별 설화들의 연원을 밝히고 그 변개 양상을 구체적으로 고찰하는 작업이 한층 의미가 있을 것이다. 본 발표는 거기에 이르지 못했다. 다만 목록으로 제시하여 둠으로써 후속 연구의 편의를 돕는다.

宋錫夏, 「神話傳說의 新羅」, 『朝光』 1권1호, 1935.11.
咸一步, 「개와 啄木鳥」, 『朝光』 2권1호, 1936.1.
尹錫中, 「머리감은 생쥐(童話)」, 『朝光』 2권1호, 1936.11.
史外史人, 「(朝鮮風雲兒列傳)平西大元帥洪景來將軍」, 『朝光』 2권2호, 1936.2.
申鼎言, 「(野談)鬼神 울린 鄭古玉」, 『朝光』 2권2호, 1936.2.
史外史人, 「(朝鮮風雲兒列傳其二)三日天下李适」, 『朝光』 2권3호, 1936.3.

史外史人, 「(朝鮮風雲兒列傳其三)關北怪傑李施愛」, 『朝光』 2권3호, 1936.4.
青吾, 「(史上美人列傳四)眞智王을 魔殺한 新羅美人桃花娘」, 『朝光』 2권3호, 1936.4.
青吾, 「(史上美人列傳五)百濟美人ㆍ都彌의 妻/고구려 長髮美人貫那」, 『朝光』 2권5호, 1936.5.
申鼎言, 「(野談)淸帝氣絶식힌 朴叔夜」, 『朝光』 2권6호, 1936.6.
青吾, 「高句麗王妃 慶姬小后」, 『朝光』 2권6호, 1936.6.
史外史人, 「己丑逆魁 鄭汝立」, 『朝光』 2권6호, 1936.6.
申翔雨, 「土亭秘訣의 作者 李土亭의 奇談」, 『朝光』 2권6호, 1936.6.
沙雲散人, 「萬石군이 쌀두되로 奉祭」, 『朝光』 2권6호, 1936.6.
史外史人, 「鴻山巨賊李夢鶴」, 『朝光』 2권7호, 1936.7.
鷺友山房主人, 「東洋의 海島說話」, 『朝光』 2권8호, 1936.8.
申鼎言, 「(野談)鬼神도울닐 鄭古玉(夫娘子)」, 『朝光』 2권8호, 1936.8.
史外史人, 「大金皇帝를 꿈꾸던 節度使李澄玉」, 『朝光』 2권8호, 1936.8.
申鼎言, 「(野談)南師古 」, 『朝光』 2권9호, 1936.9.
申鼎言, 「(怪談)붉은 구실」, 『朝光』 2권10호, 1936.10.
白楊桓民, 「玉山神社와 高麗歌」, 『朝光』 2권10호, 1936.10.
車相瓚, 「(朝鮮俠客傳三國篇)紐由/黃昌郞/怪由/閻長」, 『朝光』 2권11호, 1936.11.
青吾, 「(高句麗의 옛 情話)鴨綠江上의 三美人」, 『朝光』 2권11호, 1936.11.
車青吾, 「盲寡婦로 成家한 徐藥峯母親李氏」, 『朝光』 2권11호, 1936.11.
青吾, 「(野談)活人樹」, 『朝光』 2권11호, 1936.11.
申鼎言, 「(士禍의 史話)까닭부튼 白魚」, 『朝光』 2권11호, 1936.11.
壽春山人, 「(歷代名寡婦列傳)李貴의 寡女禮順」, 『朝光』 2권12호, 1936.12.
車相瓚, 「(朝鮮俠客傳2)三國篇의 續」, 『朝光』 2권12호, 1936.12.
翠雲生, 「(朝鮮俠客傳3)」, 『朝光』 3권1호, 1937.1.
申鼎言, 「(野談)용두쇠八字」, 『朝光』 3권1호, 1937.1.
車相瓚, 「栗谷先生의 逸話」, 『朝光』 3권2호, 1937.2.

翠雲, 「(朝鮮의 奇人怪人)天下名卜洪繼寬」, 『朝光』 3권2호, 1937.2.
好奇生, 「奇人奇話集」, 『朝光』 3권3호, 1937.3.
靑吾, 「(歷代名寡婦列奇談3)女流詩人」, 『朝光』 3권4호, 1937.4.
金啓鎬, 「(野談)靑鳥」, 『朝光』 3권4호, 1937.4.
靑巴里, 「朝鮮珍談怪話」, 『朝光』 3권5호, 1937.5.
車相瓚, 「(歷代名寡婦列傳)李東皐母親申氏」, 『朝光』 3권6호, 1937.6.
翠雲生, 「(史外史話)綠林豪傑太白風」, 『朝光』 3권6호, 1937.6.
申鼎言, 「(野談)긴다리 軍官」, 『朝光』 3권6호, 1937.6.
靑吾, 「今古諷刺諧談珍談」, 『朝光』 3권6호, 1937.6.
車相瓚, 「(史外史第二講)福城君哀話」, 『朝光』 3권6호, 1937.6.
卞榮晩, 「(傳說)孫乭의 昇天」, 『朝光』 3권6호, 1937.6.
申鼎言, 「(野談)初夜夢」, 『朝光』 3권6호, 1937.6.
翠雲生, 「朝鮮怪奇人物傳」, 『朝光』 3권6호, 1937.6.
車相瓚/申鼎言, 「怪奇座談會」, 『朝光』 3권8호, 1937.8.
靑吾, 「朝鮮怪奇人物傳(其二)」, 『朝光』 3권8호, 1937.8.
申鼎言, 「朝鮮名弓이야기」, 『朝光』 3권8호, 1937.8.
申鼎言, 「朝鮮名弓이야기(李芝蘭)」, 『朝光』 3권9호, 1937.9.
車相瓚/申鼎言, 「爆笑放談會」, 『朝光』 3권9호, 1937.9.
「朝鮮三海傳說集」, 『朝光』 3권9호, 1937.9.
翠雲, 「(史外史話)奇傑佟豆蘭」, 『朝光』 3권10호, 1937.10.
申鼎言, 「朝鮮名弓이야기」, 『朝光』 3권10호, 1937.10.
申鼎言, 「劍飛梧葉」, 『朝光』 3권11호, 1937.11.
申鼎言, 「(野談)李監司의 큰기침」, 『朝光』 3권12호, 1937.12.
申鼎言, 「(宮史野話)支子爲貴」, 『朝光』 4권2호, 1938.2.
申鼎言, 「宮中壁上徐花潭」, 『朝光』 4권3호, 1938.3.
金濯雲, 「(野談)處女의 冤魂」, 『朝光』 4권4호, 1938.4.
車相瓚, 「東西妖婦奇話」, 『朝光』 4권5호, 1938.5.
申鼎言, 「(野談)칼을 빼든 樵夫」, 『朝光』 4권5호, 1938.5.
車相瓚, 「東西妖婦奇話」, 『朝光』 4권6호, 1938.6.
申鼎言, 「(連作野談)金花八枝(1회)」, 『朝光』 4권6호, 1938.6.
車相瓚, 「東西妖婦奇話」, 『朝光』 4권7호, 1938.7.
金濯雲, 「(連作野談)金花八枝(2회)」, 『朝光』 4권7호, 1938.7.
庾秋岡, 「(連作野談)金花八枝(3회)」, 『朝光』 4권8호, 1938.7.

申鼎言,「(異人異蹟)武陵桃源」,『朝光』4권9호, 1938.9.
車相瓚,「生六臣傳」,『朝光』4권11호, 1938.11.
申鼎言,「(野談)空棺移葬」,『朝光』4권11호, 1938.11.
車相瓚,「生六臣傳」,『朝光』4권12호, 1938.12.
金濯雲,「(野談)聖代逸話」,『朝光』4권12호, 1938.12.
申鼎言,「(토끼傳說)토끼의 責任感」,『朝光』5권1호, 1939.1.
車相瓚,「生六臣傳」,『朝光』5권2호, 1939.2.
申鼎言,「(探偵野談)人烏相報」,『朝光』5권3호, 1939.3.
車相瓚,「(野談)處女의 魂」,『朝光』5권5호, 1949.5.
申鼎言,「(人情野談)處女壯士의 遺言」,『朝光』5권6호, 1939.6.
安自山,「내 시골의 怪談獵奇談」,『朝光』5권8호, 1939.8.
朴相羲,「野武「高麗村藏」의 由來」,『朝光』5권8호, 1939.8.
金東里,「(隨筆)두꺼비說話의 精神」,『朝光』5권11호, 1939.11.
申鼎言,「(野談)客反爲主」,『朝光』5권12호, 1939.12.
方鍾鉉,「龍字풀이」,『朝光』6권1호, 1940.1.
申鼎言,「(新年史話)龍夢大吉」,『朝光』6권1호, 1940.1.
申鼎言,「(野談)白雲靑山行」,『朝光』6권5호, 1940.5.
申鼎言,「仙妓末路—九仙峰下哀話一席」,『朝光』6권6호, 1940.6.
申鼎言,「月下追描」,『朝光』6권7호, 1940.7.
申鼎言,「歌妓哀話—風字淚」,『朝光』6권8호, 1940.8.
金華山人,「京城舊址와 遺話」,『朝光』6권9호, 1940.9.
申鼎言,「傳說과 京城」,『朝光』6권9호, 1940.9.
申鼎言,「(野話)烈妓情話」,『朝光』6권10호, 1940.10.
崔汝成,「(野話)눈뜬 장님」,『朝光』6권11호, 1940.11.
庾秋崗,「(野話)女丈夫」,『朝光』6권12호, 1940.12.
申鼎言,「(野談)白馬江賦」,『朝光』7권1호, 1941.1.
申鼎言,「奇怪한 訴狀」『朝光』7권3호, 1941.3.
吳祥根,「(野談)五月飛霜」,『朝光』7권4호, 1941.4.
吳有生,「도깨비의 歷史學」,『朝光』7권8호, 1941.8.
車相瓚,「호랑이 蚊帳淸話」,『朝光』7권8호, 1941.8.
田中初夫,「玉峰と蘭雪」,『朝光』7권9호, 1941.9.
望洋亭人,「(異人奇聞)許生傳」,『朝光』7권9호, 1941.9.
木春山人,「東洋名婦傳(1)」,『朝光』8권6호, 1942.6.

申鼎言, 「(增米野談)金波萬頃」, 『朝光』 8권6호, 1942.6.
申鼎言, 「(高麗의 軍國母性)李氏夫人의 嚴訓」, 『朝光』 8권7호, 1942.7.
金溺雲, 「(百濟의 軍國母性)千秋의 恨」, 『朝光』 8권7호, 1942.7.
吳相根, 「(新羅의 軍國母性)鴻毛其心」, 『朝光』 8권8호, 1942.8.
車相瓚, 「山岳의 傳說」, 『朝光』 8권8호, 1942.8.
木春山人, 「東洋名婦傳」, 『朝光』 8권11호, 1942.11.
高泳珪, 「義湘과 善妙」, 『朝光』 8월12호, 1942.12.
木春山人, 「東洋名婦傳」, 『朝光』 9권1호, 1943.1.
洪以燮, 「高麗蔡氏女와 馬八國王子」, 『朝光』 9권6호, 1943.6.
崔常壽, 「(修業傳說)普德窟의 觀音菩薩」, 『朝光』 9권11호.
李風伯, 「支那의 神話와 傳說」, 『朝光』 10권1호, 1944.1.
閔泳珪, 「才子佳人劇과 春香傳」, 『朝光』 10권1호, 1944.1.
桂鎔默, 「(野談)孝養坊의 哀話」, 『朝光』 10권3호, 1944.3.
張德祚, 「(野談)知遇之報」, 『朝光』 10권4호, 1944.4.
朴啓周, 「雪中梅의 奇智」, 『朝光』 10권6호, 1944.6.

앞의 17종 잡지 가운데 일본어로 기록된 것은 『조선』·『조선급만주』와 조선총독부의 『조선』 두 종이다. 이들 조선총독부 간행은 물론이거니와, 민간 종합잡지를 표방한 전자 역시 그 의도는 일본인에게 조선의 문물을 알리고 일본과 조선, 나아가 만주까지의 문화적 통합을 시도하는 데 있었다. 이마무라(今村鞆), 긴또(近藤時司), 이마니시(今西龍), 요시다(吉田雄次郎) 등 일본인 필자에 의한 우리나라 전설·민담의 소개 및 연구가 주를 이루지만, 이능화, 김태준 등 우리나라 필자의 일본어논문도 실려 있다.

아래 목록을 보면 알 수 있듯이, 이들 잡지의 특색은 우리 설화의 본격적 소개나 번역 뿐 아니라 역사적 사실에 대한 학문적 접근이 다른 잡지에 비해 두드러진다는 데에 있다. 이들 역사 논문들은 엄밀히 말해 설화의 채록이라고 보기 어렵지만, 대개 고대사를 대상으로 하면서 설화와의 접점을 지니는 것 또한 사실이다. 그 의도는 물론 '일한동원(日韓同源)'의 입증에 있다. 우리나라 설화를 그 자체만으로 보지 않고 여타 문화권의 비슷한 화소를 지닌 설화들과 연관지어 접근하려는 시도가 많은 것 역시 그 자체의 타당성 여부를 막론하고 그 의도는 맞닿아 있는 셈이다. 그러나 의도가 어떻든 간에, 또 일본어 표기라는 한계는 있지만, 이들 전문 학자들에 의해 우리 설화들이 유형화되어 채록·소개되었다는 점은 의미를 지닌다. 그 시기 또한 매우 앞선다는 점이 중요하다. 아래에 그 목록을 제시한다.

谷井濟一, 「百濟王腆支卽位の事情」, 『朝鮮』 1-2, 1908.4.
S. K. 生, 「朝鮮開國始末」, 『朝鮮』 1-3, 1908.5.
楢崎桂園, 「慕夏堂小傳(三百年前朝鮮に歸化せし日本人)」, 『朝鮮』 1-3, 1908.5.
松尾目池 譯, 「靑邱野談」, 『朝鮮』 1-3, 1908.5.
目池, 「朝鮮の俚諺 (一)」, 『朝鮮』 1-5, 1908.7.
目池, 「朝鮮の俚諺 (二)」, 『朝鮮』 1-6, 1908.8.
集成學人, 「朝鮮史に見わたる 壬辰役逸話」, 『朝鮮』 2-3, 1908.11.
井上圓了, 「新年の話」, 『朝鮮』 2-5, 1909.1.
如囚, 「野乘漫錄」, 『朝鮮』 3-5, 1909.7.
如囚生, 「野乘漫錄」, 『朝鮮』 3-6, 1909.8.
古谷淸, 「百濟琳聖太子と大內家の傳說に就て」, 『朝鮮』 37, 1911.3.
今西龍, 「羽衣の說話」, 『朝鮮及滿洲』 49, 1912.2.
今西龍, 「朝鮮と西藏の類似せる俗話(一)」, 『朝鮮及滿洲』 54, 1912.7.
今西龍, 「朝鮮と西藏との類似せる俗話(二)」, 『朝鮮及滿洲』 58, 1912.11.
淺見生, 「牛に關する朝鮮の昔噺と俚諺」, 『朝鮮及滿洲』 66, 1913.1.
淸家彩果, 「朝鮮征伐に關する朝鮮の伝說」, 『朝鮮及滿洲』 70, 1913.5.
中村鳥堂, 「赫居世神話は何を話るか」, 『朝鮮及滿洲』 77, 1913.12.
今村鞆, 「虎の迷信及ひ俗伝」, 『朝鮮及滿洲』 78, 1914.1.
松尾目池, 「朝鮮の俚諺に見ゆる虎と日本の俚諺」, 『朝鮮及滿洲』 78, 1914.1.
中村鳥堂, 「社會的硏究に負へる朝鮮神話」, 『朝鮮及滿洲』 80, 1914.3.

中村鳥堂,「三國遺事脫解傳と種々の問題(一)」,『朝鮮及滿洲』86, 1014.9.
中村鳥堂,「三國遺事脫解傳と種々の問題(二)」,『朝鮮及滿洲』87, 1914.10.
中村鳥堂,「三國遺事脫解傳と種々の問題(三)」,『朝鮮及滿洲』89, 1914.12.
中村鳥堂,「三國遺事脫解傳と種々の問題(四)」,『朝鮮及滿洲』92, 1915.3.
今村鞆,「朝鮮に於ける犬の傳說」,『朝鮮及滿洲』170, 1922.1.
稻葉岩吉,「朝鮮に於ける傳說及思想の解放に就いて」,『朝鮮及滿洲』189, 1923.7.
今村鞆,「鼠に就いて朝鮮の傳說童話鼠の結婚」,『朝鮮及滿洲』194, 1924.1.
濱口良光,「朝鮮童話の硏究」,『朝鮮及滿洲』211, 1925.6.
(本誌記者),「蛇と傳說」,『朝鮮及滿洲』254, 1929.1.
今村鞆,「朝鮮の傳說に現れた大蛇の話」,『朝鮮及滿洲』254, 1929.1.
今西龍,「贋作「金庾信平濟頌碑文」と夫餘」,『朝鮮及滿洲』259, 1929.6.
南窓學人,「夏の蟲と傳說」,『朝鮮及滿洲』261, 1929.8.
中村榮孝,「檀君朝鮮と李氏朝鮮」,『朝鮮及滿洲』301, 1932.12.
今村鞆,「朝鮮の野談を語る」,『朝鮮及滿洲』342, 1936.5.
今村鞆,「朝鮮の野談を語る(續)」,『朝鮮及滿洲』343, 1936.6.
慶雲莊主人,「朝鮮民間傳承說話(一)」,『朝鮮及滿洲』344, 1936.7.
近藤時司,「朝鮮の傳說と洪水」,『朝鮮及滿洲』345, 1936.8.
今村鞆,「歷史に現はれた朝鮮の牛」,『朝鮮及滿洲』350, 1937.1.
今村螺炎,「虎に關する朝鮮の傳說」,『朝鮮及滿洲』362, 1938.1.
朴興仁,「朝鮮の傳說」,『朝鮮及滿洲』369, 1938.8.
張承斗,「朝鮮古代神話と'父'の生理的意義」,『朝鮮及滿洲』372, 1938.11.
近藤時司,「瀧と傳說」,『朝鮮及滿洲』381, 1939.8.
村上進,「龍の話」,『朝鮮及滿洲』386, 1940.1.
卜波省三,「朝鮮に於ける羽衣の傳說」,『朝鮮及滿洲』394, 1940.9.
編輯學人,「天女の羽衣」,『朝鮮』, 1921.1.
大阪金太郞,「慶州の傳說 (1)」,『朝鮮』, 1921.3.
大阪金太郞,「慶州の傳說 (2)」,『朝鮮』, 1921.4.
大阪金太郞,「慶州の傳說 (3)」,『朝鮮』, 1921.5.
吉田雄次郞,「朝鮮の豚に關する傳說」,『朝鮮』100, 1923.7.
吉田雄次郞,「朝鮮に於ける鷄ニ關する迷信傳說」,『朝鮮』111, 1924.7.
無,「朝鮮の牛に關する迷信傳說」,『朝鮮』117, 1925.1.
無,「朝鮮の俗諺」,『朝鮮』123, 1925.8.

吉田雄次郎, 「龍」 『朝鮮』 152, 1928.1.
今村　鞆, 「朝鮮龍話」, 『朝鮮』 152, 1928.1.
吉田雄次郎, 「蛇の話」, 『朝鮮』 164, 1929.1.
李能和, 「朝鮮における神話的婚媾」, 『朝鮮』 168, 1929.5.
吉田雄次郎, 「樹木に關する信仰と傳說」, 『朝鮮』 195, 1931.8.
近藤時司, 「朝鮮神話傳說の特異性」, 『朝鮮』 201, 1932.2.
近藤時司, 「朝鮮傳說に現はれた支那の使節 」, 『朝鮮』 212, 1933.1.
吉田雄次郎, 「鷄の古事」, 『朝鮮』 212, 1933.1.
今村螺炎, 「鷄と人蔘を組合せた傳說と其批判」, 『朝鮮』 237, 1935.2.
金台俊, 「小說, 傳說等に現はれたる朝鮮の婦女」, 『朝鮮』 256, 1936.10.
近東時司, 「朝鮮の旅と傳說」, 『朝鮮』 267, 1937.8.
眞木琳, 「朝鮮の說話-虎の話-」, 『朝鮮』 272, 1938.1.
今村　鞆, 「虎に關する古文獻拔萃」, 『朝鮮』 272, 1938.1.
眞木琳, 「續朝鮮の說話-武勇談-」, 『朝鮮』 275, 1938.4.
眞木琳, 「續朝鮮の傳說-童話-」, 『朝鮮』 279, 1938.8.
近藤時司, 「朝鮮の科學と傳說」, 『朝鮮』 282, 1938.11.
張承斗, 「檀君朝鮮の民俗學的考察」, 『朝鮮』 283, 1938.12.
張承斗, 「朱蒙傳說の民俗學的考察」, 『朝鮮』 286, 1939.3.
岸謙, 「燈火に因む怪奇談(朝鮮燈火史話七)」, 『朝鮮』 326, 1942.7.

나머지 잡지는 모두 국한문혼용체의 한글로 기록되어 있는데, 그 가운데 『우리집』은 순한글로 표기되었다. 이는 이 잡지가 주로 가정, 그것도 아동들을 위해 기획되었다는 점과 관련된다. 수록된 이야기 또한 쉽게 읽히도록 개작되어 있다. 기존 문헌설화와의 관련 고리를 찾기 어려울 정도로 변형되어 있고, 일부는 실제 구전에 의한 것으로 보이기도 하다. 표기언어와 문체에서 가독성을 최대화했다는 점에서 대중성을 중시한 셈이다. 다만 내용은 흥미 위주의 통속성으로 흐르지 않고 어느 정도의 교훈성을 담보하고자 했다.

『청년』 역시 대상을 청소년으로 한정하고 쉬운 문체와 표기수단으로 접근하고자 했다는 점에서 맥락을 함께 한다. 설화라기보다는 기존의 역사서에서 취해온 사화(史話)에 해당하는 것이 대부분이기는 하지만, 비교적 이른 시기부터 '동화(童話)', '고담(古談)', '단편(短篇)'이라는 머릿글로 장기 연재를 시작했다는 점에서 주목할 만하다. 역시 통속적인 내용이라기보다 교훈을 줄 수 있는 인물 기사 위주로 구성되었다. 이와 비슷한 성향으로 중앙고등보통학교에서 낸 『계우』를 들 수 있다.

서은숙, 「할머니 저고리」, 『우리집』 6호, 1933.3.
장정의, 「해와 달의 이야기」, 『우리집』 15호, 1936.4.
무명씨, 「고깜이 죽을 약인가?」, 『우리집』 15호, 1936.4.
장정의, 「당년화와 삼천석」, 『우리집』 17호, 1936.9.
무명씨, 「개가 식힌 시아버지」, 『우리집』 17호, 1936.9.
장정의, 「한 시은의 효성」, 『우리집』 18호, 1936.12.
학녕, 「은인에게 은혜 갚다」, 『우리집』 18호, 1936.12.
止齋, 「朝鮮古代童話: 사룸이쇼가됨」, 『青年』 1권7호, 1921.10.
止齋, 「죠션고대의니야기: 금강산에셔아름다온인연을매즘」, 『青年』 1권9호, 1921.12.
止齋, 「단편소셜(短篇古談): 림장군이산즁호걸을맛남」, 『青年』 2권3호.
止齋, 「短篇古談: 鬼神의名簿를點考홈」, 『青年』 2권4호, 1922.4.
人寺, 「短篇小說: 리쟝곤이류긔쟝의ᄉ위가됨」, 『青年』 2권5호, 1922.5.
止齋, 「短篇古談 심부인의투긔와그의호긔」, 『青年』 2권7호, 1922.7.
金瑗根, 「奇事」, 『青年』 5권10호, 1925.10.
金瑗根, 「檀君」, 『青年』 6권5호, 1926.5.
金瑗根, 「短篇小說: 柳氏가虎口에셔命을救援함」, 『青年』 6권6호, 1926.8.
金瑗根, 「短篇古說: 趙郎과崔氏」, 『青年』 6권8호, 1926.10.
朴裕秉, 「방아못(傳說)」, 『青年』 7권8호, 1927.10.
止齋, 「龍의說」, 『青年』 8권1호, 1928.1.
止齋, 「龍의說(二)」, 『青年』 8권5호, 1928.6.
止齋, 「龍의說(三)」, 『青年』 8권6호, 1928.7.
止齋, 「龍의說(四)」, 『青年』 8권7호, 1928.9.

止齋, 「龍의說(五)」, 『青年』 8권8호, 1928.11.
止齋, 「龍女의戀愛」, 『青年』 8권9호, 1928.12.
成純永, 「金壯士의이야기」, 『青年』 11권2호, 1931.2.
金瑗根, 「短篇: 提督官이櫃속에서나옴 一」, 『青年』 12권6호, 1932.6.
金瑗根, 「短篇: 提督官이櫃속에서나옴 二」, 『青年』 12권7호, 1932.7.
金瑗根, 「短篇: 提督官이櫃속에서나옴 三」, 『青年』 12권8호, 1932.8.
金瑗根, 「花潭先生과눈뜬소경」, 『青年』 15권1호, 1935.4.
金瑗根, 「花潭先生과눈뜬소경(二)」, 『青年』 15권2호, 1935.5.
金瑗根, 「道士田禹治의奇術異事(一)」, 『青年』 15권3호, 1935.6.
金瑗根, 「道士田禹治의奇術異事(二)」, 『青年』 15권4호, 1935.6.
金瑗根, 「道士田禹治의奇術異事(三)」, 『青年』 15권5호, 1935.6.
金瑗根, 「道士田禹治의奇術異事(完)」, 『青年』 15권6호, 1935.6.
金瑗根, 「金銀愛女士의貞烈」, 『青年』 15권9호, 1935.12.
金瑗根, 「短篇小說: 李進士와禁衛軍」, 『青年』 16권3호, 1936.3.
金瑗根, 「短篇小說: 李進士와禁衛軍(二)」, 『青年』 16권4호, 1936.4.
金瑗根, 「朝鮮의公娼: 星山月」, 『青年』 16권6호, 1936.6.
金瑗根, 「野談: 호랑이중매와劉克良의母親」, 『青年』 18권2호, 1938.2.
金瑗根, 「野談: 호랑이중매와劉克良의母親(二)」, 『青年』 1집, 1938.8.
武田憲雄, 「故事俚諺に現れた猿に就て」, 『계우』 11호, 1932.3.
方正烈, 「金庾信과三神女 - 敵情을살피러-」, 『계우』 12호, 1932.7.
黃浩性, 「少年'朱蒙'」, 『계우』 14호, 1934.7.
高在國, 「童話概論」, 『계우』 14호, 1934.7.
韓忠楨, 「十二月諸談」, 『계우』 14호, 1934.7.

그 밖에 문예지 및 대중종합지에 해당하는 『별건곤』, 『신시대』, 『동광』, 『신동아』, 『월간매신』, 『동명』, 『신여성』, 『시사평론』, 『개벽』, 『삼천리』 등은 대체로 그 표기 수단 및 문체나 수록 성향 등에서 대동소이하다.

다만 그 가운데 『별건곤』이나 『동광』의 경우 대중성을 위한 각색이 두드러진다. 「신부 밧귀인 소설가튼 사실담」(『별건곤』), 「부귀냐? 사랑이냐? (도미부인의 정조)」(『동광』) 등의 제목에서부터 당대인들의 구미에 맞추고자 한 저널리즘적 색채가 농후하다. 『월간야담』 등이 출간되기 이전인 1920년대 말~1930년대 초에 이미 '건전하고 흥미로운' 통속적 독서물로서의 문헌설화를 기획한 셈이다. 이는 그 외에 언급하지 않은 여러 잡지들에서 잡지의 성격과는 무관하게 그야말로 쉬어가는 코너로서 소화(笑話)를 싣는 풍조와 맥을 같이 하는 것이기도 하다. 일제강점기 들어 설화가 대중 계몽의 수단과 흥미로운 독서물로서의 양면성을 지니며 어쨌든 활발하게 향유된 단면을 보여주는 것이다. 『별건곤』과 『동광』의 설화 관련 목록을 제시한다. 나머지 잡지들의 목록을 포함한 전체 목록집은 별도로 준비 중에 있다.

茄子峰人, 「仁祖大王을 업고 다러나는 負商의 鼻祖 白兎山」, 『별건곤』 2-1, 1927.1.

김동환, 「八道傳說巡禮(其一)꼿가튼 娘子와 高僧의 哀-戀悲史」, 『별건곤』 2-6, 1927.8.

李敦化, 「戰史上의 最大痛快 薩水大合戰의 奇話」, 『별건곤』 2-6, 1927.8.

김동환, 「八道朝鮮巡禮(其二)海女와 勇士의 夫婦巖」, 『별건곤』 2-7, 1927.11.

車相瓚, 「독기 政丞 元斗杓 逐鬼, 破獄殺人, 宮門破碎, 放火」, 『별건곤』 2-8, 1927.12.

朴達成, 「孫義菴의 三大快事」, 『별건곤』 2-8, 1927.12.

金東煥, 「八道朝鮮巡禮(其三)香娘과 메나리 꼿노래 」, 『별건곤』 2-8, 1927.12.

翠雲亭人, 「世外世人外人 奇人奇事錄-逐虎,弄龍造化無雙 東方理學者 徐花潭」, 『별건곤』 3-1, 1928.1.

竹西禪人, 「世外世人外人 奇人奇事錄-壬亂을 前知, 死日을 自測 近代 豫言家 南師古」, 『별건곤』 3-1, 1928.1.

樓下洞人, 「世外世人外人 奇人奇事錄-浩蕩放達, 世俗을 超脫 俠士的文豪 林白湖」, 『별건곤』 3-1, 1928.1.

鵝城野人,「世外世人外人 奇人奇事錄-瓢子 한 개로 大洋을 平地갓치 航行 稀世代術家 李土亭」, 『별건곤』 3-1, 1928.1.

楓岳浪人,「世外世人外人 奇人奇事錄-諧謔諷刺로 一生을 放浪 不遇詩人 金삿갓」, 『별건곤』 3-1, 1928.1.

孫晉泰,「세계에 比가 업는 개암이 傳說」,『별건곤』 3-2, 1928.5.

洪思容(露雀),「둘도 업는 보물 特色잇는 藝術 조선은 메나리 나라」, 『별건곤』 3-2, 1928.5.

曉山,「東西無比 朝鮮人情美談集-孝烈美談牙山街上의一死體」,『별건곤』 3-2, 1928.5.

夜雷,「東西無比 朝鮮人情美談集-남편을 위하야 호랑이 잡고 殉死한 山中佳人」, 『별건곤』 3-2, 1928.5.

鄭秀日,「東西無比 朝鮮人情美談集-閨中處女로 郎子의 生命을 救護 보싸홈의 奇緣」, 『별건곤』 3-2, 1928.5.

李晟煥,「東西無比 朝鮮人情美談集-盜賊의 火焰에 一時燒死約婚男女의 最後」, 『별건곤』 3-2, 1928.5.

崔獨鵑,「東西無比 朝鮮人情美談集-新婦 밧귀인 小說가튼 事實談朝 鮮은 人情의 나라」, 『별건곤』 3-2, 1928.5.

金小春,「東西無比 朝鮮人情美談集-萬古貞女薛氏夫人」,『별건곤』 3-2, 1928.5.

春坡,「東西無比 朝鮮人情美談集-化被北胡의 朴寡婦」,『별건곤』 3-2, 1928.5.

金東煥,「八道傳說巡禮(其四)泗泌水까의 公主와 武士」,『별건곤』 3-4, 1928.7.

盤松雀,「天下怪談상사뱀이약이」,『별건곤』 4-1, 1929.1.

윤백남,「神出鬼沒 奇談篇>壬辰亂時의 痛快奇談 騎牛老翁」,『별건곤』 4-5, 1929.8.

壽春山人,「神出鬼沒 奇談篇 復讐奇談, 報恩奇談 片戀處女의 魂-奇談 其二-」, 『별건곤』 4-5, 1929.8.

鶴步生,「大諷刺大諧謔家朝鮮近世大名人鄭壽銅」,『별건곤』 4-5, 1929.8.

車相讚,「羅末怪傑 泰封王 弓裔 秘史」,『별건곤』 5-5, 1930.6.

「史上挿話>萬古 義婦 尹夫人」,『별건곤』 8-2, 1933.2.

靑吾,「送郎謠와 最卿-民謠에 숨겨진 斷腸 哀話」,『별건곤』 8-2, 1933.2.

壽春山人,「4000年史外史-歷代王妃公主篇」,『별건곤』9-1, 1934.1.
壽春山人,「4000年史外史-泰封王 弓裔 秘史」,『별건곤』9-2, 1934.2.
壽春山人,「4000年史外史-仁祖反正亂時秘話-反正亂中三大女傑」,『별건곤』9-3, 1934.3.
李光洙 譯,「동명성왕건국긔(三國史記高句麗本紀에서)」,『東光』2호, 1926.6.
李允宰,「女傑天娘-李适亂中 鄭忠信 幕佐의 唯一人-」,『東光』4호, 1926.8.
「친구」,『東光』4호, 1926.8.
「歷史의 傳說-토시ㅣ의 간」,『東光』9호, 1927.1.
李殷相,「俚諺의 意義와 밋 그 形式에 關하여-朝鮮 俚諺의 研究-」,『東光』10호, 1927.2.
金泰午,「童話 실뽑는 색씨 」,『東光』10호, 1927.2.
「염소의 회갑 연회」,『東光』11호, 1927.3.
「(少年史話)지은의 효성」,『東光』11호, 1927.3.
李能和,「古朝鮮檀君」,『東光』12호, 1927.4.
「童話 침선몽(針線夢)」,『東光』12호, 1927.4.
李殷相,「特殊 俚諺과 共通 俚諺-朝鮮 俚諺 研究-」,『東光』13호, 1927.5.
金泰午,「겁쟁이 토끼」,『東光』13호, 1927.5.
尹白南,「(奇談)難得有心郎」,『東光』17호, 1931.1.
한결,「神童의 이름높은 東峯金時習」,『東光』25호, 1931.9.
한결 譯,「(金鰲新話奇談)李生과 崔娘」,『東光』25호, 1931.9.
尹白南,「(綺談)倩娘」,『東光』36호, 1932.8.
金允經,「(史話)富貴냐?사랑이냐?(都彌夫人의 貞操)」,『東光』36호, 1932.8.
金允經,「(古今人物巡禮記)유모리스트 白沙李恒福」,『東光』37호 1932.9.
김윤경,「(朝鮮의 유모리스트)鰲城李恒福과 漢陰李德馨」,『東光』38호, 1932.10.
金允經,「(朝鮮의 유모리스트)'오성'과 '한음'의 最後」,『東光』40호, 1932.12..

Ⅳ. 결 론

이상 일제강점기 대중잡지에 수록된 설화 관련 자료를 중심으로 설화 채록의 전통과 그 변모 양상의 일단을 고찰하였다. 서론에서 전제하였듯이, 본 발표는 일정한 태생적 한계를 지닌다. 대중잡지에 수록된 설화라는 것이 구전설화의 채록으로 이루어진 경우는 거의 없고 대개 문헌설화를 선택·변개하여 소개하는 것이라는 점에서 그러하다.

다만 이제까지 근대 설화 및 야담의 변모와 관련하여 손진태, 임석재 등의 연구성과와 『월간야담』, 『야담』 등의 잡지가 일부 주목되었을 뿐, 그 외의 대중잡지에 산견되는 설화 관련 자료들의 실상이 제대로 파악되지 못하고 있다. 본 발표는 이 점에 착안하여 기획되었다. 그리고 전근대 설화 채록의 전통을 일별하면서 세 가지 문제, 즉 문헌설화 상호간의 직접적 영향 관계, 통속성의 문제, 구전 언어와 표기 문자의 상이성 등을 제기하였고, 이를 초점으로 삼아 대중잡지의 설화 관련 자료들이 지니는 성향을 대략적으로나마 가늠해 보았다.

이 시기 각종 잡지에서 매우 많은 지면을 설화의 소개에 할당하고 있음을 확인하기는 어렵지 않다. 그러나 그 가운데에는 설화라기보다 역사 기록의 한 장면을 따온 사화(史話)에 해당하는 것이 많은 것이 사실이고, 설화라 하더라도 전근대의 문헌설화를 전재(轉載) 내지 변개(變改)한 정도에 불과한 것이 대부분이다.

그럼에도 불구하고 이 시기 대중잡지의 설화 채록이 의미를 지닌다면, 무엇보다도 이전 시기까지 극소수의 한글 번역본을 제외하고는 주로 한문으로 기록되어온 설화들이 이 시기에는 현토체, 국한문혼용체, 순한글체 등 기본적으로 한글로 기록되었다는 점을 들 수 있다. 이는 구전(口傳)을 기본으로 하는 설화로서는 매우 의미 있는 변화가 아닐 수 없다. 그런 가운데 강담사의 구연을 통한 야담집회가 열리고 야담전문잡지까지 성황리에 발간, 판매되는 등의 양상이 포착된다는 점은 구전과 문헌전승의 교섭이 보다 활발해질 수 있는 여건이 마련되었다는 면에서 주목된다.

대중성이 강화되는 현상 역시 이와 연관된다. 대중잡지를 통해 많은 사람이 설화를 접할 수 있게 된 상황은 계몽의 수단과 통속적 재미의 추구라는 양면성을 지닌다. 잡지별로 어느 한쪽이 보다 강조되는 성향을 띠기도 하지만, 1930년대 중반으로 넘어가면서 대체로 후자, 즉 통속적 재미의 측면으로 흐르는 경향을 보인다. 이는 설화 자체의 변용을 넘어서서 근대의 상업적 독서물로서 기능하게 되는 것으로 해석이 가능할 것이다.

본 발표는 이러한 의미들을 그 현상의 원인에 이르기까지 치밀하게 고찰하는 데에 이르지 못했다. 본 발표가 그나마 의미를 지닌다면 각 잡지별로 설화 관련 자료를 총망라하여 제시함으로써 이후 연구의 자료를 제공하였다는 점이 아닐까 한다. 그 자료의 해석 단계로 나아가기 위해서는 개별 잡지 혹은 개별 설화를 놓고 구체적 변모 양상을 따져 들어가는 작업이 필요할 것이다.

또한 이제까지 매우 드물게, 그것도 주로 현대문학 연구의 관점에서 다루어진 이 시기 설화 내지 야담문학의 전통을 전근대 시기와 연속선상에서 조명하는 시도가 있어야 할 것으로 안다. 여타의 문학이 개화기와 일제강점기를 거치며 거의 단절에 가까운 변화를 겪은 것에 비해 설화야말로 가장 전근대적인 내용과 양식을 활발하게 계승하면서 연속선상의 변화를 이룬 것으로 보이기 때문이다.

그런 면에서 근대문학의 예리한 이론가이자 선도적 창작자였던 김동인이 1930년대 중반 들어서 『야담』의 주간이 되었던 사실은 의미심장하다. 이를 복고적 퇴영이라고 본다면 그 원인이 무엇인지, 그렇지 않다면 어떤 의미를 지니는 것인지를 찬찬히 따져볼 일이다. 이는 우리 문화전통의 지속과 변용에 대한 탐색이라는 거시적 주제와도 아주 멀리 떨어진 것은 아닐 것이다.

도깨비에 대한 인식 변화 연구
- 일제강점기 잡지의 도깨비이야기를 중심으로 -

권 동 순*

Ⅰ. 머리말

본고에서는 일제강점기 잡지에 수록된 도깨비이야기를 소개하고, 또 도깨비의 상징성이 근대화 과정에서 어떻게 지속되고 변용되었는지 고찰하고자 한다.[1)]

보통 우리의 민간신앙이라 하면 무속에서 볼 수 있는 무당이

* 단국대학교 동양학연구소.

1) 개화기에서 일제강점기까지 발간된 잡지에서 민간신앙과 구비문학 관련 기사를 뽑아 자료집을 내는 과정에서, 잡지에 수록된 기담, 설화, 괴담 중 귀신, 원귀, 도깨비, 동물 관련 이야기를 수집하였다. 본고에서는 그 중에서 도깨비이야기만 고찰하고 나머지는 다음 기회로 미루기로 한다.

나 굿, 또는 신굿에 등장하는 신이나 악귀를 연상할 수 있지만, 문헌에 기록된 전설이나 설화 속에 등장하는 귀신이나 원귀, 도깨비 등도 넓은 의미에서 민간신앙의 범주에 넣을 수 있다고 본다. 왜냐하면, 귀신이나 도깨비 또는 동물이 상징하는 이미지는 모든 사람이 직접 볼 수 있는 대상은 아니지만, 옛날 이야기책과 같은 문헌을 읽거나 그 비슷한 이야기를 주변에서 전해 들음으로써 잠재적인 의식 속에 사람이 죽어 귀신이나 원귀가 되고 도깨비가 있다고 믿으며, 그 귀신이나 원귀, 도깨비와 동물의 상징성이 세대를 통해 전해 내려오기 때문이다.

단, 무속신앙에서 취급되는 도깨비의 상징성을 배제하고, 잡지에서 수집한 흥미 위주의 이야기만 가지고 근대시기의 민간신앙을 고찰하는 것은 반쪽짜리 연구에 지나지 않는다고도 볼 수 있다. 그러나 이야기와 신앙이 본질적으로 하나라고 본다[2)]면 이야기를 통해 민간신앙의 지속과 변화의 한 일면을 고찰하는 것도 의미가 있을 것이라고 생각된다.

Ⅱ. 연구대상 잡지에 대하여

일제강점기에 발행된 잡지는 시와 소설 같은 근대 문학 뿐만 아니라 우리의 민요, 야담, 기담, 전설 등을 많이 수록하여 일반 독자들에게 우리의 전통문화를 보급하는데 역점을 두었다. 따라서 잡지의 기담(奇談)내용이 독자들의 의식세계에도 많은 영향을

2) 김종대, 「도깨비를 대상으로 한 민담과 민간신앙의 한 고찰」 아세아설화학회 제9회 한중일설화 심포지움 요지집, 2006, 242면.

미쳤을 것으로 생각된다.

본고에서 연구대상으로 한 잡지는 개화기에서 일제강점기까지 조선에서 한국어로 출판된 잡지이다. 일본어로 출판된 잡지 『傳說』, 『旅と伝說』, 『朝鮮』, 『朝鮮及滿洲』, 조선총독부에서 발간된 『朝鮮』 등에도 조선의 설화나 전설을 소재로 하는 기사가 수록되어 있다. 그러나 이들 일본어 잡지에 게재된 조선의 설화는 학문적 연구대상이거나, 조선의 설화를 단순히 일본인에게 소개하는 데 그치므로 그 변화상을 알 수 없고 조선의 대중에게 영향을 미쳤다고 할 수 없으므로 연구대상에서 제외했다. 따라서 본고에서는 한국어로 출판되어 일본인이 아닌 조선의 일반 대중에게 널리 읽힌 잡지 속에 이야기형식으로 된 것만 연구대상으로 했다.

기담이나 逸話, 설화 등이 잡지에 본격적으로 수록되기 시작한 것은 1920년대부터이다. 예를 들어 잡지 『時事評論』에서는 19세기 중기의 야담집 『靑邱野談』에 빗대어 「靑邱逸話」라는 제목으로 1922년 4월부터 1923년 9월까지 9호에 걸쳐 연재하고 있다. 1920년대부터 1940년대 초까지의 각종 잡지에 기담, 사화, 전설, 설화가 기사화되었다. 그러나 1942년 이후 일본이 군국주의 색채를 띠면서 출판물에 대한 감독이 엄격해져 대부분의 잡지가 폐간되거나, 조선인에게 황국군인으로 자원하기를 독려하는 기사 내용이 잡지 지면의 대부분을 차지하게 되었다. 따라서 사화(史話)를 중심으로 전쟁영웅을 낳아 기른 어머니, 즉 군국모(君國母)이야기가 수록되는 등 순수한 의미의 설화관련 이야기는 사라졌다.

그리고 흥미를 본위로 하는 잡지의 성격상 역사적 인물을 다룬 이야기는 김동인, 채만식 등과 같은 소설가에 의해 다시 창작되어 소설화되고, 야담, 기담, 설화, 전설 등은 주로 차상찬(車相瓚), 신정언(申鼎言), 김탁운(金濯雲), 유추강(庾秋岡) 등에 의해 쓰여졌다.

일제강점기에 왕성하게 기담, 야담을 주로 쓰는 상기 언급한 작가들은 동일한 내용의 설화를 복수의 잡지에 싣기도 하는데, 각 잡지의 허용지면에 따라 소설의 형식으로 기존 설화에 다른 요소를 첨가하거나 변형시키기도 하고, 간단한 이야기 형식으로 쓰기도 한다. 잡지의 특집으로 마련된 좌담회의 형식을 빌어 작가들이 모여 옛 문헌 소재의 이야기와 실제로 들은 현실의 도깨비 이야기도 허심탄회하게 서술하기도 하는데, 귀신이나 도깨비에 관한 인식 변화의 일면을 엿볼 수 있다.

Ⅲ. 본 론

도깨비를 근대시기의 잡지에서는 '도깨비', '독갑이(獨甲伊)', '독가비' 등으로 표현되고 있는데, 「도깨비의 역사학」[3]에서 작가 吳有生은 조선의 도깨비에 대하여 다음과 같이 말하고 있다.

「그런데 조선의 전해 오는 이야기란 백의 거의 아흔아홉이 호랑이 이야기나 도깨비이야기 아닌가. (중략) 조선에는 도깨비 외에 다른 귀신이 별로 없고 오즉 앙괭이니 두억신이니 하는 몇 가지의 다른 귀신이 있어서 그다지 대단치는 못하다. (중략) 그런데 귀신이란 말을 널리 쓰면 도깨비도 귀신의 하나라고 보겠지만 보통말로 생각하면 도깨비와 귀신은 판이 다른 물건이다. 웨 그런고 한즉 귀신은 대체로 보아서 창귀(倀鬼), 원귀(寃鬼) 물귀신 등과 가치 사람의 죽은 넉슬 이르는 것인데 도깨비는 결코 그런 넉시 아니다. 물논 도깨비가

3) 吳有生, 「도깨비의 역사학」, 『朝光』 7권8호, 1941. 8. 204~210면.

언젯적에 무엇으로부터 생기었는지 그것은 똑똑치 못 하지마는 귀신과 같이 그렇게 까지 음산스럽거나 괴악지 안한 것만은 사실이다」(204~205면)[4)]

작가는 본론으로 들어가기 전에 조선시대 도깨비이야기가 많았고, 도깨비는 사람이 죽어서 된 음산하거나 괴악한 귀신과는 성격이 다름을 강조하고 있다.

도깨비의 역사를 알 수 있는 문헌설화로 『삼국유사』의 '도화낭과 비형' 이야기를 들었는데, 삼국유사 이후의 문헌으로 조선초기의 『용재총화』(2편)『청파극담』(1편), 그리고 조선중기와 후기의 대표적인 야담집인 『어우야담』과 『청구야담』(2편)을 들고 있다.

그리고 작가 오유생(吳有生)은 구전되는 도깨비이야기에 대하여 다음과 같이 서술하고 있는데, 문헌에 소개되는 도깨비이야기는 실제로 구전되는 도깨비이야기에 비하여 분량이 많지 않고, 도깨비의 성격도 다양하게 나타나지 않음을 알 수 있다.

「어려서 우리 젓엄마게 드른 도깨비이야기는 실상 이런 이야기보담 몇곱 더 재미있건만 (중략)도깨비란 좀 새럽고 작난을 좋아해 그렇지 사귀어만 놓으면 부자도 되고 공명도 하게 되고 귀동자도 났는다는 것이다. 도깨비는 대접을 잘 해야 하는데 그 대접이란 것은 무엇보다도 시루떡이 제일이라는 것이다.」(210면.)

이상과 같은 정보에 의존하여 잡지에 실린 도깨비이야기를 문헌과 구전된 것을 따로 구분하여 옛 설화문헌에 나오는 기담을

---

4) 도깨비와 귀신의 구별에 대해서는 여러 가지 의견이 있는 것 같다. 그러나 본고에서는 단순하게 귀신은 사람이 죽어서 남은 혼령으로 된 것으로, 도깨비는 그 외 동식물이나 어떤 사물의 요정, 요괴로 분류하기로 한다.

그대로 잡지에 수록한 것, 기존 문헌에 수록된 이야기를 각색하거나 다른 요소를 첨가하여 재구성한 것, 작가들이 주변에서 실제로 들은 이야기로 구분하여 정리함으로써 도깨비이야기가 어떻게 지속되고 변용되었는지 살펴보도록 하겠다.

마지막으로, 근대시기 작가들이 도깨비에 대하여 어떠한 인식을 가지고 있었는지 고찰해 봄으로써 근대 일반인의 도깨비에 대한 인식을 엿보기로 한다.

1. 문헌설화에 나오는 도깨비 이야기

잡지에 소개된 도깨비 이야기 중에 문헌설화 소재의 이야기는 다음과 같은데, 줄거리만 간단히 소개된 것도 있지만, 다른 요소를 첨가하여 재구성하지 않고 소개하고 있다.

① 「怪美人桃花郎의 戀語-鬼橋와 吉達門의 異蹟-」, 靑吾, 『新女性』 4권4호, 1926.4.[5)]
② 「鬼神의 名簿를 點呼을 함」, 止齋, 『靑年』 2권4호, 1922.4.
③ 용재총화 소재의 이야기 2편(「도깨비의 역사학」, 吳有生, 『朝光』 7권8호, 1941.8.
④ 청구야담 소재의 이야기 2편(「도깨비의 역사학」, 吳有生, 『朝光』 7권8호, 1941.8.

①의 신라의 도화낭 이야기는 삼국유사에 수록되어 있는데 그 아들 비형관련 이야기는 우리나라 최초의 도깨비 이야기로도 알려져 있다. 또 이 설화는 귀교(鬼橋)와 길달문(吉達門), 벽귀(辟

5) 작가 靑吾는 車相瓚의 별명인데, 같은 내용의 이야기를 잡지 『朝光』 2권3호(1936.4)에 「眞智王을 魔殺한 新羅美人桃花郎」이라는 제목으로 싣고 있다.

鬼) 관련설화로도 유명하며, 비형이 신통력이 있어서 도깨비를 부리고 관리한다는 내용이다. 삼국유사 소재의 유명한 설화이므로 잡지에 수록할 때 등장인물의 마음을 묘사하여 첨가하는 일은 있어도 다른 요소를 더 첨가하여 내용을 재구성하지는 않았다.

②의 한준겸 관련설화의 내용을 정리하면 다음과 같다. 이 설화는 조선중기 문헌 『천예록』과 19세기말 문헌 『계압만록』에 실려 있다고 하는데,[6] 내용을 재구성하지 않고 실었다.

> 「한준겸의 먼 친척 중에 가난하고 무식한 사람이 섣달그믐에 한상공을 찾아왔다가 돌아가기를 청하니 한상공이 설을 세고 가라고 만류한다. 그런데, 이 친척이 이상한 술법을 배워 정월초하루 귀신의 이름을 불러 점호해야 한다고 한다. 귀신의 이름을 점호할 때 지각한 귀신이 둘 있었는데, 하나는 영남 아무개의 집에 들어가 마마를 시키려다가, 다른 하나는 경기도 어떤 고을 아무개의 집에서 역질을 시키려다가 늦어 담장을 넘게 되었다고 한다. 인간에게 나쁜 짓을 한 귀신에게 매를 쳐서 벌을 주었다.」

도깨비가 나쁜 일을 하지 않도록 인간이 명부를 만들어 관리 감독한다는 내용이다. 결국 예 ①과 ②는 모두 인간에게 나쁜 짓을 하는 성격을 지니는 도깨비를 인간이 관리하고 부린다는 내용을 공통적으로 가지고 있다.

예 ③의 두 편의 이야기 중 한편은 성질도 강직하고 귀신을 잘 보는 사람은 도깨비가 피해가고 다른 한편은 안부윤이라는 사람이 어릴 적에 도깨비불을 만나 희롱당한 경험을 이야기하고 있다. 이상, 두 편의 이야기에서 도깨비는 고목이나 숲속에서 나타나는 도깨비불, 도깨비소리, 나무에 기댄 갓을 쓴 괴물, 대나무 숲속에서 여자의 모습으로 인간에게 나타나 인간을 놀라게 하는

6) 김현룡, 『한국문헌설화5』, 건국대학교출판부, 2000, 197~200면.

성격으로 그려지고 있다.

예 ④의 두 편의 이야기 중 한편은 문경관이라 자칭하는 도깨비가 가난한 심씨 집안에 들어와 밥과 떡과 돈을 요구하며 못살게 한다는 내용이다. 다른 한편에서는 몸집이 큰 남자 도깨비가 색시를 희롱하다 색시의 시당숙에게 구슬을 빼앗기게 되는 내용인데, 다음 3-2의 예 ⑤와 관련이 있으므로 다음 장에서 구체적으로 논하기로 한다.

이상 잡지에 소개된 문헌 소재의 이야기를 통하여 도깨비의 성격을 정리하면, 도깨비는 사람들에게 다양한 모습으로 나타나 역병을 전염시키기도 하고 사람들 앞에 불시에 나타나 깜짝 놀래키기도 하고 괴롭히는 존재이지만, 담대한 사람을 만나면 기를 펴지 못하거나 인간에게 관리되기도 하는 성격을 보여주고 있다.

2. 기존 설화의 내용에 다른 요소를 첨가하여 재구성한 도깨비 이야기

작가가 원래의 설화에 다른 요소들을 첨가하여 재구성한 도깨비이야기를 소개하기로 한다.

⑤「(怪談)붉은 구실(구슬)」, 申鼎言,『朝光』2권10호, 1936.10, 188~203면

이 이야기는「도깨비의 역사학」에서 작가 오유생이『靑邱野談』소재의 설화[7]로도 소개하고 있는데,「붉은 구실」보다 내용이 간략하므로 소개하면 다음과 같다.

7) 최웅,『주해 청구야담Ⅲ』, 국학자료원, 1996.8, 216~217면에서도 내용을 확인하였음.

「횡성읍에 한 색씨가 시집을 갔겠다. 대낮에 어디서 들어 왔는데 커다란 사내 하나가 나서서는 덤벼든다는 말이다. 피하다 못하여 하는 데로 내버려 두었겠다. 그 뒤는 나지나 밤이나 남편이 있거나 시부모가 있거나 그 사내가 들어오는데 그 색씨는 보아도 딴 사람은 보지를 못한단 말이다. 그 색씨의 시당숙되는 사람이 좀 담대한 사람이라 실꾸리의 한 끗을 바늘에 꾀여서 그 사내의 등에 꼬지라고 일르고 그 다음 그 실꾸리가 풀리어 나간데를 찾아 갔거든. 뒤뜰를 지나 산으로 올라, 숲속으로 들어 가, 땅속에 파묻친 것을 꽤내본즉 커다란 절구공이 토막에 바늘이 꼬치었는데 그 절구공이 우에는 발간 구슬이 반짝이고 있단 말이지 절구공이는 불에 살르고 구슬만 떼어서 주머니ㅅ속에 넣었겠다. 하루ㅅ밤은 혼자 누웠자니까 창밖에서 구슬을 달라고 청하는데 못 준다고 하였더니 나종에는 그럼 구슬과 바꾸기나 하자고 창ㅅ틈으로 깜안 구슬을 드려 보내는데 그 구슬까지 고만 집어 넣고 안 주었겠다. 그 이후 흔히 그 사람은 친구들에게 도깨비구슬을 보라고 자랑도 하였으나, 실상 무엇에 쓰는 구슬인지는 종시 모르고 말았던 말이다. 그랬다가 어느날 술이 취해서 길ㅅ가에 씨러저 밤을 새고 돌아 왔는데 고만 주머니ㅅ속의 그 구슬이 한 개도 보이지 않다는 말이다.」

김현룡은 이 이야기가 '남성 성기 상징인 방아공이(절구공이)를 이용해 성적 상상력을 자극하는 내용으로 구성한 점이 묘미'라고 평가한다[8]. 따라서 문헌의 이야기에서 도깨비는 덩치가 큰 남자의 모습으로 여자를 범하는 호색적 성격으로, 절구공은 성기의 상징으로 표현되었고, 절구공에서 나온 구슬의 용도는 모른다는 간단한 스토리로 구성되어있다. 이렇게 단순한 이야기가 잡지 『조광』에 수록된 「붉은 구실」에서는 다른 요소가 많이 첨가되어 복잡한 이야기로 재구성되었는데, 『청구야담』 원전 이야기와 비교하면 다음과 같은 차이점이 나타난다.

8) 김현룡, 앞의 책, 407면.

a. 「붉은 구실」에서는 문헌설화에 없는 색시의 시아버지인 김학자의 인품과 학문적 재능에 대하여 많은 지면을 할애하였다.
b. 「붉은 구실」에서는 도깨비가 처음에는 구렁이로 다음에는 초립동이로 변하여 색씨 앞 나타난다.
c. 문헌에서는 도깨비가 여자를 범하여 好色的인 성격을 드러내지만[9], 「붉은 구실」에서는 초립동(도깨비)이 여자를 범하지 못하여 천생인연을 맺는데 실패하고 만다.
d. 문헌에서는 도깨비 도망간 구덩이에서 절구공(성기의 상징)과 절구공 위에 붙은 구슬이 나오는데, 「붉은 구실」에서는 구슬만 나온다.
e. 담대한 성격의 시당숙이 도깨비에게 빼앗은 구슬이 어떤 용도인지 모르는 채 잃어버리는데, 「붉은 구실」에서는 구슬로 인하여 집안의 재산이 불어났다가 어느 날 색씨의 남편이 술이 취해 구슬을 잃어버리고 만다.
f. 「붉은 구실」에서는 문헌에 없는 내용을 덧붙여 구렁이가 변한 초립동(도깨비)이 하늘에 오를 용이었고 구슬은 여의주였음을 밝힌다.

문헌에서는 단순히 호색적인 성격의 도깨비가 인간을 괴롭히다가 인간에게 제압당하는 단순한 이야기이었다. 그러나 잡지 「붉은 구실」에서는 구렁이와 용을 등장시켰고, 도깨비가 남긴 구슬(여의주)이 인간에게 재물 복을 가져다 준 것처럼 재구성했다.

---

9)『계서야담』에서는 도깨비가 여자를 음행하는 내용이 구체적으로 기술되어 있다고 한다. 김현룡(2000), 405면.

그렇다면 작가는 왜 기존 설화에 살을 붙여 재구성했을까? 잡지에 할당된 지면이 많아서 원래 이야기를 부풀릴 수밖에 없는 사정도 생각할 수 있지만, 도깨비의 구슬이 구전설화 도깨비방망이에서와 같이 사람들에게 재물 복을 가져다주는 도깨비의 좋은 면을 적극 반영하면서 설화의 재미를 더하고 있다.

⑥「怪奇座談會」『朝光』3권8호, 1937.8, 35-36면.

「申. ……서대문밖에 金, 龍 두 사람이 있었는데 집안이 貧寒하여 장가두 가지못하고 ……어느 날 金氏는 북악산에 갔드니 바위 사이에 해골이 하나 있드라구요. ……그 뼈를 잘 감장하여 주었드랍니다. ……밤에 방문이 부수수 열리며……나는 중국에 西施인데 우연히 조선에 왔다가 어떤 놈에게 마저 그만 무참이 죽어 뼈좇아 무치지 못하고 원통이 생각하든 中……그 은혜로 가치 살러왔소……龍氏가 이 말을 듣고……북악산엘 여러번 올라가……그 해골을 역시 잘 감장했드니 그날 밤에……키가 九尺같은 사람이 드러오는데 그이는 張飛드랍니다.……이후부터 같이 살자고하며 달려붓는데 每日밤 美童노릇하기에 여간 魂이 나지 않었다고 합니다. 이들은 독갑이입니다.」

예 ⑥의 이야기와 내용이 비슷한 이야기가 『어수신화』(1812년)에 수록되어 있는데, 내용을 정리하면 다음과 같다.[10)]

「첫 번째 친구가 묻어준 해골의 주인이 양귀비이고 다른 친구가 찾아낸 해골의 주인이 여마동이다. 첫 번째 친구가 양귀비를 얻는 것에 질투심을 느낀 다른 친구는 항우의 아내 우미인의 해골이 발견되기를 빌었는데, 항우가 나타나 '왜 내 아내를 왜 찾느냐'고 호통을 친다. 여마동의 해골이 발견되어, 항우와 여마동이 싸우다가 날이 새 모두 흩어졌다」.

---

10) 원전의 한문 문장을 읽을 능력이 되지 않으므로 김현룡(2000) 368면. 에 수록된 것을 재인용하였다.

예 ⑥과 『어수신화』 소재의 이야기는 제대로 땅에 묻히지 못한 해골을 묻어주니 귀신이 나타나 은혜를 갚으려 장가가지 못한 총각과 밤마다 동거한다는 첫 번째 친구의 이야기는 동일하다. 그러나 『어수신화』의 이야기는 우미인의 해골을 찾으려는 두 번째 친구가 여마동의 해골을 찾아 항우와 여마동이 밤새 싸우는 통에 결국 어여쁜 귀신과 동침하는 소원이 수포로 돌아가지만, 잡지의 이야기는 두 번째 친구가 장비의 해골을 찾아 묻어준 보은으로 밤마다 장비의 미동(美童)노릇을 한다는 식으로 내용을 더욱 해학적으로 그려내고 있다.

또, 작가는 해골의 주인을 사람이 죽은 귀신으로 보지 않고 도깨비로 보았는데, 이것은 중국인의 해골이 조선 땅에 굴러다니는 등 실제 가능한 일이 아니라는 점에서 사람이 죽은 귀신이야기가 아니라 도깨비의 장난으로 이야기를 해학적으로 그리고 있다. 결국 이 이야기에서 도깨비의 성격은 인간에게 보은을 할 줄 알며, 인간과 성교를 하는 것으로 그려지고 있다.

이상 예 ⑤, ⑥에서는 기존 문헌의 도깨비이야기를 재미와 해학을 첨가하여 각색하였다. 그리고 도깨비의 성격은 인간에게 재물 복을 주는 구전설화의 도깨비이야기의 일면을 도입하고 있다.

3. 당시 주변에서 들은 도깨비이야기

기담의 작가 본인이 직접 들었다고 하는 도깨비이야기에 대하여 서술하고 있는데, 그 내용을 통하여 근대시기의 사람들이 도깨비에 대해 갖는 도깨비의 일반적인 이미지와 도깨비의 성격을 파악할 수 있다. 예를 들면 다음과 같다.

⑦ 「印朱맞은 도깨비」[11]

「……하룻밤은 이 諠叔이 혼자 冊을 펴고 앉어 크게 소리를 내여 공부하는 데 왼키가 구척이나 되는 여석이 쓱 門을 열치고 드러오드니……미리 準備해두었든 큰 圖章에 印朱를 단단히 칠해 가지고 구척 장승의 이맜백이를 후려갈겼드니, 「딱!」소리만 나고 그 장정 놈은 간데 온데가 없었다. ……집웅에 올라가보았더니 용마루 기와장에 그 전날 밤 때린 도장 자욱이 뚜렸이 박여 있었더란다.」.

⑧ 「申. 옛날 蓮洞에 있는 密牧師집은 독갑이터라고하여 사람이 살지 안었드랍니다. 그러나 密牧師는 장담을 하고 그 터에 집을 지였는데 아니나 달으리까 밤이 되면 쿵쿵 그리고 別 괴상한 소리가 나드랍니다. 그래서 이 코큰 西洋목사는 좀, 魂이 나서 밤이면 총을 탕탕 놓고 이상이 생각하든 어떤 날은 自己어린애가 집앞 높은 나무위에 달려있는데, 내리려고 했으나 실패하였다. 나중에 시루떡을 쪄놓고 고사를 드렸더니 어린애가 나무에서 서르르 내려왔다.」[12]

⑨ 「庾.(직접 술집주인에게 들었다고 함)……키가 구척이나 되는 남자 세 명이 어린애 송장을 보자기에 하나씩 싸가지고 술집에 와서 술 한 잔을 청하며 애송장을 방안에 넣는데 손이 차차 길어져 안방 벽장밑까지 미쳤다.……중략……남자 세 명이 술을 마시고 나간 후 , 그 술집에는 손님이 많아져 돈을 많이 벌었다. 주인은 독갑이를 사괴이면 큰 수가 난다든니 사실이로구나 하고 ……중략……어느날 독갑이가 주인에게 술장사를 그만두라고 말한 후부터 독갑이도 손님도 오지않아 재산도 그럭저럭 탕진하였다고 한다.……」[13]

⑩ 「車. 독갑이 심술이란 돈을 뫃아주었다가는 반드시 빼아서가는 버릇이 있습니다. 春川西上面에 崔都師라는 사람이 있어서 그의 父親이 매우 貧寒하였습니다. 그가 構城으로 장가를 갔다 오는데 말발굽

11) 이헌구, 「내 시골의 怪談獵奇談」, 『朝光』 5권8호, 1939.8, 171~172면.
12) 「怪奇座談會」, 『朝光』 3권8호, 1937.8, 30~31면.
13) 「怪奇座談會」, 『朝光』 3권8호, 1937.8, 31~32면.

이 땅에 딱 붖드랍니다. 독갑이 작란이라고 땅을 파보니 瓶 하나가 있고 그 속에는 色헝겁이 있는데……개잡아 고사지낸 후 그 귀신을 잘 위했드니 ……몣年동안에 二三百石하는 富者가 되었습니다. 그러나 孫子代에 와서 탈이 났는데……子孫들이 모다 죽고 불이나고 財産이 없어지고 모다 집이 망하였읍니다.」14)

⑪「庾. 모화관에 새말이라는 동리가 있었는데 거기는 구차한 사람이 많었지오. ……그런데 그 仁善이가 三十이 넘도록 장가를 못가서……세간이 으리으리하게 버려있고 큰 부자인데 이 여자는 靑孀과부인 모양이었읍니다. ……자기 사정을 말하고 백년을 가치 살자고 그러드람니다. ……그날밤부터 新婚生活을 시작하였드랍니다. 이렇게 꿈같은 生活을 몇날 계속하였었는데 어느 날은 그 집 天井으로 牛車가 지나가드랍니다. 이 남자는 화가 나서 소리를 병력같이 질으며 어느 놈이 우리집 천정으로 소를 끌고가느냐고 호통을 쳤습니다. 그러나, 牛車를 끌고가든 사람이 다리 아레를 나러다보니 어떤 者가 소뼈다귀를 한 아름 안고 소리를 치드라구요. 그래서 그자를 뺨을 갈기고 물을 껴언고하여 정신을 차린 후에 말을 물어본즉 그 전말을 이야기하드랍니다. 이 총각도 역시 독갑비에게 홀린 것인데 아마 정신異常이 않인가 생각합니다.」15)

상기 예 ⑦에서 ⑪의 이야기와 지면관계상 예로 들지 않은 다른 이야기까지 종합해볼 때 일제강점기에 도깨비의 이미지와 성격은 다양하게 나타나고 있다. 정리하면 다음과 같다.

a. 건장한 남자나 여자의 모습으로 나타나기도 하고 구체적인 형체를 보이지 않기도 한다.
b. 서양목사도 도깨비에게는 어쩔 수 없이 굴복한다.

14) 「怪奇座談會」, 『朝光』 3권8호, 1937.8, 37면.
15) 「怪奇座談會」, 33~35면. 이 이야기는 『韓國口傳說話 平安北道』2, 221~222면에도 「요괴에 홀린 사람」이란 제목으로 수록되어 있는데 1937년 7월에 채록된 것이다.

c. 도깨비 집터라고 하는 곳에 도깨비들이 출몰해서 사람들을 홀리고 괴롭힌다.
d. 도깨비는 심술이 있어서 사람들에게 대접 받으면 좋은 일이나 재복을 갖다 주지만, 관계가 끊어지고 나면 쌓였던 재물이 흩어지고 집안에 나쁜 일이 생긴다.
e. 꿈에서 도깨비에게 맞거나 협박당하는 꿈을 꾸면 정신적인 병이 되어 얼마 후 죽는다.
f. 도깨비에게 홀리면 평소보다 많은 양의 음식을 먹거나 얼마 후 죽는다.
g. 사람이 술에 취하거나 정신이상이 되면 도깨비에 홀리기도 한다.

잡지에 수록된 몇몇 도깨비이야기를 가지고 일제강점기 당시의 도깨비 이미지와 성격을 전부 파악하기는 어렵지만 그 일면은 파악할 수 있다고 본다. 우선 도깨비의 특징 a와 c는 옛날 문헌설화에서도 확인된다. 특징d는 무속신앙에서 도깨비제를 지내는 이유[16]와 일면 상통하는 면이 있는 것처럼 보이지만, 도깨비제의 성격은 도깨비가 심술을 부리지 말고 잘 보살펴 달라는 의미이고, 예 ⑨와 같이 도깨비가 먼저 자발적으로 인간에 잘 해주는 것은 문헌에서는 볼 수 없는 성격이다. 즉, 근대인에게 도깨비는 심술만 부리는 성격이 아니라 인간에게 이로움도 주는 친근한 존재로 다가오고 있음을 알 수 있다.

특징 b와 d, g도 문헌에서 볼 수 없는 근대시기에 새로운 추가된 도깨비의 특징으로 볼 수 있다. 예 ⑧은 미신타파를 외치는

16) 이수자, 「무속신앙에 나타난 귀신과 원귀」, 아세아설화학회 제9회 한중일설화 심포지움 요지집, 2006, 180면.

서양목사라 할지라도 도깨비 앞에서는 무릎을 꿇는다는 이야기로 서양목사를 등장시켜 도깨비 능력의 강력함을 표현하고 있다. 사람이 술에 취하거나 정신적 신체적으로 허약해지면 도깨비와 같은 헛것을 볼 수 있다는 근대 사람들의 인식변화를 반영하고 있는 것으로 보여지기 때문이다.

4. 도깨비에 대한 인식의 변화

잡지 『東光』 1932년 9월호에 「京城의 今昔 독갑이打令」이란 기사가 게재되었는데, 경성의 어제와 오늘의 변화상을 도깨비를 소재로 그려내고 있다. 먼저 옛날 경성의 도깨비이야기를 요약하면 다음과 같다.

> 「甲午乙未年頃의 京城으로 말하면 京城의 統治者는 獨甲伊엿습니다. 나의 나이 六, 七歲이던 때에 들은 말에 西洋牧使 許先得氏란이가 社稷洞 附近에 한 宏大한 邸宅을 가지고 지나는데 어떤날 아츰에……그집 後園에 잇는 百年古木 꼭대기에 牧師丈이 올라앉어서 눈만 끄먹어림을 쳐다보고서 「하! 牧師님! 무슨 까닭으로 그 꼭대기에 올라 앉으섯세요?」물어본즉 「글세? 나도 웬 세음인지 모르지요. 올라온 적 없이 올라온 모양이외다」대답하엿고……每夜每朝 그 光景을 反覆하므로 聖神의 洗禮를 받은 許氏 로도 헐 수 없이 「마귀」에게 굴복하야 「무당」을 불러들여 조선식의 「굿」을 한바탕 잘한 뒤로부터 겨우 解放되엇다고 합니다. (중략) 그 後 糞桶創設의 警務使 申泰休氏로 말하면 一方으로 獨甲伊征伐의 驍將이던바 自己自身도 某女子家에서 獨黨의 包圍攻擊을 當하야 랑패退却한 사실이 잇엇습니다. 그리고 나의 親歷談으로도 京城中央에서 逢變해본 일이 二三次나 되는 터이라……昔日의 京城은 完全無缺한 獨甲伊의 「메트로폴리탄」이엇습니다.」

갑오을미(甲午乙未)년경이면 1894년과 1895년으로 19세기말에 해당한다. 작가 변광호(卞光昊)는 이 시기 경성에서는 서양목사도 도깨비에 홀렸다가 굿을 하여 나았고, 담대한 사람도 도깨비의 공격을 받는 등 사람들이 일상적으로 도깨비에게 봉변을 당하는 일이 많았다고 말한다. 즉 19세기말까지만 해도 도깨비현상으로 보이는 사건이 많았으며, 따라서 구전되는 도깨비이야기도 많았을 것으로 추측된다.

그런데, 작가가 이 기사를 쓴 1932년 현재의 경성에 대하여는 다음과 같이 서술하고 있다.

> 「今日의 獨甲伊. 그런데 말하기는 좀 이상스럽지만 電燭發達의 程度를 따라 獨族의 勢力이 遞減되엇고 今日 京城에는 거이 全滅된 상태에 잇습니다. 恐獨病의 名人 張壽씨같은 이도 深更의 寂莫한 街路를 無難히 通過하야 좋을만한 形便입니다. ……眞獨甲伊는 滅絶된 모양이나 지금 京城에는 假獨甲伊가 적지 안습니다. 曰 麻雀軍, 曰 카페껄, 曰 不通하는 水道, 曰 까닭없는 思想警察, 曰 落成하자마자 곳 崩落되는 橋架, 曰 灰色新聞, 曰 沒廉한 自稱主義者, 曰 志士, 曰 文人, 헤려야 이루 헤릴수 없는 各樣의 出現은 百萬의 獨光과 相俟하야 더욱 우리의 腦神經을 苛虐하게 處理하고 잇는 中입니다.」

작가는 경성에서 도깨비현상이 완전히 사라진 이유, 즉 도깨비에게 봉변을 당하는 일이 없어진 이유에 대하여 명확하게 설명할 수는 없지만, 전등이 발달되었기 때문이라고 생각한다. 진짜 도깨비가 사라진 경성에 가짜 도깨비가 출현하였는데 그 가짜 도깨비로 마작꾼, 카페걸, 물이 나오지 않는 수도, 사상경찰, 금방 붕괴되는 다리에서 문인들까지 예로 들고 있다. 이것들에 진짜 도깨비의 이미지를 씌우고 있다. 즉 정상적이 아닌 사람이나 물건, 정상적인 판단을 할 수 없는 모습이나 사람, 정상적인 생활을 하지 않는 사람이나 몰염치한 사람을 도깨비 같다고 한다.

그렇다면 사람들의 입에서 입으로 구전되는 도깨비에 대하여 다른 작가들은 어떻게 인식하고 있었을까? 「괴기좌담회」[17]에 참석한 차상찬, 유추강, 신정언의 대담내용에서 작가들의 도깨비에 대한 인식이 어떠했는지 살펴보기로 하겠다.

⑫ 「車. ……독갑이라고 하면 시굴이나 서울을 물론하고 솟뚝껑을 벗겨가고 장항아리를 나무에 매달고하는 괴상한 이야긴데……사실 독갑이는 있지마는 그것이 미친놈의 작란이 안인가 생각합니다.」(30면.)

⑬ 「咸. 옛날에 그렇게 많든 독갑이가 오늘에 웨 없습니까?
庾. 글세요. 독갑이란 캄캄한 가운데 나오는 것인데 오늘은 電燈이 발명되고 世上이 밝아저서 없어지지 않었는지오. 要컨대 독갑이란 사람의 작란으로 精神關係가 않일가 생각합니다.
車. 독갑이란 結局 미친놈 작란이지오.」(38면.)

⑭ 「車. 술醉한 사람들이 그 우물옆으로 가면 油頭粉面한 어여뿐 女子가 술상을 차려놓고 손질을 하며 불운다고요. 그래서 그 술상 옆으로만 가면 그만 펑펑 유물 속으로 빠저 들어간답니다. 只今은 그 우물을 메웠지만 (중략) 술취하면 독갑이 맛난다고 하마 그것도 정신관계가 않인가 생각합니다.」(35면.)

예 ⑫, ⑬, ⑭의 내용으로 괴기좌담회에 참석한 작가들도 도깨비의 존재를 완전히 부정하지는 못하지만, 도깨비현상의 대부분이 사람들의 장난이나 착각으로 인해 생기는 것으로 인식하고 있음을 알 수 있다. 즉, 과거 전등이 없었던 시절에는 캄캄한 밤에 도깨비들이 많이 출현했었는데, 전등불 사용으로 세상이 밝아졌기 때문에 도깨비로 생각되는 현상들에 대하여 사람들이 더

17) 『朝光』 3권8호(1937.8)에 수록(30~51면).

이상 착각하지 않게 되었기 때문이라고 생각한다.

따라서 이른바 '도깨비에게 홀리는 현상'은 사람의 氣가 약해져서 헛것을 보는 정신이상이라고 인식하는 예는 3-3장의 예 ⑪에서도 알 수 있다.

그리고 도깨비에 의해 일어난 소동으로 보여지는 사건도 사람이 어떤 목적을 가지고 일부러 꾸민 일로 밝혀진 이야기를 소개함으로써 도깨비는 결국 사람이 만들어낸 허상으로 인식하고 있음을 알 수 있다.

> ⑮「車. 只今尙洞禮拜堂이 옛날은 독갑이터이었드람니다. ……옛날에 그 근처에 큰 瓦家가 있었담니다. 그 瓦家에 드러가는 사람은 독갑이에게 잡혀 다시 나오지 못하고 모다 죽어버린다는 소문이 있어서 누구나 勿論하고 그 門에도 가지 못하였드람이다.……어떤 膽力크고 氣運 센 사람이 ……그 집으로 드러갓담니다. ……문을 열고 본즉 마당에는 전부 송장이 느런질편하였드랍니다. ……문 저쪽에「入此堂者卽死」라고 크게 써 부첫드라구요. 아마 이것을 본 사람은 정신관계로 그만 넘어젓든 모양입니다. ……그 棺을 패여본즉 그속에는 큰 금덩어리가 있드람니다. 이것은 이 집에 살든 某 정승이 어떤 事件으로 도망가며 그 金塊를 아니 잊어버리랴고 그 같은 喜劇을 꿈였드라구요. 생각하면 독갑이란 사람이 꿈인 작란이겠지오.」(41~42면)

Ⅳ. 맺음말

잡지는 주로 조선의 수도 경성에서 발행되며, 기담의 작가 또한 사회적으로 볼 때 지식인이었다. 따라서 그들이 도깨비를 바라보는 관점은, 즉 학교교육과 과학의 발달로 도깨비는 사람들이 꾸며낸 허상에 불과하다는 근대적인 인식을 선도하는 면이 강하다.

그러나 한편에서는 19세기말까지 사람들이 직접 도깨비에게 봉변당했다는 도깨비 경험담이 구전으로 사람들에게 널리 회자되고 있었으므로 주변 일상에서 일어나는 기이한 현상을 무의식적으로 도깨비와 연관시켜 도깨비이야기로 만드는 상황이 근대에 일어나고 있었던 것으로 보여진다.

따라서 옛 문헌설화에서 도깨비는 심술적인 성격만을 보여주고 있지만, 근대에 구전되는 도깨비이야기에서 도깨비는 인간에게 재물 복을 가져다주는 등 긍정적인 면을 보여주기도 하며 좀 더 다양한 성격으로 그려지고 있다. 즉 진짜 도깨비가 사라진 근대의 도깨비이야기에는 재미와 흥미, 해학이 첨가되었다. 그리고 근대 작가들은 도깨비현상을 이성적으로는 판단할 때 모두 인간의 착각이라고 인식하고 있었다.

이상과 같이 19세기말까지 존재했던 진짜 도깨비에 대한 믿음이 일제강점기라는 근대시기에 들어와 전멸되고 도깨비이야기는 비일상적인 현상을 도깨비의 이미지와 부합시켜 버리거나 재미와 해학적인 면이 담긴 이야기로써만 남게 되었다.

일제강점기 손진태 수집 무가자료의 실상과 그 가치

권 태 효*

Ⅰ. 머리말

손진태는 우리나라 구비문학 및 민속조사와 연구에 있어 커다란 족적을 남긴 대표적인 1세대 학자라고 할 수 있다. 일제강점기 일본인들이 중심되어 우리 민속조사나 연구가 주로 이루어졌던 시기에 손진태는 전국을 직접 답사하면서 무가 채록을 비롯해 설화 수집, 민속조사 등을 실시하고 역사와 문화 등 다양한 분야에서 풍부한 성과물을 낸 학자로서 지금까지 그에 대해서는 다양한 각도에서 조명이 이루어진 바 있다.[1)]

---

* 국립민속박물관.

1) 대표적인 연구 성과물들을 제시하면 다음과 같다.

일제강점기는 우리 무가 자료의 채록 및 정리에 있어 비록 시발점에 해당하지만 아주 큰 성과를 얻었던 시기였다고 할 수 있다. 손진태와 아키바[秋葉隆] 등이 민간에서 풍부하게 전승되고 있던 무가 자료의 중요성에 새롭게 눈을 뜨면서 현지조사를 통해 무가를 발굴해냄으로써, 우리 무가의 수집 및 확충에 있어 중요한 기틀을 세우게 된다. 함경도와 평안도, 제주도 등 서사무가가 아주 풍부하게 전승되는 지역을 비롯해 전국적인 범위에서 무가 자료를 채록 정리함으로써 우리나라에도 다양하고 풍부한 내용의 무가가 전승되고 있음을 찾아낸 것이다.[2]

이 글은 일제강점기 한국인으로서 우리 무가 수집에 절대적인 공헌을 했던 손진태의 채록무가를 전체적으로 모아 검토하고자 마련한 글이다. 기왕에 손진태 무가 자료의 채록 및 정리 양상에 대해서는 적지 않은 논의가 있어왔다. 이들 선행연구 중에서도 무가 자료를 포함하여 주로 구비문학적 측면에 초점을 맞추어 손진태에 접근한 대표적인 글로는 서대석,[3] 황인덕,[4] 이수자[5] 등의 논문을 들 수 있는데, 이들 글에서 손진태가 채록 정리한

심우성, 「남창 손진태」, 『출판학』 19호, 한국출판학회. 1974. 3.
김수태, 「손진태의 사회사 연구」, 『사회와 역사』 40권, 한국사회사회, 1993. 12.
역사민속학회, 『남창 손진태의 역사민속학 연구』, 민속원, 2003. 이 책에는 손진태를 다각도에서 다룬 10편의 논문이 수록되어 있다.

2) 일제강점기 무가 자료의 전반적인 현황에 대해서는 「개항기에서 일제강점기까지의 구전신화 자료 수집 및 정리 현황과 문제점」(『동양학』 41집, 단국대 동양학연구소, 2007. 2)이라는 글을 통해 그 대강을 정리한 바 있다.

3) 서대석, 「한국무가의 연구」, 『한국민속연구사』, 지식산업사, 1994.

4) 황인덕, 「손진태의 구비문학 연구」, 『구비문학연구』 2집, 한국구비문학회, 1995.

5) 이수자, 「구비문학연구의 성격과 의의」, 『남창 손진태의 역사민속학 연구』, 민속원, 2003.

무가 자료들이 온전히 살펴졌는지는 다소 의문이 있다. 특히 이들 선행연구에서 지금까지 손진태전집으로 묶여 출간된 『조선신가유편』과 『청구학총』 소재의 「조선무격의 신가」1~4 등의 자료만이 주된 검토의 대상이 되고 있을 뿐,[6] 여타 『불교』[7]라든가 『신가정』[8], 『문장』[9] 등에 소개된 자료에 대해서는 거의 검토나 소개가 이루어지지 못했다고 할 수 있다. 물론 『신가정』, 『문장』에 소개된 자료의 경우는 『청구학총』에 게재되었던 무가와 많은 부분 중복되는 까닭도 있겠지만, 그 이전에 소개된 자료와는 어떤 것이 같은지, 그리고 새롭게 발표된 자료로는 어떤 것이 있는지조차도 온전히 검토되지 못한 실정이라고 할 수 있다. 곧 손진태 무가 자료 연구에 대한 가장 기본이 되는 자료작업조차도 충실히 이루어지지 못했다는 것이다.

따라서 이 글에서는 지금까지 발표된 손진태 무가 자료를 전체적으로 모아 그 전반적인 양상을 정리하고, 특히 지금까지는 단편적으로 소개되거나 언급되고 말았던 『신가정』과 『문장』지에 수록했던 손진태의 무가 자료에 대해서는 보다 구체적인 검토를 하고자 한다. 『신가정』과 『문장』지에 발표된 무가 자료 중 다수는 『청구학총』에 실었던 자료를 가져다 재발표하는 성격의 자료인데, 기존 발표자료 중 어떤 것이 동일하게 재수록되고 있는지, 또 그 소개된 양상은 어떤지를 살피기로 하겠다. 아울러 손진태가 여러 잡지를 통해 새로 소개하는 자료로는 어떤 것이 있으며, 그 내용과 성격이 어떤지도 검토하도록 하겠다. 그리고 이를 토

6) 『손집태선생전집』 1~6, 태학사, 1974.
7) 손진태, 「조선불교의 국민문학」, 『불교』 86, 불교사, 1931. 4.
8) 손진태, 「무격의 신가(一)」, 『신가정』 4권 4호, 1936. 4.
______, 「무격의 신가(二)」, 『신가정』 4권 5호, 1936. 5.
9) 손진태, 「무격의 신가」, 『문장』 2권 7호, 1940. 7.

대로 초창기 우리 무가 자료의 수집에 있어 선도적인 역할을 했던 손진태 채록 무가 자료의 의의와 가치를 찾아보도록 하겠다.

Ⅱ. 손진태의 무가 수집 배경[10]

손진태가 무가를 현지조사를 통해 수집 및 정리했던 것은 본래부터 구전되어 내려오는 신화자료의 가치나 소중함을 먼저 인식한 채 출발했던 것은 아니었던 것으로 판단된다. 그가 무가와 설화를 비롯한 우리나라 민속 전반에 관심을 가지고 조사를 했던 것은 일본 동경에서 인류학과 민속학 관련 서적들을 접한 뒤부터였다.

> 내가 이것에 흥미와 일종의 책임감을 느낀 것은 10년 전 동경으로 건너가 인류학이나 민속학에 관한 책을 읽기 시작한 때부터였다. 그래서 나는 여름방학 때면 한국에 돌아와서 민풍토속(民風土俗)을 조사하고 민간설화 수집에도 준비를 게을리 하지 않았다.[11]

이것은 손진태가 무가 자료집이 아닌『조선민담집』자서(自序)에서 언급하고 있는 내용이지만 이 점은 단지 설화에만 국한되는 것이 아니라 우리 민속 전반을 염두에 두고 한 말이다. 손진

---

10) 이 글은 필자의「개항기에서 일제강점기까지의 구전신화 자료 수집 및 정리 현황과 문제점」이라는 논문과 성격상 다소 겹쳐지는 부분이 있다. 위의 글이 일제강점기 구전신화 전반을 다룬 것이라면 이 글에서는 손진태의 무가 자료 부분만을 중심으로 좀 더 확장시켜 서술한 것이다. 권태효, 같은 글.

11) 손진태,『조선민담집』, 향토문화사(동경), 1930.

태가 해방 후에 밝힌 것이기는 하지만, 손진태는 기본적으로 민속학이 민족생활사이며, 상층문화와 변별되는 서민 민중의 생활문화를 탐구하는 것이라고 파악했다.12) 곧 온전한 민속학을 하기 위해서는 민중의 삶과 전승현장을 찾아야 한다는 입장이다. 그런 생각으로 손진태는 주로 방학 때를 이용해 민속탐방을 꾸준히 전개해왔음을 알 수 있다. 이런 조사활동의 한 결실로 1930년에 동경에서 『조선민담집』이 발간되었고, 아울러 『조선신가유편』이라는 우리나라 최초의 무가 자료집도 발간하게 되었던 것이다.

손진태는 『조선신가유편』을 발간한 뒤 바로 그 다음 해인 1931년 4월 <성조신가> 자료를 제공했던 동래의 맹무(盲巫) 최순도를 찾아 무가 자료를 채록하여 『불교』라는 잡지에 2회에 걸쳐 발표하게 된다. 그런가 하면 그 해 6월경에는 조사지를 평안도 등지로 옮겨 민속탐방을 통해 무가 자료의 조사 및 수집을 지속적으로 전개한다. 이 때 만난 전명수를 거듭 방문 조사하여 거기에서 채록한 무가를 『청구학총』, 『신가정』, 『문장』 등의 잡지에 정리하여 발표하였다. 아울러 그는 이런 결과물들을 묶어서 1942년 무렵 『구전무가선』이라는 책으로 박문서관에서 무가집을 발간할 예정으로 있었으나 무슨 이유인지 성사되지는 못했다.

한편 그는 이런 무가 수집을 계속하면서 무가가 단순히 민간에 전해지는 무당의 노래가 아니라 우리나라의 중요한 신화 자산임을 분명히 인식하고 있었던 것으로 보인다. 1940년의 『문장』지에 전명수로부터 수집한 무가를 소개함에 있어서는 다음과 같은 언급을 해놓고 있다.

> 다음의 神歌에서도 보는바와 같이 이것은 우리들의 갖인 中世的

12) 손진태, 『한국민족문화의 연구』, 을유문화사, 1947, 23면.

> 神話傳說의 하나이며 文學의 一種인 同時에 巫覡의 입으로 부르면 歌曲이 되고 樂器에 맞후어 舞踊으로도 되고 또 그內容은 그들의 信仰이되고 倫理가 되고 道德이 되는 것이다.[13)]

이것은 『문장』지에 <일월노리푸념>과 <성인노리푸념> 등의 두 편의 무가를 수집해 발표하는 글에서 밝힌 내용으로, 전체적으로는 무속의 종합예술적 성격 및 가치에 비중을 두고 언급한 내용이라고 할 수 있다. 하지만 여기서 보다 중요한 점은 신가(神歌) 곧 무가를 "우리들의 갖인 중세적 신화전설의 하나"라고 분명하게 언급하고 있다는 점이다. 무속조사를 통해 그 자료들을 접하고 수집 정리하면서, 이런 자료들이 그 내용이나 성격상으로 보아 분명 우리의 중요한 신화 자산이었다는 사실을 자각하고 있는 언급인 것이다. 그가 이처럼 우리 무가를 중요하게 수집하게 된 배경에는 세계 신화의 전개양상을 염두에 두고서 우리의 무가 자료가 신화적으로 중요한 내용을 담고 있다는 사실에 대한 인식이 있었던 것이다. 이 점은 그가 이 세상이 처음 창조되는 과정을 밝히는 <창세가>를 중요하게 채록하고 있다거나 『조선민족설화의 연구』의 첫머리를 서술하면서 "나의 調査한 範圍內에서는 우리 民族에 固有한 創世神話를 發見ㅎ지 못하였으나 佛敎의 感化를 많이 받은듯한 創世神話型의 說話를 發見한 것은 있다. 그러나 그것을 印度의 神話와 比較함에는 너무나 斷片的이 되겠으므로 不得已 初頭에 創世神話를 略하고 世界的으로 廣布되어 있는 大洪水傳說로부터 시작하게 되었다"[14)]라고 언급한 데에서도 어느 정도 찾아볼 수 있다. 비록 그가 민족설화를 다룸에 있어 창세신화를 첫머리에 두어야 한다면서도 <창세가>와 같은

13) 손진태, 「조선무격의 신가」, 『문장』 2권 7호, 1940. 7, 165면.
14) 손진태, 『한국민족설화의 연구』, 을유문화사, 1947, 7~8면.

채록 무가가 바로 그 대상이 되는 무가임을 인식하지 못하고 있기는 하지만, 분명 여타 세계 신화의 구도를 염두에 두고서 우리 무가가 지닌 신화적 성격과 가치를 파악하고자 했음을 알 수 있다.

이렇게 볼 때 손진태 무가 채록의 배경은 첫째, 인류학과 민속학의 학문적 영향을 바탕으로 민중의 삶이 전승되는 현장을 답사하면서 무속 및 그 의례에서 불리는 무가가 중요하다는 것을 인식했기 때문일 것이고, 둘째는 세계 여타 신화에 견주어 우리 신화에는 그 온전한 성격을 지닌 것이 무엇인가를 탐색하다가 무가, 그 중에서도 특히 서사적 내용이 강한 자료들에 대해 관심을 갖게 되었다는 점을 들 수 있을 것이다.

Ⅲ. 손진태 무가 자료의 전반적 현황

손진태는 1930년 『조선신가유편』을 책으로 처음 간행한 이후 지속적으로 무가 자료를 수집 발표하였다. 그 중 다수가 전명수로부터 채록한 무가이며, 잡지에 발표된 자료도 중복 게재한 것이 적지 않다. 그러면 손진태가 현지조사를 통해 무가를 채록하고 정리하여 지면에 발표했던 무가 자료 전반을 제시하면서 차례대로 검토하도록 하겠다.

가. 『조선신가유편』, 1930.
나. 『불교』 86, 88호, <조선불교의 국민문학>, 1931. 8.[15)]

15) 이 자료에 대해서는 윤동환이 동해안지역 무가 자료를 살피면서 각주를 통해 부분적으로 언급하고 있다. 윤동환, 「동해안 필사본 무가의 존재양상과 기능적 특성」, 『한국무속학』 14집, 한국무속학회, 2007. 2, 306면.

다. 『청구학총』 20, 22, 23, 28호, <조선무격의 신가>1~4, 1935. 5~1937. 5.
라. 『신가정』 4권 4, 5호, <무격의 신가>1~2, 1936. 4~5.
마. 『문장』 2권 7호, <무격의 신가>, 1940. 7.
바. 『思潮』 1권 1호, <聖人노리푸념과 日月노리푸념>, 1958. 6.
사. 『우리의 민속과 역사』, 2002.

가)는 동경에서 1930년에 출간된 우리나라 최초의 무가 자료집이라고 할 수 있다. 함경남도 함흥의 큰 무당 김쌍돌이의 <창세가>를 비롯해 홍원의 김근성, 평남 중화의 윤복성, 경남의 석씨 무녀, 경남 동래의 최순도 등을 대상으로 채록한 무가 14편을 수록하고 있다. 무가 자료의 정리 형태는 먼저 상단에 우리말로 무가를 옮겨놓고 하단에 일본어로 대역을 하는 형태로 정리해놓고 있다. 이 책에 수록된 무가 자료는 편수도 많고 종류도 다양하지만 이후의 여타 잡지에 재수록된 사례는 찾아볼 수 없다.

<표 1> 『조선신가유편』 수록 무가 자료

제보자	수록 무가	채록 지역
김쌍돌이	창세가, 회생곡, 황천혼시, 숙영랑 앵연랑신가, 아기가 병났을 때 성인께 올리는 말	함남 함흥
김근성	도랑선배 청정각시노래	함남 홍원
윤복성	칠성님께 올리는 말	평남 중화
석씨 무녀	계책가(필사), 아기 울 때 産神께 올리는 말, 성조신, 우물신, 불신께 올리는 말	경남
최순도	성조신가	경남 동래

나)는 가)의 『조선신가유편』을 출간한 다음 해인 1931년 4월 경남 동래군 구포면에 거주하는 맹무(盲巫) 최순도를 조사하여 얻은 무가 7편을 정리하여 『불교』라는 잡지에 「조선불교의 국민

문학」이라는 제목으로 6회에 걸쳐 나눠 수록한 자료이다. 최순도는 경남 맹인조합장으로 『조선신가유편』에서는 그가 기록으로 적어 손진태에게 <성주신가>를 제공하기도 했던 무격이다. 수록 무가는 <조상푸리>와 <용선가>, <西往歌>, <自責歌>, <勸往歌>, <悔心曲>, <지양푸리(誕生歌)> 등으로 주로 동해안 별신굿 권역에서 불렸던 무가를 채록 정리한 것으로 보인다.

지금까지 손진태 채록 무가는 『조선신가유편』에 실린 일부 자료 외에는 경상도 지역의 무가 자료가 발표된 적이 없는 것으로 알려졌었다. 하지만 『조선신가유편』의 출간 후에도 지속적으로 동래 지역을 중심으로 무가를 추가 수집하여 발표하고 있음을 알 수 있는 자료라는 점에서 특히 의의가 있다. 특히 『조선신가유편』의 <성조신가>는 최순도가 그의 지인에게 부탁하여 기록해준 것을 받아 정리한 것이었던데 반해, 나)의 자료는 현장에서 직접적인 조사를 통해 수집한 자료라는 점에서 가치가 있다. 아마도 <성조푸리>를 구하여 책에 수록한 후에 최순도가 보유한 무가의 자료적 가치가 높다고 판단하여 추가로 조사를 해서 얻은 수확인 것으로 보인다. 한편 이런 나)에 수록된 <조상푸리>와 <용선가>는 사)의 2002년 고려대박물관에서 손진태의 미발표 원고를 모아 『우리의 민속과 역사』에 수록해놓은 것과 동일한 자료임을 알 수 있다. 그런데 사)에는 여러 자가 판별이 어려운 것으로 표시해놓고 있으나 나)의 자료에서는 결락자 없이 그 온전한 모습 그대로가 수록되어 있음을 찾아볼 수 있다.

<표 2>『불교』 수록 무가 자료

제보자	자료명	게재지	게재년월	수록 무가	채록지
최순도	조선불교의	『불교』	1931.04	祖上푸리,	경남

	국민문학	86호		龍船歌	동래
최순도	조선불교의 국민문학(속)	『불교』 88호	1931.08	西往歌, 自責歌	경남 동래
최순도	조선불교의 국민문학(속)	『불교』 89호	1931.10	勸往歌(상)	경남 동래
최순도	조선불교의 국민문학(속)	『불교』 90호	1931.12	勸往歌(하)	경남 동래
최순도	조선불교의 국민문학(속)	『불교』 91호	1932.01	悔心曲	경남 동래
최순도	조선불교의 국민문학(속)	『불교』 92호	1932.02	지양푸리 (誕生歌)	경남 동래

다)는 1935년부터 1937년까지 『청구학총』에 발표한 무가 자료로, 평북 강계의 무격인 전명수를 대상으로 조사한 자료를 모아 네 차례에 걸쳐 지면에 발표한 것이다. 전명수를 거듭 조사하여 얻은 무가 자료를 이 지역 굿의 기본이 되는 열두거리 청배무가를 중심으로 각거리 푸념 초두와 푸념 2편 등을 포함하여 무가 자료를 정리하고 있다. 이들 무가 자료 중 다수가 후에 『신가정』과 『문장』지에 거듭하여 소개하는 양상을 찾아볼 수 있다. 전명수로부터 채록한 자료만이 거듭 소개된다는 점에서 손진태가 전명수로부터 채록한 무가를 얼마나 중요하게 인식했는가를 파악할 수 있다.

<표 3> 『청구학총』 수록 무가 자료

제보자	자료명	게재지	게재년월	수록무가	채록지
전명수	「조선무격의 신가(1)」	『청구학총』 20호	1935. 5	각거리푸념 초두1, 각거리푸념 초두2, 푸념 초두	평북 강계

<table>
<tr><td rowspan="3">전명수</td><td>「조선무격의 신가(2)」</td><td>『청구학총』 22호</td><td>1935. 11</td><td>도청배푸념,
마우님청배,
성조님청배,
성인님청배,
신선세텬님청배,
위구님청배</td><td rowspan="3">평북 강계</td></tr>
<tr><td>「조선무격의 신가(3)」</td><td>『청구학총』 23호</td><td>1936. 2</td><td>제석님청배,
녕정님청배,
선생님청배,
조상님청배,
대감님청배,
감성님청배, 허튼거리</td></tr>
<tr><td>「조선무격의 신가(4)」</td><td>『청구학총』 28호</td><td>1937. 5</td><td>권선굿푸념,
일월노리푸념,</td></tr>
</table>

라)는 1936년 2회에 걸쳐 발표한 무가 자료이다. 평북 강계의 무격 전명수로부터 채록한 자료를 발표한 것으로, 『신가정』 4권 4월호에 발표된 자료는 이전에는 소개된 바 없는 <창세가>를 소개하고 있으며, 『신가정』 4권 5호에 실린 「조선무격의 신가」2에서는 1935년 5월의 『청구학총』 20호에 수록된 자료와 동일한 것을 재수록한 것을 알 수 있다. 이 중 「조선무격의 신가」 1에서 소개된 <창세가>에 대해서는 그 해설을 제외한 자료만이 김헌선에 의해 『한국의 창세신화』 자료편에 주석과 함께 소개되어 그 내용이 알려진 바 있다.[16] 한편 「조선무격의 신가」2의 자료는 『청구학총』 20호 소재의 자료와 동일하지만, 그 차이점은 『청구학총』에서는 강계방언-경기어-일본어 역문을 서로 병기하고 있는데 반해 『신가정』 자료에서는 강계방언 부분만을 수록하고 있다는 점과 '푸념 초두'라고 소개했던 자료가 '尊神門열이푸념'이라고 제목을 달리해 소개되고 있다는 점이다. 곧 제목이나 병기방

16) 김헌선, 『한국의 창세신화』, 길벗, 1994.

식에서 다소 차이를 보일 뿐 동일한 자료인 것이다. 그런데 여기서 흥미로운 점은 『신가정』 4권 5호에 자료를 설명하는 해설 글의 끝 부분을 보면 "거리마다의 푸념은 다음 달부터 발표하기로 하겠다"라고 언급하는 한편, 자료를 수록한 끝맺음 부분에도 '(계속)'이라고 밝혀놓고 있음에도 그 다음 호부터는 게재가 이루어지지 않음을 볼 수 있다. 아마도 『청구학총』에 게재했던 12거리의 각거리푸념들을 차례로 실을 예정이었으나 여의치 않았던 것으로 보인다. 어떤 이유에서 연재가 중단되었는지는 알 수 없지만 본래는 지속적으로 연재할 계획이었음을 알 수 있다. 아마도 『신가정』이 다소 대중적인 잡지의 성격을 지녔음을 볼 때 그 내용이 잡지의 성격에 적합하지 못하다고 여겨 그 다음 호부터 게재되지 못했을 개연성을 상정해 볼 수 있다.

<표 4> 『신가정』 수록 무가 자료

<table>
<tr><th>제보자</th><th>자료명</th><th>게재지</th><th>게재년월</th><th>수록무가</th><th>채록지</th></tr>
<tr><td rowspan="2">전명수</td><td>「조선무격의 신가(一)」</td><td>『신가정』 4권 4호</td><td>1936. 4</td><td>창세가</td><td rowspan="2">평북 강계</td></tr>
<tr><td>「조선무격의 신가(二)」</td><td>『신가정』 4권 5호</td><td>1936. 5</td><td>각거리푸념초두1, 각거리푸념초두2, 尊神門열이푸념</td></tr>
</table>

마)는 손진태가 직접 발표한 마지막 무가 자료로, 1940년 7월 『문장』2권 7호에 발표한 것이다. <성인노리푸념>과 <일월노리푸념> 등 두 편의 서사무가가 수록되어 있다. 이 중 <일월노리푸념>은 이미 1937년 『청구학총』 28호에 수록되었던 자료를 재수록한 것으로, 다만 차이가 있다면 일본어로 정리한 부분이 없다는 점과 부분적으로 철자법이 달리 나타난다는 점 정도를 들 수

있다.

한편 <성인노리푸념>은 이 잡지를 통해 처음 소개되는 자료이다. 이 자료의 내용은 곧 전국적으로 널리 전승되고 있는 <제석본풀이>의 내용임에도 <성인노리푸념>이라고 되어 있으며, 『청구학총』 23호에 실린 <제석님청배>와는 별개의 자료이다. <제석님청배>의 내용은 앉은뱅이 거북이와 장님인 남생이가 부처님께 금덩이를 바쳐 병을 고치는 것으로 되어 있다. 이런 <성인노리푸념>과 자료의 맥이 닿아있는 것은 1935년 『청구학총』 22호에 실린 <성인님청배>이다. 둘은 같은 성격의 자료임이 분명한데, <성인님청배>에서는 성인님이 황금산의 삼불(三佛)에게 중의 근본을 얻는 과정을 중심으로 구송하고 만 반면에, <성인노리푸념>은 마울태자 부부가 황금산 주재문장을 잉태하게 되는 과정에서부터 시작하는 본격적인 서사무가가 이어지고 있는 양상을 보여주고 있다.[17] 이 자료는 지금까지 서대석이 <제석본풀이>에 대해 검토하면서 부분적으로 살펴진 바 있을 뿐 그 자료 양상이 온전하게 소개된 바 없는 자료라고 할 수 있다.[18]

곧 <일월노리푸념>은 기존에 발표한 라)의 자료를 재수록한 것인 반면, <성인노리푸념>은 기존에 발표된 바 없는 <제석본풀이> 자료를 정리하여 새로운 자료로 발표한 자료임을 알 수 있다.

바)는 <성인노리푸념>과 <일월노리푸념> 등 마) 소재의 자료가 『사조』지에 그대로 재수록된 것이다.[19] 이것의 발표 시기는

---

17) 권태효, 같은 글.

18) 이 자료에 대해 검토하고 있는 글로는 다음과 같은 것들을 들 수 있다.
서대석, 「서사무가연구 - 설화・소설과의 관계를 중심으로」, 『국문학연구』 제8집, 서울대 국문학연구회, 1968.
서대석, 『한국무가의 연구』, 문학사상사, 1980.
천혜숙, 「전설의 신화적 성격에 관한 연구」, 계명대 박사학위논문, 1987.

1958년 6월로 이미 손진태가 납북된 상태였으며, 따라서 손진태가 직접 발표했던 것이 아니다. <聖人노리푸념과 日月노리푸념>이라는 제목으로 소개된 이 자료는 편집자의 설명에 "이 신가는 1933년, 손진태씨가 평북 강계읍 박사 전명수의 구송을 필사한 것인데, 斯學 연구자의 참고문헌이 되기를 바라는 뜻에서 여기 전재한다"라고 되어 있어, 편집자가 임의로 『문장』지의 무가를 가져다가 참고자료로 게재한 것임을 알 수 있다. 3단 구성으로 한자 등을 써서 풀이한 부분은 생략하고 당시 채록했던 그 원자료 만을 제시해놓고 있다.

자료 사)는 2002년에 고려대학교 박물관에서 손진태의 유고를 모아 정리하여 『우리의 민속과 역사』라는 제명으로 남창 손진태 선생 유고집 1, 2를 간행한 가운데 채록 무가의 단편들을 모아 정리한 자료집이다. 자료 가)에서 <창세가>를 구송했던 함경도 함흥의 김쌍돌이, 평안도 강계의 전명수, 한순이 등이 제공한 여러 무가 자료들이 정리되어 있다. 여기서는 무가와 도가(禱歌)로 나누어 자료를 정리하고 있는데, 무가에는 <퇴귀사> 등 크게 아홉 종의 무가들이 수록되어 있고, 도가에는 <성황신맞이 도가> 등 14종이 수록되어 있다. 대체로 서사무가를 비롯한 장편의 무가는 없고, 주로 비념과 같은데서 불리던 교술적이고 단편적인 기도사(祈禱辭)들이 정리되어 있는 양상을 보여준다. 여기에는 비록 단편적인 자료이기는 하지만 1922년 8월 한순이 무녀가 구송한 별신전(別神前) 기도사, 1922년 8월 평남 중화군 해압면 광석리 무녀 윤복성이 구술한 칠성신전(七星神前) 기도사 등의 자료가 정리되어 있어 1922년에 이미 평안도 지역의 여러 무당들을 찾아 무가 조사를 실시하였음을 파악할 수 있다.[20]

---

19) 손진태, <聖人 노리푸념 日月노리푸념>, 『사조』 1권 1호, 1958. 6, 242면.

한편 손진태는 앞서 간략히 언급했듯이 이들 지면 발표자료 외에 중요 무가 자료들을 모아 1942년 무렵 『구전무가선』이라는 책으로 박문서관에서 발간할 예정이었던 것으로 보인다. 1942년에 나온 박문서관의 근간 예정 광고란을 보면, "전래무가의 집대성, 이 분 외에 이 글을 써낼 저자를 우리는 어디 가 찾겠는가. 기대되는 호저(好著)"라고 하는 손진태의 『조선무가선』이 간행 예고되어 있음을 볼 수 있다.[21] 어떤 무가 자료들로 이 책을 구성하려 했는지는 명확하지 않으나 『조선신가유편』 수록자료를 제외한 전명수 구송자료가 중심이 되지 않았을까 추측된다. 왜냐하면 1930년대 중후반에 발표한 무가 자료는 전부 전명수로부터 채록한 자료로 나타나기 때문이다.

특히 손진태가 『조선신가유편』을 출간한 이후에는 주로 조사가 전명수를 중심으로 한 평안도 지역 조사가 많이 이루어졌던 점을 염두에 둔다면 전명수로부터 채록한 무가를 중심으로 평안도 각지에서 수집된 자료들을 정리하여 출간하려고 했을 가능성이 크다. 손진태는 1933년 전명수로부터 채록한 무가 자료를 『청구학총』에 정리 발표하면서 다음과 같은 언급을 하고 있음을 볼 수 있다.

> 그(전명수)의 구송을 필기하고 그가 가지고 있는 여러 종류의 사본을 필사하고 혹은 그에게 받아 집으로 가져왔다. 이것들을 정리하여 여기에 발표할 수 있게 되었지만, 이외에도 나는 평안도 각지에서 채집한 이러한 자료를 꽤나 가지고 있다. 이것들을 기회 있을 때마다 발표하려고 한다.[22]

---

20) 최광식, 「새로 발견된 손진태 유고의 내용과 성격」, 『남창 손진태의 역사민속학 연구』, 민속원, 2003, 286면.

21) 김헌선, 『한국의 창세신화』, 길벗, 1994, 227면. 이에 대해서는 김헌선이 한국의 창세신화 자료를 해설하면서 자세히 밝혀놓고 있다.

손진태는 『조선신가유편』을 발간한 그 이듬해인 1931년 4월 동래의 최순도를 조사한 이후부터는 주로 평안도 지역 무가 수집에 주력하였으며, 그 중심이 되는 무격은 전명수였다고 할 수 있다. 손진태는 전명수로부터 채록한 자료로만으로 국한해 『청구학총』, 『신가정』, 『문장』 등에 지속적으로 발표하고 있고, 위의 언급에서 보듯이 그 외에도 평안도에서 얻은 자료들이 다수 있었으며, 또 그것들을 발표하려고 준비했음을 직접 밝히고 있다. 이렇게 볼 때 『조선무가선』은 아마도 전명수 구연 무가 자료들을 중심으로 하여 여타 평안도 지역 무가 자료들을 정리하여 책으로 발간하려 했을 가능성이 크다.

아마도 전명수가 구송한 <창세가>부터 시작해 열두거리 청배무가와 큰굿에서만 불리던 서사무가들이 그 나름의 체재에 따라 정리되었을 텐데, 이 책이 출간되지 못한 것은 못내 아쉬운 부분이라 할 수 있다. 아울러 『신가정』과 『문장』 등의 잡지에 손진태가 채록한 무가 자료들이 지속적으로 연재되었다면 기존에 발표된 자료 이외에 큰굿에서 불렸던 장편의 서사적 내용을 담고 있는 새로운 '푸념' 자료에 대한 소개가 있었을 가능성도 생각해볼 수 있으나 현재로서의 확인할 길이 없어 안타깝다.

Ⅳ. 기존 미소개 자료에 대한 검토

-『문장』지 소재 〈성인노리푸념〉-

위의 손진태 무가 자료의 존재 양상 검토를 통해서도 파악할

22) 손진태, 「조선무격의 신가(其一)」, 『청구학총』 제20호, 1935.

수 있었듯이 지금까지 흔히 알려진 태학사에서 출간한 '손진태전집'으로 묶인 『조선신가유편』과 『청구학총』소재의 무가 자료 외에, 『불교』에 소개된 최순도 구송 무가와 『신가정』에서 새롭게 소개되는 자료로는 전명수 구연의 <창세가>가 있으며, 『문장』지에서 새로 소개되는 자료로는 <성인노리푸념>이 있다. 이 중 전명수 구연의 <창세가>에 대해서는 김헌선이 이미 자료 전체를 제시하고 그 자료의 성격과 의미를 해설을 통해 밝혀놓고 있기에,[23] 지금까지 그 자료가 온전히 소개되지 못한 것은 <성인노리푸념> 뿐이라고 할 수 있다. 물론 앞서 검토했듯이 1958년 『사조』지에 <성인노리푸념>이 재수록 되기는 했으나 이 자료가 재수록 되었는지조차도 거의 알려지지 못한 실정이다. 따라서 여기에서는 <성인노리푸념>의 자료를 소개하고 그 성격과 자료적 가치를 찾아보도록 하겠다.

우선 <성인노리푸념>에 대한 서사단락을 요약하여 제시해보면 다음과 같다.

① 마울태자 선비와 마울태자 부인이 결혼하여 사는데 자식이 없어 서러워하던 중 하루는 시주 온 중에게 자식을 볼 수 있게 해달라며 불공을 드려 달라 하니 황금산에 들어가 백일정성을 올릴 것을 권한다.
② 백일정성이 끝나는 날 마울태자 부인이 치마에 붉은 구슬이 하늘에서 내려와 싸여 보이는 꿈을 꾸고는 태기가 있어 열달만에 아들을 낳는다.
③ 태어난 아이가 열세 살 되도록 말을 못하다가 비로소 말문을 열더니 중의 행장을 만들어 달라고 하여 황금산으로 가서 흰쇠 부처, 검은쇠 부처, 노란쇠 부처 등 삼불상 성인에게 주재문장이라는 이름과 대권선, 육환장, 목탁을 타가지고 나온다.

23) 김헌선, 같은 책, 236~247면.

④ 황금산 주재문장은 악독한 당주애비 집에 가서 시주를 요청하다가 당주애비에게 박대를 당한다.
⑤ 하지만 착한 당주애비 며느리가 쌀을 시주하자 주재문장이 당주애비의 집이 연당못이 될 거라고 하면서 내가 간 길을 따라가면 살 수 있으나 절대 뒤를 돌아보지 말라고 당부한다.
⑥ 이튿날부터 당주애비 집 벽에서 샘물이 나기 시작하자 며느리가 아이를 업고 뒷동산으로 올라가다는데, 벼락소리가 나서 겨드랑이 아래를 그만 뒤를 돌아보다가 그 자리에서 죽어 세존바위가 되고, 그 집은 늪이 된다.
⑦ 황금산 주재문장이 서장애기 집의 잠긴 열두 대문을 차례로 열고 들어가 시주를 요청하자 서장애기가 종에게 시주를 가져다주게 하였으나 받지 않아 결국 서장애기가 직접 시주를 한다.
⑧ 밑 빠진 바랑을 준비하여 쌀이 쏟아져버리고 그 흘린 쌀을 줍는 동안 해가 지자 서장애기 방에서 자겠다며 억지를 부려 결국 한 방에서 같이 자게 된다.
⑨ 서장애기의 꿈에 하늘에서 붉은 구슬 세 알이 내려와 치마에 싸여 보이는 꿈을 꾸고는 다음날 해몽을 얻으려 하자 주재문장이 아들 삼태자를 얻을 꿈이라면서 나중에 아이들이 자신에게 성을 달라고 올 것이라 한다.
⑩ 서장애기가 그 때부터 태기가 있어 거동을 못하는 중 부모님이 돌아와 양반집에서 영문 모를 아이를 가졌다며 죽이려 하나 결국 서장애기를 죽이지 못하고 방에 감금한다.
⑪ 아들 삼태자가 태어나 서당을 다니다가 아이들이 아비 없는 자식이라고 놀리자 삼태자는 아버지를 찾아달라며 서장애기에게 조른다.
⑫ 삼태자가 황금산으로 아버지를 찾아가서 성을 달라 하니, 아흔아홉 중의 고깔을 찾아 씌우는 시험, 발자국 남김없이 모래 위를 다니는 시험, 층암절벽에 핀 꽃을 꺾어오는 시험 등을 통과하고, 합혈(合血)을 해본 뒤 자식임을 확인한다.
⑬ 황금산 주재문장이 이름을 지어주고 하늘로 올라가니, 삼 형제가 아버지를 찾아 다시 하늘로 올라가려 하자 주재문장이 소나기를 내려 못 올라가도록 해서 생불이 된다.
⑭ 조선 팔도의 중들이 이들 생불을 구하던 중, 함을 열자 생불이 날아가 버려 포수에게 잡아달라고 하니 산 채로 잡지 못하고 총을

쏘아 죽여서 잡아 절마다 생불이 아닌 죽은 부처를 모시게 된다.[24]

이와 같은 내용의 <성인노리푸념>은 여타 지역에서 채록된 <제석본풀이>자료와 비교해 특징적인 점이 두 가지가 있다. 첫째는 ①에서 ③까지의 황금산 주재문장 곧 성인님의 출생 과정이 길게 구술된다는 점이고, 둘째는 ④에서 ⑥까지의 <장자못 전설>이 삽입되어 나타난다는 점이다.

먼저 성인님의 출생과정 및 치성을 드린 황금산 절에 가서 부처님께 이름을 얻어오는 과정이 초두에 구송되는 양상은 양평, 수원, 화성, 오산 등 경기도 지역을 중심으로 채록된 자료들에서도 부분적으로 찾아볼 수 있는 현상이다.[25] 그런데 『문장』지에 실린 이 <성인노리푸념>의 경우는 특히 강계지역의 열두 거리 제차에서 불리는 <성인님청배>와 밀접한 상관이 있다는 점에서 주목되는 자료이다. <성인노리푸념>은 함께 발표된 <일월노리푸념>과는 달리 열두 제차에서 구송되는 무가 중에 <성인님청배>가 있으며, 그것과 내용에서 상통하고 있는 것이다. 곧 전명수로부터 채록한 무가가 적지 않은데, 그 중 유일하게 '청배'와 '푸념'이 함께 자료로 채록되어 있는 것이다.

그런데 '청배'와 '푸념'의 관계를 손진태가 밝힌 바를 보면 다음과 같다.

日月노리푸념이란 것은 日月神의 由來를 말한 神話的傳說이며 聖人노리푸념은 神僧傳說이다. 노리는 宴遊의 의미이며 푸념은 巫覡의 禱祠를 總稱하는 말이다. 이 二種 神歌는 小規模의 巫祀에는 쓰지 않고 大規模의 巫祭時에 餘興格으로 (定規의 十二거리 巫祭中에는 들지

24) 손진태, 「무격의 신가」, 『문장』 2권 7호, 1940. 7, 166~183면 요약.
25) 서대석, 같은 책, 61면.

> 아니하므로) 行하는 것이라 하였으며 이렇케하여 그神을 飮食歌舞로 慰喜하며 그德을 贊頌하며 아울러 그說話를 世上에 傳布하게 되는것이다.[26]

여기에서 보면 정규의 12거리에 포함되는 <성인님청배>와 다르게 <성인노리푸념>은 대규모 굿에서 여홍격으로 행하여 신을 기쁘게 해준다는 것이다. 이처럼 설명이 되어 있으나 '청배'와 '푸념'의 관계가 분명한 것은 아니다. 대규모 굿에서 '푸념'으로 불리는 무가가 어느 정도나 있는지, '청배' 무가와 '푸념' 무가 사이에 어떤 관계가 있는지도 명확하지 않다. 그런데 다행히 각기 자료가 채록되어 있어 그 관계를 『청구학총』에 발표한 <성인님청배>와 여기서 살피고 있는 <성인노리푸념>과의 대비를 통해 어느 정도나마 짐작하게 한다.

<성인님청배>는 그 분량이 짧고 내용도 단순하다. 그런데 내용은 <성인노리푸념>과 별개가 아니다. <성인노리푸념>을 염두에 두고 초두 부분인 성인님의 근본 부분만을 떼어 교술적인 내용으로 부르고 있는 것이다.

> 성인님으 근본은
> 그워데가 본이드냐
> 황금산이 본이로다
> 황금산 주재문장
> 석가내러 대부테
> 노른쇠부테 검은쇠부테
> 삼불상 서인님아
> 황금산에 터을닥가
> 노룬산에 낭글꺽어
> 나즌산에 압자를 디어

---

26) 손진태, 같은 글, 165면.

아흔아홉 중상들이
어떤중상은 꼭갈을쓰고
……[27]

위의 인용된 부분은 <성인노리푸념>에서 주재문장이 황금산으로 이름을 타러 가서 흰쇠부처, 검은쇠부처, 노란쇠부처를 찾아가 대권선, 육환장, 목탁 등을 받아오는 과정을 압축한 것이며, 아흔아홉 중은 삼태자가 황금산 주재문장에게 성(姓)을 타러갔을 때 그 곳에 있는 중들의 숫자이다. 곧 먼저 신의 근본에 해당하는 황금산 절을 중심으로 있었던 부분만 압축해 성인님을 불러 모시고, 아흔아홉 중들의 행색을 열거하며, 마지막으로 자식을 점지해주는 신의 직능을 끝에 제시해주는 형태로 무가가 짜여져 있는 것이다. 곧 '푸념'은 신의 내력과 행적을 길게 서사적으로 풀어 구송한다면, '청배'에서는 그 중 신격의 행적을 제외한 채 신격의 근본과 직접 관련된 부분만을 추려 간략히 교술적으로 풀어놓고 있는 양상인 것이다.

아마도 손진태가 조사했을 당시에는 비록 채록이 이루어지지는 못했지만 이런 서사적이고 장편의 '노리푸념'들이 적지 않게 존재했을 것으로 추정된다. 특히 12거리에 들어있는 청배무가 중 교술적인 내용의 것이나 다소 서사적 내용을 갖춘 <원구님청배>, <제석임청배> 등도 압축된 형태가 아닌 장편의 서사무가로 짜여졌을 개연성이 있다고 생각한다.

한편 <성인노리푸념>에서 <장자못전설>이 서두 부분에 삽입되어 나타나는 양상도 흥미로운 대목이다. 함경도와 평안도 지역 무가의 중요한 특징 중 하나는 전설이 무가에 수용되어 나타나는 경향이 강하다는 점이다.[28] 함흥에서 채록된 <제석본풀이>는

27) 손진태, 「조선무격의 신가(二)」, 『청구학총』 22호, 1935. 11.

<셍굿>의 일부로 나타나는데, 여기서도 <제석본풀이>의 앞에 <장자못전설>이 배치되면서 연계되는 양상을 보여주고 있는 것이다. 특히 강계는 실제 평안도에 위치하지만 지리적 위치상 문화권이 함경도에 속하는 경향이 적지 않은데, 무가에서도 이런 양상이 확인되는 것이라고 할 수 있다.

V. 손진태 수집 무가 자료의 의의와 한계

일제강점기 우리 구비문학에 있어 가장 큰 수확은 이 시기 신화 자료로 인식하지 못했던 무가 자료를 현지조사를 통해 발굴해내고 수집함으로써 빈약한 것으로만 알았던 우리나라의 신화자료를 크게 확충하면서 그 지평을 넓혔다는데 있다. 그 당시 문헌신화만을 대상으로 삼아 우리 신화를 논함으로써 신화에 있어 스스로의 빈약함을 자탄하던 때에 손진태가 이런 무가 자료의 수집 및 정리를 통해 신화 자료를 확충했던 것은 적지 않은 의의를 갖는다. 당시 우리나라의 신화에 대해 일반적으로 가졌던 생각은 최남선이 언급했던 것처럼 내용의 단순과 분량의 빈약으로 집약될 수 있을 것이다. 천지개벽신화나 인류기원신화, 선악의 유래, 문화의 기원 등 자연 및 인문신화는 거의 없고, 다만 나라 배포하던 건국신화만 남아있다고 생각했다.[29] 그래서 이 시기 신화에 관심을 가졌던 대다수는 문헌신화의 논급에만 치중했다. 그

28) 권태효, 「함경도 서사무가에 나타난 아기장수전설의 수용양상」, 『한국구전신화의 세계』, 지식산업사, 2005.

29) 최남선, 『조선의 신화와 설화』, 홍성사, 1986, 10~11면.

런데 이런 와중에 손진태에 의해 우리 신화자료를 확충하고자 현지조사를 통해 무가를 수집하고 정리하는 작업이 이루어졌다. 그는 1920~30년대의 비교적 이른 시기에 민간에서 풍부하게 전승되고 있던 무가 자료의 중요성에 새롭게 눈을 뜨고 무가라고 하는 구전신화의 세계를 직접 조사를 통해 발굴해냄으로써, 우리 신화자료의 수집 및 확충에 있어 가장 중요한 기틀을 세우게 되었던 것이다. 함경도와 평안도 등 여타 지역보다 서사무가가 풍부하게 전승되는 지역을 택해 무가를 채록함으로써 우리나라에도 풍부하고 다양한 내용의 신화세계가 펼쳐지고 있음을 찾아내고 있다.

1. 손진태 수집 무가 자료의 가치

1920~30년대 아무도 우리 무가에 대해 제대로 관심을 갖지 않았던 시기에 손진태가 지방 곳곳을 다니면서 현지조사를 통해 지속적으로 무가를 수집하고 지면을 통해 발표했다는 점은 분명 선각자로서의 의의가 아주 큰 것이다. 그가 채록 정리한 무가 자료들의 가치를 찾아보면 다음과 같이 정리할 수 있을 것이다.

첫째, 우리나라 최초로 구전신화 자료에 관심을 가지고 무가를 수집 정리함으로써 신화자료 확충에 크게 기여했다는 점이다. 당시 문헌신화 중심의 신화 인식과 문헌신화를 염두에 두고 빈약한 우리 신화에 대한 탄식이 주류를 이룰 때, 창세신화를 비롯한 다양한 신화가 우리의 경우는 기록이 아닌 구비로 전승되고 있음을 찾아내고 있는 것이다. 그가 의도하였건 의도하지 않았건 간에 일반인들의 입을 통해 구전되는 신화적 성격의 이야기를 수집했던 것과 함께 무당들의 입을 통해 전승되는 문헌에 기록되지 않은 중요한 신화 자료들을 수집 정리함으로써 우리 신화의 영역을 구전신화까지로 크게 확장시킨 것은 분명 중요한 가치가 있는 작업을 수행한 것이다.

둘째, 1920~30년대라고 하는 비교적 이른 시기의 무가 자료를 채록해 정리해 놓음으로써 초창기 우리 무가의 실상과 존재양상을 파악할 수 있도록 했다는 점이다. 기록되지 않은 무가는 전승되면서 끊임없이 변이되거나 사라지기 마련이고, 때문에 이처럼 이른 시기에 채록된 무가 자료는 후대 자료의 전승양상이나 변이를 살피는데 중요한 지침이 된다는 점에서 큰 의미가 있다고 할 수 있다.

셋째, 함흥과 강계 등 북한지역의 무가 자료를 직접 현지조사를 통해 수집 정리한 유일한 사례 보고가 되고 있다는 점이다. 해방 후 남북이 분단되면서 북한지역에 공산정권이 수립됨과 동시에 무당이 허황한 언사와 행동으로 몽매한 사람들을 기만하고 미신을 퍼뜨리며, 착취사회에서 지배계층과 결탁하여 민중의 계급의식을 마비시키고 착취시킨다고 하여 무속신앙의 전승을 완전히 중단시켰고,[30] 따라서 더 이상 무가가 전승되거나 조사될 수 없는 상황이 되어버렸다. 그렇기에 남한에서는 북한지역의 무가 자료를 확보하기 위해 월남한 북한 지역 무녀들을 대상으로 자료를 채록 및 정리할 수밖에 없는 형편이었다. 이렇게 수집한 자료로는 문화재관리국 주관으로 임석재·장주근이 지금섬, 강춘옥, 정운학 등의 무당들을 대상으로 조사하여 정리한 것을 「관북지역무가」와 「관서지역무가」로 펴낸 것[31]과 김태곤이 개인적으

30) 최철·전경욱, 『북한의 민속예술』, 고려원, 1990, 60면.

31) 임석재·장주근, 「관북지역무가」, 문화재관리국, 1965.
______________, 「관북지역무가(추가편)」, 문교부, 1966.
______________, 「관서지역무가」, 문화재관리국, 1966.

로 월남한 무녀들을 조사하여 정리해 『한국무가집』으로 출간[32] 한 것이 전부라고 할 수 있다. 따라서 이제 더 이상 조사나 수집이 불가능하게 된 상황에서 북한 현지의 직접적인 조사를 통해 나온 유일한 무가 채록 결과물이 되고 말았다. 물론 1937년에 아까마쓰(赤松智城)와 아키바(秋葉隆)가 북한지역을 포함한 무속조사를 토대로 무속신화 자료집을 발간하기는 했지만 북한지역의 자료가 수록된 것이 없음을 볼 때 북한지역의 무가를 현지에서 직접 조사한 유일한 자료는 손진태가 채록한 자료뿐인 셈이다.

넷째, 중요한 무가 자료의 성격 및 중요성을 인식하고는 이를 토대로 중요 무가를 보유한 무당에 대한 집중적인 조사를 실시하여 자료를 얻고 있다는 점이다. 손진태는 민속탐방을 통해 여러 지역을 두루 다니면서 다양한 무당을 만났던 것을 알 수 있다.[33] 그 중 별반 중요하지 않은 무당에게는 그다지 관심을 두지 않았던 반면 정말 중요한 무가를 보유한 무당의 경우는 집중적이고 거듭된 조사를 시도하고자 노력했음을 찾아볼 수 있다. 곧 주요 제보자에 대한 인식이 있었다는 말이다. 이런 대표적인 사례가 김쌍돌이와 전명수이다. 『조선신가유편』의 가장 중요한 제보자인 김쌍돌이 무녀의 경우 1923년 여름 함흥의 친구인 노봉종(盧鳳鍾)의 집에서 처음 만나 거듭 간청하여 <창세가>를 채록한 뒤, 3년 뒤 다시금 의도적으로 그 무녀를 찾아 여러 종의 무가를

32) 김태곤, 『한국무가집』 3, 집문당, 1978. 이 책에서는 평양과 함흥 등지에서 월남한 무녀들을 상대로 북한지역의 무가를 수집 정리하고 있다.

33) 그의 「민속채방여록(民俗採訪餘錄)」을 보면 전명수를 만난 강계 뿐 아니라 성천(成川), 강동(江東) 등을 비롯한 평안도 곳곳을 조사하면서 무녀들을 만난 것으로 나타나고, 해주, 연평(延坪) 등지의 황해도 지역, 그 외에 개성 덕물산 등지에 대한 조사를 실시하였음을 볼 수 있는데, 그 중에서도 유독 몇 사람의 무당 자료만을 싣고 있다. 손진태, 「민속채록여방록」, 『손진태선생전집』 6, 태학사, 1981.

추가로 수집하고 사진을 찍는 등의 성과를 얻고 있다. 또한 전명수의 경우도 그가 1932년 10월에 정리한 <민속채방여록>에 따르면 6월 19일부터 무려 8일간을 강계에 체재하면서 전명수를 조사했음을 밝히고 있다. 물론 여기에는 산인삼 채집자의 풍습을 조사한 부분도 있었지만 전명수의 이웃사람들이 손진태를 무당의 자식이거나 무격조합을 구성하는 사람으로 오해할 정도로, 그리고 전명수조차도 그를 관청 관계 사람으로 착각할 정도로 자주 찾아 집중적인 조사를 하였음을 알 수 있다. 그리고 『문장』지에 두 편의 무가를 발표하면서는 "다음의 神歌는 내가 소화 8년 7월 평북 강계읍 박사 전명수 구송을 필기한 것"이라고 밝히고 있고,[34] 『청구학총』의 「조선무격의 신가」를 발표한 지면을 보면 소화(昭和) 8년 곧 1933년 여름에 약 1주일 동안 그의 집에서 구송한 것을 필기했다고 한 것으로 보아 장기간 동안 거듭된 조사가 이루어졌음을 알 수 있다.[35] 이를 통해 전명수가 보유한 <창세가>를 비롯한 다양한 무가 자료를 채록할 수 있었다.

한편 이처럼 손진태는 주요 제보자에 대한 집중적인 조사를 통해 무가 자료를 채록했던 것으로 보이는데, 그가 조사했던 주요 제보자는 그 나름대로 기준이 있었던 것으로 보인다. 첫째는 큰 무당인가 여부이다. 그가 판단한 큰 무당은 아마도 조사 대상 무당을 직접 조사하면서 그 무당이 언급한 바를 토대로 살핀 데에 따른 것으로 보이는데, 어떻든 그에게 자료를 제공한 무당의 경우 무에 대한 소개 부분이나 자료 말미에 '큰 무당'이라고 밝혀주고 있는 것을 흔히 볼 수 있다. 둘째, <창세가>와 같은 중요한 신화적 성격을 지닌 자료를 보유하였는가 여부도 중요한 판단의

34) 손진태, 「무격의 신가」, 『문장』 2권 7호, 1940. 7, 165면.
35) 손진태, 「조선무격의 신가(其一)」, 『청구학총』 제20호, 1935.

기준이 되었던 것 같다. 그가 집중조사를 벌였던 김쌍돌이와 전명수는 모두 창세신화를 구송해주었고, 무당에 대한 자신의 입장을 정리한 『신가정』의 해설 글에서도 “그들은 창세신화를 전하고 긔도사와 귀신을 위로하는 노래를 만들고……”라고 하여[36] 무가 중 특히 창세신화를 중요하게 언급하는 모습을 찾아볼 수 있다. 셋째는 서사적인 내용의 무가를 많이 보유하고 있는가 하는 여부도 중요한 관심사였던 것으로 보인다. 그가 채록한 무가 중 필사본을 옮겨 적은 <계책가>와 같은 것 이외에 몇몇 교술적인 무가를 제외하고는 조사 무가가 대체로 서사무가에 집중되어 있음을 볼 수 있다. 곧 단순히 교술적 성격을 지닌 무가보다는 일정한 인물과 사건을 지닌 서사무가에 특히 관심이 많았던 것으로 보인다. 이것은 희랍신화를 비롯한 세계 신화에서 서사적인 내용의 신들의 이야기 및 세상이나 문화의 기원이나 유래를 설명하는 서사적인 신화가 다양하게 존재한다는 인식이 바탕에 깔려 있었기 때문인 것으로 보인다.

2. 손진태 수집 무가 자료의 한계

손진태가 우리 무가의 수집 및 정리에 있어 큰 족적을 남기기는 했지만 그렇다고 아쉬운 면이 없는 것은 아니다. 당시 손진태가 무가를 수집하고 정리함에 있어 한계가 된다고 생각하는 점을 지적해보면 다음 세 가지 정도를 들 수 있을 것이다.

첫째, 무엇보다도 굿이 전승되는 현장에서 직접 무속신화를 채록했던 것이 아니라는 점이다. 그가 물론 굿판을 직접 참관하여 관찰하고 조사했다는 사실은 「민속채록여방」 등 그의 여타 글들

36) 손진태, 「무격의 신가(一)」, 『신가정』 4권 4호, 1936. 4.

을 통해 충분히 확인할 수 있지만 그 굿판이라는 실제 현장에서는 무가 채록을 하지는 못했고, 주로 무당의 집과 같은 곳에서 인위적인 자리를 마련해 조사 및 채록이 이루어졌음을 알 수 있다.[37] 그는 『조선신가유편』에서 만취한 김근성으로부터 <도랑선배·청정각씨노래>를 채록 정리하면서, 그리고 전명수로부터 채록한 무가를 「조선무격의 신가」에 발표하면서 다음과 같은 언급을 하고 있어서 주목된다.

> 그(김근성)는 영산제의에서 돌아온 직후 만취해 있어서 내용이 분명하지는 못했다. 따라서 김쌍돌이의 경우처럼 나는 하나하나 그가 말하는 대로 받아 적을 수 없었다. 그래서 결국 대략 줄거리만 쓰게 된 점은 유감이지만……[38]

> 약 일주일간 그의 집에 머무르면서 그의 구송을 필기하고 그가 가지고 있는 여러 종류의 사본을 필사하고 혹은 그에게 받아 집으로 가져왔다. 이것들을 정리하여 여기에 발표할 수 있게 되었지만……[39]

이런 언급을 통해 손진태가 어떻게 무가를 채록하고 정리하였는지 그 상황을 어느 정도 파악할 수 있다. 곧 무가를 한 구절씩 구송하게 하고 그것을 확인해가면서 받아 적는 형태로 무가를 채록해놓는 방식으로 이루어졌음을 알 수 있다. 곧 굿판이 아닌 조사를 위한 인위적인 장소를 만들어 무가를 채록하고 있음을 파악할 수 있다.

물론 당시 녹음기기 등의 장비를 갖출 수 없었던 시기였기에 이런 조사방식 외에 별다른 방법이 있을 수 없었던 점도 인정되

37) 그의 조사가 주로 무당의 집에서 이루어졌음은 김쌍돌이와 전명수 등의 조사 사례에서 잘 확인된다.
38) 손진태, 『조선신가유편』, 향토연구사(동경), 1930. 10.
39) 손진태, 「조선무격의 신가(其一)」, 『청구학총』 제20호, 1935.

기는 하지만 굿판이 아닌 인위적인 공간에서 자료를 수집한 것은 그 자료에 대한 온전한 성격이나 기능을 파악할 수 있는 살아있는 무가 자료가 되지 못하고, 단지 그 내용과 사설만을 얻는 것이라는 점에서 아쉬운 부분이라고 하겠다. 아울러 중요 제보자가 보유한 무가 자체의 중요함을 염두에 두고 조사를 실시한 까닭에 굿의 전체 짜임을 염두에 두고 무가의 성격이나 기능을 파악한 채 수집하지 못했던 점도 아쉬움으로 남는 부분이다. 물론 강계의 전명수에 대한 조사에서 보듯 12거리로 짜여진 굿거리에 대한 관념이나 인식은 있었던 것으로 보이나 그 굿의 전체 제차 속에서 사설의 의미나 기능은 거의 고려되지 못하고 무가 사설 채록 그 자체에만 초점을 맞추는 양상임을 알 수 있다. 이 점은 1937년 아까마쓰와 아키바가 굿거리 전체를 통째로 조사해 수집하고 그 틀 속에서 무가를 풀어 정리하고 있음[40]을 염두에 둔다면 굿의 전체 짜임새 속에서 각 무가를 파악하거나 정리하지 못한 것은 분명 아쉬움이 남는 대목이다.

둘째, 신화적 성격을 지닌 무가를 찾아 수집하고 정리했지만 그것이 신화인지에 대한 뚜렷한 확신을 갖지 못했다는 점이다. 손진태는 무가 자료를 수집하면서 분명 신화적 성격을 지닌 자료임을 깨닫고 있기는 했지만, 구전되는 자료였기 때문인지 신화라고 명명하는 데는 다소 주저했던 것으로 보인다. 하지만 신화 자료라는 인식만은 분명히 가지고 있었음은 확인할 수 있다.

셋째, 그가 많은 무가를 조사하여 정리하였지만 다만 자료수집 및 정리에만 그치고 말았고 연구로까지는 진전시키지 못했다는 점이다. 전국적인 범위에서 다양하고 풍부한 무가 자료를 조사하고 확보했음에도 불구하고 그 자료를 지면을 통해 단지 정리하

---

40) 赤松智城・秋葉隆, 심우성 역, 『조선무속의 연구』(상), 동문선, 1991.

고 소개하는 정도에 그쳤을 뿐이다. 그가 채록했던 설화 자료의 경우는 『조선민족설화의 연구』라는 연구서로 발전했으나, 무가의 경우는 설화보다 더 많은 자료를 수집 정리했음에도 불구하고 그에 대한 연구를 통한 그 성격이나 의미를 파악하는 데까지는 나아가지 못하고 있다. 이처럼 무가 자료를 연구로까지 진행시키지 못했던 것은 해방 후에도 한동안 지속되다가 1960년대에 이르러서야 비로소 본격적인 연구서[41)]가 출간되는 모습을 찾아볼 수 있다.

Ⅵ. 마무리

이상 손진태의 무가 자료 채록 및 정리 양상과 그 의미를 찾아보았다. 손진태 채록의 무가 자료는 일제강점기라는 비교적 무가 전승에 있어 변화가 심하지 않았던 시기에 채록했다는 시대적 의의 외에도 그 채록편수 및 분량이 아주 많고 길다는 점, 그리고 1950년 이후에는 채록이 불가능한 함경도와 평안도 지역의 무가를 채록해 놓았다는 점, <창세가> 등 채록무가 자체가 지닌 자료적 가치가 높다는 점 등 다양한 측면에서 중요한 의미가 있는 자료임을 파악할 수 있었다.

---

41) 이 시기 구전신화에 대한 대표적인 연구 성과로는 다음 몇 가지를 들 수 있다.
장주근, 『한국의 신화』, 성문각, 1961.
김태곤, 『황천무가연구』, 창우사, 1966.
서대석, 「서사무가 연구; 설화·소설과의 관계를 중심으로」, 서울대 석사학위논문, 1969.

그러면 본고에서 밝힐 수 있었던 바들을 요약·정리하고 향후 과제를 찾으면서 글을 마무리 짓도록 하겠다.

먼저 이 글에서는 손진태의 무가 수집 배경으로 첫째, 인류학과 민속학의 학문적 영향을 바탕으로 민속현장을 답사하면서 무속에서 불리는 무가의 중요성을 인식했다는 점과 둘째로 세계 여타 신화에 견주어 우리 신화 자료를 찾다가 무가 중 특히 서사적 내용이 강한 자료에 관심을 갖고 수집했다는 점을 들었다.

다음으로는 손진태가 현지조사를 통해 채록한 무가를 발표했던 자료양상을 살폈다. 손진태는 1930년 『조선신가유편』을 시발로 『불교』, 『청구학총』, 『신가정』, 『문장』지 등 일제강점기 동안에 지면을 통해 채록 무가를 정리 발표하였는데, 지금까지 그 전반적인 자료 양상이 온전히 파악되지 못했던 것을 이 글에서 찾아 비교 정리하였다. 아울러 해방 후 『사조』지에 재수록된 자료 및 유고를 모아 정리한 자료 등도 함께 다룸으로써 손진태 무가 자료의 전반적인 현황을 살필 수 있게 하였다.

이와 함께 지금까지 널리 알려진 『조선신가유편』과 『청구학총』 소재 무가 외에 『신가정』과 『문장』 등의 자료 중 중복 발표되지 않은 자료인 <성인노리푸념>을 대상으로 자료 내용과 성격을 살폈다. 특히 <성인노리푸념>은 강계의 열두거리 제차에 포함된 <성인님청배>와 내용상이나 성격상 무관한 자료가 아님과 그 관계가 신격의 근본 및 직능 위주로 압축된 것이 곧 '청배' 자료임을 알 수 있었다.

마지막으로 손진태 채록 무가 자료의 가치와 한계를 찾아보았다. 손진태 채록 무가 자료의 가치로는 ① 우리나라 최초로 무가를 수집 정리함으로써 신화자료 확충에 크게 기여했다는 점, ② 1920~30년대 비교적 이른 시기의 무가 자료를 채록해 정리해 놓았다는 점, ③ 함흥과 강계 등 북한지역의 무가 자료를 현지조사를 통해 수집 정리한 유일한 사례보고라는 점, ④ 중요 무가 자료의 성격 및 가치를 인식하고 중요 무가를 보유한 무당에 대한 집중조사를 실시하여 자료를 얻고 있다는 점 등을 찾았다. 한편 손진태 무가 자료에 대해 아쉬운 점으로는 ① 굿의 전승 현장에서 직접 무속신화를 채록한 것이 아니라는 점 ② 신화적 성격을 지닌 무가를 찾아 수집 정리했지만 그 자료가 신화에 해당하는지에 대해 확신이 없었다는 점 ③ 많은 무가를 조사하여 정리했지만 자료수집 및 정리에만 그치고 연구로까지 진행시키지는 못했다는 점 등을 들었다.

개항 이후 일제강점기 동안은 우리 구비문학 자료 정리에 있어 공백기에 가깝다. 일본인에 의해 조사되거나 정리된 자료도 많고, 일제강점기라는 시대적 상황 때문에 일문으로 기술되었거나 일본에서 출판된 자료도 적지 않다. 우선 이런 자료들의 실상을 파악하는 작업이 선행될 과제라고 생각한다. 구비문학 각 분야별로 이 시기 어떤 자료들이 조사되어 있는지를 발굴하고. 그 자료양상이 어떤지를 면밀히 검토할 필요가 있다. 아울러 당시에 연구된 부분의 성과와 한계가 무엇인지를 더듬어 우리 구비문학사의 공백기에 해당하는 이 시기의 자료 양상 및 연구 실상을 온전히 파악하도록 하는 것이 앞으로의 중요한 과제라고 할 수 있다.

일제강점기 朝鮮內 神社政策

- 조선 민간신앙과 관련하여 -

김 난 주*

Ⅰ. 서 론

막부 말 존왕양이의 기치를 내걸었던 일본의 신진세력들은 급기야 천황을 정점으로 하는 새로운 근대국가의 기치를 내걸고 1868년 메이지유신을 단행한다. 이 메이지 유신을 계기로 오랜 세월 무사권력의 그늘에서 숨죽여 지내왔던 천황은 밀려오는 서구열강의 도전을 막아내고 동아시아의 패권을 차지할 강대국 일본의 탄생을 이끌 지도자로 급부상한다.

만세일계의 황통을 보전한 세계 유일의 왕가 천황을 국민 대통합의 상징으로 만들어 내기 위해 이른바 천황제 이데올로기가

* 단국대학교 동양학연구소.

부상하고 이러한 천황제 이데올로기를 종교적 사상적으로 뒷받침하기 위해 일본 고유의 신앙인 신도가 이용되었다. 즉 아마테라스오미카미(天照大神) 태양신의 혈통을 이어받았다고 하는 천황을 신격화 하여 천황에 대한 절대적 복종과 일사불란한 행동력을 근대국가 발전의 동력으로 삼고자 했던 일본의 군부세력이 신도를 정치적으로 이용한 것이 바로 근대 일본의 국가신도인 것이다.

그러나 제국주의 일본의 국가신도와 신사는 일본 국내에 국한된 현상만이 아니었다. 그것은 일본의 아시아 점령과 함께 퍼져나가 식민지 민중의 신앙과 종교에 영향을 미치기 시작한다. 다시 말해 그것은 단순히 식민지에 진출한 일본인 거류민의 자발적이고 자생적인 신앙활동을 위한 종교공간만이 아니라 일제의 식민지 정책, 즉 식민지 민중의 사상과 종교를 통제함으로써 보다 원활하고 완벽한 식민지 지배 체제를 구축하기 위한 통치책으로 활용된 것이다. 이와 같은 현상은 실지로 아시아 제국 중에서도 특히 일본 식민통치의 가장 큰 대상국이었던 조선에서 가장 극명하게 드러났다.

신사참배의 강요는 우리가 일제의 폭압정치와 민족혼 말살 정책을 이야기할 때 가장 먼저 떠올리는 대목이다. 그러나 실제로 일제강점기 국내에 진출한 일본 신사의 실태와 일제의 신사 정책의 실체, 그리고 그것이 우리 민족의 종교 행태와 정신세계에 끼친 영향에 대한 연구 성과는 너무나 미약하다[1].

---

1) 이 분야 국내 연구로는 일제강점기 종교정책과 관련하여 최석영의 『植民地朝鮮における宗教政策と巫俗の研究』, 히로시마대학박사논문, 1998 ; 「1920년대 일제의 무속 통제책」, 『일본사상』 2호, 2000; <일제하 춘천 우두산(牛頭山)에 소시모리신사(神社) 건립 배경>, 『민속소식』 132호, 2006.8; 「교파신도의 조선 포교와 무속의 대응」, 『민속학연구』, 국립민

그에 반해 일본에서는 일찍부터 소위 해외 신사에 대한 연구에 박차를 가하고 있었다. 1930년대 이미 해외신사에 관한 최초의 연구 성과인 『해외의 신사海外の神社』(1933년)가 오가사하라(小笠原省三)에 의해 나온 이래 1940년 고야마(小山文雄)의 『신사와 조선神社と朝鮮』(京城朝鮮佛教社, 1940), 1943년 긴토(近藤喜博)의 『해외신사의 사적연구海外神社の史的研究)』, 1953년 같은 오가사하라의 『해외신사 상권海外神社史上卷』(海外神社史編纂會)이 나왔고, 1956년에 출간된 『神社本廳十年史』는 지역별 주요 신사명, 창립 년도, 제신, 소재지 등을 포함한 일람, 신사의 소재지별 일람, 창립 연도별 일람 등을 게재하여 이 분야의 필독서로 꼽히고 있다.

이후 연구는 해외 신사를 식민지 지배와 황민화 정책과의 관련하여 본격적으로 논의되었다. 또한 각 지역의 개별 신사에 대한 활발한 연구 활동이 다각화 심층화되고 그 지역의 신사정책과 해외 신사상에 대한 전모를 밝히는 저작들이 활발하게 발표되고 있다. 본고에서는 이와 같은 연구 성과들을 토대로 하여 일제 강점기 조선 내 신사의 실태를 파악하고 피식민지의 종교가 식민통치국의 신사 신앙에 어떻게 대응하고 또는 영향을 받았는지에 대해 특히 우리의 민간 신앙을 중심으로 살펴보고자 한다.

Ⅱ. 일제강점기 조선 내 신사 현황 및 추이

"일본인 있는 곳에 반드시 신사가 있고 신사 있는 곳에 또한

속박물관, 1999.11; 『일제하 무속론과 식민지 권력』, 서경문화사, 1999 등이 있다.

일본인이 있었다.” 이는 앞서 언급한 일본 해외신사 연구의 선구자이자 해외신사 창설운동의 실천가인 오가사하라(小笠原省三)가 그의 저서 「海外神社史 上卷』[2]에서 밝힌 언설이다. 이는 일본 민족과 신사와의 불가분의 관계를 강조한 것인 동시에 한편으로는 세계 각지로 뻗어나가며 제국 일본과 영광을 함께 했던 지난 海外神社史에 대한 추억이 묻어나는 발언이기도 하다.

일본 신도의 신전인 신사는 그 오랜 역사만큼이나 일본 전역에 뿌리 내려 1936년 당시 11만 1천 여 개사에 이르는 신사 수가 집계되고 있다. 1936년 당시 조선총독부의 보안과장을 역임한 가미우치(上內彦策)는 일본에서 여행을 할 때 신사를 보지 않고는 도보로 1시간, 기차 여행으로는 10분을 채 넘지 않는다고 호언할 정도다.[3]

일본 신사의 등급은 일본 황실의 황조신 아마테라스오미카미를 모신 伊勢神宮을 정점으로 관폐사, 국폐사, 府縣社로 구분되고 관폐사와 국폐사는 각기 다시 대중소로 구분된다. 이외에 별격(別格) 관폐사가 있고, 부현사 신사 이하로는 府社, 縣社, 鄕社, 村社 및 無格社의 구분이 존재한다. 1936년 당시 일본 전국의 관폐대사의 수는 55사에 이르렀다고 한다. 이외에 메이지유신기의 내전에서 정부군 측 전몰장사들의 영혼을 안치한 招魂社라고 하는 새로운 형태의 신사가 있는데[4], 이러한 초혼사 중 우리에게

2) 小笠原省三, 『海外神社史 上卷』, 海外神社史編纂會, 1953, 3면. 오가사하라는 특히 조선신궁 진좌에 있어 조선의 시조신인 단군을 조선신궁의 제신 아마테라스오미카미, 명치천황과 함께 봉제할 것을 주장한 것으로 유명한데, 그는 이후 일본의 해외신사에 반드시 그 지역의 시조신 내지는 건국유공자 등의 토착신을 봉제할 것을 정부 및 총독부, 군부 등에 끈질기게 권고한 독특한 신도론자이다.

3) 上內彦策, 「神社參拜」, 『朝鮮研究』 9-4, 1936.4, 朝鮮研究社, 15면.

4) 이상 일본 국내의 신사 사정에 대해서는 上內彦策의 상게서 참조.

잘 알려진 것이 바로 야스쿠니靖國神社신사이다.

한편 일본의 神宮神社가 제사지내는 神祇, 즉 祭神은 각 신사에 따라 각양각색이다. 예를 들면 황통의 조상신, 역대의 천황, 황족, 황실과 국가에 공헌한 神人, 씨족신, 충절훈공의 영령 등, 일본과 밀접한 관계가 있고 국가 국민의 숭앙의 대상이 되는 신이나 역사상의 실존인물들을 제신으로 봉제하게 된다.

초기 일본의 해외신사는 점령지 등의 해외에 진출한 일본인 거류민에 의해 자생적으로 생겨난 것이며, 그 숫자 또한 미미했다. 그러던 것이 일본제국의 팽창과 함께 일본인들의 해외진출이 늘어나게 되자, 특히 피식민지 국가 내에 일본 신사의 수가 급격하게 늘어나는 양상을 보이게 된다.

스가(菅浩二)는 이제까지의 연구 성과를 토대로 나름의 조사를 통하여 1945년 종전 당시 시점에서 해외신사의 총수가 600여 개사에 이르는 것으로 추정하고 있다. 그는 또 여기에 대만의 "社"나 조선의 "神祠사" 등 해당 지역의 제도상 "신사"의 규격에 미치지 않는 神祇 奉齊 시설을 신사로 간주할 경우 그 숫자는 일거에 1600사 이상으로 증가하며, 나아가 일본군 점령 주둔지 등에 모셔진 신기 봉제 시설이나 당국에 보고되지 않은 "祠"를 포함한다면 그 숫자는 더욱 증가할 것이라고 추정했다.[5]

그렇다면, 일제강점기 조선에 건립된 신사의 총수는 얼마나 되었을까? 다음은 나카시마(中島三千男)의 <海外神社硏究序說>에 실려 있는 태평양전쟁 종전 이전 해외 지역의 신사 창건 수에 대한 표를 인용한 것인데, 특히 대만과 만주, 조선 등 아시아권 식민지 지역에서의 신사 수만을 따로 정리한 것이다.

---

5) 菅浩二, 『日本統治下の海外神社 -朝鮮神宮・台湾神社と祭神-』, 弘文堂, 2004, 3면 참조.

<표 1> 해외 각 지역별 神社, 社, 神祠, 創建數

	神 社						社/神祀	계
	官幣大社	國幣社	縣社	鄉社	기타	小計		
대만	2	3	8	10	45	68	116	184
조선	2	8	0	0	72	82	913	995
만주	-	-	-	-	243	243	-	243
중화민국	-	-	-	-	51	51	-	51

※ 中島三千男, <海外神社研究序說>(『歷史評論』602, 200.6)에서 발췌.
(신사 수 산출의 최종 현재년은, 대만 1942년 말 현재, 조선 1945년 현재, 만주 1941년, 중화민국 42년 현재이다.)

위의 표를 보면 1945년 현재 해외 지역 神社 및 神祠, 또는 社의 총수가 대만이 184개, 조선 995개, 만주 243개, 중화민국 51개로 조선 내 신사 창건 수가 아시아의 제식민지 국가 중에서도 단연 높다는 것을 알 수 있다. 이것은 또한 일본의 해외신사 중에서도 가장 높은 비율을 차지하는 수치이다. 그만큼 일본의 식민지사에 있어서 조선의 비중과 위치가 건립 신사의 수치를 통해서도 드러나는 것이라 할 수 있다.[6]

6) 물론 이러한 수치는 연구자들의 독자적인 산출 방식에 따라 조금씩 다른 양상을 보이고 있다. 예를 들어 韓晳曦는 조선내 신사 총수를 1,062개(『日本の朝鮮支配と宗教政策』, 未來社, 1988)로, 스가 코지(菅浩二)는 中島三千男의 위 표와 같은 995개(『日本統治下の海外神社 -朝鮮神宮・台湾神社と祭神-』, 弘文堂, 2004, 3면) 를 제시하고 있다. 또한 스가 코지(菅浩二)에 따르면, 해방 이전 식민지 조선에 존재했던 신사의 수와 관련하여 가장 체계적이고 신빙성 있는 자료로 평가받는『總督府官報』, 彙報欄에는 1917년 이후 종전까지 실행된 신사 설립 인허가 건수에 관한 기사를 근거로 산정한 신사의 개수가 862로 되어 있다. 이러한 수치상의 차이는 어디까지를 신사로 볼 것인지 신사 규모에 관한 해석상의 차이와 깊은 연관이 있어 보인다.

조선에 있어 일본 신사의 역사는 에도시기부터 부산의 왜관에 존재했던 신사가 발전한 龍頭山神社로부터 시작하여 1945년 현재 신사 수 995개로 증가한 것이다. 각 시기별 건립된 신사 수의 증가 추이를 좀 더 잘게 나누어 보면 각 지역별 일본 신사의 실태에 관한 구체적인 윤곽이 드러날 것이다. 다음은 中島三千男가 해외 각 지역에 건립된 신사 수의 추이를 연대별표로 작성한 것이다.

<표 2> 지역별・연대별 해외 신사수

	神 社				社・神祠	
	대만	조선	만주	중화민국	대만	조선
1900년까지	2	-	-	-	3	-
1901～1905	0	-	1	-	0	-
1906～1910	1	-	5	-	2	-
1911～1915	7	0	16	2	3	2
1916～1920	6	35	9	3	6	41
1921～1925	2	7	3	0	16	57
1926～1930	3	7	0	1	31	78
1931～1935	7	2	0	1	31	78
1936～1940	30	9	110	26	7	353
1941～1945	3	20	67	14	0	296
不明	7	2	0	1	0	0
計	68	82	243	51	116	913

※中島三千男, <海外神社研究序說>(『歷史評論』602, 200.6)에서 발췌
(신사 수 산출의 최종 연도는 대만이 1942년 말 현재, 조선 1945년 현재, 만주 1941년 현재, 중화민국 1942년 6월 현재이다)

표에 나타난 수치는 각각 해당 지역의 당국에 인허가를 얻어 문서 기록에 남아 있는 것만을 산정해 낸 수치이다. 그런데 이 표를 보면 1916년에서 20년 사이에 조선 내 신사 수가 돌연 증가

하기 시작하여 1936년과 1945년 사이에 가히 폭발적이라고 할 만큼 급증하고 있는 것을 한눈에 확인할 수가 있다. 이러한 신사의 급증은 단순히 일본인 거류민 숫자의 증가를 배경으로 하는 것이 아니며 일본의 식민지 통치책으로 고안된 종교정책의 변화와 깊은 관련이 있는 것이다. 다음 장에서는 조선총독부의 종교정책과 조선 내 신사 상황 변화의 관련 양상에 대해 살펴보도록 한다.

Ⅲ. 조선총독부의 종교정책과 신사

러일전쟁 이후 조선을 실질적으로 지배하게 된 일본은 식민지 조선의 종교와 포교활동을 통제하기 위한 제법령을 정비, 공포하기 시작한다. 1906년 설치된 조선통감부는 1906년 11월 <종교의 선포에 관한 규칙>을 공포하여 조선에서 활동하고 있던 일본인 종교자들에 대한 감시체계를 갖춘다. 1910년 조선합병에 의해 조선총독부가 설치되면서는 1911년에 사찰령이 공포되고, 뒤이어 1915년에는 <포교규칙>[7](종교의 선포에 관한 규칙은 폐지)이 공포된다. 이로써 기독교나 신종교를 포함한 전 종교에 대한 통제권을 총독부가 가지게 되었다.

한편, 지방 신사에 대해서는 <포교규칙>과 함께 <神社寺院규

7) 그 내용은 다음과 같다. "종교의 선교에 종사하려는 자는 종교 및 그 교파, 종파의 명칭, 교의의 요령, 포교 방법 등을 구비하고 포교자의 자격을 증명할 만한 문서 및 이력서를 첨부하여 조선 총독에게 신고하여야 한다. 또한 조선 총독은 필요한 경우 종교 유사 단체라고 인정되는 것으로 前項에 의하여 本令을 준용하여야 하는 단체는 그것을 고시한다."(『朝鮮總督府施政年報』, 1915, 64~65면)

칙>이 공포되면서 조선의 신사제도가 정식으로 발족하게 된다. 이 규칙에 의해 이제까지 거류민에 의해 세워진 신사가 16년에 17社, 익년에 13社가 새로이 공인되었다. <표 2>에서 조선의 신사가 1916년~20년에 걸쳐 돌연 증가하는 배경에는 <神社寺院규칙>의 제정과 공포라는 정책적 입김이 작용하였던 것이다. 또한 1917년 3월에는 <신사에 관한 건>을 반포하고 설비를 갖춘 신사를 세우기 힘든 경우에는 장래 설비를 갖춘 신사로 발전시킨다는 전제하에 그것을 神祠로서 허가하여 총독부 관할에 두게 했다.

이렇게 신사에 관한 제도 법령의 정비와 함께 신사는 조선 전역으로 퍼져 나가게 되고, 1920년대 중반부터는 신사 참배 강요 문제가 발생하기 시작한다. 그러나 이 시기 신사참배 강요 분위기는 아직 심각한 상황에 이를 정도로 강압적인 분위기는 아니었다고 한다.[8)]

사실 이제까지 총독부 당국자의 신사관은 신도 관계자들의 그것과는 온도차를 드러내는 것이었다. 즉, 신사의 종교적 행위를 가능한 축소하고 국가의례의 차원에서 신사참배를 권고 내지는 강요해 왔던 것이다. 조선총독부의 이러한 신도관 및 신사 정책에 대해 일부 신도 관계자들은 불만을 품고 있었다.

다음은 신사의 한 궁사가 실제로 1930년 만주와 조선의 신사를 탐방하여 느낀 소감을 피력한 글이다. 필자는 아메리카나 유럽의 국가들이 식민지를 개척할 때 가장 먼저 교회를 세우고 나서 식민지를 개척하는 데 반해 일본의 경우에는 식민지가 개척된 후에야 신사가 세워지고 하물며, 그 신사란 기독교의 그것과는 달리 뜨거운 포교의 장이 되지 못하고 있음을 개탄했다.

---

8) 그러던 것이 1931년 만주사변 이후 학생들에 대한 신사 참배의 강요가 엄격해지고 급기야 36년에 이르러서는 참배를 거부하는 학교는 폐교한다는 방침을 공포하기에 이른다.

> 신사에 몰려드는 사람이라고 해도 고작 참배가 목적이라기보다는 오히려 신전 결혼을 올리기 위해서거나 경내에 심어진 벚꽃을 구경 나온 사람들이 대부분이다. 또 조선의 경우 사정은 더욱 좋지 않아 경성 남산 소재의 조선신사가 官幣大社로 지정된 이외에는 아직 社格조차 정해져 있지 않다. 그에 비해 하와이나 미국의 본토에는 적극적인 선교사업이 확장되고 있다. 즉 호놀루루와 로스앤젤레스의 神道敎會나 샌프란시스코의 천리교 교회소는 훌륭한 건물만큼이나 신사가 훌륭하게 종교화되어 있다. 신도 자체의 종교적 성격을 다시 한번 검토하고 이것을 다시 식민지 및 이민지 신사에 어떻게 적용할 것인지를 심도 있게 검토하지 않으면 신도의 생명력이 쇠퇴하고 종교성 자체가 흔들릴 것이다.[9)]

그런데 이러한 사정은 1930년대 후반 들어 급격하게 변하기 시작한다. 그 경위는 대략 다음과 같다. 35년 일본 국내의 헌법학자 미노(美濃部達吉)의 저서에서 제기된 천황기관설(天皇機關設)로 인해 일본의 군부와 우익이 심하게 반발하고 이에 따라 일본 국내에서는 국체명징운동(國體明徵運動)이 전개된다. 식민 본토의 이러한 사정에 영향을 받아 조선에서는 우가키(宇垣) 총독의 지휘 하에 농촌진흥운동이라는 명목으로 심전개발(心田開發)의 캐치프레이즈가 내걸렸다. 이때 심전개발이란 각 지역 주민을 동화(同化), 일치단결시키고 내선일체 사상을 뿌리내림으로써 식민지 지배체제를 더욱 공고히 하기 위한 것임에 다름 아니었다.

이러한 심전개발 논리는 1936년 들어 신사정책에도 적지 않은 영향을 미치기 시작했다. 즉, 심전개발운동과 식민지 동화 사업을 위한 방법으로 신사를 적극적으로 이용하려는 움직임이 조선총독부 당국자에 의해 일어난 것이다. 그리하여 1936년 8월 일련의 신사 개정 작업이 단행되는데, 그 내용을 정리하면 다음과 같다.

---

9) 神崎一作, 「新領土及び植民地の神社」, 『神道學雜誌』 제8호, 東京神道學會, 1930. 5.

1. 이제까지 조선의 관사는 조선신궁 단 하나뿐이었으나 국폐사에 관한 府令과 함께 <1道 1국폐사 설치> 방침이 정해지자 전국에 국폐사가 연이어 건립되었다. 우선 1936년에 京城神社와 용두산신사가 열격화된 이후 45년 6월까지 대구, 평양, 광주, 강원, 전주, 함경의 각 신사가 국폐사로 봉인되었다(이 계획은 결국 태평양전쟁의 패전으로 13도 중 8개도에 국폐사가 신설되는 데 그치고 말았다).

2. 관국폐사 이외의 民社에 도, 부, 읍, 면으로부터 공물을 헌상할 수 있는 부령을 공포하여 도공진사(道供進社), 부공진사(府供神社), 읍공진사(邑供進社)라는 조선 특유의 사격을 제정하였다.

3. <신사법령>이 <神社寺院規則>이라는 형태로 내지 불교와 같은 법령으로 처리되던 것을 폐지하고 <신사규칙>이라는 단독 부령을 새로 제정함으로써 국가의 宗祀로서의 신사의 위치를 명확히 하였다.

이러한 일련의 신사정비정책은 관 주도하에 주도면밀하게 이루어진 것으로 보인다. 다음은 당시 조선총독부 보안 과장을 역임하고 있던 가미우치(上內彦策)의 발언이다.

반드시 敬神崇祖의 道가 반도에서도 아름다운 결실을 맺을 것을 확신합니다. 조선경찰협회에서 內地 경찰관 제씨에게 황대신궁대마(皇大神宮大麻)[10]를 봉제하기 위한 가정용 신단을 구매 알선 한 바, 혹은 천 기백, 혹은 칠천 여 개에 이르는 신청이 쇄도해 실무자가 의외의 수치에 놀라며 어떻게 하면 그 제작 배포를 원활하게 할 것인지 백방으로 일손이 분주한 상태라고 합니다. 이밖에도 반도에 있어 현시의 심전개발운동의 일환으로 신기봉제가 여러 방면에서 싹을 틔우고 있습니다.[11]

---

10) 대마(大麻)란 신궁 혹은 신사로부터 수여되는 표찰을 말한다(필자 주).
11) 上內彦策, 「神社參拜」, 『朝鮮硏究』 9-4, 朝鮮硏究社, 1936.4, 15면.

1937년 급기야 일본의 전면적 중국 침략전쟁이 일어난다. 중일 전쟁의 개시와 함께 일본 본토는 전시국가체제에 돌입하게 되고 국가총동원령이 공포되었다. 이에 따라 조선도 대륙병참기지 체제화에 본격적으로 돌입하여 <황민화정책>이 본격화 된다.

이러한 와중에 기독교계 학교에 대한 신사참배 문제가 교회의 신사 참배 강요로 확대되고 결국 1938년 9월 마지막까지 저항을 계속했던 장로교도 신사 참배의 결의를 내놓게 된다.

또한 신사 정책도 <1面 1神社 설치>의 모토 아래 護國神社 설치가 추진되었다. 이 1면 1신사 설치 운동은 실지로 1면 1神祠의 형태로 발전해 가는데 <표 2>의 1940년~45년 사이에 신사가 급조되고, 神祀의 수가 폭발적으로 증가한 것은 이와 같은 신사정책의 변화가 배경으로 작용한 것이다[12]. 이러한 정책은 "조선 촌락의 동제를 신사 신앙에 연결시킴으로써" 신사신앙을 식민지 전역 민중의 삶 속에 뿌리내리고자 하는 전략을 기저에 깔고 있었다.

Ⅳ. 일본 신사 신앙과 조선의 민간신앙

1. 일제강점기 조선 무속이 처한 상황

1912년 조선총독부는 <경찰범처벌규칙>을 공포한다. 이중에는 조선 내 유사종교에 대한 단속을 목적으로 설립된 조항이 포함되어 있는데 그 내용을 보면 다음과 같다. 즉, "제1조 22항 "망령

---

12) 이상 조선총독부 신사정책의 변화와 법령에 관해서는 주로 中島三千男, 「'海外神社'硏究序說」, 『歷史評論』 602, 200.6, 52~53면을 참고하였다.

되이 길흉화복을 설하고, 또는 기도, 주술행위를 하거나 부적 류 등을 수여해서 사람들을 현혹시키는 행위를 행한 자, 23항 병자에 대하여 금압(禁壓), 기도 주술, 또는 정신요법 등을 시행하거나 부적, 신수(神水) 등을 수여하여 의료를 방해한 자, 24항 함부로 최면술을 행한 자, 이중 하나라도 저촉되는 행위를 할 경우에는 구류 혹은 과료에 처한다."[13]

조선총독부는 일본 국내와 마찬가지로 신도(교파신도를 포함)와 불교, 기독교 이외의 모든 종교를 유사종교로 처리하였다. 이때 정식 종교로 인정받은 신도와 불교, 기독교에 관한 관할권은 학무국(學務局)의 종교과에 있었으나, 조선 무속을 비롯해 유사종교로 규정한 유사종교 단체에 대해서는 경찰국의 관할 하에 두어 강력하고 신속한 단속과 처벌을 할 수 있도록 조치하였다.

최석영에 따르면, 1912년 1년 동안 유사종교에 관한 "경찰범처벌규칙"에 의해 구로 또는 과료의 처벌을 받은 처벌자 건수를 산정해 보면, 일본인이 2188건, 조선인 2788건, 지나인 79건으로 총계 5050건에 이른다. 또한 이 법률에 의해 1918년까지 단속 처벌을 받은 조선인 賣卜業者의 수는 579명으로 추산된다고 한다.[14] 이렇게 볼 때, 1910년 이후 미신타파를 위한 <경찰범처벌규칙>에 의해 조선의 무속은 급속도로 위축되어 갔음을 어렵지 않게 짐작할 수 있다.

한편, 일제강점기 민간 신앙을 논할 때 일본 교파신도와의 관계를 빼놓을 수 없는데, 이들 교파신도를 위시한 이민족 종교의 침투는 기존의 조선 종교에 커다란 변화를 초래하였다.[15] 앞서도

13) 조선총독부, 『朝鮮法令輯覽 卷上』, 「제10집 衛生・警察」, 1940. 6, 71면(영진문화사 영인, 1984년).

14) 최석영, 「1920년대 일제의 무속 통제책」, 『일본사상』 2호, 2000, 15~16면.

언급했듯이 일본은 메이지 유신을 계기로 무가정치에서 왕정 국가로 복귀하게 되고 천황을 중심으로 한 국민통합과 이를 기반으로 한 강력한 국가 건설에 박차를 가하게 된다. 국민을 정신적으로 통합하기 위해 천황을 신격화하고 이를 이론적으로 뒷받침해주기 위해 일본의 고유 신앙인 신도를 적극 이용하게 된다.

이러한 과정에서 메이지 정부는 신도와 불교, 기독교를 제외한 모든 종교를 유사종교로 처리하였다. 그러나 이러한 유사종교 전체를 금압하기에는 이들 단체들의 영향력이 무시할 수 없는 단계에 이르렀고 또 이를 국가 체제 안에 흡수 통합할 필요성을 느끼게 된다. 이에 종교 교의를 천황제에 부합하도록 변경할 것을 강요하고 이렇게 변경된 유사종교는 비로소 종교로서 공인을 받았다. 이렇게 하여 천리교(天理教), 금광교(金光教), 대사교(大社教), 신리교(神理教) 등의 유사종교는 교파신도로서의 지위를 부여받고 일제가 확보한 식민지 포교활동에 나서게 되는 것이다.

천도교를 위시한 교파 신도의 조선 내에서의 포교 방법은 가족, 친지, 이웃의 병자를 찾아 치유하는 구제활동이 중심이 되었다고 한다. 이러한 포교 방법은 당연히 기도와 주술에 의해 병자를 치유하는 것을 주업으로 삼고 있던 조선 무속계와 포교 방법면에서 중첩될 수밖에 없었다. 토착의 민간신앙은 외래 종교인

---

15) 교파신도의 포교 활동과 식민지 종교계 상황에 대한 연구 성과로 高野友治의 『天理教布教史(海外篇)』(天理教道友社, 1975), 李元範의 <近代日本の民衆宗教の植民地布教-天理教の朝鮮布教を中心に->(『宗教研究』 295, 日本宗教學會, 1993)과 최석영의 「1920년대 일제의 무속 통제책」(『일본사상』 2호, 2000, 15면)이 비교적 상세한 연구 업적을 보이고 있는데, 특히 최석영의 논문은 내지 종교의 식민지 포교에 조선의 무속이 어떻게 대응하고 어떻게 변화해 나갔는지에 초점을 맞추고 있어 주목할 만하다. 본장은 주로 최석영의 연구 성과를 토대로 하여 교파 신도와 무속과의 관계를 개괄한 것이다.

교파신도와 함께 포교 대상자를 놓고 경쟁관계에 놓이게 된 것이다.

이같이 천리교가 조선 내 포교에 열을 올리게 된 배후에는 자국 일본 내에서 정식의 종교 처우를 받지 못하고 포교 활동에 어려움을 느끼던 터에 식민지 조선을 주요한 활동 무대로 삼고자 한 데 있었다. 실지로 천리교는 조선 내에서 많은 신도 수를 확보하였는데, "1942년 현재 총 포교자수 479명, 신도수 48,220명"에 이르는 교세를 떨치게 된다. 이는 동년도 神道의 포교자수 694명, 총신도 수 91,872명과 비교해 보아도 그 교세의 위력을 쉽게 짐작할 수 있는 것이며, 이 시기 다른 교파 신도의 신도 수(예를 들어 신리교 7,029명, 금광교 18,597명, 大社敎 9,341명)에 비해 월등한 것이다.[16)]

또한 천리교의 왕성한 포교 의욕은 조선의 무격을 그들의 포교활동에 이용하는 양태를 보이기도 했다. 예를 들면 천리교의 개성 분교는 개성 지방의 무격에게 천리교의 교리를 교육시켜 이들을 포교에 활용하였다. 개성은 본래 무격의 세력이 강한 곳인데, 당시 총독부의 단속을 받고 있는 실정이었다. 반대로 일본 천리교 측에서는 조선 포교 활동에 있어 언어 소통의 문제가 가장 큰 난관이었다. 이 같은 상호간의 사정을 십분 이용하여 천리교 측에서는 조선의 무격을 고용해 이들로부터 조선어를 배우고 이를 포교 활동에 적극 이용하는 방법을 사용한 것이다.[17)]

이렇게 특별한 교단도 없고 자신들의 종교를 방어할만한 시스템을 전혀 갖추고 있지 못한 토착 신앙은 외래 유사종교 단체에

16) 이 수치는 『朝鮮總督府統計年報』(1942)(1987년 高麗書林 영인본)에 의한 것이다.

17) 이 내용은 주로 高野友治의 상게 저서에 실려 있는 내용인데 본고에서는 최석영의 상게 논문에서 재인용하였다.

흡수 이용되는 양상을 보이게 된다. 그것은 또한 신도계 유사 종교 단체의 조선 무녀들에 대한 착취 행위에서도 여실히 드러난다. 1920년대 들면 신도의 아마테라스오미카미 등과 조선의 토속신을 제신으로 하여 조선의 무를 그들의 세력권으로 끌어들이려는 신도계 유사 종교 단체들이 출현하게 된다. 이들 단체들은 경찰 당국으로부터 조선 무격을 단속하는 특권을 암묵적으로 인정받았는데, 무녀에게 면허 제도를 실시하고 면허를 가지지 않은 자의 무업을 금지시켰다.

이러한 유사 종교 단체 중 가장 유명한 것이 바로 '숭신인조합(崇神人組合)'이었다. 최석영에 따르면 이들은 무녀의 조합 가입을 의무화하여 조합가입비 명목으로 4엔을 거두고, 매월 조합비 명목으로는 1엔에서 3엔을 강제 징수했다고 한다. 결국 운영상의 불법성과 무녀 조합원을 유치하기 위한 단체들 간의 세력 싸움으로 잡음이 끊이질 않자 경찰로부터 강제 해산되었다.[18)]

그 후 숭신인조합과 성격을 같이 하는 여러 단체들이 생겨나서 조선 무속에 대한 단속과 억압을 전개했다. 예를 들어 1923년 8월에는 "조선 무격 등의 혹세무민의 악폐를 근절하고 인민을 미신으로부터 각성시키며 물질적인 문명사상을 발달시키기 위한다"는 미명하에 경신교풍회(敬神矯風會)가 창립되었으나 당국으로부터 허가를 얻지 못하였다고 한다. 이밖에 신리종교(神理宗教), 문화연구회(文化硏究會), 교정회(矯正會) 등의 많은 유사 단체들이 생겨났으나 그 활동은 앞서 말한 단체들과 대동소이하여 오래 유지되지는 못하였다고 한다.

그런데 여기서 우리가 주목해야 할 것은, 이렇게 "신도의 제신

18) 최석영, 『植民地朝鮮における宗教政策と巫俗の硏究』, 히로시마대학 박사논문, 1998.

을 받드는 단체가 출현하여 조선의 무격을 통제하고 같은 제신을 섬길 것을 강권했던 현상은 다름 아닌 조선 무속이 일본의 신도 시스템에 종속되어져 가는 과정[19]"으로 풀이할 수 있다는 것이다. 다음 장에서는 이러한 민간신앙의 종속화가 식민통치 당국에 의해 어떻게 의도되었는지, 그리고 식민지 민중은 이에 대해 어떻게 반응하고 변화해 나갔는지 살펴보도록 하겠다.

2. 1930년대 이후 식민지 통합정책과 조선 무속

1925년 조선신궁(朝鮮神宮)의 진좌에 앞서 일본의 신도계와 총독부 사이에 뜨거운 논란거리로 떠오른 것이 이른바 단군봉제론(檀君奉齊論)이었다. 이는 조선신궁의 제신으로 명치천황과 함께 조선의 시조 단군을 합사하자는 주장으로 단군봉제론의 선두에 있던 신도계 인물은 바로 오가사하라였다. 오가사하라는 명치천황과 단군 즉 내선 양 민족을 대표하는 위대한 제신이 연결되어야

---

19) 최석영, 상게 논문 54면. 1920년대 내지연장주의자인 原敬의 수상취임 이후 식민지정책에도 변화가 생겨나고 구관조사 기구도 새로이 정비되었다. 1921년 제2차 관제 개정에 의해 학무국 속에 古蹟調査課가 설치되고, 조선총독부의 자문에 응할 조사과가 중추원에도 설치되었다. 무속 조사와 관련하여 1921년 설정된 풍습조사 25항목 외에 미신, 巫卜, 術客이 포함되었다. 이 25항목 이외에 우선적으로 조사되어 야할 17항목이 추가되어 우선 조사되었는데, 그중에 종교, 무격, 卜術, 미신이라는 항목이 설정되었다. 이 17항목 중 1929년에 탈고한 항목이 무격, 의식주, 관혼장제, 연중행사, 오락 및 유희, 학문, 미신 및 속담(諺), 족보, 姓名, 의약, 동요의 11항목과 1931년에 나머지 6항목에 대한 조사가 완료되어 당초 설정된 25항목의 조사에 착수하게 된다(최석영 상게 논문 참고). 그런데, 이러한 일련의 조사 작업은 순수한 학문적 성과가 아니라 식민통치의 수단으로 전이되고, 특히 조선 무속과 관련된 풍습 및 민간신앙의 연구는 이후 조선총독부의 식민지 종교 정책, 신사정책을 입안하는 데 유용하게 활용된 것으로 보인다.

한다고 주창, 이후 끈질기게 조선신궁의 단군봉제론을 주장한다.

그러나 이 단군봉제론 뒤에는 아오노(青野正明)의 지적대로 일본 고래의 '국토 이양 신화'의 논리가 자리하고 있음을 알 필요가 있다. 여기서 잠깐 이른바 '국토 이양 신화'를 소개하면 다음과 같다.

태양신 아마테라스오미카미의 손자 니니기노미코토가 천상계로부터 지상계로 내려와 국토를 다스리고자 할 때, 이 땅은 이미 오쿠니누시노미코토(大國主命)가 개척하여 다스리고 있었다. 두 신 사이에는 국토를 차지하기 위한 전쟁이 일어나게 되고 결국 천손의 승리에 의해 국토가 이양된다. 이때, 오쿠니누시노미코토와 같은 토지, 국토의 신령을 '국혼신(國魂神)'이라고 한다. 해외신사 운동의 논리는 바로 이 국토 이양의 신화가 베이스가 되고 있는 것이다. 이러한 맥락에서 조선신궁의 단군봉제론을 들여다보면, 명치천황과 단군의 관계가 다름 아닌 천손과 오쿠니누시노미코토의 관계에 해당하는 것임을 알 수 있다.[20] 즉 황손 명치천황에 의해 조선이라는 새로운 국토가 개척되고 조선의 시조신 단군이 명치천황에게 조선의 통치권을 양도하여 스스로는 명치천황에 복속되는 의미를 지니는 것이다.

당시 단군봉제론자들의 주장은 총독부 당국의 반대로 받아들여지지 않았다. 그런데 10년 후 1935년 무렵 신사 행정을 둘러싸고 총독부와 국혼신봉제론자(國魂神奉齊論者)의 대립이 해소되기에 이른다.[21] 즉 총독부가 종래 부정적인 입장에 있었던 신사,

20) 青野正明, 「朝鮮總督府の神社政策—1930年代を中心に—」, 『朝鮮學報』 160, 朝鮮學會, 1996.7, 93~94면.

21) 양 진영의 접점을 제공하는 결정적 역할을 하는 것은 바로 최남선이었던 것 같다. 최남선은 조선신궁 제신론쟁에서 단군봉제를 지지하는 입장을 취하는 것을 계기로 단군신화 연구에 몰입하게 된다. 그의 이른

신사제도를 확립하는 방향으로 입장 선회를 하게 된 것이다. 우가키가 이끄는 조선총독부의 목적은 농촌 공동체에 신사신앙을 깊숙이 침투시켜 각 지역 민중들의 정신세계를 통합하고 이를 바탕으로 관제에 의한 농촌 자치의 집결력을 고양시키는 것이었다.

이를 위해 그동안 미신타파의 대상으로 금압했던 조선의 민간신앙에 대해 신사 제도권 내로 편입할 수 있는 방안에 대한 전략적 모색이 이루어진다. 총독 우가키는 조선 내 神·儒·佛·기독교의 관계자와 간담회를 개최하여 그들의 의견을 청취하는 중에 1935년 2월 6일에는 고유신앙 간담회로서 최남선을 비롯한 조선의 고유신앙 연구자와 접촉하여 고유신앙에 관한 의견을 청취했다. 그러나 그것은 이 방면 연구자들과의 간담회이지 조선 무속의 실질적 주체자인 무녀들의 의견을 청취한 것이 아니었다. 이 점에서 다른 교파 관계자와 총독간의 회담과는 근본적으로 성격을 달리하는 것이며, 이것은 피동적이고 수동적일 수밖에 없는 조선 무속계의 상황을 그대로 드러내는 것이라고 할 수 있을 것이다.

이렇게 신도에 의한 종교 동화 정책, 다시 말해 각 촌락 단위로 신사(神社) 및 신사(神祠)를 증설하고 그 지역의 조선인 주민들을 신사의 우지코(氏子)로 포섭하는 것이 내선동화의 최선책으

바 불함문화론은 무속을 조선의 특수한 문화가 아닌 동아시아 범주에서 파악하려 했고 이것은 나아가 조선의 현재 민속과 민간 신앙이 일본의 古神道와 유사 관계에 있다는 주장으로 이어졌다. 1935년 1월 총독 우가키가 도참여관(道參與官) 회합의 자리에서 훈시하는 곳에 최남선이 초빙되어 강연회를 열게 된다. 그의 강연 내용은 말하자면 “조선이 일본 국가와 일체를 이루면 그 인민뿐 아니라 신들도 일본의 인민과 신이 되어 어떠한 차등도 없이 오히려 그 입장과 위세가 전보다 빛나고 인민과 신이 함께 평안해진다”라는 것이다. 이 강연 직후 조선총독부 당국은 神社神祀 제도 확립에 착수한다(靑野의 상게 논문 참고).

로 부상함에 따라 그를 위한 다양한 방법과 이론이 모색되기에 이른다. 이는 神祠의 제신을 정할 때 신도의 신과 국혼신을 합사하는 방안, 그리고 또 하나 총독부의 구상은 조선의 洞祭, 즉 마을 굿을 신사신앙에 편입하는 것이었다.

이에 관련하여 고야마후미오(小山文雄)가 1940년에 출판한 그의 저서 『신사와 조선神社と朝鮮』에 쓴 내용은 자못 인상적이다.

> 신사와 조선의 관계를 생각하는 자에 있어 조선의 신과 마을굿에 대한 고찰을 도외시할 수는 없는 것이다. 왜냐하면 조선의 신과 동제에서 그 마술적인 부분을 제거하여 그 신들이 청명하고 청징한 본연의 모습을 드러낸다면 신사와 조선의 맑고 바른 결합이 가능하리라고 믿기 때문이다. 생각건대 조선의 신과 동제는 지금 다소의 흐릿한 부분을 거두어내지 않으면 안 된다. 그 안개가 걷힐 때 비로소 청징한 신의 위용과 그 청명한 동제의 모습이 빛날 것이고 거기서부터 신사로 이르는 길은 단 하나일 것이다.[22]

한편, 아오노에 의하면 총독부의 이러한 구상을 뒷받침하기 위한 것이 바로 조사자료 제44집, 1937년 무라야마치준(村山智順)이 발표한 『部落祭』라는 것이다. 『부락제』가 발표될 당시, 이미 조선의 민간 신앙은 <경찰범처벌규칙>에 의해 무격이 직접적인 타격을 받았으며, 마을굿에서 벌어지던 제행사도 '생활개선'의 명목하에 경제, 풍기, 위생상의 명목으로 단속을 받아 피폐해진 상황이었다.

그러나 어쨌든 무라야마치준은 조선의 민간신앙을 종래의 <미신타파>의 관점이 아니라 "사회 공동의 정신이 보지되는 아름다운 전통이며 따라서 부락제에 대한 시각을 새로이 하여 인식을 깊게 할 필요가 있다"고 피력하였다.

---

22) 小山文雄, 『신사와 조선 神社と朝鮮』, 京城朝鮮佛教社, 1940.

그러나 『부락제』의 조사 자료는, 조선 촌락의 동제를 神祠에 편입시키고, 신사에 국혼신을 합사하자는 당국의 구상에 긍정적인 영향을 주지 못한 것 같다. 이에 대해 아오노는 "제신이 아직 자연신의 영역을 벗어나지 못한 경우가 많고 따라서 이들 제신과 부락민과의 사이에 인간적인 관계가 적다"는 무라야마치준의 보고가 중요하게 작용한 것이 아닌가 추정하고 있다. 이후 부락제의 정책적 이용 문제는 베일 속으로 사라지고 전시체제의 영향하에 신사정책은 신사참배를 강요하는 형태로 선회하게 한다.

여기까지 논을 전개한 아오노씨는 논문 「조선총독부의 신사정책—1930년대를 중심으로(朝鮮總督府の神社政策 -1930年代を中心に-)」의 말미에서 실제로 전라남도 순천군을 현지 답사한 내용을 싣고 있다. 그에 따르면 당시 전라도 지역의 신사(神祠)중 아마테라스오미카미와 명치천황, 그리고 부락의 토착신을 합사한 7개의 신사는 모두 순천군에 있었는데, 필자는 이중 순천군 별양면과 매룡면을 현지 답사하여 당시 부락에 설립된 神祠와 마을 동제인 기우제와의 관계를 조사했다. 생존자들의 증언에 따르면, 이 기우제는 신사와는 일절 무관한 별도의 신성 지역에서 행하여졌다는 것이다. 이에 대해 아오노는 득체를 알 수 없는 외래 신에 대한 마을 주민들의 신앙적 심리적인 저항의식을 드러내는 것이라고 판단하였다.

이렇게 35년간의 통치 기간 동안 무려 천 개에 달하는 신사와, 그 신사를 통해 내선동화를 이루어 완벽한 식민지 체제를 구축하려 했던 일제의 노력에도 불구하고 일본의 신사신앙은 식민지 조선에 뚜렷한 족적을 남기지 못했다. 다음 장에서는 패전과 함께 "괴멸"한 일본의 해외신사의 실태와 그 원인에 대해 잠깐 살펴보도록 하겠다.

Ⅴ. 일제의 패전과 해외신사의 괴멸

1945년 8월 15일 일제의 패망과 함께 식민지 전역에 있던 신사는 성난 민중들에 의해 일거에 파괴되었고, 수십 년에 걸쳐 이루어진 일제 식민지 해외신사의 역사는 완전한 종지부를 찍었다. 이하 패전 직후 직면한 신사의 상황과 파괴에 관한 증언을 몇 가지 소개하고 당시 상황을 들여다보기로 한다.

金一勉은 저서 『천황과 조선인과 총독부(天皇と朝鮮人と總督府)』에서 다음과 같이 언급하고 있다.

> 조선 전토에 일본 항복 소식이 알려진 날 민중이 가장 먼저 손을 댄 일은 일본 천황과 천황의 조상신을 모신 신사를 때려 부수는 일이었다. 전시 하 일본의 관헌이 집집을 야습하여 붙잡히면 가장 먼저 신사로 연행하여 천황에 대한 충성을 다짐하게 하고 "황국신민의 맹세"를 낭송하게 한 후, 젊은 사람은 병사로 장년층은 강제 노동자로 연행되어 갔던 악몽이 한순간에 폭발하면서 각지에 신사 방화 사건이 일어났다. 특히 기독교인들의 고통이 가장 심했던 평양에서는 8월 15일 밤 평양신사에 몰려들어 신사에 불을 질렀다. 그 외에 각지에 신사의 파괴, 방화 사건이 잇달았다. 일찍이 일어났던 조선인의 민족운동에서 학교나 경찰서에 대한 방화 사건이 있었어도 신사가 불에 탄 적은 한 번도 없었다. 이것이 일본의 패망과 동시에 신사가 불태워진 것은 조선인들의 억눌린 분노가 일거에 폭발한 것임을 잘 보여주고 있다. [23)]

---

23) 金一勉, 「日本敗戰と神社の末路」, 『天皇と朝鮮人と總督府』, 田畑書店, 1984, 220~224면(본 논문에서는 菅浩二, 『日本統治下の海外神社ー朝鮮神宮・台湾神社と祭神ー』, 弘文堂, 2004, 6면에서 재인용).

한편, 스가 코지는(菅浩二) 그의 저서 『일본통치하의 해외신사—조선신궁・대만신사와 제신(日本統治下の海外神社-朝鮮神宮・台湾神社と祭神-)』에서 종전 시 해외 신사의 피습 현황 사례를 자세히 수집하여 밝히고 있는데, 이중 조선에 관련된 사항만을 추려보면 대략 다음과 같다.

> 조선반도에 국한해 보면 종전 후 8일간 방화가 3백 16건을 상회하고 있다. 8월 16일 저녁 무렵 각지에서 독립만세 데모행진이 일어난다. 경성에서는 시내 수처에서 "조선신궁과 天滿宮을 불태워라"라는 한글 문구의 비라가 나붙었다. 경성신사에서는 8월 하순 이후 시설운영권, 급여를 둘러싼 조선인 직원의 집단 스트라이크가 일어난다. 지방 촌락 소재의 다수 神祠에 대한 방화 소식이 풍문에 들려오고, 군경에 의한 경비 외에 조선인 신도들에 의한 자경단이 조직된 예(강원신사)도 있다. 9월 24일 전주신사에 학생들을 포함한 조선인 48명이 들이닥쳐 "복마전인 신사를 파괴하라"고 구호를 외쳤으나 궁사의 회유에 의해 手水舍, 社殿의 문을 파괴하는 정도에 그쳤다(이상 조선 남부 지역).
>
> 8월 16일 새벽에 평양신사가 불에 탔다. 후에 소련군 진주 후 궁사 등이 실화범으로 몰려 채포되어 고문을 받았다. 그밖에 각지의 신사, 神祠도 줄줄이 방화 파괴되었는데, 우선 조선인 보안대원 등에게, 뒤이어 소련군 병사에게 약탈을 당하였다. 함경남도 함경북도의 신사에서는 신직의 처와 딸이 소련군 등에 능욕을 당하고 발광한 예도 보인다. 방화 파괴를 지도한 것은 타 지역에서 온 조선인이라는 보고가 전 지역에 걸쳐 들어왔다. 한편 元山神社 등 인민위원회와의 교섭에 의해 무사히 양도가 완료된 예도 있다(이상 조선 북부 지역의 경우).[24]

그렇다면 이러한 상황에 대한 일본 신도계의 반응은 어떠한

24) 이 내용은『海外引揚神職報告書』(1946년 神社本廳調査課)등에 근거해 스가 코지가 작성한 내용으로 본 논문에서는 스가코지, 앞의 책, 8~12면의 내용을 정리한 것이다.

것이었는가? 스가 코지는(菅浩二)는 1932년 이후 조선신궁, 용두산신사에 봉직하고 1941년부터 종전 전년도까지 국폐소사인 강원신사(江原神社)의 궁사(宮司)로 근무한 早山靜夫의 진술을 소개하고 있다.

> 종전 시 해외 신사가 그토록 비참한 지경에 처해진 것은 전대미문의 일로 우리에게도 재삼 반성해 볼 필요가 있다. 그렇게 된 것이 모두 신사인의 책임은 아닐 것이나 지나치게 신사가 국가에 이용되었고, 특히 외지에 있어서는 신사참배가 권력의 전횡이 극심한 관공사의 손에 의해 마음에 없는 신앙을 강요당한 결과라는 것은 누구라도 인정할 수밖에 없는 결과인 것이다. 어쨌든 각 신사 공히 조선인 참배자가 해마다 늘어난 것은 사실이나 공경심, 신앙심을 동반하지 않았다는 것은 종전 시 신사에 대한 방화, 파괴, 폭력 사태 등을 보면 쉽게 알 수 있는 사실이다.

이렇게 "에도 시기부터 부산의 왜관에 존재했던 용두산신사를 제외하면 해외 지역 신사 전부가 근대 이후 창설된 신사인 것을 감안할 때 일본 신도사에 있어 해외신사는 창설부터 폐절까지 근대일본사의 틀 안에서만 존재한[25]" 후 흔적도 없이 사라진 것이다.

---

25) 스가코지, 앞의 책, 4면.

Ⅵ. 맺음말

이상, 일제강점기 일본의 신사신앙이 식민지 조선에서 어떻게 전개되었고, 또 이와 관련한 피식민지 조선의 고유신앙인 무속이 처한 상황에 대해 살펴보았다. 일제의 신사 신앙은 패망과 함께 완전히 자취를 감추었으며 신사 신앙 자체가 우리의 민간 신앙에 커다란 영향을 미치지는 못한 것으로 간주된다. 다만, 불교, 기독교, 신도 등 여타 종교와 달리 정비된 교단과 시스템을 갖지 못한 무녀들은 실제 민간신앙의 주체자임에도 불구하고 일본의 교파신도와 신도의 제신을 받드는 유사 종교단체들에 의해 이용당하고 손쉽게 외래신을 받아들였다는 사실은 부정할 수가 없을 것이다.

그러나 한편으론 실제로 그렇게 광범위한 지역에, 그렇게 많은 숫자가 존재했던 해외 신사가 그토록 오랜 시기에 걸쳐 존재했으면서도 패전 후 순식간에 한꺼번에 사라진 이유는 어디에 있을까? 아니면 정말 우리의 역사에서 식민지 신사신앙의 잔재는 완전히 사라진 것인가? 하는 의문이 이번 고찰을 통해서 완전히 해소되지 못한 감이 없지 않다. 이에 대한 확실한 답을 얻기 위해서는 실제 신사가 존재했던 지역을 답사하면서 조사해야 할 것이다.

최근 일본은 신사정책을 비롯한 식민지 문화정책에 관한 연구에 박차를 가하고 있다. 최석영씨의 정보에 의하면 동경대학을 비롯하여 교토대학(京都大學), 와세다대학(早稻田大學), 간사이가쿠인대학(關西學院大學), 가나가와대학(神奈川大學) 등이 중심이 되어 활발하게 연구가 진행되고 있으며, 특히 가나가와대학에서는 전라남도 화순군에 남아 있는 신사 터에 대한 조사 결과를 2006년 3월에 내놓았다고 한다.[26)]

일제강점기 이루어진 일본의 신사 정책에 의해 실제 촌락 단위의 종교 공간에 어떠한 변화가 일어났으며 그것은 나아가 우리 민족 전체의 신앙 세계 및 일상에 어떠한 영향을 미쳤는지 앞서가는 일본 연구의 성과가 나오기만을 기다릴 것이 아니라 우리 학계에서도 좀 더 주체적이고 적극적인 연구가 이루어져야 할 것으로 본다.

26) 최석영, <일제하 춘천 우두산(牛頭山) 소시모리신사(神社) 건립 배경>, 『민속소식』 132호, 2006. 8, 9면.

白白教 事件의 특수성과 보편성

- 종교의 폐해에 관한 일고찰 -

김 태 환*

Ⅰ. 서 론

종교는 삶이나 존재의 궁극적 의미를 추구하는 것이다. 삶과 존재에 대한 추구는 복합적으로 이뤄지지만 그 초점이 삶에 맞춰지느냐, 존재에 맞춰지느냐에 따라 그 양상은 달라진다. 전자는 선(善)에, 후자는 진(眞)에 관계하나, 후자의 경우, 불가지론에 의해 결국 신에 의한 끌어올림—구원—에 귀결한다. 전자엔 초기 불교, 후자엔 아브라함 종교(유대교, 기독교, 이슬람교)가 대표적이다. 신을 필요로 하지 않는 전자와 달리, 신에 절대적으로 의지하는 후자에 경우, 한 가지 아포리아가 생겨난다. 완전하고 궁극

* 단국대학교 동양학연구소.

적인 구원을 위해서, 신은 절대자일 것이 요구된다. 기독교 시대에 이르러, 구약의 창조주-이스라엘의 신과 신약의 절대자-만 백성의 신이 결합한다. 이제 신은 절대자이자 창조주이게 되었다. 전 우주를 포괄하는 이 존재는 더할 나위 없이 완벽해 보이나, 그렇게 되니 우주의 모든 추와 악이 또한 그에 속하게 되었다. 이 문제를 해결하기 위해 적대자-사탄의 위상이 커졌다. 그는 모든 추와 악의 지배자가 되었다. 부정한 천사는 추락했다기보다 격상되었다. 그는 신의 그림자가 되었다.

아브라함 종교가 이토록 저능한 해결책을 내놓게 된 것은, 그 신이 기본적으로 인간에게 자신의 형상을 내어 준, 인간을 통해 행사하는, 인간을 아끼고 편애하는 인격신이라는 것 때문이다. 인격이란 존재의 속성의 하나인즉, 인격신은 비존재를 포괄할 수 없다.[1] 신의 인격적 속성이란 좋은 의미에선 신(사제)과 신앙자 간의 교통을 원활히 해주는 것으로 볼 수 있지만, 그 희로애락과 특히 인간에 대한 편애는 세속적 원망(怨望)과 그 근저에서부터 굳게 결합된 것으로 종교의 모든 타락을 낳았다. 실로 죄악은 신의 비위를 맞추고, 신의 옆자리를 차지하고자 하는 데서 자라났다. 믿음이 선행에 우선한다니, 신은 세속군주보다 더 천하고 어리석게 비춰왔단 말인가?[2]

물론 신이 없는 종교도 인간에게 죄를 범할 수 있다. 일례로 불교의 업보론을 들 수 있을 것이다. 그것은 현실의 고통을 확인

1) 플로티누스의 일자(一者)를 비롯하여, 철학자의 신들은 인격을 갖지 않는다. 그것은 존재와 비존재를 모두 포괄하는 것이다. 또한 거기서 이뤄지는 것은 해방이지, 구원이 아니다.

2) 키에르케고르는 절대자와 인간과의 특수한 관계를 기독교에서만 가능한 것으로 보았다. 그것은 사랑에 빗대어지며 부조리로만 성립된다. 키에르케고르, 『恐怖와 戰慄』, 孫載駿 譯, 정음사, 1976.

할 수도 없는 과거의 원인에 미뤄 적절한 대처를 늦춘다. 그리고 최악의 형태로서 불구자와 약자의 고통을 업보에 의한 당연한 것으로 취급하게 한다. 이런 엉터리 교리 또한 종교에서 제거되어야 할 것이다. 하지만 인격신은 그로부터 수많은 이상한 교리와 오류를 파생하고 승인하는 멈추지 않는 해악의 생산기계이다. 여기에 대면 업보는 낡은 기계에 거미줄이나 치는 게으른 관리자로 비칠 정도이다. 따라서 본고에서는 대상 종교를 일단 인격신에 대한 신앙으로 한정한다. 본고의 논의는 신비주의를 배격하고 윤리규범을 위주로 하는 종교와 맞지 않는다.[3)]

본고는 지난 세기 이 땅의 한 신흥종교—백백교 사건을 통해 종교의 문제를 비추고자 한다. 백백교는 짧은 시간 존속했으며, 이미 사라진 종교라는 점에서 경악할만한 희생자의 수를 제외하면 종교적 폐해를 인식하기엔 그다지 좋은 예라고 할 수 없다. 그보다 리처드 도킨스의 저서가 훨씬 유효하다.[4)]

그러나 백백교 사건은 이 점에서 오히려 주목해야 할 부분을 갖고 있다. 기성종교는 이런 류의 종교가 저지른 범죄에 대해 이단이나 유사종교라는 점을 강조하여 자신들과 구획 짓기, 즉 선을 긋는다. 일반의 반응도 '이 희생자들을 올바른 종교의 품으로 돌려보내야 한다'는 식이다. 그러나 기성 종교가 저지른 범죄를 냉정하게 살펴볼 이성이 있는 자라면, 거기에 전혀 수긍할 수 없

---

3) 이것을 종교라고 할 수 있는가도 의심할 수 있지만, 넓게 보아 영성(靈性)의 고양(高揚)에 중점을 두는 일련의 문화체계를 종교라고 할 수 있다.

4) 이에 대해 한국의 약삭빠른 모 출판업자는 3류 종교학자의 이름을 빌어 도킨스를 공격하는 책들을 연달아 번역·출판했는데, 두 권 모두 도킨스의 최근 저작인 『만들어진 신』과 유사한 표지 디자인을 채택하여, 우선은 관심을 끌고, 나아가 얼빠진 구매자로 하여금 엉뚱한 책을 구입하게 하는 요행을 노렸다. 마치 짝퉁제품을 보는 것 같아 기분이 씁쓸했다.

을 것이다.[5)]

종교적 맹신(盲信)은 많은 불행을 야기하고 사회적 소요를 일으킨다. 기성종교는 유사종교, 사교, 이단 등의 용어를 사용하며 구획 짓기를 통해 안전한 곳으로 도피하려 하나 종교현상 자체가 이 혼란과 매우 깊은 곳에서부터 접하고 있다. 종교는 창시자의 카리스마만으로 성립하지 않는다. 고통 받는 민중들의 원망(願望)이 창시자에게 투사될 때 비로소 성립된다. 원망의 강력함과 교주의 카리스마에 의해 맹신이 생겨난다. 기성종교도 결국 오래된 신흥종교에 불과하다. 시간이 진리를 담보해주지는 않는다. 종교범죄의 특수성과 보편성을 살피기 위해선 결국 기성종교의 구획 짓기 전략을 깨뜨려야 한다. 특히 이 구획 짓기는 사람들로 하여금 기성종교는 안전한 것이라고 믿게 하여 거기서 발생하는 범죄행위에 눈 감게 하는 큰 원인이 된다. 이에 대해 종교현상 자체에 대한 분석과 기성종교의 초기발생단계, 즉 신흥종교였던 시기를 근대 신흥종교와 비교하는 정밀한 작업이 필요하다. 본고는 미약하나마 그런 시도의 일환으로서 백백교(白白教) 사건을 정리하는 데 목적을 두었다. 백백교는 기성종교가 격리하고 싶은 사교(邪教) 목록의 상위에 위치한다. 극악한 흉악범죄인 한편, 종교범죄 특유의 양상을 보여주기 때문이다.

---

5) 아브라함 종교의 해악에 대해선 많은 연구가 있다. 그러나 그 밖에 세계종교로서, 불교나 유교의 폐해에 대한 지적엔 기껏해야 서구-일본제국주의에 패퇴한 책임을 전가하려는 의도가 엿보인다. 이것은 기독-이슬람의 해악이 유-불의 해악으로 지적된 것과 서로 성격을 달리함을 뜻한다. 이 차이는 어디서 생겨나는가. 인격신의 존재인가, 구원인가, 진리의 문제인가. 또한 필자의 과문한 탓도 있겠지만, 근대화에 성공해 제국주의의 길을 걸은 일본에서 중국이나 한국처럼 유교-불교에 대한 공격이 일어났다는 기록은 접하지 못했다. 이에 대한 연구도 이뤄져야 할 것이다.

1937년 드러난 백백교사건은 무수한 재산피해는 물론이거니와 300명 이상의 사망자를 낸 전대미문의 사건으로 세인에 충격을 주었다. ‘찬란한 고대문화를 자랑하며 올림픽·마라톤의 왕자를 배출한 조선에 대한 평가를 떨어뜨린 세기의 치욕’[6]은 21세기 들어서도 모 방송국의 오락프로그램에 방영되며 다시 회자되었다. 70년이란 시간을 넘어서도 퇴색하지 않는 이 사건을 이해하는 일반적 키워드는 ‘엽기(獵奇)’이다. 피에 굶주린 사교의 교주(敎主)가 저지른 만행이라는 시각이다. 하지만 몇몇 살인광의 잔학성만으로 십 수 년에 걸쳐 수백 명의 희생자를 내는 것이 가능할까? 한편 사교집단의 잘못된 교리 때문이라고 할 경우에는 자칫 여타 신흥종교(新興宗敎)를 매도하는 우를 범할 수 있기 때문에 주의해야 한다. 신흥종교는 종종 유사종교와 가깝게 취급되기 때문이다. 그러나 이런 취급은 극히 부당하다. 유사종교라는 개념은 부정해야 한다. 이것은 일제가 조선의 민간신앙을 단속하기 위해 만들어낸 개념이다. 이를 간과하면 기성종교가 이단, 유사종교 등의 개념을 사용해 자신들의 부정적 속성을 교묘히 가리는 것에 넘어가게 된다. 사실상 둘의 차이는 없다. 인정할 수 있는 구분은 시기를 기준으로 한 <기성-신흥>일뿐, <정상-이단·사이비·유사·신흥>이 아님을 차차 살펴볼 것이다.

Ⅱ. 신흥종교 발생의 배경 및 특징

신흥종교는 비교적 근래에 발생한 종교를 말한다. 신흥종교는

6) 蔡廷根, 「峻嚴히 斷罪된 白白敎事件 公判傍聽記」, 『朝光』 6권 5호, 朝鮮日報社 出版部, 1940. 5, 60면.

발생이 비교적 근래에 이뤄졌을 뿐, 종교적 특질은 기성종교와 다를 바 없다. 기성종교는 오랜 시간 존속되었다고 해서 검증받은 진리라고 볼 수도 없으며 안전해졌다고 볼 수도 없다. 제시한 세계는 붕괴했으며 약속은 미뤄지고 있으며 종교분쟁은 날로 커지고 있다. 반면에 천도교 등 기성종교와 비교해도 안전한 신흥종교도 얼마든지 제시할 수 있다.

기존의 신앙과 분리된 완전히 독창적인 신흥종교는 희소하다. 대부분이 기성종교에서 파생된다. 교리는 그 종교가 속한 사회의 가치체계 안에서 자신의 위치를 확보하려는 노력이다. 기성종교는 교전(教典)이 확정되어 있으므로 이 과정에 '해석'이 핵심적인 역할을 한다. 시대와 사회의 변화에 맞춰 살아남기 위해 '말씀'은 매번 '해석'되며 그에 따라 구별이 생겨나고 분파된다. 이 해석의 괴리가 한 틀 안에서 공존하기 어려울 정도로 큰 경우에 신흥종교가 생겨난다. 또는 강력한 종교파벌들 간의 교권다툼이나 신의 계시를 받았다고 주장하는 카리스마적 개인의 갑작스런 출현에 의해 만들어지기도 한다. 결국 근원을 살펴보면 신흥종교의 발생 배경은 사회의 급변이라고 할 수 있다.7)

한국에서는 혼란기마다 정감록이 관계되어 있는데, 근대에도 국운의 위태와 가치관의 붕괴라는 혼란을 타고 정감록이 널리 유포되었다. 당시의 일기집인 『渚上日月』의 일부를 보자.8)

---

7) 노길명은 신흥종교는 사회병리적 현상이 아니라, 사회병리적 현상에 대한 대응이며 그 발생은 기성종교의 자세와 책임역할을 추궁하는 것이라고 보았다. 盧吉明, 「新興宗教를 통해 본 舊韓末의 民衆思想—甑山思想에 反映된 民衆의 欲求를 中心으로」, 『기독교사상』 1976년 8월호(통권 제218호), 대한기독교서회, 1976. 8, 118면.

8) 朴得寧 외, 『渚上日月』, 朴成壽 註解, 민속원, 2003, 314~315면.

1902年

12월. 自稱 鄭海日이라는 者가 경상도에서 체포되었다. 그는 겹으로 된 눈동자를 가지고 있었고 가슴과 등에는 七星과 三星台의 사마귀가 있었으며 손바닥에는 이상한 글자가 씌어 있었다는 것이다. 巡檢들이 그를 서울 京司로 압송하였다고 하니 怪說이다. 또 들리는 소문에 의하면 범인이 서울로 압송될 때 순검들이 그를 죄인처럼 다루지 않고 마치 召命이라도 받은 사람처럼 격식을 갖추어 호송하였다는 것이다. 심지어는 지나는 곳마다 風樂을 울리면서 후히 대접하였다고 한다. 정말 괴이한 일이다. 鄭海日을 붙잡은 사람은 執捕使 金相漢이라 한다.

1903年

1月 24日. 鄭海日이 서울로 압송되어 警務廳에 수감되었는데 高宗임금께서 그를 두둔하여 잘 보호하고 있다고 하니 이상한 일이다. 新聞에도 났다.

1月. 이른바 鄭海日이라는 者의 供述書를 얻어 보았다. 몸에 검정사마귀가 많은데 모두 天文象이라하며 그가 주장하기를 大運이 박두하였으므로 내년 봄에 擧事하여 鷄龍山 밑에 都邑을 정하고 大業을 이루어야 한다는 등 꺼리는 바가 없이 횡설수설하였다. 天日之下에 감히 무슨 망발인가. 한마디로 말해서 정신병자라 할 수 밖에 없어 한바탕 웃었다.

조홍윤은 한국에서 신흥종교 발생의 원인의 하나로 지배종교인 유교의 붕괴를 들고 있다. 배타성과 폐쇄성으로 인해 새로운 시대에 맞는 가치를 창출하지 못한 유교가 붕괴함으로써 민중들은 다른 종교를 신앙할 수 있음을 인식하게 되었다는 것이다.[9] 이런 분위기를 타고 신흥종교들이 우후죽순으로 생겨났다.

1922年

2月 1日. 날씨가 아직 차가움. 金龍寺에 生佛이 나타났다. 어디서

9) 조홍윤, 「신흥종교」, 윤이흠 외, 『한국인의 종교』, 문덕사, 1994, 208면.

왔는지도 모르는 人物인데 이름은 白天皇이라 한다. 나이가 375세라고도 하고 또 周公때 태어났다느니 天皇때 태어났다느니 하는 괴물인데 80~90세 되는 노인을 보고도 '자네'라고 하대한다. 그러나 얼굴은 30여세밖에 안돼 보인다. 이 젊은이는 5~6일이나 밥을 안 먹어도 거뜬히 살아가는 그런 괴인이기도 하다. 분명 仙道敎人인 것 같은데 일언어폐지하고 세상을 현혹시키는 요물이다.

8月 11日. 종일 비가 왔다. 흠치교(欽致敎, 太乙敎[10])가 普天敎로 탈바꿈하여 국내 신자수 무려 50여만 명에 이른다고 한다. 奉化邑에서도 신도가 4,000명에 이르는데 卯谷에 權致亨이 그 우두머리라 한다.

12月 12日. 날씨가 차갑다. 全羅北道 井邑의 普天敎長 車京錫이 國號를 大是國이라하고 그 公卿과 신 宰輔들을 임명하였다고 하는데 매우 요망한 일이다.[11]

조흥윤은 한국의 신흥종교를 (ㄱ) 동학계, (ㄴ) 정역계, (ㄷ) 증산계, (ㄹ) 단군계, (ㅁ) 각세도, (ㅂ) 유교계, (ㅅ) 물법계(찬물교계), (ㅇ) 무속계, (ㅈ) 기독교계, (ㅊ) 불교계, (ㅋ) 외래계, (ㅌ) 연합계, (ㅍ) 계통불명의 13개로 분류한다.[12] 白白敎는 村山智順이래 같은 白道敎의 분파인 人天敎와 함께 東學의 傍系로 분류된다.[13] 동학과 백백교는 본질상 다르지만 결국 민중이 수용하는

10) 朴成壽의 편집에서는 己로 되어 있으나 이는 乙의 誤植으로 바로잡았다.
11) 『渚上日月』, 465면.
12) 조흥윤, 앞의 책, 213~226면.
13) 村山智順, 『朝鮮の 類似宗教』(上), 朝鮮總督府, 1935(경인문화사 영인, 2005), 59~60면; 佐藤 武, 『朝鮮の宗教』(前編), 稻光堂書店, 1936(경인문화사 영인, 朝鮮版宗教の知識, 2005), 71면. 동학계 유사종교에 대해서는 『朝鮮の 類似宗教』(上), 「第二章 第四節 東學系 類似宗教の現況」을 참조할 것. 이 책은 무라야마 지준이 조선총독부 촉탁으로 쓴 책으로 조선의 고유 신앙까지 모조리 類似宗教라는 명칭으로 취급하고 있으며, 손진태에 의해 그 학술적 무가치함을 지적받은 바 있다.

과정에서 변이점을 상실한다. 동학은 1대 최수운, 2대 해월, 3대 의암으로 이어지면서 세속주의적·인본주의적 경향이 강해진다. 주술적 측면이 나타나기도 하지만, 기본적으로는 '守心正氣의 心學'이라는 성격이 강하다. 그러나 민중은 동학을 전통적인 '하느님' 관념[14]을 포함한 종교로서 받아들였으며, 결국 인간의 몸에 모시는 천주(天主)는 초월적인 신령으로 전화되었다.[15] 결국 백백교는 몇몇 유사점에 의해 동학의 방계로 분류될 수 있을 것이다. 백백교의 교리에는 동학을 따라 유, 불, 선 三道의 통합, 鄭鑑錄의 이용, 강한 교주숭배, 지상낙원 등이 나타난다. 이는 당대 신흥종교의 공통점이기도 하다.

유병덕은 신흥종교의 특징으로 宗敎糅合, 後天開闢思想, 교주신격화, 정감록의 영향, 神明思想을 들고 있다. 종교유합이란 儒, 佛, 仙 이하 무속에 이르기까지 다양한 종교체계와 신앙을 통합하는 것이다. 특히 근본적으로 외래종교인 유, 불, 선을 우리 민족의 주체성 아래 재해석한 것이다. 유병덕은 종교유합을 동학에 이르러 교리로 구현된 고래의 종교적 전통으로 본다.[16] 윤이흠은 자기확인 종교인과 실천적 종교인의 구분을 통해 통계수치를 내보면 한국의 종교인은 한국인구 절대다수보다 훨씬 크며, 이는 개개인이 동시에 여러 종교의 신념체계를 수용하면서 살고 있음을 보여주는 결과라고 한다.[17] 이러한 重層多元性은 습합종교가 나올 수 있는 좋은 토대가 된다. 유·불·선를 합친다는 일견 어

14) 기독교적 관점에서 본 한국의 하느님 관념에 대해선 김종서, 『서양인의 한국종교 연구』, 서울대학교 출판부, 2006의 18, 19, 28~29, 33, 38~40, 44, 45면을 참조할 수 있을 것이다.

15) 盧吉明, 『한국신흥종교연구』, 經世院, 1996, 133면.

16) 柳炳德, 앞의 책, 100~102면.

17) 윤이흠, 「한국종교 개관」, 윤이흠 외, 『한국인의 종교』, 문덕사, 1994, 22~27면 참조.

이없는 교리[18]가 통하는 것은 종교에 대한 한국인의 포용력이 얼마나 큰가를 보여주는 일례라 볼 수 있다.[19]

다음 장에선 백백교의 조직 및 교리를 구체적으로 살펴보겠다.

Ⅲ. 백백교의 조직 및 교리

1. 백백교의 발생

백백교는 전정운(全廷芸)[20]의 백도교(白道敎)에서 시작된다. 평

18) 우스갯소리로 한국인은 다급할 때 하느님, 부처님, 예수님, 공자님에 조상님까지 찾는다고 하지만, 좋은 점만 취한다는 방식은 세속의 물건에나 통용될 방식이지, 자신만이 참이라고 주장하는 진리에는 통용될 것이 아니다. 이것저것을 모아놓는다고 통일된 구성을 갖지도 않는다. 敎祖의 휘하에 놓이는 각 교의 신은 자신의 영역을 따로 가지며 모순을 피하기 위해서, 심한 경우에는 교조나 교도, 민간의 취향에 따른 取捨가 있을 뿐이다. 물론 다른 것들을 조화시키는 과정에서 때때로 새로운 것이 나온다. 한국 신흥종교의 4대 근간인 동학, 정역, 증산교, 단군교에는 각각 독창적인 점이 있으며 나름의 복잡한 체계가 있다. 그러나 그 역시 우주의 실체에 다가섰다고 볼 수 없다. 특히 증산의 서구문명과 관련한 인식을 혜안인양 묘사하는 경우가 많은데, 그의 서구문명에 대한 인식은, 당대인들과 마찬가지로 (과학이 아니라) 산업기술을 벗어나지 않는다. 서구문명에 대한 증산의 입장에 대해선 盧吉明, 『한국신흥종교연구』, 145~148면 참조.

19) 조홍윤에 의하면 종교합일사상은 화랑도에서도 나타나며, 다종교문화가 종교합일사상을 포용하는 것이 아니라, 다종교문화가 종교합일사상을 배태하는 것이다. 조홍윤, 앞의 책, 226~229면.

20) 탁명환은 '전연예'라고 표기하고 있으나 이는 일본어 약식표기에서 비롯한 오류로 보인다. 일본어에선 芸(げい)이 藝의 약식표기로 쓰이나, 별도(うん=香草)로 쓰일 때도 있다. 그러나 '藝'는 げい로 읽는다. 檢事인 杉本과 金大觀, 村山智順을 비롯해 당대 잡지나 신문에서도 '芸'

북 영변(寧邊) 출생의 전정운은 25세에 금강산에 들어가 3년 동안 수련하더니 신령에 통했다며 하산하여 함경도 문천군(文川郡) 운림면(雲林面) 마양동(馬陽洞)에 거주하며 포교를 시작했다. 유·불·선의 세 교를 합했다고 하는 동학의 교의를 가져와 자기는 신명(神明)으로부터 "白白白依依依赤赤赤……"이라는 주문을 받았는데, 이 주문만 외우면 무병식재 불로장수(無病息災 不老長壽)하여 마침내는 신선이 될 수 있으니 이 교야 말로 구인명원대도(救人命元大道)라고 설교했다. 전정운은 항상 백색과 적색의 두 옷을 입고 주문을 외웠다. 이 주문의 '白白'을 따서 전정운의 교를 백도(白道)라 부르게 되었다. 맹신자들이 생겨나고 그 친척을 중심으로 포교에 힘써 얼마안가 융성해졌다.[21] 이런 경우에 신도들의 입교 동기는 지연관계(地緣關係)에 바탕을 둔 '믿어서 해가 될 리 없다'는 공리주의가 작용하고 있다고 한다.[22]

으로 쓰고 있다. (다만 金台俊은 '藝'로 쓰고 있는데, 보조사로 '라는'이 아니라 '이란', '이라는'을 쓰고 있다 : 金台俊, 「魔道 白白敎의 正體」, 『白光』 6집, 白光社, 1937. 6). 현장에서 速記한 '공판방청기'나 사건을 다룬 당대 신문기사에서 전정운이라고 쓰고 있으므로 전정운이 옳을 것이다. 탁명환의 기사를 참조한 민족문화대백과사전의 백백교 항에도 전정예라고 되어있다. 延은 명백한 오류이다. 당대 기사는 모두 廷으로 표기하고 있다. 역시 탁명환에서부터 시작된 것으로 그는 '延'을 쓰거나(315면), '廷'을 한글병기하면서 '연'이라 표기하고 있다(383면). 이외 탁명환의 책에는 오식도 다수 보이는데 공판방청기에는 전정운(全廷雲)이라고 되어 있다(393면). 탁명환 편저, 『이단피해자들의 생생한 고발수기 제1편: 그들은 이렇게 속았다』, 국제종교문제연구소, 1987.

21) "…平安道 출신의 사람들이 全廷芸에게 모여들고 이자들의 친척들을 찾아 주로 平安道에 布敎에 힘썼기때문에 얼마안가서, 信者수효가 千으로 헤이게되고…" 杉本, 「白白敎事件論告全文」, 『朝光』 6권 5호, 朝鮮日報社 出版部, 1940. 5. 78면.

22) 張秉吉, 「한국 신종교 운동의 구조와 변동」, 『한국종교와 종교학』, 한국종교문화연구소 편, 청년사, 2003, 562면.

갑진년(甲辰年) 6월을 종말의 시기로 예언하였으나 들어맞지 않자 속아 재산을 잃은 교도들의 분노가 폭발하여 교단이 와해되었다. 전정운은 태백산(太白山)으로 도피했다 강원도 철원군에 이르러 남은 교도들을 규합하여 교단을 재건했다. 전정운에게는 전용주(全龍珠)·전용해(全龍海)·전용석(全龍石)[23] 삼남이 있었는데, 그가 1919년 51세의 나이로 사망하자 둘째인 전용해는 외조부이자 교단의 간부인 우광현(禹光鉉)과 의논하여 교주의 사망사실을 숨기고 암매장해버렸다. 교주의 사망사실이 드러날 경우 불로장생의 약속이 거짓임이 드러나 교도들이 동요할 것이기 때문이다.

이어 교세확장방법과 재산을 놓고 내분이 일어 결국 세 아들이 각각 교단을 창립해 분리되었다. 첫째인 전용주는 1923년 5월, 선대의 간부 이희룡(李禧龍)을 내세워 인천교(人天教)를 세웠고 전용해도 이어 7월에 우광현을 교주로 내세워 경기도 가평군 북면에서 백백교를 창립했다. 백백교는 1세 교주를 전정운으로 하는 등, 사실상 전용주파의 이탈 후 교명을 바꾸고 교단을 재정비한 백도교이다. 셋째 전용석도 도화교(桃花教)을 세웠다. 백백교의 교세가 가장 커서 1923년에는 인천교까지 흡수한다. 그러나 1930년 7월, 1세 교주인 전정운이 금화군 오성산에 애첩 4명을 생매장한 사실이 뒤늦게 폭로되어 큰 타격을 입는다. 이것이 이른바 '금화사건(金化事件)'이다. 경찰의 수사망을 피해 전용해와 당시 교주 차병간은 도피했으며 신인(神人)이라던 1세 교주의 사망이 알려지면서 신도들도 이탈하기 시작했다.

백백교의 교세변화는 <표 1>과 같다.

---

23) 金台俊의 보도에서는 全龍範.

<표 1> 연도별 교세변화[24]

年度	敎徒 數			地區 數
	男	女	計	
1923	27,580	31,291	58,871	3
1924	35,739	33,577	69,316	3
1925	23,000	22,000	45,000	5
1926	21,500	21,500	43,000	5
1927	22,000	21,000	43,000	5
1928	11,000	10,000	21,000	4
1929	5,135	615	5,750	4
1930	317	74	391	4
1931	97	52	149	4
1932	75	26	101	4
1933	43	25	68	4
1934	40	23	63	4

확장하던 교세가 1928년, 1929년 연달아 반감하더니 1930년에는 전년대비 6%대로 급감했다. 1930년의 급감은 역시 금화사건이 원인으로 보인다. 조선총독부의 조사에 따르면, 1934년 8월 현황은 포교소 3개, 地區 4개, 교도는 남자가 40명, 여자가 23명으로, "교주의 妾殺害事件(금화사건)이 신문지상에 드러나면서 有名無實한 상태"라고 보았다.[25] 그러나 이면에서는 피해자들이 배로 증가하는 시점이다.[26] 백백교는 이 사건으로 와해되지 않고 지하조직화한다. 전용해는 수사가 일단락되자 교단 재건에 나섰다.

---

24) 이 표는 村山智順, 『朝鮮の 類似宗敎』(下), 520~530면에 있는 第十六表 全鮮敎別年次別 敎勢表 その一(東學系)를 따른 것이다.

25) 村山智順, 『朝鮮の 類似宗敎』(上), 236면.

26) <표 4> 연도별 피살자 수 참조.

경성부 앵정정에 본소를 마련하고 지방으로 흩어졌던 심복들을 불러 모았다. 이들은 주로 산간벽지를 돌며 자산이 있으나 교육 수준이 낮고 세상물정에 어두운 사람들을 대상으로 포교하며 세력을 확장했다. 한번 무너졌던 종교가 어떻게 그렇게 쉽게 재건될 수 있을까?

유동식은 신흥종교의 부흥을 다섯 가지 이유로 설명하고 있다.[27]

가. 기성종교가 약속하는 福音이 추상적이고 高踏的인데 비해, 이익추구적이긴 하나 현실사회와 遊離되어 있지 않다.
나. 대중이 불안한 현실에서 방황할 때, 斷言的인 신앙과 구체적인 삶의 방향을 제시하고 복종하기를 요청한다. 그리고 교리의 단순성으로 인해 모두 이해하고 전달할 수 있다.
다. 사회적 약자를 대상으로 한다.
라. 종교지도자의 강력한 지도력
마. 조직력과 追力있는 기동성

이 전체를 관통하는 것은 단순명료함이다. 단순하지만 확실한 이익의 약속은 불안한 현실에 처한 사회적 약자에게 매력적이다. 쉽게 교리를 숙지할 수 있기 때문에 개별교도들도 주변에 전파하기 용이하고 규모에 관계없이 탄탄한 조직력을 갖게 된다. 카리스마적 지도자는 신앙을 보증한다. 이것은 백도교나 백백교가 한때 붕괴 위기를 넘기고 재건에 성공한 요인이기도 하다.

2. 백백교 조직

백도교는 전정운의 사망 후 인천교, 도화교, 백백교로 분할된

27) 柳東植, 「新興宗敎가 제시하는 問題點」, 『기독교사상』 1965년 11월호, 대한기독교서회, 1965. 11, 51~52면; 29면.

다. 백백교는 제2세 우광현, 제3세 김공희(金公熙)[28], 제4세 차병간(車秉幹)을 교주로 내세우지만 사실상의 실권자인 전용해가 제2세 천부(天父)라는 이름으로 그 위에 군림해왔다(여기서 전정운은 제1세 교주이자 1세 천부로 격상된다). 우광현의 경우처럼 방해가 될 경우엔 교주라도 가차 없이 살해했다.

내부 조직은 <그림 1>과 같다.

<그림 1> 백백교 조직도

本部中心人物

▽

文奉朝 朴達春 李順文 李漢宋 李敬得 李三得 金君玉

諜報部

▽

張聖煥 申鉉文 金永圭

平安道責任者

▽

郭道奎(江西) 張在淸(平壤) 金義煥(平壤) 張知學(龍川) 申明律(江界)
白樂朝(江西)

本部中心人物外
務責任者

▽

文奉朝 朴達春

黃海道責任者

28) 杉本의 검사논고에는 金公然.

▽

朴文賢(安岳) 朴文洪(安岳)

教主秘書 兼 京城滯在中 世話係

▽

李順文

教徒世話係

▽

趙學初 金元俊 柳大烈 白玉奉 白義俊 李子成 李工得

女子世話係

▽

趙學初 金元俊

地方分散地域

京畿本所	江原本所
漣川郡 千波里 文奉朝	橫城郡 五乂里 金南壽
楊州郡 鳳岩里 張昌燁	鐵原郡 大光里 申悌寬
楊平郡 雪谷里 張世榮	平康郡 文奉里 鄭圭朝
楊平郡 龍水里 申萬年	平康郡 定山里 白玉鉉
楊平郡 杏蘇里 李工得	洪川郡 屈只里 車東賢

간부들에게는 명칭이 붙었는데 문봉조를 벽력사(霹靂使), 이경득을 심봉사(沈奉使), 사형집행전문이었던 김군옥은 북두사자(北斗使者), 교주비서인 리순문은 령춘사라 불렀다고 한다.[29] 간부들

29) "幹部는十七名 整然・殺人職制", <조선일보>, 1937. 4. 13, 호외 2면.

에게 관작 대신 사자(使者)란 호칭이 붙은 것은 이들이 독자적으로 권력을 행사하는 것이 아니라 어디까지나 교주의 권위를 대리할 뿐이라는 것으로, 교주중심주의를 확인할 수 있다.

3. 백백교의 교리

교리는 그 종교가 진리라고 규정한 원리체계이다. 이것에 입문하기 위해서는 먼저 율법과 의식을 거쳐 그 종교공동체의 구성원으로 인정받아야 한다. 의식에 관련된 것(祭祀, 祈禱)과 행위에 관련된 것(律法)은 둘 다 그 종교의 특색을 보여주지만, 율법은 대개 해당 공동체 고유의, 혹은 쉽게 수용할 수 있는 사회·윤리적 규범을 골자로 한다.

백백교의 십오계명(十五戒銘)과 기념일은 다음과 같다.

십오계명

1. 敬天父 2. 禮坤母 3. 忠君王 4. 嚴師傅 5. 孝父母 6. 和兄弟 7. 恤妻子 8. 愛隣里 9. 勿姦淫 10. 勿殺命 11. 勿陰害 12. 勿爲盜 13. 勿嫉妬 14. 勿爭鬪 15. 勿背恩

기념일

布教紀念日(5월 2일), 大祈禱日(6월 24일), 教祖誕降紀念日(10월 4일), 昇天紀念日(11월 21일), 得道紀念日(11월 30일), 白白教創立日(6월 6일), 祈禱日(매주 수요일) (以上 陰曆).[30)]

백백교에서도 십오계명으로 여덟 가지 힘써 행해야 할 것, 일곱 가지 하지 말아야 할 것에 대해 얘기하고 있다. 선행을 권하

30) 金大觀, 「邪教 白白教事件의 正体」, 『朝光』 3권 6호, 조선일보사 출판부, 1937. 6. 31면.

고 악행을 금하는 등 극히 정상적이다. 천부(天父)를 공경하라는 것도 그 천부가 전정운이나 전용해가 아니라면, 신 앞에서의 겸허를 강조한 것에 불과하다. 율법이라 함은 대개 일반적 도덕률이지 그 종교의 핵심은 아니다.[31] 그러나 이것을 통해 종교는 윤리도덕의 가면을 쓰고 간단하지만 확실하게 '선(善)'의 축에 끼어든다. 허황된 주장도, 망상적 맹신도 이 도덕률에 가려진다. 그리고 이 도덕률의 강조야말로 종교의 유일한 순기능일지 모른다. 모든 사람들이 교육의 혜택을 받을 수 없었던 시대에 종교가 그 해악만큼이나 긍정적인 역할을 해왔던 것도 부정할 수 없다.

그러나 백백교가 교도들의 재산을 편취하고 살육을 자행하는 와중에서도 전신(前身)인 백도교 시절부터 수십 년을 이어올 수 있었던 힘은 도덕률이 아니라 의식이다. 기성종교나 민간신앙에서 파생된, 신흥종교는 그 교리가 이미 익숙한데서 출발하여 쉽게 납득될 수 있는 덕분에 민중들에게 쉽게 침투할 수 있다. 도덕률로서의 율법은 일종의 보험 장치로 기능한다. 그러나 실제 힘을 발휘하는 것은 의식이다. 의식은 숭배와 기도로 나뉜다. 이를 통해 교도들은 형제의식(兄弟意識)을 강화하고, 믿음을 공고히 하고 사제들은 권위를 강화한다. 여기서 종교의 폭발력이 생

31) 시마노조 스스무(島薗 進)는 민간신앙, 민속종교(習合宗教), 민중종교를 구별하고 있다. 여기서 민속종교의 교주나 수행자들이 특이한 주술적 능력을 통해 민중에 군림하는데 반해, 민중종교는 평이한 일상윤리를 중핵으로 삼은 교의·수행방식을 바탕으로 주술적 권위에 따른 지배를 극복한다. 그렇다면 민중종교란 단순한 윤리체계일 뿐 종교라고 할 수 없지 않느냐는 의문을 제기할 수 있다. 그러나 윤리체계는 당위에 따른 실천을 말하지 구원에 대해서는 말하지 않는다. 따라서 실천을 통한 구원을 말하는 수행 역시 종교의 하나로 봐야 할 것이다.
시마노조의 분류에 대해선 島薗進, 「生神思想論」, 宗教社會研究會 編, 『現代宗教への視角』(雄山閣, 1978), 井上順孝 外 編, 『新宗教事典』(弘文堂, 1990)을 참고하라.

겨난다.

신흥종교는 억눌린 자들의 원망과 기대를 충족시켜 줌으로써 힘을 얻는다. 교리는 이 종교가 진정 진리에 닿은 종교임을, 즉 원망의 실현을 증거하기 위한 것으로 제 종교는 복잡다단한 교리체계를 만드는데 진력해왔다. 백도교와 백백교는 동학을 본떠 유·불·선 3도를 통합한다고 한다. 백백교의 중심 교리는 '一之白將欲白之於天下地'는 것으로, 하나의 흰 것이란 교주를 뜻하며 천하를 희게 한다는 것은 유·불·도 세 종교의 융합을 뜻한다. 3교는 오랜 동안 성쇠를 거듭하다 이제는 그 본질을 잃고 거죽만 남았으므로 새로운 종교로서 백백교가 나타났다는 것이다. 전정운은 여기에 정감록(鄭鑑錄)을 교묘히 이용했다. 현실에서 억눌리고 기성종교에서도 배제된, (혹은 기성종교에서 충족될 수 없는 욕망을 지닌) 민중들의 바람을 이용하기에는 정감록 같은 참언(讖言) 이상이 없다.

정감록에 "全羅道雲峰頭流山 聖人出於咸陽林中"이란 대목이 있다. 원래는 "전라도 운봉 두류산, 성인은 함양의 숲에서 나온다."는 뜻이다. 그러나 전정운은 이렇게 설명한다.

> 인생에는 生死門이 있고 鄭鑑錄에 全羅道雲峰頭流山이 生門方이라고있는데 이는 全氏가道를 열(羅)고, 運(雲)에 만(逢=峯)난다. 頭流山이라는 뜻인데 마양동은 두류산 아래 있다.
>
> 또 聖人出於咸陽林中의 咸陽林은 咸鏡道馬陽洞雲林面의 뜻이라.[32]

정감록은 이(李)씨의 실각과 정(鄭)씨의 팔백년 도읍, 뒤이은 조(趙)씨의 천년 도읍, 범(范)씨의 육백년 도읍을 말한다. 이씨 다음에 올 진인(眞人)[33]은 정씨인데 이래서는 자신의 역할이 없

---

32) 杉本, 79면.

어지므로 '전라도'를 '전씨(전정운)가 도를 연다'는 식으로 풀이하는 것이다. 또한 정감록에는 9년간의 수해와 12년간의 병화가 있으며 피신처로 십승지(十勝地)를 논하고 있다. 감결(鑑訣)의 저자는 십승지를 말하면서 "可藏亂踪 然無鬚者 先入則否也"[34]라고 한다. 이것은 "난을 피해 종적을 감출만 하다. 그러나 수염 없는 자가 먼저 들어가면 그렇지 않다."뜻이다. 그러나 전정운은 "생문방(生門方)으로 사람들을 인도할 자는 수염이 없는 자신뿐"이라고 왜곡하였다. 교의 이름인 '白白'은 兩白에서 나온 것으로 양백은 "求穀種於兩白"에서 나왔다. "곡식과 사람의 종자는 태백과 소백에서 구할 것이다."는 뜻이다.[35] 그러나 백백교에서는 "양백에서 곡식과 사람을 구하니 양백이란 백백교를 뜻한다"고 왜곡했다. 공판기록을 보자.

> 문봉조는, 대정 十二년 백백교가 포교(布敎)인가를 맡았을때 영변(寧邊)에가서 포교할 때 이런말을 했다지? ―정감록(鄭鑑錄)가운데 평안남북도는 장차 마가(馬哥)가 통치하게되고 백성은 모두 학살한다고 쓰였는데 이난을 피하려면 백백교를 믿어야한다 정감록에 『구인백백(求人白白)』이라고 쓰인것은 백백교가 백성을 구한다는 말이라고 했다지?[36]

---

33) 이 진인(眞人)이란 한 시대를 지배하는 자를 말하는 것이지, 관련 신흥종교들이 말하는 것처럼 절대자의 현신이나 구원자가 아니다. 진인은 그 명이 쇠하면, 다음 진인으로 교체되는 것이다.

34) 정다운, 「鑑訣」, 『정감록전집4: 鄭鑑錄 原本解說』, 밀알, 1986. 29~31면.

35) 정다운, 앞의 책, 19~20면.

36) 蔡廷根, 「峻嚴히 斷罪된 白白敎事件 公判傍聽記」, 『朝光』 6권 5호, 朝鮮日報社 出版部, 65면. 다만 "백백백의의의적적적"하는 주문이 어디에서 유래하는지는 알 수 없었다. 정감록에서는 白衣와 靑衣에 대해 말하고 있는 대목이 많으나 적의는 발견하지 못했다.

혼란기의 공포를 부추기는 것만큼 교세확장에 좋은 것은 없다. 여러 신흥종교들이 개벽이나 종말을 떠드는 것도 마찬가지다. 백백교도 이 수법을 포교에 사용했다.

> 未久에 戰爭이 일터이니 재산을 정리해서 상경하라. 교주는 신통력을 가졌으므로 반드시 생명을 보장한다.
>
> 조선은 미구에 삼십척 이상의 대홍수가 날 터이니 일반민은 모두 죽지만 헌금한 신도들은 金剛山 避身宮에 피난하여 생존할 수 있다. 全龍海가 계룡산을 도읍으로 하여 천위에 등극하면 헌성금 다소에 의해 각각 영직을 임명할 것이다. 혹은 東海에 나타날 瀛山에 들어가 불로장수하여 신선이 될 수 있다.[37]

포교에 나서서는 헌성금(獻誠金)의 액수와 인물의 기량에 응해 대신참의(大臣參議), 군수(郡守), 지사(知事), 서장(署長) 등 영직(榮職)을 준다고 유혹[38]하거나, 이 교를 믿으면 불로장생한다고 주문 '可和世'을 외우게 하고 기도를 시켰다. 입교식은 돈 1원을 내고 행하는데 먼저 마음속으로 기도를 한 후 정한수를 떠놓고 세 번 손을 들었다 놓은 후 "제불자 제불자 천혼도우 제여자 제여자…" 운운 하는 주문을 7번씩 세 차례 외는 것이었다. 신도는 평상시에도 늘 주문을 외워야 한다. 성별에 따라 다른데, 성인 남자의 경우 "白白白衣衣衣赤赤赤感應感感應하시옵崇誠"이라고 한다.[39]

백백교 교도들의 신앙행태에 대한 조사를 살펴보자.[40]

---

37) 여기서 말하는 전쟁과 대홍수는 감결의 9년간의 수해와 12년간의 전란을 말하는 것 같다.

38) 매관매작이 횡행했던 조선말기의 상황을 겪었던 사람들에게 이는 당연하게 받아들일 수 있는 논리였을 것이다.

39) 김삼웅, "사건으로 본 한국의 종교", <종교신문>, 2003. 9. 10, 4면.

40) 村山智順, 『朝鮮の 類似宗教』(下), 「第九章 類宗の信仰意識」을 참조할 것.

<표 2> 백백교도의 신앙행태

항 목	내 용	응답자	계
入教動機	포교자의 권유	1	5
	포교자의 감언이설과 미신적 언사를 따라	1	
	不明	2	
入教目的	無病息災 생활안정 소원성취 자손 번영	1	4
	교주 등극 후의 高位高官 취임	2	
	不明	1	
信仰行態	조금은 교리를 안다	1	3
	不明	2	
脫教動機	誠米金 납부 등 경제적 고통 및 시간 낭비일 뿐 하등 얻는 것이 없어서	2	4
	탈교당한 이	2	

입교동기나 탈교동기가 모두 현실적이며 교리에 대한 신도들의 이해는 매우 낮은 수준이다. 공판방청기를 보자.

> 피고二十四명중 정규의교육을 받은 자는 이자성 한명만이 보통학교四년까지 다녔고 문봉조, 이경득, 김군옥, 박달준등이 한문을 조금 알고있으나 그밖에는 대체로 무식하여 재판장이 『예심결정서를 보았으니 자기죄를 알터이지?』하는 말에『무언가 종이를 받기는 했지만 무식해서 무언지 몰랐읍니다』고 대답한 피고도 있었다.[41]

정감록 자체가 허황된 것이라고는 하나, 구문의 어이없는 왜곡이 가능했을 정도로 신도들의 지식수준이 낮아 교리에 대해 별 의문을 품지 않았다. 즉 백백교는 신도들의 욕망[42]과 교주의 카

41) 蔡廷根,「공판방청기」, 67~68면.

42) 욕망이라는 단어을 부정적인 의미로 사용하지 않았음을 밝혀둔다. 욕

리스마를 중심으로 구성되어 있다. 공판 당시 유인호의 진술을 보자.

> 선생(교주 全龍海를 의미함)께서 말슴하시기는, 불원에 서양은 불로 동양은 물로 심판(審判)을 받아 인류가 전멸하는데 그심판에서 구원받을려면 백백교를 믿어야한다. 심판때에 동해(東海)에 영산(瀛山)이 떠오르는데 교도들은 전부 피난해서 거기서 불로장생하고 병재도 없다고 하셨습니다. 그리고 선생께서는 신(神)이 사람의 모습을 쓰구 내려온 구주(救主)라고 하셨읍니다.
>
> 백도교(白道敎) 당시 선대가 믿었기 때문에 따라서 믿어왔지만 그저 백도교 교주 전정운(全廷芸)이가 금강산에서 도를 닦아 도통해서 문천(文川)에서 백도교를 세웠다는 말을 들었을뿐입니다. 무식해서 교지는 모릅니다.[43)]

단지 선대로부터 믿어왔기 때문에 따라서 믿어왔다고 한다. 재산과 딸까지 바친 맹신자조차 교지에 대한 지식이 거의 없다. 간부도 마찬가지이다. 이경득의 진술을 보자.

> 대정 十二년 가을 안국선(安國善)이란 교도가 집에 한달이나 묵고 있었는데 二十일동안이나 밥을 안먹고도 튼튼한데 감복했더니 백백교를 믿으면 먹지않고도 살수있다, 불로장수하고 후에는 신선이 될수 있다해서 입교했읍니다.[44)]

망이 인간을 인간답게 한다. 특히 불안한 계층의 사람들의 욕망은 기득권층의 탐욕과는 구별해야 할 것이다. 그러나 백백교 신도들은 사회적 약자라고는 하지만 다소간의 자산을 소유했던 자들이라는 점을 고려해야할 것이다. 특히 <표 2>에서 보듯이 榮爵에 대한 욕망은 다른 차원에서 접근해야 할 것이다.

43) 蔡廷根, 「공판방청기」, 64면.

44) 蔡廷根, 「공판방청기」, 64면. 이와 함께, 上記한 『渚上日月』의 자칭 생불, 白天皇이 먹지 않고도 살 수 있어 기이하다는 기사 또한 인상적이

이경득은 교주로부터 특히 신뢰를 받았으나 교지에 대해선 '별로 물어보지 않아서' 남들 정도 밖에 모른다고 한다. 입교의 계기조차 '이십일을 굶고도 건강한' 신도를 보고 놀랐기 때문이라 한다. 전용해 역시 단식을 수시로 하였다고 한다.

전용해가 그 카리스마를 유지하는데 이용한 것은 금식과 함께 공포의 효과이다. 杉本의 검사논고를 인용해본다.

> 그 예를 들어말하면 소화四년음력三월쯤 靑鶴里에서 매일밤기도드리고있을때 어떤밤 被告人李敬得외에 七, 八명의 敎徒가 동네 劉聖云의집에 모여서 기도하던중 全龍海는五十 가량된 남자에게 마당에서 기도하라고 데리고 나가서 땅에 엎드리게 하고 차례차례 다른 敎徒들도마당으로 나가게이하마찬가지로 엎드리게하여 기도하라고 명령하고 全龍海는 여러사람에게이기도를드리는중에 天罰을 받는자는 일어날 수 없으니 모두일어나보라고하므로 李敬得들은 일어났으나 제일먼저 끌려나간 五十세가량된 남자는 일어나지 못하므로 여러사람이 가보매 벌서 죽어 있었대는데 全龍海는 이사람은 天罰을받아 죽었으니 너이들도 내명령을 절대복종하며 진심으로 신앙하라 그렇지 않으면 이자와같이 天罰을받게된다고 말하여 당시 李敬得들은 全龍海의 神通力으로 그사람이 죽은 것으로 믿고있었던 모양이나 이것은 全龍海가먼저 그남자를마당으로 데리고나가 기도하라고 명령한후 곧 목을 매어죽여놓고 다른자들을 차례로 불러내어 기도하게한 것으로 보이는데 이러한 교묘한 수단으로써 全龍海는 사람이 아니고 신의아들이라고 믿게 한것이다.45)

여타 종교의 이적(異蹟)과 마찬가지로 교묘한 심리조작을 보여

다. 종교가 필요로 하는 異蹟 중 '먹지 않고도 살 수 있다는 것'이 한국 종교현상에서 두드러지는 편인지 살펴보고 그렇다면 왜 그런 것인지 그 함의를 분석해보는 것도 가능할 듯하다.

45) 杉本, 「검사논고」, 91면.

준다. 특히 살인을 신벌로 교묘하게 꾸며 카리스마를 유지한 부분에서 그 잔학함이 보인다. 물론 공포의 효과는 고등종교라고 자처하는 다른 종교에서도 신벌(神罰) 및 지옥의 개념 등으로 적극 이용하고 있다. 단순하지만 가장 효과적인 방법이라 할 수 있다.

이경득이나 문봉조 등은 전용해를 '무서워서 믿은 것이 아니고 정말 신의 아들로' 믿었으나[46] 다른 교도들은 교주의 살인행각을 깨닫고 탈교하고 싶어도 가족 때문에 그럴 수 없었다고 한다.

> …이창문, 이창흡, 박상훈, 계준환등 몇 명은 처음 교주를『신의 아들』로 믿고 백백교만 믿으면 가족의 병도났고 또 불로장수하는줄만 알고 입교하여 본소(本所)라는데 이주(移住)했었으나 그후 교주가 자칫하면 사람을 죽이는 것을 알자 겁을 내어 도망까지 해보았지만 교주 밑에 남기고온 처자의 목숨이 염려되어 죽음을 각오하고 되돌아가 자기도 살인마가 되고 말았다는 뜻을 말하여『한번 걸려들면 다시는 빠져나갈수없는 함정같은 백백교』의 정체를 밝혀 듣는 사람을 놀래게하였다.[47]

이제 백백교 사건이 세간에 드러나게 된 전말을 살펴보자.

Ⅳ. 백백교 사건의 전말

1. 수사 및 검거과정

백백교 사건은 피해자 가족인 유곤룡의 고발로부터 수사에 착수, 그 전모가 드러나게 된다. 본고에서 이 과정을 재구성하는 데

46) 杉本은 그보다 자신들의 이익 때문이라고 해석한다.
47) 蔡廷根,「공판방청기」, 67면.

에는 유곤룡의 수기[48], 김대관의 기사[49], 경성지방법원검사국 杉本 검사의 논고와 당시 신문기사가 사용되었다. 당사자인 유곤룡의 수기를 기본으로 하되 사소한 불일치가 보일 때는 검사논고를 우선으로 했다.[50]

황해도 신천군 출신인 유곤룡은 해주에서 상당히 큰 약업상으로 자수성가했다. 그의 진술[51]에 따르면 1931년 조부가 임종할 당시 백백교에 속아 재산을 잃은 것을 한탄하고, 여전히 백백교에 빠져있는 자식(유곤룡의 부친 柳寅浩)을 걱정하며 백백교를 '두들겨 부시라'는 한 섞인 유언을 남겼다고 한다.[52] 이미 부친과 여동생은 백백교에 빠져 유랑하고 있어 유곤룡은 백백교와 접촉하기 위해 여러 산천을 헤매고 다녔다. 1933년 백백교 간부인 이

48) 유곤룡의 수기,「白白教를 내가 告發했다.」는 탁명환 편저,『그들은 이렇게 속았다』(378~388면)에서 옮긴 것으로 원 출처는 알지 못한다. 이 책은 탁명환 국제종교문제연구소장이 사이비 신흥종교를 고발한 책으로 대부분 기독교계 신흥종교를 다루고 있으나, 백백교에 대해 한 장을 할애하고 있다. 여기에 실린 검사논고와 공판방청기 등을 원본과 대조한 결과 몇몇 오식이나 소제목의 수사 추가, 소항목의 순서변경 등이 발견되었으나 본문의 심한 훼손은 나타나지 않아, 일단 신뢰할 수 있다고 보았다.

49) 金大觀,「邪教 白白教事件의 正体」, 28~42면.

50) 사건 당일 유인호의 집에는 유곤룡 외에도 유인호, 유대열, 유정전, 이경득 등이 있었는데 검사논고는 이들의 정황진술을 종합해 어느 정도 객관성을 확보했다고 생각된다.

51) 유곤룡,「고발수기」, 378~381면.

52) 전봉관의 재구성에서는 유곤룡 조부의 임종 시기는 1933년으로, 죽는 순간까지 백백교에 대한 믿음을 지니고 있던 것으로 되어있다. "할아비는 장차 너의 부귀와 공명을 위해 근30년간 백백교白白教를 믿어 왔다. 대원님께 의지하여 재물 버리기를 초개와 같이 했다. 그러나 아쉬워 말거라. 할아비가 정성을 다해 교단에 바친 재물은 이제 곧 몇 곱절, 몇십 곱절이 되어 네 아비와 네게 돌아올 게다." 전봉관,「살인마교 백백교 사건」,『경성기담』, 살림, 2006, 112면.

경득과 접촉하여 헌성금 50원을 내고 교리를 듣는다. 뇌물로 환심을 샀으나 백백교의 본체에 대해선 들을 수 없었다. 1936년 12월에야 이경득으로부터 전용해가 그를 간부로 채용하려고 한다는 말을 전해 듣는다. 1937년 2월 이경득을 따라가 하왕십리 파출소 뒤에서 부모동생과 6년 만에 상면한다.[53] 이경득은 승안(교주를 만나보는 것)절차에 대해 알려준다.[54]

> 李가 경고하기를 외출을 하지 말고 몸에 아무것도 지니지 말고 목욕을 하면서 성심성의껏 기도를 올리라 하면서 승안할 때에는 절대복종, 대답은 하지 말 것, 대원님을 쳐다보지 말라고 하였다(쳐다보면 눈이 먼다고).[55]

결국 昭和 12년(1937년) 2월 16일 저녁 8시경 유곤룡의 승안을 위해 유인호, 유곤룡, 유인호의 조카 유대열(柳大烈), 유정전, 전용해, 이경득 등이 유인호의 집에 모인다. 전용해는 유인호에게

---

53) 김대관의 재구성은 이와 많은 점에서 차이를 보인다. 유인호는 황해도 신천군 태생으로 그 아버지 때부터 백백교에 빠져 수 만원의 금품을 헌성금으로 바쳤고, 급기야 1933년경에는 자신의 딸 유정전(柳貞全. 당시 18세)을 첩으로 바쳤다. 이에 아들 유곤룡과 충돌하게 되자 경성부내 하왕십리정 959번지로 이사해버린다. 가산이 나날이 기울자 유곤룡은 사단을 내기로 굳게 결심하고 경성으로 가서 유인호를 찾아 그 인물됨과 교리를 알고 싶으니 교주를 만나게 해달라 간청한다. 유인호는 '承顔함에는 여러 가지 절차와 의식이 있으니 아무나 면회할 수 없다. 대원님께 의사를 여쭈어 승낙을 받은 뒤에 사흘 동안 집안에서 아무와도 만나지 말고 말하지 말고 근신하여 결백해진 다음에야 만날 수 있다'고 한다. 金大觀, 「邪敎 白白敎事件의 正体」, 32면.
한편 전봉관의 재구성에서는 승안절차에 대해 유정전이 말한 것으로 되어있다. 전봉관, 앞의 책, 114면.

54) "事件發覺端緖"에는 유곤룡이 사촌동생인 대열에게 교주를 만나게 해달라고 청한 것으로 되어 있다. <조선일보>, 1937. 4. 13. 號外 3면.

55) 유곤룡, 「고발수기」, 381면.

사년 전부터 맺어진 남매간의 인연이 오늘에 와서야 비로소 만나게 되니 늦은 감이 있으나 또 한편 매우 반갑다고 인사한다.[56] 곧 주연이 벌어졌는데, 유곤룡은 수기에 당시 정황을 이렇게 쓰고 있다.

> 나는 정신을 차리기 위해 계속해서 권하는 술을 조금씩 조금씩 마시니 이를 눈치챈 全龍海는 노한 얼굴로 이는 천부님의 술이니 권하는대로 마셔야 한다. 만약 거역하면 천벌을 받노라고 하다. 나는 화가 치밀어 참다못해 교주를 뚫어지게 쳐다보니 그는 사태가 긴박함을 느꼈는지 가지고 있던 오덕도(五德刀)로써 나의 동생을 찌르려했다.[57]

권하는 술을 거절해서 분노를 사게 되었다는 것인데, 이 내용만 봐서는 왜 교주가 난데없이 유정전을 찌르려고 하는지 알 수 없다. 유곤룡은 수기에서 유정전과 전용해의 관계에 대해서 전혀 언급하지 않고 있어 가정사의 치부를 굳이 재삼 들추고 싶지 않다는 의도가 느껴진다. 杉本 검사의 논고를 보자.

> 白白敎主大元任이라는 자와함께 술을 먹게된 機會를 타서 슬그머니 同敎에대한 不滿한 태도를 보였던바 全龍海는 크게 憤慨하여 그의 누이동생이고 자기첩인 柳貞全에게 여러가지로 싫은말을 하던나마에 그여자를 죽이려고 五德刀라는 칼을 께내어 事態가 험악해지매 柳寅鎬는 크게 놀래어 全龍海에게 백방으로 陳謝하여 겨우 그칼을 도루 넣게하였는데 柳崑龍은 이機會를 놓지지않고 激烈한 말로 全龍海의 나쁜일을 지적하여 마침내 싸움이버러져…[58]

56) 金大觀, 앞의 책, 32면. 여기서 남매간이란 처남매부 사이를 뜻한다.
57) 유곤룡, 「고발수기」, 381면.
58) 杉本, 「검사논고」, 74~75면.

김대관의 기사는 좀 더 극적이고 구체적이다.

> 한잔두잔 술잔이 거듭함을따라 교주는 홍이난어조로 아버지와 누이동생도 이미서울에와있으니 그대도가산전부를 정리하야가지고 서울에오는것이 어떠하냐고말한다. 유곤룡이는 이때를놓지지않고 긴장한어조로 그것은대단 좋은말슴이나 사업이아직 미완성임으로 지금당장 올라올수는없다고 거절하야버리자 전용해는 얼굴을붉히며 자기의 명령에 복종치않는다고 욕질을하며 옆에앉어있든 유정전을보고 잘난옵바를두었다고 비웃었다. 참고참었든 유곤룡의입술은 벌러졌다. 그는입을벌리자 백백교의교지가 도대체무엇이냐 그런 『얼치기』종교가 어데있느냐고 말을다하야 욕질을하자 세상에나서 이런욕설을 처음듣는 전용해의심장은 홍분된피에깨여질듯 하였을것이며 그는언제나 호신용으로가지고있든 『육덕나이프(六德小刀)』를빼여 유곤룡을찌르랴고 덤볐다.[59]

가산을 정리하고 상경하라는 것은 모두 헌성금으로 바치라는 뜻이다. 조선일보 기사에는 이만원의 헌성금을 요구하는 것을 거절하고 백백교를 욕보인 것으로 되어 있다.[60]

이렇게 하여 유곤룡은 전용해 이하 백백교도들과 결투를 벌이게 된다. 유곤룡의 완력에 눌린 전용해 일당이 도망치자 그 뒤를 쫓아 이경득을 몽둥이로 때려눕혔으나 전용해가 칼을 뽑아들고 반격하자 도망쳐 2월 17일 오전 1시경 동대문 경찰서 하왕십리 주재소에 신고하게 된다.[61]

---

59) 金大觀, 「邪敎 白白敎事件의 正体」, 32~33면.

60) "事件發覺端緖", <조선일보>, 1937. 4. 13. 號外 3면.

61) 탁명환의 재구성은 이와 전혀 다르다. 2월 16일, 경성부 하왕십리정 395번지에 있는 유인호의 집(유인호의 자택은 하왕십리 959번지이나 여기엔 359번지로 잘못 나와 있다)에서 수명의 남녀가 떠들썩하게 싸우고 있었다. 발단은 유인호가 헌성금을 잘 바치지 않아 백백교 말단 간부 2명이 시비를 걸었기 때문이다. 유곤룡은 평소 아버지인 유인호

이하 수사과정은 검사논고를 위주로 정리해보았다. 경찰은 이경득 등을 체포하고 전용해의 은신처 두 곳에서 김서진(金西珍) 외 1인을 체포하였다. 처음에는 단순한 다툼으로 생각했으나 17일 오전에 피고인 3명과 유곤룡을 동대문서에 데리고 가 심문한 결과 사안이 중대하다고 판단하여 유인호, 유정전, 유대열까지 데려다 취조하였다. 그 결과 소위 금화사건 이후 와해된 것으로 여겨졌던 백백교가 밀교(密敎)로 존재해왔으며 교주인 대원님(大元任)이라는 자는 김두선(金斗善), 김영선(金永善) 등 가명으로 경성부내 여러 곳에 집을 두고 있는 것이 판명되었다. 일제검거에 나선 동대문서에서는 2월 20일까지 이자성(李子成), 김찬범(金贊範) 등을 검거하였다. 취조결과 교주란 자는 신인(神人)이자, 천위(天位)등극을 자처하며 관직을 미끼로 재산을 갈취하고, 부녀를 상납 받은 사실이 드러났다. 특히 "조선은 멀지않은 장래에 교주통솔 아래 ××할터이므로"62) 운운한 사실을 알고 경찰에서는 백백교 검거를 서두르게 된다.

검사국과 경찰부 지휘 아래 관계 각 서(署)가 전력을 다한 결과 문봉조를 비롯한 간부들을 차례로 검거하게 된다. 교주 김두선(전용해)이 2월 21일 양평군(楊平郡) 단월면(丹月面) 행소리(杏蘇里) 이삼득(李三得)의 산막에 은거한 것을 포착하였으나, 덮치

가 백백교에 미쳐 재물을 헌납하는 것을 탐탁지 않게 생각하던 차였는데, 전날 밤에 누이가 자신을 찾아와 백백교에 대한 불만을 털어놓아 그 흑막을 눈치 채게 되었던 터라 이 싸움에 화가 머리끝까지 차올라 왕십리 파출소에 달려가 싸움이 벌어지고 있다고 신고했다. 경찰은 현장에 있던 사람을 모두 연행해 조사하기 시작했고 이 과정에서 백백교의 악행이 꼬리를 잡혔다는 것이다. 탁명환, 앞의 책, 332면.

62) 杉本, 「검사논고」, 76면. ××는 독립을 말한다. 김대관, 37면에 "지금 일본의통치아래있지마는 가까운 장래에는 반듯이 백백교주통솔하에 독립이될터이니" 하는 부분이 있다.

기 직전에 도망하는 등 쉽게 잡히지 않았다. 일대를 철저히 수사하였으나 진전이 없어 3월 3일 일단 철수하였다. 그러나 이 수사 결과로 김두선의 본명이 전용해임이 판명된다.

전용해와 가장 마지막까지 행동을 같이한 이삼득과 이한종(李漢宗)을 추궁하던 중 이들이 피신 도중에도 범죄를 저지른 사실이 드러났다. 이들은 2월 21일 이삼득의 산막에서, 전용해와 함께 도피한 것으로 추정되던 애첩 장자봉(張慈鳳)과 첩 박선비(朴先妃) 그리고 해순(海順)이라는 여자를 죽여 묻어버렸다고 진술했고 3월 8일 검증결과 사실로 밝혀졌다. 차차 다른 피고들도 죄상을 자백하게 되어 살인 및 사체유기 사건이 하나씩 드러나게 되었다.

검거 당시 소지하고 있던 오덕도(五德刀)로 자살을 꾀했던 문봉조[63]의 상처가 나았기에 취조하였더니 전용해의 자살설을 제기하였다.[64] 일리가 있다고 판단되어 이삼득의 산막을 중심으로 일대를 수사한 결과, 4월 7일 오전 10시 산막 뒤의 수풀 속에서 오덕도로 두개골 부위를 자해한 사체가 발견되었다.[65] 코 아랫부분이 짐승에게 먹혀 신원을 알기 어려웠으나 소지품과 아들 전종기(全鍾基)의 확인으로 전용해임을 확인했다.[66] 이에 4월 13일

---

63) "…동대문서에 호송되엿스며 그는 자동차에서 내릴때의 혼잡을 리용하야 감추어가지고잇든 륙덕(六德)『나이푸』로 목을찔러 각오의 자살을 도모하엿스나 곳경성제대 부속병원에 입원치료한 결과 삼월십일경에는 완치퇴원하엿스며…" 重要幹部文奉朝 脫走中四名殺害, <조선일보>, 1937. 4. 13, 호외 2면.

64) 金大觀의 기사에서는 이삼득이 말한 것으로 되어 있다. 金大觀, 「邪敎白白敎事件의 正体」, 40면.

65) 탁명환은 1937년 4월 6일, 경기도 양평군 단월면 행소리 비솔 고개 동쪽 산봉우리 부근에서 끔찍한 시체 하나를 발견한 나무꾼이 신고했다고 쓰고 있다. 탁명환, 앞의 책, 334면.

66) 첩이었던 유정전은 이를 인정하지 않는다. "그이가 그와가티 무서운

자로 보도제한이 일부 해금되었다. 그때까지 드러난 사건관계자는 남자 89명, 여자 34명이었다.[67] 그러나 피의자심문을 계속하며 현장검증에 나서 3백건 이상의 사체를 발굴해내었다. 12월 22일 경성지방법원에 기소하여 예심(豫審)을 청구한 이래 예심판사의 면밀한 심리를 거쳐 1939년 3월 31일 예심종경결정(豫審終結決定)이 내려졌다.

2. 공판과정

4월 13일 이래 신문 잡지에 실린 백백교 사건은 당시 기사의 표현대로 '20세기 문명국의 대도시 「조선경성」의 삼엄한 경찰망 속에서 십 수 년간 행해진 살인강탈'이라는 점에서 세간에 큰 충격을 주었다. 백백교 사건의 공판은 1940년 3월 13일, 15일, 18일,

---

죄를짓고 자살하엿다고요 사년동안에도 그런눈치는 도무지 몰랏스며 점점 학대가 심하여옴으로 무섭기는 몹시 무서웟습니다 자살하엿다는 말은 저로서는 미들수업는데요. 그런일을할이가 아니야요 그이는 아주 신가튼사람이올시다" <조선일보>, 1937. 4. 13, 호외 3면에 실린 '참말로무서운이 그이가죽다니요 愛妾 柳貞全 談',이다. 탁명환은 유정전과 마찬가지로 전용해가 자살할 위인이 아니라는 점을 강조하며 얼굴이 훼손되어 사체의 신원을 알아볼 수 없었다는 데 주목한다. 산짐승은 얼굴보다 살점이 많은 엉덩이 등을 더 좋아하며 늑대나 여우같은 짐승이라면 내장부터 먹어치웠을 것이라며, 즉 이 사체는 전용해가 자신과 비슷한 체구를 가진 사람을 죽여 얼굴을 훼손하고 자신으로 위장한 것이라는 주장이다. 결국 당시 수사는 경찰의 사회적 체면이나 치안유지상의 위신을 위해 서둘러 종결된 것이라고 주장한다. 탁명환, 앞의 책, 341~342면. 그러나 金大觀의 기사에 따르면 해부결과 창자 안에서 완전히 소화되지 않은 닭고기가 나왔는데, 이것은 2월 21일 아침 전용해가 이삼득의 산막에서 닭고기를 먹었다는 진술과 일치하는 결과라고 한다. 金大觀, 앞의 책, 40~41면.

67) 金大觀, 41면.

19일 나흘에 걸쳐 경성지방법원 대법정에서 釜屋 재판장 주심, 播本·和氣 양 판사 배석, 杉本 검사 입회하에 열렸다. 이를 방청하려 모여든 인파가 백백교 사건이 당대 사회의 미친 파장을 짐작케 한다.

> '법원 안에는 새벽 네 시부터 찬비를 맞아가며 방청권을 얻으려온 방청객을 비롯하여 여덟시까지에는 팔백여명의 방청객이 대법정 안뜰을 메워…'68)

피고인들은 9시 25분경 서대문형무소의 경165호 버스에 실려 법정에 도착했다. 피고인 24명중 살인 관련자가 18명으로, 문봉조가 공범자와 함께 죽인 사람이 49회 129명, 이경득이 61회 166명, 김서진 48회 169명, 김군옥 34회 121명, 이한종 11회 35명, 박달준(朴達俊) 15회 51명, 이창문(李昌文) 7회 23명, 이창흡(李昌洽) 5회 18명, 박상훈(朴相勳), 계준환(桂俊煥) 6회 22명, 백옥봉(白玉奉) 9회 24명, 백의식(白義植)이 4회 16명, 김산욱(金珊煜), 백학(白學) 3회 6명, 정삼례(鄭三禮) 2회 4명, 이자성(李子成), 장서영(張瑞榮), 이규선(李圭璇) 1회 1명이다.

심리 결과 드러난 범죄행각은 다음과 같다.

> 全龍海의 白白敎는 昭和五年七月 第一次의 檢擧旋風을 避한뒤로는 幹部와함께 全혀 地下로 깊이숨어들어가서 秘密裏에 中部朝鮮一帶에 散在하는 無智한農民들을 相對로하야 官爵을 믹기로삼아 愚民을 속여 取財한후 不平敎徒를 京城本部로 誘引하야 家族分散主義를 써서 一家族單位로 鏖殺하였다. 本部는 加平郡北面光岩里山中에두고 特히 楊州伊淡面鳳岩里에는 天苑金鑛事務所라는 큰 看板을붙여 大金鑛으로 扮裝하고 不平敎徒를 끌고가서 「可和世」라고 呪文을 읽히다가 北

68) 蔡廷根, 「공판방청기」, 61면.

斗使 沈奉事 霹靂使들이 頭骨을 때려서 絞殺하여버리는것이 普通이고 不平敎徒를 各各 그指定場所에서 打殺暗葬하기도하고 或은 屍體를 漢江에 던지기도하였다.[69]

혐의를 부인하는 자도 있었으나 추궁한 결과 대부분 인정하였고 일부 부인하여도 인정된 부분만으로도 죄질이 충분히 무거워 부인하는 대로 넘기며 심리를 진행하였다.

종교로 인한 인명피해사례를 크게 나누어 본다면, ㉠ 신앙에 따른 집단자살 ㉡ 교리나 계율에 근거한 처벌 및 응징 ㉢ 종교집단이 그 안팎에서 행하는 범죄행위가 있다. ㉠에는 인민사원 사건이나 천국의 문 사건이 해당한다. ㉡과 ㉢은 신앙에 기초한 것인지 이를 빙자한 것인지에 따라 종교 범죄와 종교 빙자 사기행각으로 갈라진다. 전자엔 유태인 박해에서부터 이슬람과 기독교 근본주의자들의 충돌로 대표되는 최근의 종교분쟁까지가 해당한다. 후자는 박태원의 전도관이나 정명석의 애천교회 등 사기행각에 종교를 이용한 범죄가 해당한다. 백백교의 경우도 이에 속한다.

살인행각을 연도별로 보면 다음과 같다.

<표 3> 연도별 피살자 수

사건발생년도	횟수	피살자
1929(昭和 四年)	7회	23명
1930(昭和 五年)	3회	3명
1931(昭和 六年)	9회	19명
1932(昭和 七年)	1회	6명

69) 金台俊,「魔道白白敎의 正體」, 14면.

1933(昭和 八年)	8회	26명
1934(昭和 九年)	20회	50명
1935(昭和 十年)	28회	59명
1936(昭和 十一年)	41회	122명
1937(昭和 十二年)	2회	6명

1933년부터 피해자가 크게 늘어난 것은 불평분자들뿐 아니라 그 가족 친척까지 가족몰살주의로 나갔기 때문이라고 한다.70)

> …선천(宣川)출생 이덕일(李德一)(四0)이 태도가 수상하여 집세간을 뒤져보매 총독에게보내는 백백교폭로의 편지가 있어서 그집안을 몰살해버린 끔찍한사실과 문봉조가 열두촌형과 그가족을 철원(鐵原)에 데려다가 몰살한 사실은 악착하기 짝이없다.71)

살해된 희생자는 ① 불만을 가진 신도들과 ② 신도들의 인척으로서 비신도인 자의 두 무리로 나눌 수 있다. ①의 경우, 명령에 복종하지 않거나, 헌성금을 내지 않거나, 횡령, 교주의 첩에게 추파를 던지거나 그 첩의 불륜, 재산을 모두 바치지 않고 일부 남겨두고 몰래 관리하다 발각, 교주를 기만, 교주나 교에 대한 험담 등의 이유로 살해되었다. 이 외에도 과부의 정분, 유부녀의 불륜 등 다양한 이유를 들어 살해했다. 또한 비밀이 폭로될 것을 막기 위해서도 살육을 행했는데, 이런 예로는 탈주하여 고향으로 돌아가거나 돌아가겠다고 말한 경우, 살인행각을 눈치 챘을 경우, 병으로 죽을 염려가 있는 경우72)가 있다. 다른 가족을 먼저 죽인

70) 蔡廷根, 「공판방청기」, 72면.
71) 蔡廷根, 70면.
72) 병든 신도는 무병장수의 교리에 의심을 사게 한다. 이를 차단하기 위

경우, 장례식에서 조문객들이 다른 가족이 없는 것을 의심할까봐 살해한 경우도 있었다.

②는 비신도들로서 신도로 포섭하지 못할 경우, 외부고발을 막기 위해 살해했다. 피해자의 가족들이 입교해 행방불명이 된 피해자를 찾다 마침내는 관청에 신고할 경우가 있으므로 일가족 모두를 살해했다.

백백교는 확보한 신도들의 친척들을 중심으로 포교해 나갔기 때문에 여기엔 지연, 혈연적 관계에서 거절하지 못해 입교한 사람들이 상당수 포함되어 있다. 장병길에 따르면 이런 유형의 입교자들은 신종교의 교의를 달갑게 여기지 않으며, 특히 교주의 카리스마에 몹시 불쾌감을 느낀다.[73] 교단 입장에서는 잠재적인 불안요소이다. 이런 불안에도 불구하고 일가(一家)를 본소(本所)로 이주시키는 이유는 크게 두 가지로 보인다. 우선, 가산을 정리하게 하여 문서화, 현금화하여 갈취하기 쉬운 상태로 만드는데 있다. 또한 식솔들은 볼모로 쓸 수 있으며 혹여 세간에 가족을 남겨둠으로써 생길 후환을 예단하는 효과가 있다. 자신들의 감시하에 두고 여차하면 죽여 버리는 것이다.

그러나 ①, ② 외에 때론 불만이 없는 사람들도 살해했다.

> 때로는 불평을 가지지않은 교도라도 먹여살리기에 귀찮다던가 혹은 한 본소에 너무 많이 교도를 두는것이 경찰에 발각될염려가 된다던가하면 또 이를 살해하였다.[74]

많은 이들이 재산을 모두 바치고 경제적인 기반을 잃었기 때

해 병자를 죽여 없앤 후, 사라진 것으로 처리했다.

73) 張秉吉, 앞의 책, 562면.

74) 蔡廷根, 「공판방청기」, 72면.

문에 뒤늦게 백백교의 현실을 알게 되어서도 탈퇴하기 어려워, 진퇴양난의 상황에서 결국 생명까지 잃었다.

19일 4차 공판에서는 살인과 관계없는 피고들에 대한 심리와 다른 피고들에 대한 보충심리로 오전 공판을 마치고 오후 1시 20분 재개된 공판에서 구형이 내려졌다.

사형 : 문봉조, 이경득, 김서진, 김군옥, 이한종, 박달준, 이창문,
이창흡, 박상훈, 계준환, 백옥봉, 백의식
무기징역 : 김산욱, 백학은
징역15년 : 정삼례
징역7년 : 이자성, 장서영, 이규선
1년미만 : 유인호, 백의준, 장성환, 장지학, 김선녀, 김찬범

죄명은 살인, 사체유기, 보안위반[75] 등이었다. 1941년 1월 29일 내려진 2심 판결에선 형이 한층 무거워졌다. 1심에서 무기징역과 징역15년을 구형받았던 김산욱, 백학은, 정삼례에게도 사형이 구형되었다. 이렇게 해서 당대를 시끄럽게 한 전대미문의 사건은 일단락되었다.

Ⅴ. 백백교 사건을 바라보는 시각

1. 일제의 입장

검사인 杉本의 입장은 개인의 것이라기보다 일제의 입장을 반영한 것으로 읽어야 할 것이다. 杉本은 이 사건이 오랫동안 발각

75) 교주 전용해가 천위에 등극하여 조선은 독립한다는 선전이 해당된다.

되지 않은 이유로 우선 ① 산간벽지 출신이 다수인 교도들의 무지몽매: 백백교를 인식하는 데 있어서 민족주의적 색채가 일정 작용 ② 민족주의적 잠재의식 때문에, 백백교에 입교한 가족이나 친척을 찾는데 관청의 힘을 빌리지 않은 것, 속은 사실을 알고 신고하지 않은 것, 총독에게 진정서라도 쓰지 않았던 것을 들어 관청의 힘을 빌리는 것을 피하려는 풍조를 들고 있다.[76]

백백교 존속의 원인에서 민족주의를 거론하는 것은 주의해야 할 점이다. 특히 전용해가 천위에 등극한다는 것은 일제가 물러나게 된다는 뜻이긴 하나 항일활동의 흔적이 나타나지 않아 다른 신흥종교와 같이 취급할 수 없다. 결국 여기서 일제는 적극적으로 저항해야할 외세라기보다 전씨(전용해, 정감록에서 말하는 정씨)가 대체하게 되는 이씨(조선)와 마찬가지의 의미밖에 지니지 않는다. 입교과정이나 신고하지 않은 데에 교도들의 소박한 민족주의가 작용한 부분은 있겠지만 이를 과대해석하기에는 교주 이하 간부의 죄질이 악랄하고 피해규모가 너무 크다.

유병덕은 일제가 조선의 신흥종교를 탄압하기 위해 유사종교란 명칭 하에 묶어두고 ① 방조수단(보천교의 경우), ② 방치법(백백교의 경우), ③ 조사법(大倧教 등 민족종교의 경우) 등을 사용했다고 보았다.[77] 이 방치법이란 사회에 해악을 미치는 종교를 일단 그대로 내버려 두었다가 심각한 범죄로 나타날 때 일거에 붕괴시키는 수법을 말한다. 백백교의 경우는 피해가 너무 커 일제의 경찰력이나 통치력에 의심을 품게 하는 점도 있으나, 그 원

---

76) 杉本, 「검사논고」, 90면. 그러나 각주 71)에서 알 수 있듯 杉本의 말과는 달리 총독에게 투서하려는 시도가 있었다. 결국 이것은 경성 한복판에서 버젓이 자행된 범죄에 대한 경찰의 무능을 덮으려 드는 의도에 불과하다.

77) 柳秉德, 『한국신흥종교』, 130면.

인을 대거 조선 민중의 우매함—산촌의 농민들 뿐 아니라 상층 일부계층도 계몽을 거부하며 미신습속에 대한 오래된 믿음에 연장선상에서 사교(邪教)를 여전히 믿고 있다는 등—에 미뤄 부치는 것으로 수습하고 있다. 특히 이 사건은 다른 신흥종교를 더욱 압박할 수 있는 명분이자, 조선민중의 미개성을 강조해 계몽을 빙자한 황국신민화를 더욱 가속화하는데 이용할 수 있다. 또한 민중들이 자발적으로 신흥종교를 멀리하는 효과도 얻을 수 있어, 신흥종교집단의 민족주의 운동을 약화시킬 수 있다. 杉本의 민족주의 운운도 이런 맥락에서 해석해야 할 것이다.

杉本은 이 밖의 이유로 교도들이 전용해가 신력(神力)을 갖고 있다고 믿었기 때문이라고 한다. 앞서 말한 공포의 효과가 무지몽매함을 파고든 탓이다. 杉本은 계속해서 이 공전절후(空前絶後)의 범죄의 원인으로 황당무계한 교리를 믿는 민중의 수준을 "太古的과 같다"며 질타[78]하지만, 만세일통(萬世一統)의 천손(天孫)을 정점으로 하는 신민(臣民)이 누굴 훈계하려드는지 가관이다. 杉本은 백도교 시절 예언의 실패나 금화사건 이후에도 교단이 재건되었다는 점을 들어 조선민중이 학습능력도 없음을 지적하고 싶어 하지만, 몬타누스파에서부터 미국의 기독교 근본주의에까지 이르는 천년왕국설에 비할 바가 아니다.[79]

---

78) 杉本, 「검사논고」, 90면.

79) 천년왕국설의 시발에 관해서는 Stephen J. Gould, *Questioning The Millennium*(Harmony Books, 1997), 김종갑 譯, 『새로운 천년에 대한 질문』(생각의 나무, 1998), 「Ⅰ. 밀레니엄이란 무엇인가」를 참조할 것. 시한부 종말론에 대해서는 盧吉明, 『한국신흥종교연구』(經世院, 1996), 「X. 시한부 종말론의 배경과 성격」을 참조.

2. 당대 사회의 반응

지금부터 백백교 사건에 대한 당대의 입장을 살펴보려 한다. 우선 하나의 시각은 백백교 사건을 민족종교 탄압을 위한 총독부의 조작으로 볼 수 있느냐는 것이다. 조선총독부의 관련 자료를 살피지 못해 속단하기는 어려운 현실이나 일단 수백구의 시체가 나온 점을 볼 때 조작설은 선뜻 동의하기 어렵다.

윤치호는 1938년 5월 18일자 일기에 다음과 같이 썼다.

> (전략) 난 서울의 4개 경찰서가 실적을 쌓으려고 앞다퉈 경쟁하는 게 가엾은 조선인들에게는 끔찍한 일이 아닐 수 없다는 의견을 피력했다. (……) 본정경찰서는 공무상으로나 대중적으로나 찬사를 받았다. 백백교의 무시무시한 지하조직과 악마적인 행위를 속속들이 파헤쳤기 때문이다. 백백교는 종교를 가장한 채 자기네 비밀을 지키려고 수백 명의 소녀들을 능욕하고 살해했다. 그런가 하면 종로경찰서는 작년에 홍사단, 즉 안창호씨 조직을 일망타진하면서 미심쩍은 승리를 획득했다. 이 두 경찰서를 시샘하던 서대문경찰서가 연희전문에 대한 수사를 시작했다. 그들은 수사를 정당화하려고 피의자를 때리고 발로 차고, 코에 물을 들이부어 자백을 받아냈다. (후략)[80]

여기서도 백백교 사건은 수양동우회 사건이나 연희전문에 대한 강압수사와는 다르게 묘사되고 있다. 그 사건의 규모가 감히 조작을 의심하기 어려운 까닭이다.

이름을 알 수 없는 한 필자는 조선민족을 우맹(愚氓)이나 야만(野蠻)으로 모는 것은 참을 수 없는 모욕이라고 민족적 입장을 대변한다.[81] 이 기사의 특이점은 범죄를 저지른 백백교 간부는

80) 『윤치호 일기 1916~1943』, 김상태 편역, 역사비평사, 2001, 382면.

물론 피해자들을 "어처구니업는 행복을꿈꾸는무리", "감언에빠저 귀신떼들갓치 암중비약하야 꿈갓흔영화를 탐내며 일신의 향락을 위하야" 범죄를 저지른 이들로 묘사하고 있다. 노길명은 민중이 구세주를 고대하고 개벽을 글자 그대로 믿는다면, 그들의 생활이 끝장난 것을 의미한다고 지적한다.82) 그러나 백백교의 경우에는 '다소간의 자산이 있는 자'들을 위주로 포섭하였다는 점에서 볼 때, 이들을 현실에서 극도로 억눌린 민중이라고 일반화하기는 어렵다. 신중해야 할 부분이다.

정관생은 종래 대중의 종교 관념은 유교가 아니라 불교적 색채가 농후하나, 오랜 불교탄압정책으로 인해 불교는 신앙의 대상이 되기 어려우며, 기독교는 교리와 종교적 가치가 으뜸이나 외래종교인 관계로 민중의 삶에 융화되지 못하고 있다고 보았다. 그 외의 유교는 도덕과 관계된 것이지 신앙심을 불러일으킬 수는 없어, 유사종교가 이 틈에 편승해 만연하는 것으로 보았다.

> 하늘끗까지 단것은 慾心이라고 할수잇슬만치 限이없으나 最終에는 心靈的으로 기우러지고마는 것인대 우리朝鮮社會가 이 心靈의 安住할만한 對像이 그들民衆을眞心으로 맞이하지아니하는 點에있다 民衆이 歸依할宗敎가 그들 生活中에서 距離가멀고 잘抱容되지도않고 잘融和되지아니한 所以이다83)
>
> 우리社會에엇지하야 朝宗이될만한 宗敎가 없든가 우리社會는 어느곳에 歸依할것인가 뜻있는이는 명想하여보라 그들大衆을 그의 寂寞

81) 저자불명, 「魔敎白白敎徒에 斷罪」, 『家庭之友』 31호, 朝鮮金融聯合會, 1940. 5, 25면. 문장 중에 성대(聖代)란 단어가 있기는 하지만, 일제치하에서 어쩔 수 없는 표현이라 여겨진다.

82) 노길명, 『한국신흥종교연구』, 242면.

83) 靜觀生, 「白々敎가 存在하든 社會」, 『四海公論』 3권 6호, 四海公論社, 1937. 6, 15면.

> 한心靈을 어느곳으로 引導할것인가 敎育者나 宗敎家나 爲政者들만의 問題가아니다 全社會의 連帶的 責任이다 (……) 法規上으로 學校敎育의 宗敎施設이없다 하드라도 精神敎育에 置重하야 宗敎에 關한 理解와 住心을북드며 學校에서 表面化키 難하면 各家庭父兄이 覺□하야 子女로하야금 信仰에 드러가도록 指導함이 必要한것이다[84]

종교적 귀의의 대상은 반드시 필요하며 올바른 종교가 제시되지 못하면 제2, 제3의 백백교 사건이 일어날 것이라고 보고 있다. 한성과의 입장도 같다. '가뭄에 단비 기다리듯 종교적 기갈'을 해소해주어야 한다고 말한다.

> 여름밤에 관솔불을 꽃으로 보고 精神없이 달려들어 死를 自取하는 昆蟲이나 다름없이 (……) 만나는대로 듣는대로 집팔어바치고 牛팔어바치고 甚至於 子女의 貞操까지 바쳐가며 水火를 不計하고 달려들어 亡하는 이 百姓을 볼 때 一便 그 無知蒙昧를 責望 할 點도 있지만 一便으로 저들은 福音의 씨를 뿌리기에 沃土될만한 素質이 있음을 엿볼 수 있다.
>
> 저들이 잘 속은 것은 結局 잘 믿는 까닭이 아닐까? 이런 갈닐리 漁民格의 純眞한 조선인의 心田에 바루 福音의 씨가 떨어지기만 하면 聖經 말삼대로 三十倍 六十倍 乃至 百倍의 結實을 거두기는 無難한 일이 아니라고 生覺된다.[85]

한성과는 성스러운 과실이라는 이름 그대로 철저히 기독교적 입장에서 접근하고 있는데 종교적 맹목성이나 광신이라고 할 부분까지도 받아들이고 있어 자기네 교세의 확장에만 관심이 있는 것이 아닌가 하는 의심이 든다.

이런 해석들 사이에서 백백교 사건에 대한 김태준의 해석은

---

84) 靜觀生, 위의 책, 16면.

85) 韓聖果, 「白白敎 事件이 주는 敎訓」, 『活泉』, 기독교대한성결교회 활천사, 1940, 14면.

주목할 점이 있다.

이事件이 날마다 新聞에 報導되기 始作하자 讀者들은 勿論 우선은 世上에 어듸 그런일이 있을나구—하고 疑心하였을것이다. 하나 조선인지라 넉넉히 있을수가있다고 생각했으리라.

웨? 朝鮮의農村은 最近까지 亞細亞的 封建的 生産形態에 놓여있었다. 이나라 土着資本主義의 發芽를보기前에 外來資本의 旋風은 이나라의 農村에 强烈하게 불어왔다. 그리하야 그 外來資本은 이나라의 封建的小作關係를 더한층 量的으로 增加시켰다. 그런지라 그러한 社會的 「앳오시피어」에 놓여있는 조선農民의 生活意識도 스사로 中世紀的임을 免할수없었다.[86]

원인으로 경제적, 사회적 배경을 내세운 점인데, 백백교 등의 횡행에 대한 대책도 기성종교의 제시라는 안이한 대책에서 벗어나 있다.

이렇게 어리석은 民衆에게 科學的인 새로운 「이데오로기—」를 가라처 이들로하여금 그러한 迷信生活에서 完全한 解放을하게 하여주는것이 識者의義務여늘 (……) 孔子曰 知者는 不惑이라 하였다. 普通學校만 하나 똑똑하게 卒業하였을지라도 이러한 白白教같이 어리석은 迷信團體에게 詐欺는 當하지않을것이로되 (후략)[87]

그러나 교육만으로는 부족하다. 김태준은 교육과 더불어 한편으로는 감시의 눈길을 필요로 한다고 주장한다.

(조선의 경찰은 세계일류라는 자랑에 대해) 그 一面에 至極히 嚴한데 比하면 이 一面은 너머나 어수룩하고 疎緩하지 않었는가. 警察의 跛行的인 發達 그것도 確實히 이한개의 責任이 아니라고 하기도 어

86) 金台俊, 앞의 책, 15~16면.
87) 金台俊, 16면.

려울것이다.[88]

결국 덜 위험하다 생각되는 것으로 더 위험한 것을 대체할 뿐인 기성종교의 대응에 비해 민중교육과 종교에 대한 국가의 관리를 대책으로 하는 이지적인 주장이다. 국가는 신앙에 간섭할 수 없다.[89] 그러나 그것이 사회윤리를 범할 때, 타인에게 고통을 줄 때, 윤리의 이름으로 범죄적 종교행위에(신앙이 아니라) 제재를 가할 수 있을 것이다.

Ⅵ. 종교범죄로서 백백교 사건의 보편성

앞 장에서는 백백교 사건의 범죄적 성격을 살펴보았다. 백백교 사건의 특수성은 교주 및 간부의 잔혹성이라고 할 수 있다. 종교내집단 안에서 발생하는 인명피해가 대개 순교나 영적 순결이라고 불리는 자살이라는 점에서 백백교 사건의 특수성으로 단기간에 많은 사람들을 타살했다는 점을 들 수 있다. 피해자들은 구원의 믿음에 따라 입교했던 사람들이다. 이들의 믿음이 없었다면 피해가 그렇게 커질 수 없었을 것이다.

이 장에서는 백백교 사건의 근본적 원인으로 종교현상 자체를 들려고 한다. 즉 백백교 사건은 맹신이라는 종교 본연의 속성에서 움튼 것이라는 주장이다. 이것은 유사종교 규정 등 구획 짓기를 통해 종교범죄를 특수하고 일회적인 것으로 만들려는 기도에

88) 金台俊, 17면.

89) 미국 근본주의자들과 부시는 영리하게도 '이단과의 전쟁'이 아니라 '테러와의 전쟁'이라는 표현을 쓰고 있다.

대항한다. 이를 통해 어떤 종교든 완전히 안전할 수 없음을 밝히는 것이 종교 활동의 건전화에도 기여할 것이라고 생각한다. 이를 위해선 종교의 악영향에 대한 자료집성이 필요하지만 거기엔 미치지 못했다. 따라서 구체적인 사례 없이 원론적인 수준에서 언급할 것이다.

백백교뿐 아니라 여러 종교범죄 사례에서 민중들이 마수로 떨어진 데에는 '믿는 자에게 구원이'라는 종교적 독단이 자리한다. 물질적 구원을 원하는 마음은 소박한 것일지도 모른다. 정신적 안정을 얻을 수 있을지도 모른다.[90] 모두가 초인(超人)일 수는 없다. 언제나 이성적일수도 없다. 종교는 결국 필요에 의해서 생겨났고 존속될 것인지도 모른다.

그러나 종교가 실재에 대해서 말하는 것은 거부해야 한다. 종교는 실재와 유리된 지극히 인간중심적인 우주관에 불과하다.[91] 과학이 궁극적 의미 자체는 아니지만, 그것의 유일하게 견고한 토대이다. 초-자연, 초-과학이란 없다. 기초적인 물리지식도 없는 이들이 우연에 속아 넘어갈 뿐이다. 그 우연 뒤에는 조작이나 숨겨진 무수한 실패가 있다. 종교는 스스로를 궁극적 실재에 대한

90) 하지만 이 '안정'은 현실로부터의 도피, 단단한 외벽을 구축한 폐쇄적 종교집단 안에서의 안정에 불과하다. 예수가 사랑하라고 한 '이웃'은 그들의 종교공동체였다.

91) 종교의 신은 항상 인격신이다. 특히 기독교의 신은 질투하고 파괴하고 증오한다. 신의 의도는 쉽게 이해된다. 그것은 지극히 자기중심적이다. 종교가 스스로 고고한 척 할 때 쓰는 사랑의 말씀에 있어서도 마찬가지다. "너희들(오직 인간)은 사랑을 받아라. 그러나 내 안에서만." 이 인간적 측면에서 신이 인간의 발명품이라는 역설이 나온다. 신의 의도는 우리가 이성적·윤리적으로 수용할 수 없는 경우에만 불가지의 영역으로 넘어간다. 불가지론은 제1원인Causa Prima에 대한 무한퇴행을 멈추기 위한 것뿐 아니라, 상징과 비유로도 완화할 수 없는 신의 부정적 측면을 비판하지 못하게 하려는 의도에서 나온다.

추구라고 변호할 수 없다.92) 종교는 '진리를 추구하라'고 말하는 대신에 '진리(라고 주장하는 어떤 것)를 신앙함으로써 구원된다'고 함으로써 화석화했다. 죽지 못하는 몸, 그것이 종교의 숙명이다. 이런 성격을 가진 신흥종교 역시도 마찬가지이다. 그것은 화석으로 태어난 신생아다.

한 가지 질문을 할 수 있을 것이다. 인간에게 무용(無用)한 것—성 아우구스티누스가 '쓸데없는 호기심이라는 병'이라고 말했던—에 대한 탐구가 무슨 의미가 있는가? 반대로, 종교가 인간에게 유익하기만 하다면 그것이 극히 인간중심적이라는 것이 왜 부정적인가?

그것은 세계에 대한 잘못된 지식, 그럼에도 불구하고 맹신에 의해 옹호되고 있는 것들이 어떤 종교적 불행을 야기하기 때문이다. 이교도와 여성, 이방인에 대한 공격 등이다.93) 종교 분쟁을 억제할 수 있는 것은 보편관념-시대정신으로서의 윤리이다.94) 그러나 윤리는 종교적 주장에 대해 싸우기 위해 과학을 필요로 한다. 자신이 실재에 대한 유일배타적인 진리라고 주장하는 종교에 대항하기 위한 근거로 실재에 대한 관찰과 규명의 결과가 요구되는 것이다. 그러나 무수한 패퇴에도 불구하고 종교는 유사과학

---

92) 철학에 있어서도 주의해야 한다. 궁극적 실재에 대한 추구는 때때로 인간적 의도를 우주에 확장하는 것에 귀결된다. 우주는 인간처럼 사고하지 않는다. 인식 밖에 존재하는 실재가 있음을 인정해야 한다. 철학은 과거에 그래왔듯이 당대 과학의 진보를 적극 수용해야 한다.

93) 종교분쟁은 두 부류로 나눌 수 있다. 하나는 그 저변에 정치, 경제적 원인을 깔고 있으나, 그것의 추인(追認)과 확산에 종교가 사용된다. 다른 하나로 순수한 종교적 이유에 따른 분쟁이 있다.

94) 종교와 윤리의 분리, 보편윤리의 내재성에 대해서는 리처드 도킨스, 『만들어진 신 *The God Delusion*』(이한음 역, 2007, 김영사), 6장 「도덕의 뿌리 : 우리는 왜 선한가?」를 참조하라.

의 힘을 입고 여전히 철옹성과 같이 버티고 있다.

기성종교나 그 토양을 익숙하게 받아들이는 이들은 문화인류학적 조사에서 발견되는 다양한 토속종교에 대해서 그것이 세계에 대한 우스꽝스러운 가설이며, 미개하다고 일축한다. 그 담론은 상당부분 기독교 선교사들에 의해 주도되었다. 그것은 문화적 몰이해의 산물에 불과하다. 그나마 양식을 가진 기성종교인들은 자신들의 종교에서 나타나는 (세계에 대한) 그 미개한 설명, 그리고 신의 잔인함 앞에서, 그것은 상징과 비유라고 후퇴한다. 그러나 후퇴는 자기 종교의 존립기반이 되는 인격신의 존재까지는 이뤄지지 않는다.

백백교 사건이 무지와 미개에서 왔다고 하는 대부분의 진단도 같은 맥락에 있다. 물의 심판이나 바다에 섬이 떠오르고 전용해가 신세계의 주인이 되어 신도들은 복락을 받는다는 것과 기성종교의 약속을 비교해보라. 누구의 입에서 나온 것인지 알 수 없다면 구분도 할 수 없을 것이다. 결국 별 다를 바 없는 두 약속을 구분하는 것은 유사종교와 기성종교라는 간판뿐이다. 기성종교는 종교범죄의 구제책이 될 수 없다. 기성종교의 한계가 신흥종교를 발생시키며, 둘은 본질적으로 차이가 없기 때문이다. 이런 점에서 좀 비꼬아 말해 나는 유사종교를, 그 교리내용을 살피는데 이성의 작용을 허용하는 종교라고 정의할 것이다.

소위 고등종교의 주장대로 하급-사이비-이단이 있다 하여도 그것을 교리로 구분할 수는 없다. 서구인들이 가장 진보한 종교의 하나라 주장하는 기독교를 봐도—처녀에게서 태어난 신의 아들이자 신 자신인 자, (전통적으로 지혜의 열매라고 여겨지는)사과를 따먹은 이래 모든 인류에게 적용되는 죄, 믿는 자는 육신 그대로 하늘로 올라간다, 죽은 자가 무덤에서 일어난다, 천년왕국

이 세워진다는 등—그들이 미개하다고 하는 부족의 토속신앙과 다를 바 없다.[95] 실상 사람들이 종교의 이해(利害)를 가리는 데는 교리보다 사회적 활동이 작용하는 부분이 크다. 한 종교가 대중에게 인정받는 데에는 금욕주의나 도덕적 엄숙주의와 함께 그 사회에 얼마나 기여했는가가 중요한 척도로 요구된다.[96]

유병덕은 현재까지 인간의 힘으로 개발된 모든 분야의 작업과 활동이 인간을 소외하고 있으므로 이를 다시 인간에게도 집중시키게 하는 종교인들의 배출이 시급하다고 진단한다.[97] 그의 의도는 좋지만 그중에서 인격신과 믿음을 통한 구원의 약속은 거부해야 할 것이다. 종교는 인간중심으로 모든 것을 해석하려는 시도이지만, 그 중심에는 항상 신을 배치하므로 결국 인간은 소외될 수밖에 없다. 믿음을 통한 구원의 약속은 항상 맹신과 배타주의로 이어진다. 실천을 통한 구원은 이미 윤리의 차원이다. 그러나 인격신을 거부하는 것은 일부 종교에게 치명적일 수 있다. 이를 어떻게 극복할 것인가가 문제이다.[98]

---

95) 19세기말 남태평양 피지제도에서 시작된 카고 컬트(cargo cult)—때가 되면 조상들이 카고에 선물을 잔뜩 싣고 온다는—와 다를 게 뭔가.

96) 마찬가지로 근대 신흥종교를 다룸에 있어서도 우리는 그 교리보다 민족주의적 활동에 있어서 중요한 의의를 두고 있다.

97) 유병덕, 앞의 책, 183면.

98) 천도교는 외부의 신을 배제하는 인본주의적인 종교의 좋은 예이다. 그러나 천도교의 중흥을 목적으로 하는 젊은 교인들이 초월적이며 외재적 성격을 배제한 손병희의 교리를, 동학의 '왜곡'이라고 하며 교세 약화의 원인으로 들고 있어 신 없는 종교의 가능성에 대해 회의를 품게 한다. 노길명, 『한국신흥종교연구』, 「V. 동학의 천주사상」 참조. 결국 종교의 본질은 신이며 그렇지 않은 종교는 지방종교로서 한계를 가질 수밖에 없는가 하는 것이다. 신비체험을 배격하고 생활윤리를 중심으로 하는 일본의 민중종교 역시 지방색을 넘어서지 못하고 있다.

Ⅶ. 결 론

백백교 사건은 그 원인을 모두 조선민중의 우매함으로 돌리고, 마치 개화(교육-계몽)나 올바른 종교를 믿는 것이 해결책으로 받아들여지고 있다. 이 해결책이 옳지 않음을 보여주는 게 본고의 목적이었다.

백백교 사건은 재산편취, 부녀자겁탈, 살인, 시체유기 등 강력범죄로서 소위 사교(邪敎)적 특수성을 지닌다. 이 극악성과 엽기성 때문에 원인이 대거 희생자들의 우매함으로 몰리게 되었다. 한편 사건이 확대된 근원에는 맹신이라는 종교의 보편적 특성이 있다. (백도교 시절을 포함해서) 두 차례에 걸친 교단의 재건은 이성의 접근을 차단하는 신앙의 성질을 단적으로 보여준다. 이 맹목성 때문에 인명과 재산상의 피해가 그렇게 커졌던 것이다. 이런 종교적 특성은 백백교 사건을 단순 흉악 범죄로 볼 수 없게 한다. 특히 이 맹목성은 백백교 피해자들이 특별히 무지몽매했다거나 조선민중의 전통적 미신애호에서 비롯한 것이 아니라 종교의 일반적 특성임을 간과해서는 안 된다. 단순한 교육을 부르짖는 것으로는 맹신을 깨뜨릴 수 없다. 교육수준이 높은 이들도 맹신에 빠지는 것은 종교를 이성으로 평가하지 않기 때문이다. 이 맹목성을 타파하기 위해서 종교현상과 교리에 대한 이성적 해체가 필요하다.

종교인들은 자신이 내세우는 세계로 사람들을 끌어들이고 그 약속의 완전함을 보증하기 위해 진리를 말한다. 진리가 아니라면 그것이 약속하는 세계는 모두 근거를 잃는다. 이성이 작동하는 분야에서 종교가 주장했던 진리들은 모두 무너졌거나 거센 공격을 받고 있다. 결국 주류 종파들이 국가나 과학과의 분리나 근본주의를 버린 것은 종교 자신이 살아남기 위해서다.[99]

유사종교는 별개로 존재하는 실체가 아니다. 유사종교라는 표현이 생기기 전에는 외도(外道)나 이단(異端)이라는 용어가 사용되었다. 지금은 아무도 개신교를 가리켜 이단이라고 하지 않는다. 기성종교 외의 것을 모두 유사종교라 하여 위험한 것으로 묶는 것은 민중의 요구에 의해 발생한 신흥종교를 부정하는 것이자, 기성종교를 윤리와 이성의 감시로부터 벗어난 곳으로 옮겨, 그것이 내부로부터 곪는 것을 방치하게 한다. 개인숭배를 유사종교 구분의 기준으로 삼는 것도 안전하지 못하다. 개인숭배는 인격신 숭배와 근본적인 차이가 없다. 모든 종교를 동일한 위치에 두고, 다만 그 영향이나 활동이 인간과 사회에 긍정적인가 부정적인가를 들어 경계해야 할 것이다.

종교의 폐해를 막기 위해서는 윤리규범과 시대정신을 적용할 수 있는 이성이 요구된다. 그러나 이것은 중간계급 이상에 적용될 수 있는 문제이다. 하층계급은 높은 교육수준과 예의범절 등의 가치와 도덕적 기준에 동조할 수단과 능력을 결여하고 있다.[100] 무지몽매를 지적하기 전에 그들이 이성을 활용할 여유가 있었는가를 살펴봐야 한다. 충분한 교육을 받은 이들도 종교에 대해서는 합리와 이성을 적용하지 못하는 게 사실이다.[101] 때문

---

99) 여기에 역행하는 것은 미국과 한국의 근본주의 기독교인들이다. 한국교회는 그 출발부터 미국 근본주의 선교사들의 세례를 받아왔다.

100) 노길명, 한국신흥종교연구, 246면.

101) 교육수준과 미신적 신앙에는 반비례가 아니라 오히려 정비례가 성립한다는 보고도 있다. 조르주 샤르파크, 앙리 브로슈, 『신비의 사기꾼들』(임호경 역, 궁리, 2002), 「합리성과 신앙」절에서는 프랑스 니스대학 과학전공학부생을 대상으로 한 1982~83년 설문조사, 일반국민들을 대

에 이성은 횡적으로 전 계층에 보급됨과 동시에 종적으로는 종교에 대해서도 미신과 같이 적용되어야 한다. 종교를 실재적 진리의 영역에서 추방하는 것으로 그 힘을 약화시켜 부정적 여파도 최소화할 수 있다고 본다.

실재적 진리가 아니라 해도 종교는 삶에 의미에 대해서 바람직한 역할을 해왔고, 앞으로도 그럴 수 있을 것이다. 우리가 신 없이 살수 없다면 신을 최대한 선하게 만들어야 한다. 하지만 가능하다면, 신의 입과 신자들의 눈과 귀를 봉하고 싶은 심정이다. 항상 자신에게만 말씀이 주어졌다는 오만과 독단이 죄를 부르는 법이다.

본 논문은 많은 논쟁거리를 안고 있으나 논의를 충분히 정리할 여유를 갖지 못했다. 유감으로 생각하며 후속연구를 통해서 계속 보완해나가도록 하겠다.

상으로 한 1986년과 1993년의 설문조사 결과를 볼 수 있다.

[제 3 부]

한일간담회

1. 한일 간담회 개요

1) 참 석 자: 한국 ; 최인학 · 송재용 · 김태환
일본 ; 內田 弘 소장 외 20 여명

2) 장 소: 日本國 東京 專修大學 內 神田교사 12층 사회과학연구소

3) 공동개최: 專修大學 사회과학연구소 · 단국대학교 동양학연구소

4) 일 시: 2007년 8월 10일 오후3시 30분

5) 내 용: 강연과 강연 후 한 · 일 연구자들의 간담.
강연자 : 가와무라 미나토
사회자 : 히구치 아츠시
강연내용 : 대동아 민속의 허와 실

6) 간담회 내용

① 제1차 간담회에서는 단국대학교 동양학연구소 중점연구과제 '개화기에서 일제강점기까지 한국민속 문화 전통의 지속과 변용'의 연구의의와 진행사항을 소개하고 본 연구에 관한 일본인 연구자 측의 전반적인 의견과 제언을 듣는 장으로 삼는다.

② 본 주제와 관련하여 지속적인 "한일 연구자간의 정보 공유와 의견 교환"을 위한 간담회를 정례화하는 안건에 대해 논의한다. (참가자, 간담회 횟수, 토론 안건, 개최일시와 장소 등)

7) 성과 및 보완사항

① 이번 제1차 간담회에서는 단국대학교 동양학연구소의 중점연구과제인 '개화기에서 일제강점기까지 한국 민속문화 전통의

지속과 변용'의 연구의의와 진행 상황을 소개하고 본 연구에 관한 일본인 연구자들의 전반적인 의견과 제언을 듣는 장으로 삼고자 하였다.

또한 본 주제와 관련하여 지속적인 "한·일 연구자 상호간의 정보 공유와 의견 교환"을 위한 간담회를 정례화하는 안건에 대해 논의하였다.

② 일본 측 참석자는 사회자 히구치 아츠시, 강연자 카와무라 미나토이다. 이 외에 内田 弘(우치다 히로시, 専修大學 사회과학연구소장), 村上俊介(무라카미 슌스케, 専修大學 사회과학연구소 사무국장), 松本誠一(마츠모토 세이이치, 東洋大學 교수), 仲川裕里(나카가와 유리, 専修大學 조교수), 内藤光博(나이토 미츠히로, 専修大學 교수) 등 이다.

③ 강연내용은 강연자 자신의 저서 『대동아민속학의 허와 실(大東亞民俗學の虛實)』에 관한 것으로, 조선에 관계된 1·2장의 내용을 중심으로 이뤄졌다. 다만 강연자 스스로 거듭 밝혔듯이, 해당 주제의 전문가가 아닌 관계로 특별히 새로운 내용은 없었던 것으로 보인다. 일본 측에서는 동양학 연구소 중점연구과제의 내용에 가장 적합한 발표자를 내세운 것이나, 우리 측에선 아쉬움이 남는 강연이었다.

강연 내용은 필기 및 녹음되었으며 책의 내용과 강연내용의 요약, 편집 및 전제에 대해서는 한국어 번역 후 강연자에게 e-mail을 보내 확인받은 후 승인하는 것으로 약속 하였다.

④ 한국 민속학에 대해 보다 심도 깊은 논의가 이루어지기 위해서는 이 방면의 연구자들이 보다 많이 참여할 수 있는 방안이 마련되어야 한다.

専修大學 사회과학연구소의 소장인 内田 弘은 이러한 주제의

간담회에 대해 專修大學 차원에서 가능한 협조 방안을 생각해 볼 수 있다고 했다. 따라서 지속적인 정보 공유와 의견 교환을 위한 시스템이 만들어져야 할 것이다.

2. 강연 내용 정리

-『대동아 민속학의 허와 실』-

제1장 조선민속의 성립

1.『조선사』와 단군 논쟁

『조선사』 편찬위원회

1923년 1월 9일 경성 중심지에 있는 백악(白堊)의 조선총독부 건물 한 방에서는 엄동의 바깥 날씨와는 사뭇 다른 분위기의 열띤 질의・응답이 이루어지고 있었다. 총독부 중추원 소속의 『조선사』 편찬위원회의 첫 번째 회의가 진행되고 있었던 것이다.

조선인 위원인 정만조(鄭萬朝) 위원이 일본인 고문 구로이타 가쓰미(黑板勝美. 일본사학자・1874~1946)에게 질문을 던졌다.

"삼국 이전이라고 하는 것을 단군 조선까지 거슬러 올라가는 것으로 간주해도 되겠습니까?"

구로이타가 응답한다.

"이것은 구분사의 문제이고 삼국 이전이라고 하는 명칭에 대해서는 좀 더 연구를 해 봐야 할 것 같습니다."

뒤이어 이능화(1868~1945) 위원의 의견과 질문이 개진되었다.

"조선의 상대는 단군조선(檀君朝鮮), 기자조선(箕子朝鮮), 그리고 위만조선(衛滿朝鮮)이 있으니 삼국 이전을 고대조선이라고 하면 어떻겠습니까? 또 발해는 어디에 들어가게 되는 겁니까?"

이에 대해서는 이나바 이와키치(稻葉岩吉. 호는 君山. 동양사학자 · 1876~1940) 위원이 답한다.

"지당하신 말씀입니다만, 당시 조선은 현재의 조선과 그 지역을 달리하고 있습니다. 현재의 조선은 하나의 지방에 한정된 명칭이므로 오히려 삼국 이전이라고 하는 막연한 명칭을 붙여 두는 편이 좋지 않을까 싶습니다. 발해는 신라를 제외한 곳으로 발해 및 그와 관련된 철리(鐵利) 등에 관한 기사를 실을 생각입니다."

이능화 위원이 다시 발언한다.

"건국 신화는 민족정신을 발휘하는 것이므로 반드시 실어야 되겠습니다."

조선 반도를 지배한 조선총독부는 식민지 지배 체제와 제도를 만드는 한편, 이데올로기 정신면에서도 식민지 지배체제의 확립을 기도했다. 이른바 '문화통치'로 불리는 3대 총독 사이토 마코토(齋藤實. 1858~1936)의 정책은 '일선동조론(日鮮同祖論)'으로 상징되는 일본에 대한 동화주의적(同化主義的) 문화행정을 추진하는 것이었다.

1922년부터 개시된『조선사』편찬 사업은 그 중심이 되는 사업이었고, 이른바 그것이 식민지 조선의 현실적 지배자인 일본이 전대 왕조의 정사를 편찬함으로써 그 지배의 정당성을 주장하는, 중화문명세계의 특징인 '왕조사' 편찬의 전통을 계승한 것이라고도 할 수 있다.

조선사편수회가 펴낸『조선사 · 권수 총목록(朝鮮史 · 卷首 總目錄) 사업개요』[1]에 의하면, 테라우치(寺內) 총독 시절인 1915년에

1)『조선사편수회 사업개요』는 1938년 6월 조선총독부 조선사편수회에서 나왔다.『조선사』전35권의 간행을 종료하고, 조선사편수회 및 그 전신인 조선사편찬위원회의 설립 경위를 기록하기 위해 펴낸 것으로, 총독부에 의한 조선사 편찬 발의와 규정, 편찬위원회의 의견 교환, 실제 편찬 과정, 고문 위원, 직원 등의 명부, 연표 등의 내용을 담아 150페이지

구관제도조사사업(舊慣制度調査事業)의 일환으로 중추원에 편찬과가 설치되었는데, 이것이 조선사편찬계획의 제일보였다. 1922년 12월에 조선사편찬위원회 규정이 공포되면서 일본인 조선인 각 위원, 고문 등이 임명되고, 다음해 1월에는 제1회 조선사편찬위원회가 열리게 된 것이다. 앞서의 질의・응답은 그 제1회 위원회의 질의・응답 내용의 일부이다. 1925년에는 조선사편수회관제(朝鮮史編修會官制)가 공포되고 독립 관청의 관리로서 수사관(修史官)과 수사관보가 임명되어, 10년 계획으로 완성시킨다는 방침을 정했다. 그 후 몇 번의 우여곡절이 있었으나 『조선사』 전6편 35권과 『조선사료총간(朝鮮史料叢刊)』 20종, 『조선사료집진(朝鮮史料集眞)』 3질이 1938년 3월에 완성되었다.

『조선사』는 전문(全文) 24,111페이지, 삽입 도판 395장, 사료 고본(稿本) 3,538책으로, 경비 총액 940,534엔이 소요되어 제1회 조선사편찬위원회가 열린 이후 16년의 세월을 거친 뒤 완결되었다. 이 『조선사』 편찬 사업이 조선총독부 문화 사업 중에서도 최대 규모이며 가장 중요한 일대 프로젝트였음은 두말할 것도 없다. '역사'를 편찬한다는 것 즉, '편사(編史)'란, 동아시아 사회에 있어 국가 권력의 장악, 정치 체제의 확립을 내외에 선언하는 것이며, 중국, 조선, 일본에 있어 역대의 '편사'는, 그야말로 주권자의 특권에 다름 아니다. 누가 어떠한 입장에서 어떻게 '역사'를 엮을 것인가. 역사학의 과학적 장식 하에 그러한 역사이데올로기, 즉 조선 민족주의와 일본의 식민지주의와의 갈등과 암투가 있었음은 당연한 일이었다.

정도의 책으로 간행되었다. 한편 이것은 1986년 서울에 있는 신인사(新人社)라는 출판사에서 『신인신서(新人新書)』라는 한국어로 번역된 한 권의 책으로 간행되었으며 일본어 원본이 부록으로 복간되었다. 본 논문에서는 이 복간본을 텍스트로 사용하였다.

'단군' 논쟁

조선사편찬위원회에는 일본인 학자와 조선인 학자가 참가하고 있었다. 조선사학자 하타다 타카시(旗田巍. 1908~1994)는「조선 연구의 현황과 과제(朝鮮研究の現状と課題)」(『동양학회(東洋學會)』36호, 동양학회, 1964)라는 좌담회에서 이러한 편찬위원회의 내막에 관해 이야기했다.

"실제 조선총독부 조선사편수회는 구로이타 씨의 문하로 굳어졌다. 이 조선사 편수위원회의 성립 과정도 재미있다. 총독부는 조선사를 연구하면 민족주의가 나와 곤란하다며 편수회를 만드는 일에 반대했다. 이런 것을 구로이타 씨가 '조선사를 알아두지 않으면 일본사를 알 수 없다. 일본사를 분명하게 하기 위해 조선사를 하는 것이다'라고 해서 겨우 통과된 것이다. 요컨대 조선사 연구가 일본사 안에 흡수되는 경향이었다. 이것은 학설로는 '일선동조론'이라는 형태로 제창되었다."

구로이타 가쓰미는 동경대학 일본사 담당 교관으로 많은 문하생을 길러내 그들을 이끌고『조선사』편찬이라는 대사업을 실현한 것이다. 그러나 견고한 문헌 사학의 방법론이 '일선동조론'과 연결되는 기묘한 이데올로기적 뒤틀림이 역사학에 내재하고 있었다.

『조선사·권수총목록 사업개요』는『조선사』의 편찬 방침을 둘러싸고 일본인 측과 조선인 측 사이의 의견 대립이 있었음을 분명히 하고 있다. 편찬 강령의 결정에 있어 제1편을「삼국 이전」이라고 한 것에 대해, 조선인 학자 측의 불만과 반대 의견을 제시한 것이 앞서 소개한 질의응답 건이다. 단군과 기자는 조선 건국의 신화적 인물이다. 이 단군·기자에 대해 조선인 학자 측에서는 집요하게 일본 측 편찬 위원과 고문에게 질문을 던지고 있다. 앞에 인용한 질의에 이어 이능화는 "조선에는 단군과 기자 두 성인이 있는데, 사가(史家)들은 기자에게만 중점을 두고 단군을 경시하는 경향이 있습니다만, 단군도 동일하게 취급해야 한다고 생각합니다."라고 했다. 이에 대해 구로이타 박사의 답변은 "단군과 기자에 대한 기사는 사람에 따라 견해가 다른데 위원들 사이의 견해가 다를 경우에는 그 의견을 아울러서 싣기로 한다."라는 절충안을 내고 있다.

다음날 위원회에서도 이 문제를 계속해서 심의하였다. 어윤적(1868~1935)위원이 "단군과 기자를 어떻게 취급할 생각입니까? 삼국 이전에 실리는 것으로 이해해도 되겠습니까?"라고 질의하자, 구로이타 박사는 "단군과 기자에 대한 기사는 넣을 생각입니다만" 그 기사를 어디에 넣을지에 대해서는 "차후 논의를 한 후에 정하고자 합니다."라는 식으로 확답을 피하고 있다.

물론 이러한 애매한 대답은 일본 측이 단군의 건국 신화를 사실(史實)로 인정하여 『조선사』의 첫머리에 두는 것을 꺼려했음을 뜻한다. 신라, 백제, 고구려의 삼국 시대 이전에는 고조선 시대가 있었다. 그 건국 신화가 고려 시대의 승려 일연(1206~1289)에 의해 기록된 것이 『삼국유사』(텍스트는 이민수 역, 을유문화사: 서울, 1983)에 실려 있는 것이다.

단군신화와 기자신화

일연의 『삼국유사』에 의하면, 『위서(魏書)』에는 지금으로부터 2000년 전에 단군왕검(檀君王儉)이 아사달을 도읍으로 하여 개국하고 국호를 조선이라 했다고 한다(단지 현재 전하는『위서』에는 이러한 기사가 보이지 않는다). 「고기(古記)」(『단군고기(檀君古記)』를 말하는 것인가?)에 의하면, 옛날 환인(桓因. 제석천(帝釋天)을 말함)의 아들 환웅이 지상의 인간 세계를 구하기 위해 3,000명의 종자를 거느리고 태백 산정의 신단수 아래로 강림하여 신시(神市)를 열었다. 이가 바로 환웅천왕이다. 왕은 풍백(風伯)・우사(雨師)・운사(雲師)를 이끌고 곡물・수명・질병・형벌・선악 등 무릇 인간 세상과 관련된 3백 60여 항목의 일을 주관했다. 이 때 지상의 한 동굴에 사는 호랑이와 곰이 있어 인간이 되기를 희망했다. 신은 신성한 쑥과 마늘을 주며 이것을 먹으며 백일 동안 동굴 안에 머물며 빛을 보지 않는다면 인간이 될 수 있다고 일러 주었다. 곰은 가르침을 지키고 여자가 되었으나 호랑이는 그러지 못했다. 웅녀는 결혼을 해서 같이 살 사람이 없었으므로 매일같이 신단수 밑에서 아이를 점지해 줄 것을 기도했다. 환웅은 모습을 바꾸어 웅녀와 혼인하고, 그녀는 단군왕검을 낳았다. 그는 중국의 요(堯)임금이 즉위한 지 50년째 되던 경인(庚寅)년에 평양을 도읍으로 하여 나라를 세우고 조선이라 칭했다. 후에 도읍을 백악산(百岳山) 아사달로 옮겼다.

조선이 건국한 지 천오백년 후, 주(周)나라 호왕(虎王)에 의해 봉해진 기자(箕子)가 조선으로 건너왔다. 단군은 장당경(藏唐京)으로 도읍을 옮기고 후에 아사달로 돌아와 은거하여 산신이 되었다. 수명은 1,908세였다. 당나라「배구전(裴矩傳)」에 의하면 고려는 본래 고죽국(孤竹國. 지금의 해주(海州))에 있고, 주나라가 기자를 봉하여 조선이라 하였다. 한나라는 삼군을 두었는데 현토군, 낙랑군, 대방군이 그것이다.『삼국유사』에는 진(秦)에 멸망한 연(燕)나라 사람 위만(衛滿. 魏滿이라고도 함)이 천여 명을 이끌고 기자조선에 망명한 후 기자조선의 마지막 왕인 기준(箕準)을 추방하고 왕검성을 도읍으로 하여 위만조선을 세웠다고 한다. 위만조선의 기사가 고조선 조에 수록되어 있다.

『조선사』 편찬 과정에서 일본인 측과 조선인 측이 첨예하게 대립한 것은 이 건국신화로서의 단군신화와 기자신화를 어디에 넣을 것인가 하는 점에 있었다. 중국 사서(史書)에 기초한 기자, 위만은 차치하더라도 단군의 전승은 하늘로부터의 강림과 웅녀의 출산, 산신이 되었다는 기술에서 사실(史實)이라고 할 수 없고, 신화 이외의 아무것도 아니라고 일본인 학자들은 주장할 수밖에 없었다. 물론 조선인 측은 조선 민족의 건국신화인 단군 기사를 삼국 이전에 실을 것을 고집하여 사료 중심의 문헌사학을 표방하는 일본인 측 학자를 압박했던 것이다.

다시 '단군' 논쟁

이 문제는 11년 후인 1934년 7월 30일, 조선사편수회 제8회 위원회 질의·응답에서 다시금 뜨거운 감자로 떠올랐다. 새로이 편수회 위원이 된 최남선(1890~1957)이 중추원에서 열린 위원회에서 "단군과 기자는 조선사에 있어 매우 중대한 부분임에도 불구하고 본회의 조선사에서는 제1편 주(注)에만 이 사실을 다루고 있습니다. 마무리 정리를 할 때 정편(正編) 혹은 보유편을 두어 단군과 기자에 관한 사실을 편찬해 넣고 싶습니다."라고 발언한 것에 대해, 이나바 간사는 "기자나 단군에 관해서는 제1회 위원회에서도 논의가 있었고, 우리들도 결코 등한시한 것은 아닙니다. 항상 주의는 하고 있습니다만, 본회의 편찬 방침으로 채용한 편년체 형식 하에서는 그것을 실을 데가 없습니다."라고 답변했다.

이에 대해 최남선은 이렇게 반론하고 있다.

나는 제1회 위원회 일은 잘 모릅니다. 단군·기자문제를 등한시하지 않는다는 말씀은 매우 반가운 말씀입니다. 어디에 싣느냐는 것은 이를테면, 기교상의 문제입니다. 단군과 기자는 그 사실에만 집착할 것이 아니라, 그 사상적·신앙적 발전 양상을 정리해서 별편으로 편찬하는 것이 좋을 것 같습니다.

이에 대해 구로이타(黑板) 위원이 답변했다.

단군·기자는 역사적 인물이 아니라 신화적인 존재이고, 사상적·신앙적으로 발전한 것이므로 사상·신앙 방면에서 별도로 연구해야 하는 것이지 편년사 안에서는 취급하기 어렵습니다. 물론 그러한 사상·신앙이 정치적으로 어떠한 영향을 동반하고 있는가는 매우 중요한 문제이긴 합니다. 그러나 만약 그것을 별편으로 해서 편찬하자고 한다면 마찬가지로 사상·신앙 방면에서 중요한 전개를 보이고 있는 유교나 불교 쪽 역시 따로 편찬하지 않으면 안 됩니다. 이러한 문제들이 아니더라도 본회의 사업 기한이 계속 늦춰지고 있는 실정이므로, 이 점에 대해서는 최 위원의 양해를 구하는 바입니다.

최남선이 다시 발언했다.

원래 단군과 기자가 역사적 인물인지, 신화적 인물인지 이것은 연구해야 할 문제입니다만, 적어도 조선인들 사이에서는 역사적 사실로 인식되고 있습니다. 그런데 본회의 조선사에 그것을 넣지 않는 것은 우리 조선인들로서는 매우 유감스런 일입니다. 이 때문에 본회의 조선사가 조선인 사이에서는 제대로 인정되고 있지 않습니다.

사실성의 부정

이러한 질의·응답 후에 각 위원들로부터 각각의 의견이 올라왔다. 이나바 간사는 "제1편의 조선 사료에 단군 기사를 수록하지 않은 것은 해당 사실이 결정적 기본 사료로 채용된 『삼국사기』에 보이지 않기 때문입니다."라고 했고, "단군에 대해서는 될 수 있는 한 채용하려고 합니다만, 편년사에서는 그것이 불가능합니다."라고 강조했다. 이 이나바 이와키치는 최남선과 마찬가지로 만주국에 창설된 건국대학(建國大學)의 교수로 부임하는데, 하타다 타카시는 앞서 언급한 좌담회에서 이나바 이와키치에 대해 이렇게 말하고 있다. "이나바 씨는 만세 사건에 대해 매우 공포심을 느끼고 있었습니다. '일찍이 조선인은 부용국(附庸國) 전설에 만족하고 있었으나 독립만세 사건을 계기로 단군신화를 끄집어 내 조선 독자의 것을 가지려 한다. 이것은 위험천만한 일이다. 그러한 것은 올바른 역사에 의해 부정되어야 한다.' 이러한 입장에서 쓴 것이 「만선불가분의 역사적 고찰(滿鮮不可分の歷史的考察)」입니다. 이 논문에서 이나바는 조선 민족은 독자의 민족이 아니라 대륙으로부터 온 이주자, 게다가 대륙에서 실패하고 반도로 도망 온 자라고 주장하고, 조선인 사이에 만주인의 피가 다분히 흐르고 있다고 주장하고 있습니다." 즉, 이나바 이와키치는 조선인에 대한 뿌리 깊은 민족적 편견과 차별의식이 있었다는 것이다.

오다쇼고(小田省吾. 조선사학자·1871~1953) 위원은 "단군 문제는 편찬 간사로부터 그것을 채용하기 위해 고심한다는 이야기도 들었습니다만, 옛 조선사에서도 그것을 외사(外史)로 따로 취급한 예도 있고 해서 별편으로 편찬하는 것도 무방합니다."라고 말하고 있다. 그러나 그 자신의 저작에서는 “그렇지만 단군조선이 반도 고대사의 한 시기를 점한다는 것은 올바른 역사 연구 방법으로 볼 때 인정할 수 없다. 또한 중국의 근본 사료에는 전혀 보이지 않는 이야기이다.”(『조선사대계 상세사(朝鮮史大系 上世史』, 조선사학회 편집 및 발행, 1927)라고 단군신화의 사실성을 정면에서 부정하고 있다. 별편 운운한 것은 단지 그 자리를 모면하기 위한 것이었다는 생각이 든다. 제1회 위원회에서 단군신화를 수록할 것을 주장한 이능화는 “단군・기자가 매우 중요한 문제임에도 불구하고 그 연대가 불분명하다는 이유로 본편에는 수록되어 있지 않습니다. 따라서 지금 별편을 만들려는 논의가 있습니다만 그에 관한 사료가 매우 적은 탓에, 저는 별편으로 만드는 것이 가능할까 하는 생각이 듭니다.”라고 하여, 같은 조선인 학자 측에서도 최남선의 적극성에 비해 소극적인 태도가 눈에 띈다.

이 이능화의 의견이 힘을 얻은 것인지, 이마이다 기요노리(今井田清德. 정치가・1884~1940) 회장은 “단군・기자 문제에 대해서는 각각의 주장을 고려해서 차후 타당한 방법을 강구”한다는 애매한 언급으로 위원회를 폐회하고 말았다. 물론 단군・기자에 대한 별편은 편성되지 않았고 고려 공민왕 항목에 단군에 관한 옛 문헌을 채록하는 것으로 끝이 났다.

신화와 역사

『조선사 사업개요』가 『조선사』 편찬의 ‘대략을 논하고’, 그 ‘기본 방침을 분명히’하기 위해 펴낸 것은 분명하나, 거기에 일본 측과 조선 측 역사관의 대립이 있었음을 기록하고 있다는 의미에서도 그 가치를 인정할 수 있다. 다시 말해 조선인 측은 계속해서 단군과 기자를 사적 사실로 채용할 것을 요구한 데 반해 일본인 측은 말을 이리저리 바꾸며 결국은 그것을 물리쳤던 것이다. 그것은 물론 이나바 이와키치의 말에도 나타난 것처럼, 단군·기자신화가 민족주의의 근원에 있는 것으로, 그것이 일본의 식민지 지배하에 있던 조선에 있어서는 절대로 허용될 수 없는 민족주의의 발동을 불러일으키는 위험성을 안고 있었기 때문이다.[2)]

그러나 사실은 그러한 단군·기자의 건국신화를 전면적으로 부정할 수도 없는 사정이 일본 측에는 있었다. 왜냐하면 이자나기, 이자나미 신화, 혹은 아마테라스 신화나 천손강림 신화, 나아가 진무(神武) 천황에 의한 건국신화로부터 '일본역사'를 시작하던 전전(戰前)의 일본역사학자들에게 있어 건국신화의 부정이나 경시는 있을 수 없는 일이었다. 또한 단군신화의 부정은 기기신화(紀記神話; 『일본서기(日本書紀)』와 『고사기(古事記)』를 말한다—편집자 주)의 부정으로 이어져 일본인 학자들을 자칫 자승자박의 궁지로 몰고 갈 수도 있는 일이었기 때문이다. 바로 그렇기 때문에 구로이타 가쓰미, 이나바 이와키치 등 일본인 역사학자는 어디까지나 문헌사학의 입장에서 단군·기자의 사료적 기사 내용이 결핍되어 있다는 것을 이유로, 그것을 독립적으로 다루려는 데 반대한 것이다. 물론 거기에는 지배민족에 의한 피지배 민족의 민족 신화 압박이라는 이데올로기 투쟁의 요소가 없었다고는

---

2) 단군을 조선민족의 정신적 상징으로 가장 먼저 상정한 것은 역사가 박은식(朴殷植. 1859~1925)이라고 한다. 그가 『조선통사』(1915)에서 주창한 '국교(國教)'란 단군신화이고, '국혼' 혹은 '대한정신'은 단군신화에 의거한 것이었다. 자세한 내용은 하라다 다마키(原田環)의 「조선내셔널리즘의 형성(朝鮮ナショナリズム)—박은식의 "대한정신"」(『朝鮮民族運動史研究(조선민족운동사연구)』 3, 靑丘文庫(청구문고), 1986)을 참조.

할 수 없다.

예를 들어 구로이타 가쓰미가 쓴 서문을 붙여 그의 사후에 유저로 간행된 이마니시 류(今西龍. 동양사학자 · 1875~1932)의 『조선고사의 연구(朝鮮古史の研究)』(국서간행회(國書刊行會), 1970)에 「단군고(檀君考)」라는 논문이 있는데, 이것은 일본인 학자의 단군신화에 대한 견해를 대표하고 있는 것처럼 보인다. 이마니시 류는 이 책 서문에 "그렇지만 단군전설이 예부터 지금과 같은 구조를 가지고 있었던 것이 아니다. 또한 단군 칭호가 옛날부터 존재한 것은 아니다. 이 전설에는 발전이 있고 연혁이 있다."라고 하여, 그 고대로부터의 전승성을 부정하였다. 또 『위서』에 단군에 관한 기사가 있다고 한 『삼국유사』의 기술에 대해, "그러나 『위서』에는 그러한 기사를 전혀 찾아 볼 수 없을 뿐만 아니라, 기타 중국의 고사적에도 원대(元代) 이전의 책에는 그러한 기사가 전무하다. 혹자가 말하기를, '현존하는 『위서』에는 그 기사가 소실되었으나 일찍이 이 기사를 전하는 별본이 고려에 전해져 마침 이를 보각국존(普覺國尊; 일연)이 보게 된 것'이라고 한다. 그러한 부박한 상상설을 일축할 방도는 없으나 혹 세속을 어지럽게 할지도 모를 이 일에 대해 한마디 해 두고자 한다."라는 식의, 꽤나 강도 높은 어조로 『삼국유사』에 실린 단군기사의 사료성을 부정하고 있다.

물론 사료적 가치만을 부정하고 있는 것은 아니다. "그것이 전하는 바를 약술하자면, '단군' 칭호와 현존하는 전설은 고려 중기 이후에 작성된 것이며, 그 주체가 옛날부터 내려오는 지기(地祇; 토지신을 말한다—편집자 주)라고 한 것도 불교 · 도교에 의해 구성된 것이다."라고 하여, "원래 평양 지방의 한 지신에 불과한 것으로, (그 숭배가) 널리 행해진 것이 아니었으나, 그 연기(緣起)

의 구성이 민족자존을 생각하던 시기의 사상에 어쩌다 부합하다 보니 서적에 기재되고, 그 설을 조금씩 행하던 것이 이씨조선에 이르러 개국의 신으로 관선(官選)의 사적에 기재되기에 이르렀으며, 그 설이 전 반도에 유포되어 역사적 신인(神人)으로 부동의 위치를 점하기에 이르렀다."라고 주장하였다. 이마니시 류는 조선사 편찬위원회 발족 당시부터 위원을 역임한 이래 1932년 5월 사망으로 인해 해직되기까지 계속해서 조선사편수회 위원으로 있으면서 『조선사』에 관여한 인물(교토대학, 경성제국대학 겸임교수)이므로 단군신화를 사실로 인정하거나 고대로부터의 전승성을 일본인측이 인정할 리가 없었던 것이다.

이데올로기적 각축

그러나 이마니시 류 등은 자신들이 단군의 역사적 사실성을 부정하고 고조선의 개조(開祖)라는 민족적 이데올로기 신화를 부정하면 부정할수록 '단군신앙'에 생명력을 불어넣고 더더욱 현실성을 담보한 개국신화, 개국의 신으로 조선인들에게 신앙된다고 하는 역설적인 사태를 인식하지 못했다. 단군신화의 신빙성을 높이고 있었던 것은 바로 단군신화를 부정하려 했던 일본인 학자들의 논리 그 자체였던 것이다.

1930년대 마르크스주의적 입장에서 『조선사회경제사』(개조사(改造社), 1933)를 쓴 백남운(白南雲. 1894~1979)은 이 책의 「단군신화에 대한 비판적 견해」라는 장에서 "설화적 관념 표상의 독자성을 주장하는" 신채호(1880~1936)나 최남선 등의 '민족주의'적 입장과 "실증주의적 편견에서 임의적으로 평가하는" 일본인 학자 양방의 견해를 비판했다. 이것은 단군 논쟁에 대한 제3의 객관적 입장이라고 말할 수 있을지도 모른다. 그는 『세종실록』에 기재되어 있는 「단군기(檀君記)」는 "개작된 단군신화"이며 "사실은 고주몽의 건국신화조차 정복의 현실적 발전의 반영이며 남계세습수장제에서 왕위 세습제의 확립으로, 종족동맹 형태에서 국가 형태로, 수장지배에서 영웅시대로의 정복국가 형성과정"에 있어 "관념형태로서의 신화 형성 안에 흡수된"것이라 단언하고 있다. 즉, 신화란 정치를 반영한 것에 지나지 않는 것이다. 이것은 마치 교과서적인 마르크스주의적 해석에 다름 아니었으나, 백남운은 단군신화를 정치·경제사의 문제로 파악, 그러한 신화-역사 논쟁이 다름 아닌 이데올로기의 각축임을 분명히 하고 있다.

부언해 두자면, 백남운은 조선 해방 후 조선민주주의인민공화국에서 경제학자, 역사학자, 및 정치가(교육부 장관, 최고인민회의 의장 역임)로 활약했다. 단군신화의 이데올로기적 성격을 분명히 한 사적유물론자인 백남운 사후 수십 년이 지난 1993년 11월, 북한 사회과학원은 평양 교외에서 단군 묘가 발견되었으며 거기서 단군의 뼈로 불리는 유골이 발굴되었다고 대대적으로 보도했다. '단군'은 실재했을 뿐 아니라 그 유골과 능묘까지도 실재했다는 것이다. '단군릉' 건설이라는 민족적 위업이 그 후 계속되었다. 조선사에 있어 경탄할만한 '일대 발견'에 한국이나 일본의 학계는 그 진위에 대해서 한결같이 회의적(부정적)이고, 차가운(냉소적인) 반응밖에는 보이지 않았으나, 북한의 저명한 역사학자 김석형(金錫亨. 1915~)은 "우리는 주체적인 역사관 위에서 고조선사를 풍부한 자료로 과학적으로 체계화 하고 조선 민족의 유구성, 단일성, 선진성을 보다 확고한 것으로 만들지 않으면 안된다."(『조선민족과 국가의 원류』, 웅산각(雄山閣), 1995)며 조선 내셔널리즘에 기초한 '주체적' 역사학, 고고학의 성과를 자랑했다.

그것은 적어도 '단군' 문제가 현재에도 정치적 이데올로기적 문맥에서 제출되고 있으며 '단군' 논쟁은 그러한 의미에서도 아직 해결되지 않았다고 하지 않을 수 없다.

2. 조선 민속학의 여명

이능화의 '무속(巫俗)'론

1920년부터 시작되었다는 조선의 민속학적 연구의 배후에 이러한 『조선사』 편찬의 과정과 추위를 상정할 수 있는 것은 아닐까? 일반적으로는 조선 민속학의 형성과정으로 다음과 같은 3단계가 상정된다. 즉, 1920년대 전기 최남선과 이능화의 문헌조사적 연구를 그 선구로 하여, 20년대 후반의 손진태(1900~?), 송석하(1904~1984)를 중심으로 하는 민속조사, 자료수집, 보고·논문발표 등의 활동을 조선 민속학의 효시로 한다. 1932년에는 손진태, 송석하에 의해 조선민속학회가 설립되었고, 1933년에는 기관지 『조선민속』이 창간되었다. 김문경, 정인섭, 한기승, 임석재(1903~) 등이 집필 멤버로 활동했다. 이러한 사실을 기초로 하여 조선민속학의 성립을 1930년대로 하는 것이 '정설(定說)'이다.

한국의 민속학자인 인권한(1937~)은 그의 『한국민속학사』(열화당: 서울, 1978)에서 1920년대를 '역사 문헌학적 민속학'이라 부르고, 이것을 다른 말로 하면 '최남선, 이능화 시대'라고 했다. '조선민속학'의 시조에 해당하는 최남선과 이능화라는 두 인물이 『조선사』 편찬에 깊게 관여했던 사실은 새삼 부언할 필요도 없을 것이다. 1922년 조선사 편찬위원회의 제1회 위원회부터 위원으로 참여했던 이능화는 그 민속학적 저작으로 『조선해어화사(朝鮮解

語花史)』(1926), 「조선여속고(朝鮮女俗考)』(1928) 등을 엮었는데, 이들 저술이 그가 『조선사』 편찬, 편수위원으로 관여했던 시기의 것이라는 것은 확실하다. 즉, 『조선사』라고 하는 정사 속에 단군신화로 대표되는 민족주의 정신에 의한 건국신화를 담으려는 일에 실패한 그는 '해어화(말하는 꽃, 즉 기녀를 말함)'·'여속'·'무속'이라고 하는 민속적 역사를 규명하는 작업에서 민족정신의 앙양(昻揚)을 호소하는 방침을 취하기 시작했다고 할 수 있다.

『여속고』·『무속고』·『조선도교사』 각각의 첫머리에서 이능화가 강조한 것은 민족의 시조로서 단군신화를 강조한 것에 다름 아니다. "세계 각국의 고대에는 반드시 신화적 전설이 있다. 그 전설이 황당무계하든, 혹은 만인의 종교적 신앙이든, 일국의 역사적 기록이든, 유대의 구약 창세기에 천주가 천지만물을 창조한 것이나, 아담과 이브의 신화와 같이 두 사람이 합하여 인류의 시조가 되었다는 전설이 있다. 조선에서는 먼저 단군 3대가 있는데, 이는 천제의 아들 환웅이 태백산 신단수 아래서 여인이 된 곰과 합혼했다는 것이다." (『여속고』. 원문 한국어)

또한 『무속고』는 "조선 민족의 원시시대에는 우선 신시가 있었고, 그 교문(教門)을 위해 천왕 환웅과 단군왕검은 혹은 하늘에서 내려온 신이 되고, 혹은 신격을 지닌 인간이 되었던 것이다." 라고 시작된다. 나아가 『조선도교사』는 "조선 최초의 군왕은 단군이다. 그의 신시 건국신화에 나타난 주곡(主穀)·주병(主病)·주형(主刑)·주명(主命)·주풍백(主風伯)·우사(雨師) 등은 중국의 고대신인 신농, 황제 이야기와 비슷하다."라는 문장으로 시작한다. 조선 민족의 민속적 역사를 이야기하기 시작하는 첫머리에 모두 단군신화가 등장한다고 하는 것은, 이 시기의 이능화에게 있어 단군으로 시작되는 민족의 시조·건국 신화가 그 민속 발견 작업의 추진력이 되었다는 것을 분명히 해 주고 있다.

"건국신화에 대해서는 민족정신을 발휘하는 것이므로 반드시 실어야 한다고 생각합니다."라고 『조선사』 편찬위원회에서 발언한 이능화는 그 편찬 작업이 진행됨에 따라 그것이 '민족정신을 발휘하는 것'이 아니라, 오히려 민족정신을 망각시키려 한다는 저의에 찬 것이었다고 생각하게 되었는지도 모른다. 총독부가 만드는 조선민족의 역사가 아니라(당연히 그것은 식민지사관으로 점철되고 있다), 조선인 스스로에 의한 조선민족 정신의 역사 그 첫 페이지에 단군의 사적을 쓴다고 하는 것은 이능화에게 있어 총독부 중추원의 촉탁은 친일파(민족의 배신자)라는 레테르가 붙을 것에 대한 알리바이 공작이었다고 말하지 못할 것도 없다. 그러나 그것보다는 이능화의 내면에서 역사에서 민속학적인 것으로의 전환이 있었다고 여겨지며, 그것이 『조선사』 편찬·편수 작업과 미묘하게 호응한 것이라는 사실은 그의 저술을 보면 분명하다.

최남선의 '단군'론

또 한 사람 『조선사』 편수에 관여했던 조선인 학자 최남선도 단군신화에 관한 많은 연구논문을 발표하고 있다. 1928년에 그는 「불함문화론(不咸文化論)」을 발표했다. 거기서 그는 자신은 근래 조선사의 출발점을 강구해 왔다고 말하고, 개국의 시조로서 단군이라는 존재가 인정된다는 일본 측의 식민지주의적, 문헌사학적 논의에 통렬한 비판을 가했다. "그(단군)를 고려 중엽 승려의 조작에 귀착시키는 것으로 스스로 진리를 알아낸 양 행세하는 것은 참으로 크나큰 횡포라고 하지 않을 수 없다. 한참 후대의 문헌적 증빙에 의한 것이라고는 하나 그 명백함에 있어, 원시 문화의 산물을 고찰함에 있어서 가장 중점을 두어야 할 인문과학적 방법이 전연 도외시되고 있다는 것은 오히려 기괴한 일이라고 밖에 하지 않을 수 없다. 내가 보기에 단군은 조선 고대사의 수수께끼를 해결할 수 있는 유일한 열쇠이며, 따라서 그것을 통해 극동 문화의 오랜 양상을 조망할 수 있는 가장 중요한 동양학의 초석이라고 생각한다." (원문 한국어)

그는 '불'·'복'·'백(白)'이라는 조선의 고유어(일본어로 말하면 야마토(大和)에 해당)로 나타나는 조선 민족정신의 원천에 있는 '광명의 세상'에 대한 신앙을 단군신화와 연결 짓고, 조선민족사(민족 정신사=조선 내셔널리즘)의 근원적 정신의 출처를 암시했다. 최남선은 이외에도 1926년에 「단군론」(동아일보), 「단군 부인의 망(檀君 否認의 妄)」(동아일보), 1928년에 「단군 신화의 고의(高意)」(동아일보), 「단군신전에 들어 있는 역사소(歷史素)」, 「단군 및 그 연구(檀君及其硏究)」(별건곤), 「단군과 삼황오제」(동아일보), 「민속상에서 본 단군왕검」, 1930년에 「단군소고(檀君小考)」(조선), 1954년에 「단군고기전석(檀君古記箋釋)」(사상계) 등 단군에 관한 연구와 계몽적 문장을 발표했다. 어느 것이나 '조선'의 시조로서 단군을 민족사의 출발점으로 파악하려고 하는 의지가 강고하게 표현되어 있으며, 객관적인 역사, 민속학적 서술이라기보다는 조선민족의 내셔널리즘을 고취시키는 선동적 문장들이라 할 수 있다.

최남선은 1928년 10월, 조선사편수회의 촉탁을 맡고 12월에는 정식으로 편수회 위원이 되었다. 그가 단군 문제에 대해 발언하기 시작한 것은 1926년에서 1928년 사이의 일이므로 『조선사』 편찬 작업의 시작과 거의 겹쳐진다. 그가 단군·기자 문제를 조선사 편수위원회에서 꺼내든 것이 1934년 7월 30일 제8회 위원회 때의 일이므로 그가 조선사 편수위원회에 영입된 것은 오히려 단군 문제를 조선사 편수 과정에 반영시키기 위한 것이었다고 볼 수도 있다. 물론 그것은 단군 문제에 대해서 위원회 내부에서도 논의가 있었다는 포즈를 취하기 위한, 말하자면 알리바이를 만들기 위해 불려간 것이 아닌지 의심할 수 있는 대목이기도 하다.

민족주의와 국제주의

최남선, 이능화의 조선 내셔널리즘은 오래된 침략 문화(중국문화, 즉 한자·유교문화)와 새로운 침략 문화(일본 문화, 일본어 문화)에 대한 민족주의적 문화의 이중 저항이었다. "새 술"은 "새 부대"에 담아야 한다. 즉, 최남선이 조선 민족정신의 원천에 있는 것으로서 고유어로밖에 표현할 수 없는 '붉'을 강조한 것처럼, 그것은 사대적 한문(중국어)이나 침략적 일본어가 아닌 문장·문자·문체로 표현되지 않으면 안 되었다. 한국 민속학의 원로 임석재는 이능화와 최남선의 민속학적 저작에 대해 이렇게 회상하고 있다(『인간 임석재』, 비교민속학회: 서울, 1993).

> 이능화 씨는 『조선무속고』를 순한문으로 저술했습니다. 그 한문은 평이해서 글을 배운 사람이라면 그것을 읽는 데 별 어려움을 느끼지 않을 정도의 한문이었습니다. 그렇게 쉬운 한문이었습니다만 요새 사람 중 그것을 읽고 이해할 수 있는 사람이 어느 정도 있을까요? 당시 이 선생에게 왜 한문으로 썼느냐고 물어 보니, "한문으로 쓰면 우리나라 사람도 읽을 수 있고, 일본인도 읽을 수 있고, 중국인도 읽을 수 있겠지요"라고 말씀하신 적이 있습니다. 이 선생님은 이 『조선무속고』에서 우리의 무속 신앙에 관한 모든 것을 망라하려고 하신 것

같습니다. … (중략) … 최남선 씨의 살만교차기(薩滿教箚記)는 국문(조선어문)으로 쓴 저술입니다. 그런데 선생의 독특한 문장 탓에 그 문장에 익숙하지 않은 사람에게는 난해합니다. 최씨는 국어보다 한어를 더 많이 사용하고, 한어도 익숙한 것보다 진귀한 표현을 쓰기를 좋아했습니다. 살만교(薩滿教)라는 용어도 익숙하지 않은 말이고, 차기(箚記)라고 하는 것도 상당한 한문 교양이 없으면 이해할 수 없는 말입니다. (원문 한국어)

임석재의 증언에 의하면, 이능화가 자신의 저술을 한문 혹은 한문에 가까운 조선문장으로 쓴 것은, 한 민족의 민족주의(내셔널리즘)는 항상 인터내셔널리즘(국제주의)과의 상관관계 안에서 형성되는 것임을 증명하려 한 것처럼 여겨진다. 말할 것도 없이 한문은 동아시아 세계의 "국제어"이고 내셔널리즘의 주장은 "국제적(인터내셔널)"인 장소에서 행해져야 할 것은 자명하다(오카쿠라 덴신(岡倉天心)이나 니토베 이나조(新渡戶稻造)가 영어로 "민족주의적 저작"을 쓴 것도 마찬가지이다). 그러나 그러한 이능화의 "민족주의"에 내적 갈등이 존재하는 것도 분명하다. 즉, 조선 민족문화의 독자성·고유성을 주장하기 위해서는 동아시아의 국제성이며 보편성인 중국문화, 특히 한자·한문문화로부터의 절연(絶緣)이야말로 강조되어야 할 것이었다.

중국문화에 대한 '불함문화(不咸文化)'

일본의 국학은 '한의(漢意)'를 부정하고 '야마토의 혼'을 강조한 것이지만 그 때문에 모토오리 노리나가(本居宣長)는 애써 한자를 사용하지 않고 한자 문맥을 사용하지 않았으며, 일본 말을 사용한 일본문의 문체를 궁리했다. 민족정신의 고유성을 말하는 언어가 소중화(小中華)로서의 조선이라는 민족의식을 골수까지 중국

문화로 "오염"시킨 결과로 얻은 유창한 한문이었다는 사실은 자기모순에 다름 아니었다. 물론 이 일은 이능화가 본질적으로는 식민지 지배하의 조선 지식인이었다는 사실과 무관하지 않다. 그들은 이능화뿐만이 아니라 한글 문장을 쓰는 것보다 한문이나 일본어 문장에 능했으며, 좀 더 단적으로 말하자면 당시 한글로 학술 논문 같은 추상적인 사색이나 관념을 문장화하는 것은 힘든 일이었던 것이다. 그 때문에 한어나 한문 문맥을 대폭 취할 수밖에 없었으며 일종의 "문체 창조"가 필요했던 것이다.

최남선의 『살만교차기(薩滿敎箚記)』가 조선 어문으로 쓰였으면서도 오히려 이능화의 한문보다 어려웠다는 임석재의 인상은, 그들에게 있어 이러한 한문과 조선어문 어느 쪽이 문장어로서 "익숙한가"라는 문제에 지나지 않는다. 계몽주의자이자 민족주의자인 최남선이 그 사상적 입장에서 보아도 필경 민족어인 한글을 사용하여 자기 민족의 민족정신의 고양을 논하는 것은 당연하다(그에게 한문이나 일본어 쪽이 비록 조선어보다 능숙한 것이었다 하더라도). 그가 주장한 것은 다름 아닌 중국 문화(한자·한문)에 오염되지 않고 영향을 받지 않은 고유 언어에 의한 정신적 가치였던 것이다.

최남선의 『살만교차기(薩滿敎箚記)』는 조선의 민속학적 저작으로서는 가장 초기의 것이나, 여기서 다루어지고 있는 것은 동아시아 일반 신앙으로서의 샤머니즘이지 조선의 샤머니즘을 특별하게 논한 것은 아니다. 그러나 이것이 조선 샤머니즘의 원류가 되는 것이며 그러한 조선의 '무속 연구'야말로 조선 고대 문화의 연구, 국학의 중심이 되어야 한다는 확신은 이 초기 논문에 이미 나타나 있다. "조선 고유의 민족 종교이자 오늘날 민간신앙의 기둥이 되고 있는 무속은 실은 북동아시아 전 국민 사이에 공통된 신앙으로서, 학자들이 '샤머니즘'이라고 부르는 원시 종교의 한 형태인 것입니다." 즉 최남선은 소중화로 중국 문화의 우산 아래 쑥 들어가 있기보다는 오히려 북동아시아의 삼림이나 초원에 자생하는 원시 종교에서 "조선의 옛 종교(古敎)"인 무속 신앙(살만교, 즉 샤머니즘)의 고향을 찾고자 했던 것이다.

다시 말해 최남선은 '동아시아 고대'의 일대 문명으로서 '불함문화계통'이라고 하는 샤머니즘 계통의 문화권을 구상하고 그 중심에 단군신화, 내지는 조선 민족 정신문화의 기초를 찾으려 한 것이었다. "샤머니즘이든 북이든, 그것이 인도와 중국 이외의 제 민족 문화의 공통 원천으로서 예부터 동방 역사 전개의 근본적 동기가 되어 온 방면이든, 또 동방 문화의 정점이라는 중국문화가 사실은 다분히 불함문화적 내용을 이루고 있다는 점이든 간에 불함문화에 대한 학자의 태도와 관념은 앞으로 크게 개정되지 않으면 안 된다고 믿는다. 그 방향은 조선인이든 일본인이든 자기 문화 및 역사의 동기와 본질을 생각할 때 무조건 중국 본위로 모색하는 태도를 버리고 자기 본래의 면목을 자주적으로 관찰하는 일이 중요하며, 한 걸음 더 나아가 중국문화의 성립에 대해 자기 쪽의 공통된 동작의 흔적을 찾아 동방 문화의 정당한 유래를 규명하고자 하는 노력으로 전개되어야 한다는 것이다."

민족주의에서 친일파로

이러한 최남선의 주장은 물론 조선문화를 수천 년에 걸쳐 지배하고 "오염"시켜 온 중국문화(한문문화, 한자문화)에 대한 문화적 민족주의자의 저항이자 대립의 언어이며, 조선민족의 문화적 기반, 기초에 대한 민족적 자신감의 표명에 다름 아니다. 유교·

도교적인 중국의 종교(또한 인도, 중국적인 불교)에 대해 '살만교'를 주창하고, 중국·인도 문화에 대해서는 '불함문화계통'을 주장한다. 그러나 그것은 일본의 국학이 중국문명과 중국 문화를 '한의(漢意)'라 하여 회피하려 했을 때, 다분히 배타적인 국수주의·민족주의로 "소중화"적 황국주의·일본중심주의를 배출하고 그것이 다시 중화제국의 문명을 모방하듯 '대동아공영권'으로 나아간 것과 비슷한 위험성을 내포하고 있다고 할 수 있다. 문자·종교·의례·제도·문물 등 모든 면에서 중국문화의 압도적인 영향을 받아 온 조선은 지금은 식민지 지배 세력인 일본에 대한 문화적 저항으로서 그 자민족 중심주의를 주창하려 했다. 그러나 이항대립의 세계에 있어 대립하는 자는 항상 그 대적하는 상대를 닮고 만다는 역사적 진리는, 중국의 중화사상과 일본의 에스노센토리즘(자민족중심주의), 나아가 그에 대결하는 조선 내셔널리즘에도 해당하는 것이라고 말하지 않을 수 없다. 최남선의 에스노센토리즘은 일본의 아시아주의, 다시 말해 민족주의적이기 때문에 제국주의자로 아시아에 군림하려 한 일본인들과 정신적으로 동조하는 측면을 가지고 있었으며, 이윽고 그가 친일파로 전향한 것도 이러한 사상 전개의 흐름에 있다고 하지 않을 수 없다. 그는 해방 후 1948년에 식민지 시대 친일 활동을 전개했다는 죄목으로 '반민족 행위자 처단법'에 의해 서대문 형무소에 한 달간 수감되었다. "만주국" 건국대학에 교수로 부임한 것과 『조선사』 편수위원으로서 일본제국주의 사관에 협력한 일, 동경 메이지대학에서 조선인 대학생에게 학도병 지원을 권유하는 강연을 한 일 등의 친일행위가 지적된 것이다(임종국 저·오무라 마스오(大村益夫) 역, 『친일문학론』, 고려서림, 1976).

3. 조선민속학회와 「조선민속」

「조선민속」 제1호

최남선과 이능화의 전기 민속학이 역사민속학의 단계에 머문 데 비해, 다음 세대 민속학은 원자료와 현지 조사에 중점을 두게 된다. 이는 물론 현지조사를 중시하는 일본이나 구미 민속학의 영향도 있었지만 조선에는 조사 연구를 서둘러야 할 다른 사정이 있었다고 할 수 있다.

1933년에 나온 『조선민속』 제1호에는 '조선민속학회 회칙'이 게재되어 있다. 제1조는 "본회는 민속학에 관한 자료의 탐구와 수집, 민속학 지식의 보급 및 연구자의 친목 교류를 주로 한다. 아울러 외국 학회와의 연락 및 소개 사업을 진행한다."라고 되어 있다.

학회 설립 목적의 맨 첫머리에 '자료 탐구 및 수집'을 들고 있는 점에서 아마도 이 회칙을 만들었을 송석하・손진태・정인섭 등이 조선민속학에 거는 정열의 본거지를 살펴볼 수가 있다. 아랫단은 1929년에 설립된 일본 민속학회의 회칙 제2조 "본회는 민속학에 관한 지식 보급과 아울러 연구자의 교순(交詢)을 목적으로 한다."를 그대로 차용한 것이다. 『조선민속』 제1호에 실린 「창간의 말」을 보자(텍스트는 민속원: 서울, 1981년 발행의 영인본에 의한다).

> 조선 민속학이 현저한 발달을 본지 이미 수년이 흘렀지만, 같은 연구자끼리의 연락・교순・자료 수집・발표 등을 통일시킬 만한 제대로 된 기관지가 없어 항상 쓸쓸한 생각이 들었던 것이다.

통일된 학회의 설립을 볼 시기가 아무래도 너무 늦었다는 탄식이 있다. 영국 같은 나라에서는 19세기 중엽에 이미 민속학이 학문으로서 독자적 행보를 시작했고, 그로부터 4반세기가 경과한 후에는 영국민속학회가 설립되어 오늘날에 이르기까지 많은 공헌을 이루어내고 있다. 고유 민속자료는 하나 둘씩 인멸되어 간다. 시냇물 소리와 새소리를 반주로 불린 순박한 민요는 자동차 소리에 자취를 감추어 가고, 시골 아이의 '산유화'는 '다이너마이트' 소리와 속요 '아리랑' 소리로 바뀌어 버렸다. 그래도 이것은 아직 탐구할 방법이 남아 있으나, 계승자의 생명에는 한계가 있는 것이니 한 번 저 세상으로 가면 귀중한 자료가 영구히 묻히고 마는 것이다. 처용무를 전한 유일한 노기(老妓)가 죽은 지 오래고, 아현(阿峴)의 본산대(本山台)가 사라진 지 수 십년이 흘렀다.

양주별산대와 율지(栗旨) 대광대(大廣大)도 이제 그 사멸의 길을 걷고 있으며 안성의 여사당(女社堂)이 흩어진 것도 그 한 예이다. 과천의 '유굴논이'도 역사적 인물이라고 해야 할 것이다. 이처럼 늦었다고는 하나 앞으로는 필연코 자료 수집을 해야겠다는 생각이다.

잡지를 만드는 일은 어디까지나 '종달새' 새끼와 같은 것이다. 생긴 모양도 좋지 않고 모자라는 구석도 많지만 장차 접었던 날개를 활짝 펼 때가 있을 것임을 모든 회원과 함께 기대 한다.[3] (원문 한국어)

이 말에서 엿볼 수 있는 것은 이미 "늦은" 일에 대한 탄식이다. 송석하나 손진태 등 조선민속학의 확립에 뜻을 둔 조선인의 생각에는 1932년에야 조선민속학회가 설립되고 기관지 『조선민속』이 창간된 것은 시기적으로 너무나 늦은 것이고, 잃어버린 민요, 민간 예능, 문화재가 그 수를 헤아릴 수 없었던 것이다. 이러한 조선민속학의 탄식은 병행해서 전개된 일본 민속학의 비탄과

3) 당시 아리랑은 속요였고 순수한 민요라고는 여겨지지 않았다. 그것은 나운규의 영화 「아리랑」에 의해 널리 알려지게 된 "유행가"였던 것이다. 처용무, 본산대·별산대·대광대 등은 전승된 예능의 명칭이고, 여사당은, 유굴논이는 그러한 전통예능을 계승하던 예능자 집단이다. 아현·양주·안성·율지·과천은 지명이다.

는 또 다른 것이었다. 일본 민속학의 출발점이라고 일컬어지는 야나기다 구니오(柳田國男)의 『도오노모노가타리(遠野物語)』의 초판 서문에는 "9백 년 전의 우리 선배인 『곤자쿠모노가타리(今昔物語)』는 그 당시 이미 옛날이야기가 되어 버린 것이지만, 이것은 바로 우리 눈앞의 일이다. … (중략) … 말하자면 이 책은 현재의 사실인 것이다."라고 되어 있다. 여기에서는 이 책에 써진 민속학적 사상(事象)이 '눈앞의 일'이며, '현재의 사실'임이 강조되고 있다.

'조선민속'의 수난

일본 민속학의 시작을 언제로 할 것인지에 대한 논의는 분분하지만, 1910년대라고 한다면 『조선민속』의 창간과는 20년의 차이가 난다. 그러나 물론 문제는 단순히 시간적인 차이, 성립 시기의 빠르고 늦음에 있는 것은 아니었다. 말할 것도 없이 『도오노모노가타리(遠野物語)』가 간행된 1910년 8월 22일, 조선통감부의 데라우치 마사타케(寺內正毅) 통감과 대한제국의 이완용 수상 사이에 한국합병조약이 조인되고 '대한제국'은 대일본제국에 합병됨으로써 그 자율적인 민족정신의 발로, 내셔널리즘은 종주국인 일본에 의해 억압되고 금지될 수밖에 없게 되었다.

즉, 젊은 민속학 학도들의 탄식은 단순히 "늦었다"는 것에 대한 탄식이 아니라 민속학의 대상으로서의 '민족문화'에 대한 민족정신 그 자체가 상실되려 하는 사실을 탄식하는 소리였던 것이다. 게다가 그것은 한일합방을 규탄하고 비난하는 것으로는 결코 표현할 수 없는 것이었다. 민속적 현상의 소멸, 자료의 인멸을 한탄하고 걱정하는 그들의 목소리는 민족사・민족어・민족문화의 장래를 슬퍼하고 한탄하는 심정의 표현이자, 그것은 '일국민속학(一國民俗學)'과 동의적 관계에 있는 자민족 내셔널리즘에 대한 애도의 목소리였던 것이다.

『조선민속』은 1933년 1월 18일에 제1호를 발행하고, 다음해 2월 25일에 제2호를, 또 1940년 10월 5일에 제3호를 간행한 후 중단되었다. 1호, 2호의 저작 및 발행자는 송석하였고, 3호는 아키바 다카시(秋葉隆)였다. 발행처는 모두 조선민속학회였는데 1, 2호가 일문과 국문으로 혼합으로 되어 있던 데 비해, 3호는 전부 일문으로 되어 있다. 또한 3호는 '이마무라(今村)옹 고희 기념' 특집호 체재로 꾸며졌는데, 야나기다 구니오가 기고한 「학문과 민족 결합」이라는 글이 특색을 더했다. 아키바 다카시는 1호, 2호에도 공들인 논문을 발표했던 '조선민속학회' 창설의 유력 멤버였다. 그런 그가 송석하를 대신하여 발행명의인이 된 것은 그리 이상한 일이 아니라 해도, 『조선민속』이 6년 만에 발행될 때, 발행자가 경성제국대학의 일본인 교수이고, 전부 일본어 논문에, 이마무라 도모(今村鞆. 1870~?)의 특집으로 꾸려지고, 야나기다 구니오가 기고한 논문을 보아도 '일본화' 경향은 부정할 수 없다. 『조선민속』 1~3호에 대해 임석재는 자신의 회고록에서 다음과 같이 술회하고 있다.

> 『조선민속』 1, 2호는 1933년과 1934년에 각각 발행되었다. 내가 아는 것은 이 발행의 모든 비용을 송석하 개인이 부담했다고 하는 것이다. 『조선민속』 제3호는 이마무라 도모의 고희 기념호였다. 그 당시 조선어 출판을 금지시키고자 하는 분위기를 우리들은 피부로 느끼고 있었다. 정식으로 출판 금지 처분을 받은 것은 아니었지만 상당한 압박감을 느끼고 있었다. 그래서 『조선민속』 제3호를 이마무라 도모의 고희집으로 하고 게다가 모든 논술을 일본어로 한 것은 이 잡

지의 폐간을 모면하려고 한 것이 아니었을까 하는 생각이 든다. 누군가 공식적으로 의견을 발표한 것은 아니나 결국에는 그렇게 된 것 같다. 그럼에도 불구하고 전쟁의 어려움 때문에 그 후 『조선민속』은 계속해서 발행되지 못했다. (『인간 임석재』. 원문 한국어).

이마무라 도모의 '식민지 민속학'

여기서 문제시해야 할 두 가지가 있다. 하나는 고희를 기념하고 있는 이마무라 도모의 민속학적 업적과 그로 대표되는 식민지 정책의 일환으로서 총독부에 의한 민속 조사의 의의와 한계라고 하는 것이며, 또 하나는 그러한 일본인들의 작업에 대한 송석하나 손진태 등 조선인 학자들의 "시선"이다. 이마무라 도모는 '조선민속학'과의 관련에 대해 그 자신이 「민속학과 소생」이라는 글에서 이렇게 말하고 있다.

우선 말해 두고 싶은 것은 나는 결코 세간에서 말하는 이른바 학자·선생이 아니며, 스스로도 학자라고 생각한 적이 없다는 것이다. 단지 아마추어적 학도인 것만은 틀림없는 존재이다. 원래 내가 학문 즉, 역사·민속 방면에 발을 들여놓게 된 동기는 명치 41년(1907)에 충청북도 경찰 부장이 되어 내지로부터 부임해 온 직후 아무래도 조선 경찰이 창설되는 이 시기에 가장 필요한 것은 조선의 풍속과 관습을 조사해서 그것을 제대로 파악하는 것임을 깨닫고 이후 틈틈이 조사를 하기 시작해 커다란 홍미를 느끼게 되었기 때문이다. 다음으로 현지 조사와 함께 조선 고문헌을 읽을 필요성을 느껴 틈틈이 시작한 것이지만 조선의 독특한 숙어와 사회 사정이 일본과 다른 까닭에 그 해독에 어려움이 있었으나 20여 년 간 연구한 보람이 있어 지금은 그럭저럭 읽을 수가 있게 되었다. … (중략) … 어쨌든 내가 학문의 과학적 궤도에 오른 것은 대정 14년(1925년) 퇴임 후에 민속학 서적과 잡지를 읽은 것과 또 하나는 소화 5년(1930) 조선사편집회 촉탁이 되어 1년간 그들과 접촉한 덕분이다.

이마무라 도모(호는 라엥(螺炎). 1870년 생)는 1908년부터 1925년까지 충청북도와 강원도 등지의 지방경찰부장으로 활동했다. 근무 틈틈이 '조선 민속과 습관을 조사하고' '잡지에 글을 쓰기도' 했다. 퇴임 후에는 총독부 중추원의 촉탁으로 조선사편수회에 가담『조선사』 편찬에 관여하는 한편 고려 이전, 이조시대 문헌에서 뽑아낸『풍속관계자료촬요(風俗關係資料撮要)』를 중추원 조사과에서 발행했다. 민속학 관계의 저작으로는 1914년 간행한『조선풍속집(朝鮮風俗集)』, 1928년 간행한『조선민속, 조선만담(朝鮮民俗, 朝鮮漫談)』, 1937년에 간행한『조선 풍속자료집설 선·좌승·타구·포(朝鮮風俗資料集說 扇·左繩·打毬·袍)』, 1934년부터 40년에 걸친 대작『인삼사(人蔘史)』(전7권)가 있으며, 또한 다수의 잡지게재 논문이 있다.

아키바 다카시는『조선민속』 제3호의 칼럼난에 "이마무라 씨의 구저(舊著)『조선풍속집』은 그 옛날 이미 절판이 되어 지금은 고서점에서도 좀처럼 찾아지지가 않는데, 대정 15년(1926년)에 처음 조선에 부임하는 도중 연락선의 서가에 꽂혀 있던 것을 발견하여 해협을 건너는 중 이것을 읽고 경성에 도착하자마자 재빨리 고서점을 뒤져 책 한 권을 손에 넣었다."고 했다. 또 "조선에 오기까지 조선에 관해 아무것도 몰랐던 내게 조선 민속학의 공부를 시작하게 한 것은 바로 이 책이었다고 해도 좋을 것이다."라고까지 말하고 있다. 이마무라 도모의 저서는 아키바 다카시의 표현을 빌자면 '조선민속학의 처녀항해'라고 할 만한 것이었다.

경찰관의 직무

그러나 물론 이마무라 도모의 『조선민속학』은 조선의 경찰 관료였던 그의 직무와 전혀 무관한 것은 아니었다. 그는 『조선풍속집』의 「자서(自敍)」에서 "집무집행 시에 민도(民度)와 어떻게 조화를 이룰 것인가 하는 점에 대해 고심한 것이 한두 번이 아닌데 나는 이때부터 조선의 풍속관습을 이해할 필요가 있음을 통감하고, 몇 번이나 그에 대한 조사에 착수했지만 체계적으로 조선 풍속의 전모를 조사하기란 쉽지 않은 일이었다. 도저히 미력한 내 힘만으로는 이루지 못할 일임을 깨달고 방침을 바꾸어 나의 직무와 관계가 깊은 것, 혹은 내가 흥미를 느끼는 사항을 단편적으로 연구하기로 하였다."고 술회하고 있다.

『조선풍속집』 안에 「이조의 형사 경찰」이라든가 「조선인의 범죄」·「조선인에 대한 관명(官命)의 효과」·「조선인의 미신 및 종교」·「조선의 미신 업자」라는 항목이 있는 것은 바로 이마무라 도모의 '직무와 관계 깊은 것'에 다름 아니다. 이마무라 도모가 조선에 건너온 1908년은 이제까지의 '고문경찰(顧問警察; 한국경찰고문부(韓國警務顧問部)'이 폐지되고(1907), 통감부(후에 총독부로 개칭) 직속의 경찰행정 조직이 재편되기 시작한 시기였다. 1910년 6월에 폐지된 「통감부 경찰관서관제」에 의하면 통감부 직속에 경부 총감부를 두고 각 도에는 경무부를 두어 지방 행정기관으로부터 독립시키고 경무총장은 조선주둔헌병장인 육군장관이 맡게 하고, 경무부장은 각 도의 헌병 대장인 육군 좌관(左官)에게 일임했다. 이 「통감부경찰관서관제」는 한일합방과 함께 동년 10월에 「조선총독부경찰관서관제」로 개정되었지만 그 실상은 통감부 시대의 것과 변함이 없었다(한국 내무부 경찰국, 『고문경찰소지(顧問警察小誌)』, 1910).

조선 총독부의 『시정 30년사(施政30年史)』에 의하면 당시의 경찰은 본래의 경찰 및 위생 사업 업무 이외에 범죄 즉결·민사소송 조정·검찰 사무·집달리(執達吏) 사무를 행하고 나아가 도로의 보수와 개축·삼림 보호·식수의 장려·국경 세관 사무·삼림 감시 근무·어업 단속·우편물 보호·일본어 보급·실업 지도·징세 원조·우량(雨量) 수위의 관측·해충 구제 등의 일도 맡고 있었다고 하니 재판소·검찰청·영림서(營林署)·세무서에서 보건소·학교·세관·수산청·우편국·직업 안정소·기상대에 이르는 관청업무를 대행했던 것이다. 경찰은 식민지배 권력의 최말단 권력으로 경찰관이 식민지 사람들의 생활 구석구석까지 관여한 것은 의심할 여지가 없다. 유언비어 단속, 미신 박멸, 음사·음교의 적발, 점복이나 유사 의료행위, 민간 약물에 관한 간섭 등 경찰관은 조선인의 정신생활 내부에까지 발을 들이고 이를 감시·관리하려 했다. 물론 공산주의 사상이나 독립 운동, 민족주의 등은 지극히 위험하고 불온한 사상으로 엄격한 감시와 제거의 대상이 되었다. 경찰부장으로서 이마무라 도모의 조선 민속 연구는 그러한 '직무상 필요'에서 생겨난 것이다.

무라야마 지준과 「총독부 조사 자료」

이마무라 도모의 식민지주의 민속학의 의봉(衣鋒)을 계승한 것은 무라야마 지준(村山智順. 1891~?)이다. 그는 총독부 촉탁으로 조사 자료 제작을 맡게 되었다. 1929년 『조선의 귀신(朝鮮の鬼神)』(조사 자료25집), 1931년에 『조선의 풍수(朝鮮の風水)』(동 제31

집), 1932년에 『조선의 무격(朝鮮の巫覡)』(동 제36집), 1933년에 『조선의 점복과 예언(朝鮮の占卜と豫言)』(동 제37집), 1935년에 『조선의 유사종교(朝鮮の類似宗教)』(동 제42집), 1937년에 『부락제(部落祭)』(동 제44집), 1938년에 『석전·기우·안택(釋奠·祈雨·安宅)』(동 제45집), 1941년의 『조선의 향토오락(朝鮮の鄕土娛樂)』(동 제 47집) 등의 조사 자료가 조선총독부 명의로 잇달아 출판되었다. 그 실질적인 저자가 무라야마 지준이었다는 것이 총독부 관방 문서과장이 쓴 이 책들의 「서문」에 나와 있다(전기응(全基應), 오청(吳晴) 등의 조선인 협력자·조력자가 있었음도 분명하지만).

무라야먀 지준이 정리한 민속학적 조사 자료는 모든 자료를 망라하고 광범위한 지역을 대상으로 하여, 행정·사법의 말단기관을 총동원해서 모은 방대한 자료의 양으로 인해 현재까지도 무시할 수 없는 가치를 지니고 있다. 특히 오늘날 민속학적 조사가 곤란한 북한 지역에 대해, 또 이미 인멸, 소멸된 민속 사상에 대해서는 독자적인 가치를 지니고 있다고 할 수 있다(북한 민속학에 대해서는 주강현(朱剛玄) 저, 『북한민속학사』(이론과 실천: 서울, 1991)가 있는데, 여기서 민속학은 역사학과 고고학의 보조학문에 지나지 않는 듯하다). 또 다른 한편으로는 식민지주의 민속 조사로 그 편향성, 수탈성에 대해 엄중한 비판을 모면하지 못하고 있다는 양면적 평가가 있음도 부정할 수 없다.

그는 자신의 저서에서 조사자료라는 측면에 철저를 기한 반면 자신의 해석이나 이론적 견해를 밝히는 것에는 금욕적이었던 것 같다. 그것은 이 저작물이 개인의 저작이 아닌 조선총독부라는 공적기관에 의한 공적간행물이었다는 성격에도 그 원인을 찾을 수 있겠다. 그러나 한편 무라야마 지준 자신이 오로지 민속자료의 수집에 정력을 쏟은 것은 이론적 전개나 해석적 연구에 그 자신 스스로 재능을 가지지 못했다는 사정이 있었음도 생각해 볼 수 있다. 그러나 그렇다고 해서 그가 단순히 무사무념(無私無念)으로 민속적 사실과 전승을 수집하고 분류했던 것은 아니다.

> 민간신앙은 민중이 품고 있는 생활의식의 표현이다. 조선 민중은 생활 전반에 걸쳐 그 해결책을 점복에 의지하려 한다. 그들이 문제를 해결할 때 다른 무엇보다 곧장 점복을 쫓는 심적 경향을 뿌리 깊은 전통에 의해 부여받았다고는 하나, 이 신앙에 의지하지 않고는 생활에 안심을 얻을 수 없는 데에는 그것을 강제하는 사회적 전통의 위력 이외에 무언가 조선 민중의 정신생활을 특징짓는 본질적인 요소와 사회전통이 마음껏 그 위력을 발휘할 수 있게 하는 외부적 생활환경과의 협력 작용이 존재하는 것은 아닐까?
>
> 여기서 말하는 정신적 본질적 요소란 무엇인가? 그것은 대개 자력갱생적 기력(自力更生的氣力)의 왕성함을 결(缺)한 것이며, 이렇게 기력이 왕성하지 못한 탓에 전통에 속박당하는 운명관·숙명관적 인생관으로부터 해방되지 못하는 것은 아닌가? 소위 외부적 생활환경이란 무엇인가? 이는 분명 생활 현상에 대해 올바르게 비판할 상식적 판단력이 발달하지 못한 것이며, 이 비판력이 발달하지 못한 것은 사회 교화, 특히 과학적 지식의 보급이 아직 널리 이루어지지 못했기 때문이다.

조사 자료 제37집 『조선의 점복과 예언』의 「서문」 말미에 있는 말이다. 1933년 3월 15일자로 되어 있다. 한편 그는 『조선의 귀신』 서문에서 다음과 같이 이야기하기도 한다. "저급하다고는 하나 일반 대중 사이에 지지되는 것은 사회적 성질을 가지고 있는 것이므로 그 존재는 확고하고 쉽게 동요되는 일이 없으며, 진보성을 결한다고는 하나 만인에게 생활을 즐기고 안주하는 지반을 제공하는 바, 위대한 실재이며 현실이다." 그가 민간 신앙에 주목하는 것은 이러한 논리에서이다. 즉, 그에게 있어 사상이 저급한 것은 현실적이고 대중적이며, 또한 현실적·대중적인 것은 저급한 것에 다름 아니니다. 『조선의 점복과 예언』의 「서문」에 있는 '조선 민중의 정신생활을 특징짓는 본질적 요소'라는 것은 이러한 저급하고 현실적이며 대중적인 사상으로서의 민간신앙인 것이며, 그것은 '대개 자력갱생적 기력의 왕성함을 결한 것이며 이렇게 기력이 성하지 못함으로 말미암아 전통의 힘에 속박당하고 운명관·숙명관적 인생관으로부터 해방되지 못하는' 것이다. 이것은 사상면으로 말하자면 '조선정체사관(朝鮮停滯史觀)'이라고 부를만한 것이며, '생활 현상에 대해 올바르게 비판할 상식적 판단력이 발달하지 못했다'는 '외부적 생활환경'과 함께 "뒤떨어진", "인습적인" 조선인의 정신세계라는 편향된 프리즘으로 바라본 민간신앙 세계라고 해야 할 것이다.

4. '식민지 민속학'에 대한 비판

손진태(孫晋泰)의 서평

손진태는 무라야마 지준(村山智順)의 총독부적인 식민지주의 민속학(식민지민속학, 이 용어는 양영후(梁永厚)의 용어법을 답습하고 있다)을 비판했다. 총독부가 지배하고 있던 당시에 무라야마 지준의 조사방법이나 자료연구를 비난하는 행위는 총독부의 정치를 비난하는 것으로 인식될 우려가 있었다. 이런 의미에서 무라야마 지준은 과거 경찰 관료였던 이마무라 도모(今村鞆)나 반도낭인(半島浪人)으로 민비 암살에 관계가 있으며 요사노테츠칸(与謝野鐵幹)과 친분이 있었던 아유가이 후사노신(鮎貝房之進, 호는 카이엥(槐園). 가인(歌人)·조선사학자·1864~1946)보다 더 깊이 식민지 행정에 관여하고 있었다고 할 수 있다. 그의 저서 『조선의 귀신』·『조선의 풍수』·『조선의 무격』·『조선의 점복과 예언』·『조선의 유사종교』·『부락제』·『석전·기우·안택』 등이 치안유지·풍기대책·구습· 미신·악습타파의 목적으로 이루어진 민속조사이며 자료수집이었음이 명백하다. 손진태는 이렇게 말하고 있다.

> 무라야마 지준은 조선총독부의 위촉으로 조선의 민간신앙을 조사하고 그 성과를 발표한 것이 이미 4부에 이른다. … (중략) … 4부 모두 당당하게 총 지면이 2600여 페이지에 달하는 대저서로 간행되어 조선민속학계의 큰 수확이라고 할 수 있다. 그 뿐만 아니라 무라야마씨는 자료수집에 있어서 경찰의 도움을 조금 받기는 했지만, 거의 대부분 무라야마씨 개인 노력으로 자료를 수집한 것 같다. 모든 문헌을 섭렵하고 민속자료도 상당히 많이 수집하고 있다. 얼마나 오랜 기간에 걸쳐 쉬지 않고 작업을 했는지 알 수 있다.(「서평·무라야마 지준 씨의 조선민간신앙 4부작을 읽고(書評·村山智順氏の朝鮮民間信仰四部作を讀みて)」, 『민속학』, 1933년 11월)

그러나 손진태는 무라야마 지준이 자료수집에 노고가 많았음은 인정했지만, 그 방법과 정리·분석에 대해서는 비판했다. 그는 『조선의 무격』에 대하여 이렇게 말했다.

> 그러나 이것은 편자가 그 범례에서도 일러두었지만, 자료의 대부분이 각지 경찰서의 보고에 의한 것이다. 따라서 모두 너무 간단하여 부정확하고 또 조잡해서 유감스럽지만 학술적인 자료가치를 인정할 수 없다. 이 책임은 물론 보고자에게 있겠지만, 편자의 잘못으로 보이는 부분도 결코 적지 않다. 지극히 평이한 예를 몇 가지 들면 「8장 2절 무경(巫經)」에 보면 옥추경(玉追經)·옥출경(獄黜經)·옥축경(玉祝經)·옥출경(屋出經)·옥취경(玉取經)·옥추경(玉抽經)·옥초경(玉草經) 등으로 열거한 무경이 모두 옥추경(玉樞經)을 잘못 보고한 것

> 임에도 불구하고 편자는 이들을 모두 각기 다른 무경으로 일일이 열거했다. … (중략) … 예를 들면 무(巫) 즉 무당을 무당(巫堂)·무당(巫黨)·무장(巫長)으로 표기한 것은 그렇다 치고 무당(巫唐)·무단(巫斷)·무당(巫当)·무당(舞堂)·무당(巫黨)·무천(巫擅)(단(壇)의 오식(誤植)일까)에 이르기까지 이것을 모두 기재할 필요가 있었을까. 이것은 모두 보고자가 채록하는 현장에서 음이 비슷한 한자를 생각나는 대로 쓴 것에 지나지 않으며, 지식인은 물론 민간인조차 이 단어에 이러한 한자를 사용하지 않는다. 이런 잘못된 예는 셀 수 없이 많은데, 이것으로도 각지 경찰서의 보고서가 얼마나 조잡한 것이었는지 짐작할 수 있다. 그리고 또 무격에 관한 조사가 얼마나 힘들었는지도 이러한 예를 통하여 알 수 있다.

이것은 단지 자료수집의 수단, 방법론의 미비를 비판한 것으로만 볼 수 없다. 손진태가 말하고자 하는 것은 직접적인 필드워크의 필요성이 아니라 "각지 경찰서의 보고서"에 의한 민속조사 자체가 이미 가치가 없다는 것을 주장한 것이다. 『옥추경(玉樞經)』을 그 음과 비슷한 한자로 다양하게 표기한 예를 보고 각각 별개의 것으로 생각하거나, 무당(巫堂)을 아무 한자나 생각나는 대로 표기한 것을 의미 있다고 착각하는 것은 기초적인 조선어 능력의 부족함을 나타낼 뿐만 아니라 한자어와 조선어 사이에 있는 "중국문화"화된 '문화'와 고유한 조선 문화의 차이를 간과해서는 안 된다는 것을 말하고 있다. '편자(編者)의 잘못'이란 이것을 가리키는 것이다. 고유한 민속현상과 외래의 '문화'를 구별하지 못하고 혼동하는 민속조사를 조사라고 할 수 있는가. 손진태의 비판은 무라야마 지준의 '식민지 민속학'("일본어" 민속학; 일본어로 된 (조선) 민속학—편집자 주)의 근간에 대한 것이며 그 본질적인 면을 비판했다고 할 수 있다.[4]

---

4) 그 외 조선총독부에서 조사 자료가 다수 나왔는데, 주요한 것으로 총독부 촉탁이었던 젠쇼 에스케(善生永助)가 정리한 『조선의 취락』·『조

'식민지 민속학'에 대한 저항

이것은 또 최남선과 이능화의 "한문" 민속학에 대한 비판이라고도 할 수 있다. 한자·한문에 대한 교양과 문화로는 이해될 수 없는 것, 바로 그것이 송석하나 손진태가 발견하려고 한 민속학적 현상이며 그것은 본질적으로 한글(國字)이나 한글문장(國文)으로만 묘사할 수 있는 세계인 것이다. 무라야마 지준의 조사보고로 이루어진 '식민지 민속학'에 대한 비판 중에 그 '독특한 용어법'이 있다. 양영후는 「조선민속학의 고난(朝鮮民俗學の苦難)」(『전통과 현대(傳統と現代)』, 전통과 현대사, 1981년 7월호)에서 "민중을 억압하는 식민지정책에 맞추어진 '식민지 민속학'은 방대한 민속자료를 남겼으며, 독특한 조어(造語)인 부락제(部落祭; 洞祭), 부락신(部落神; 洞神) 등 조선의 민속에서 유래한 말이 아닌 것을 오늘날의 민속학에 남겼다."고 한다. '부락제'나 '부락신' '유사종교'나 '무폐(巫弊)' 또 『조선의 무격』 중에 사용된 '흠치교계(フンチ教系)' '숭신계(崇神系)'와 같은 무라야마 지준의 용어가 합당한지의 여부는 단순한 조어나 스스로 만든 술어에 있지 않고, 민속현상을 어떻게 인식하는가 하는 가치관의 문제에 달려 있다. 여기에 민속현상을 하나의 사실로써 객관적으로 관찰하는 과학적인 관점이 아니라 고급과 저급이라는 가치평가의 기준이

선의 인구현상』·『생활상태조사』(수원군, 제주도, 강릉군, 평양부)·『조선의 시장』·『조선의 시장경제』 등이 있다. 또, 총독부중추원 촉탁이었던 노무라 죠타로(野村調太郎)는 『조선제사상속법론 서설』에서 조선의 제사, 복상례와 제례에 대하여 연구했다. 같은 촉탁이었던 오다우치 미치토시(小田內通敏는 『조선부락조사보고』에서 '화전민'과 '재주지나인(在住支那人)' 등의 부락을 조사하였다. 또, 경성제국대학의 위생조사부에서 「토막민(土幕民)의 생활, 위생」이라는 사회조사 보고서가 나왔다.

전제되었음이 그 용어법에서도 명백하게 알 수 있다.

손진태나 송석하 등의 '조선민속'이 주장하는 것은 원자료의 수집, 민속적 사상(事象), 현상의 채집, 조사, 기록이라는 '생활사실(生活事實)'을 축적해야 한다는 것이다. 송석하는 조선민속학의 형성에 큰 공적을 이룬 인물인데, 『조선민속』의 발간으로 알 수 있듯이 그의 공적은 조사와 연구뿐만 아니라 민속학회의 설립과 잡지 발간에도 힘을 쏟았고, 해방 후에는 민속자료나 민구(民具)를 수집하고 민속박물관 설립에도 정열적이었다(현재의 국립민속박물관·온양민속박물관 등에 그의 이상이 실현되어 있다). 그는 자택에 조선민속학회의 근거지를 두고, 자비를 들여 3호의 잡지를 출간하기도 했으며, 진단학회를 설립하여 『진단학보』 발간에도 참여하였다. 그의 열정적인 작업, 즉 그의 초조함은 현실적으로 눈앞에서 조선문화나 조선적인 것이 빠른 속도로 소멸되어 가는 것에 비례하고 있었다. 이마무라 도모가 '자기 직무와 관련이 있는 것, 혹은 자기가 취미로 느끼는 것'만을 대상으로 연구하였고, 무라야마 지준이 조사·분류·해석·"관리·지도"를 하기 위해서 자료를 수집한 것에 비하여 송석하는 사라져가는 조선인의 민중적인 '생활사실'을 복원하려고 했다.

손진태는 『조선민담집』의 서문에 "이러한 과정을 거쳐 조선의 민담은 하루하루 쇠퇴의 길로 접어들었다. 민풍토속(民風土俗)도 마찬가지였다. 탄식할 일이지만 그렇다고 어찌해 볼 수도 없는 일이기도 하다. 우리들은 한시라도 빨리 이것을 집대성해야할 의무와 책임을 충분히 느끼고 있지만, 세상은 그렇게 마음대로 되지 않고 넋 놓고 사라져가는 모습을 지켜볼 뿐이다."라고 적고 있다(『조선의 민화(朝鮮の民話)』, 암기서점(岩崎書店), 1956—이 책은 1930년에 향토연구사라는 출판사에서 출판된 『조선민담집』

을 이름만 바꾸어 복각한 것이다). 야나기다 구니오(柳田國男)의 민속학은 '눈앞의 사건'이며 '현재의 사실'인 민속현상을 수집하는 것으로 시작되었지만, 조선민속학은 '넋 놓고 사라져가는 모습을 지켜보는 것'으로부터 출발되었다. 그리고 사라져가는 원인은 구체적으로는 무속이나 점복, 풍수를 미신이나 풍기문란으로 단속하는 식민지의 경찰조직과 민간종교, 제의나 신화를 민족주의와 독립운동의 온상으로 의심하는 이민족에 의한 식민지지배에 있었다.

그리고 그것은 민족주의적 정신이나 감정은 물론, 민족어와 민속현상까지도 말살하려는 방향으로 진행되었다. 따라서 송석하나 손진태의 주장은 조사라는 이름으로 민족문화를 압살하는 '식민지 민속학'에 대한 미미한 소극적인 저항이었다. 즉, 송석하나 손진태에게도 그들의 민속학 연구에 대한 열정의 밑바탕에 역시 그들이 민족주의(반일정신)가 굴절된 표현이기는 하지만 면면이 깔려있다고 할 수 있다.

제2장 야나기다 구니오(柳田國男)와 '조선'

1. 야나기다 구니오와 '조선민속'

"조선을 보러 다녀와야겠습니다."

'조선을 보러 다녀와야겠습니다. 만엽집(万葉集)이 거기에 있습니다.'

야나기다 구니오는 「비교민속학의 문제(比較民俗學の問題)」라

는 글의 서두에 죽은 동생 마쓰오카 에큐(松岡映丘・일본화가. 1881~1938)가 20년쯤 전에 한 이야기를 기억하고 있다고 썼다. 20년쯤 전에 동생이 했던 한마디 말을 기억하고 있는 것은 야나기다 구니오의 기억력이 좋아서겠지만, 역시 동생의 한마디가 그의 기억에 남을만한 뭔가가 있기 때문이 아닐까. 마쓰오카 에큐가 조선으로 건너간 것은 1920년으로 추정되는데, 그 직후에 에큐는 형 구니오에게 조선을 본 '감동'을 전달했을 것이다. 시냇가에서 빨래방망이로 빨래하며 산과 들에 널어놓은 하얀 옷. 짐을 머리 위에 이고 걸어가는 여자들. 밤에 집집마다 들려오는 빨래다듬이 소리. 그리고 산야에 무리지어 노는 젊은이들. 만엽집(万葉集)의 노래 속에 나오는 고대일본의 풍속・문화가 조선에 아직 남아 있다고 느끼는 것은 에큐의 예술가적 직감으로, 형에게 일본민속의 유래와 전승을 알기 위해서는 "조선을 보러 다녀와야겠습니다."라고 말했었을 것이다.

그러나 야나기다 구니오의 반응은 냉담했다. 그는 「비교민속학의 문제」에서 "예전에 죽은 동생이 감동"한 것은 "단지 노래(詩)일 뿐이며 학문적 근거가 될 만한 것이 없다."며 차갑게 단언했다. 그러나 이러한 단언은 '20년 전'에 '죽은 동생'의 말을 부정하기에 지나친 감이 없지 않다. 에큐의 '감동'이 학문적 근거도 없는 '노래(詩)'로 예술적 차원이었다고 해도, 그것을 일축해버리는 야나기다 구니오의 태도가 다소 과장되지 않았나 하고 느껴진다. 에큐에게 '다녀와야겠습니다.'라는 말을 듣고 나서(혹은 듣기 전에) 사실 야나기다 구니오는 두 차례나 조선반도에 건너갔었다. 한번은 1917년 3월 20일부터 6월 2일까지 대만과 중국 여행에서 돌아오는 길에 조선반도에 들러 부산, 경성(서울)을 둘러보았다. 두 번째는 1931년으로 이때도 경성에 갔었다. 두 차례 모두 짧은 여행일정으로 지방도시나 시골까지 가지는 못했기 때문에 민속 조사라고 말하기는 어렵지만, 야나기다 구니오가 조선에 관심이 없어서 안 가려고 했던 것이 아니었음은 확실하다. 야나기다 구니오는 오히려 조선반도의 민속, 문화에 강한 흥미와 관심을 가지고 있었다는 흔적이 있다. 그는 "다음에 준비한 후 조선을 다시 보러와야겠다는 마음이 있어서인지 오히려 볼 수 있었던 것까지 보지 못했다."고 말했다. 우선 이것에 대하여 살펴보자.

학문과 민족결합

야나기다 구니오는 『조선민속(朝鮮民俗)』 제3호에 「학문과 민족결합(學問と民族結合)」이라는 글을 기고했다. 그러나 야나기다 구니오는 처음엔 앞에 인용한 「비교민속학의 문제」라는 글을 써서, 그것을 『조선민속』에 보내려고 했던 것이 아닐까 라고 스즈키 미쓰오(鈴木滿男)는 추측한다. 즉, 조선민속학회로부터 원고를 의뢰받은 야나기다는 「비교민속학의 문제」를 썼지만, 마음을 바꾸어 다시 「학문과 민족결합」을 썼고 이것이 게재되었던 것이 아닐까 하는 것이다. 이 두 문장을 비교하여 읽어보면 야나기다가 『조선민속』 또는 당시 조선민속학의 현 상황에 대하여 무슨 생각을 했었는지 어느 정도 추측할 수 있다. 야나기다는 「학문과 민족결합」에 이렇게 썼다.

> 『조선민속』이라는 잡지가 나온 것을 이번에 기념호 계획을 듣기 전까지 몰랐던 사람이 일본에 많습니다. 지금까지 우리들은 지나치게 내지(內地; 일본)문제에 몰두했습니다. 또 그만큼 새로 깨닫는 사실이 계속해서 나타납니다. 그러나 이제는 외부와 비교하는 것을 고민해야 할 시대가 되었습니다.

그러나 이렇게 '외부와의 비교'를 서술하는 서두의 인상과는 달리, 이 글이 최종적으로 주장하는 것은 이러한 '외부와의 비교' 즉 비교민속학의 제창이 시기상조라는 결론이다.

> 개개의 민족이 각각 자신의 민속학을 가지고 있고 언젠가는 그것을 가지고 전 세계와 비교할 때가 올 것을 나는 꿈꾸고 있지만, 그때를 그냥 기다려도 좋을 정도로 가까운 미래의 일이라고는 생각되지 않습니다. … (중략) … 적어도 자신들의 자료를 비교의 기초가 되는 것만큼이라도 충분히 명확하게 하고 또 이해하기 쉽게 분류·정리해서, 적어도 억설독단에 빠질 여지가 없도록, 또 쌍방의 일치가 쌍방에게만 국한된 것인지, 아니면 멀리 인연이 먼 이민족에게도 어느 정도 공통성을 지니고 있는 것인지를 규명해가는 길을 열어두어야 한다고 생각합니다.

「학문과 민족결합」은 『조선민속』 기념호에 축하 기사로 기고된 글이므로 한일 민속비교를 전면적으로 부정하는 내용은 아니지만, 결론은 각각의 영역 안에서(한일 민속학의 내부에서) '비교의 기초가 되는 것 만'을 '충분히 명확하게 하고 또 이해하기 쉽게 분류·정리'하자는 제언이었다. 고희를 맞이한 이마무라 도모에게 '민속어휘 색인' 작업을 권유한 것도 안이한 "비교민속학"을 견제하려는 야나기다 구니오의 심모원려(深謀遠慮)일지 모른다.

비교민속학의 문제

이 「학문과 민족결합」 전에 『조선민속』 기고용으로 썼다가 무슨 이유에서인지 그만두어서 초고인 채로 남겨진 것이 「비교민속학의 문제」이다. 이 초고는 「학문과 민족결합」보다 더 비교민속학에 대하여 부정적인 논조였다.

야나기다 구니오는 "그래서 말하자면 그 불가해한 빈틈을 메우기 위해 경우와 방향이 전혀 다른 윗대(上代)의 비슷한 문헌을 인용하고 심지어는 조선과 만주의 누구인지도 모르는 자가 쓴 기사를 가져와 공상의 배경으로 삼으려 했다. 우리들에게도 전례를 만든 책임이 조금 있지만, 어쨌든 세상에 이러한 것이 민속학이라고 여기게 만들었다고 한다면 사죄하기에 앞서 서둘러 이것을 취소하는 데에 전념해야한다."고 썼다(『야나기다 구니오 집(柳田國男集)』 제3권, 축마서방(筑摩書房), 1970).

이 글이 게재될 예정이었던 『조선민속』 3호가 이마무라 도모의 고희기념호라는 것은 앞서 서술했지만, 이 잡지에 이마무라 도모가 만엽집의 노래 '옷을 널어 말린다고 하는 아마노 카구야마산(衣干すてふ天のかぐ山)'를 실감한 것은 산야에 빨래를 널어 말리는 조선의 풍습을 보았기 때문이라고 썼다. 바로 이것이 이러한 소박한 "비교"도 허용하지 않는 야나기다 구니오의 '외부(특히 『조선・만주・몽고(朝鮮滿蒙)』)와의 비교'에 대한 혐오이다. 이 문장을 야나기다 구니오가 『조선민속』에 보내지 않았던 이유는 이것이 조선민속학에 전하는 축하 메시지로 적합하지 않다고 생각했기 때문일 것이다.

> 조선과 옛 일본의 민속비교도 우리들의 정리방식을 위해서는 일단 방해가 될 수 있다. 지금까지 오직 직관적인 첫 인상에 의존하여 쌍방의 생활방식이 이렇게나 비슷하구나, 원래 인연이 없었다면 이렇게 일치할 리가 없다며 감탄하던 사람들이 가끔 이름을 알고 그 이름의 유래를 명확히 알게 되면서 이렇게나 다른 것이었는가 하고 낙담하는 결과를 보기 때문이다. 그러나 이러한 발견은 당분간 피할 수 없다. 꿈은 무너지지만 학문은 정확해진다. 결코 슬퍼할 일이 아니다.

역시 「비교민속학의 문제」의 1절이다. 문제는 지나치게 자신과 여유에 찬 어조이다. 물론 이것이 야나기다의 말투라고 할 수도 있지만, 이러한 말투가 새어나오는 것은 예전에 자신이 그런 오류를 범했었다는 반성에서 나온 것이 아닐까 한다. 예전에 '탄성을 지르고' 그리고 '낙담'하여 '꿈'이 깨져 슬퍼했던 사람이 오히려 야나기다 자신이었다고 생각할 때, '조선과 옛 일본의 민속비교'는 반드시 낙담하며 실망하게 되는 결과를 초래하게 된다는 차가운 "단언"의 근거가 보인다. 역으로 이렇게 생각하지 않으면 이 1절은 너무나 독단적이다. 죽은 동생 마쓰오카 에큐의 말을 '학문적 근거가 될 만한 것이 없다'고 전면 부정하듯이.

2. 구구쓰와 무당

야나기다학(柳田學)과 '조선'의 부재

야나기다 구니오에게는 "한일 비교"를 지나치게 부정해야만 할 뭔가 특별한 이유가 있었던 것이 아닐까. 「학문과 민족결합」이나 「비교민속학의 문제」를 읽다보면 그런 생각이 든다. 이 때 그가 부정해야할 자신의 논문으로 "무녀고(巫女考)라든가 성속(俗聖), 즉 게보즈(毛房主)이야기라든가 수목신앙의 흔적 등에 관한 나의 긴 논문"을 예로 든 것에 나는 관심을 느낀다. 그는 이것들에 관하여 "문제는 민속학적인 것이라고 해도 그 방법이 너무 불순했다고 평할 수밖에 없다."며 자기비판을 한다. 「무녀고(巫女考)」(1913년(대정 2년)부터 1914년) · 「게보즈고(毛房主考)」(1914년[대정 3년]부터 1915년) · 「성속연혁사(俗聖沿革史)」(1921년[대정 10년])—「신수편(神樹篇)」의 중심이 되는 논문이 1914년부터 1917년경에 걸쳐 써진 것을 알면 야나기다 구니오의 자기비판은 대정(大正) 초기에 자신이 쓴 논문에 집중되어있다고 할 수 있다. 즉, 이 시기에 야나기다 구니오가 한 작업은 '조선과 옛 일본의 민속비교'라는 그가 나중에 말한 시기상조의 "비교민속학"이라는 오류에 빠진 견본이다.

「무녀고(巫女考)」를 검토하기 전에 나오에 히로지(直江廣治. 민속학자・1917~1994)가 조선민속학 또는 조선민속과 야나기다학(柳田學)이 왜 '교섭이 없었는가'에 관하여 세 가지 이유를 들고 있다. 첫째는 "일본의 민속학이 체계를 갖추어 독립된 학문으로 발족하기 시작한 것은 다이쇼시대에 들어와서인데, 야나기다로서는 이 학문을 체계화시키는 작업에 전념하여 주변을 살펴볼 여유가 아직 없었다는 것"이고, 둘째는 "총독부 위촉에 의한 민속조사는 어떤 의미에서는 식민지정책의 일환이라는 성격을 지니는 만큼 그것에 참견하거나 또는 실제로 자신이나 제자가 조사에 참여하는 것을 꺼렸을 것으로 생각된다."는 것이다. 그리고 셋째는 "만년의 저작 『해상의 길(海上の道)』(1961)에 잘 나타나있듯이, 야나기다의 관점이 일본 민속 문화의 원류를 남방에서 찾는다는 의미에서 그 시절부터 이미 오키나와(沖縄)에 관심을 두었기 때문에 한반도에 대해서는 학문적 관심이 비교적 없었다고 생각"했기 때문이다(「중국・대만・한국에 있어서 민속학의 전개(中國・臺灣・韓國における民俗學の展開)」, 『민간신앙의 비교연구—비교민속학의 길(民間信仰の比較研究—比較民俗學への道)』, 길천홍문관(吉川弘文館), 1987).

이것이 지금까지의 상식적인 견해라고 할 수 있지만, 양영후는 두 번째 이유에 대해서 야나기다가 과연 '식민지 민속학'에 대하여 아무런 죄가 없는가 라며 비판한다. 즉, 적어도 야나기다 구니오(와 그 제자)가 총독부의 민속조사에 적극적으로 관여한 적은 없다고 해도 그것에 반발하거나 반대했다는 증거는 없다. 오히려 야나기다는 법제관 시절에 한일합병에 적극적으로 관여했었다는 "부담감"이 있으며 그것이 그의 내부에서 "조선"에 대한 관심, 연구를 은폐, 억압시키게 되었다는 무라이 오사무(村井紀. 일문학자·1948~)의 주장이 주목된다. 이 주장은 세 번째 이유에도 유효하며, 이러한 야나기다의 "남도(南島)이데올로기"가 애당초 "북방(조선반도)"문제가 현재화되는 것을 억압한다는 것이다(『증보(增補)·남도(南島)이데올로기의 발생』, 태전출판(太田出版), 1995).

그러나 첫 번째 이유에 대해서도 그것은 부정되고 비판되어야만 하는 것이 아닐까. 즉 야나기다 구니오는 대정(大正) 시기에 민속학을 수립하는데 있어서 한·일 비교민속학적인 관점을 가지고 있었으며, 그리고 그것은 '주변을 살펴볼 여유'가 없었다는 일본민속학의 초창기의 한계와는 다른 이유로 후에 야나기다의 '일국민속학(一國民俗學)' 속으로 사라지게 된 것이 아닐까.

떠돌이 무녀

「무녀고」는 "원근에 있는 여러 나라를 떠돌던 많은 무녀들이 기회를 봐서 하나 둘씩 토착해 점차 일반 백성으로 동화되었다."는 사실을 추정한 것인데, 야나기다는 "먼저 옛날로 거슬러 올라가 무슨 이유로 그 많은 무녀가 한 곳에 머무르지 못하고 떠돌아다니게 되었는가."라는 의문을 제기했다. 즉, "그들 혹은 그들의 어머니, 할머니 또는 증조할머니의 본관이 어디였는가. 일본국내냐 아니면 해외의 어느 지방이냐 라는 커다란 의문에 대하여 하나의 가설을 제기하는 것만도 본인에게는 용기가 필요했다."고 서술했다(『야나기다 구니오 전집(柳田國男全集)』 11, 축마서방(筑摩書房), 1990). 평소 신중하고 완곡한 표현을 사용하는 그의 성격상 이런 단언적인 말투는 오히려 대담한 발언에 속한다. '일본 국내냐 아니면 해외의 어느 지방이냐 라는 커다란 의문'은 무녀의 원형이 해외에서 도래한 인종일 가능성을 말해주고 있었기 때문이다.

또 "긴키(近畿)지방에 유입되기 이전에 머물렀던 곳이 대체로 해안이었던 것도 하나의 이유이다. 그러나 이 사실만을 근거로 그 무렵 외국에서 건너온 신(神)이라고 추측하는 것은 아직 좀 이르다."고 서술하고 있다. 이것은 하치만(八幡)이나 구마노(熊野)라는 유행신(流行神)이 '해외에서 건너온 신이라는 추측이 아직 좀 이르다'는 것인데, 물론 그럴 가능성이 만에 하나라도 없어서 이렇게 말한 것이 아니다. 오히려 야나기다의 표현은 떠돌이 무녀와 유행신의 근원이 해외, 즉 외국에 있음을 완곡하게 주장하는 것으로 생각된다.

야나기다 구니오가 미나카다 구마구스(南方熊楠 1867~1941)에게 보낸 1912년 12월5일자 편지 중에 다음과 같은 기술이 있다(『야나기다 구니오 미나카다 구마구스 왕복서간(柳田國男 南方熊楠往復書簡)』, 평범사(平凡社), 1985).

가르침에 감사드립니다. 무녀에 관한 것은 어떤 형태로든지 내용을 정리해야겠다고 생각했지만, 여기 저기 명료하지 않은 문제가 있어서 하지 않기로 했습니다. 내년에는 약간의 보고를 발표하여 많은 비평을 구하고자 합니다. 이 산맥에서 도를 닦는 여자는 대부분 아즈사미코(梓巫; 가래나무로 만든 활의 시위를 퉁기면서 죽은 사람의 영혼을 불러내어 그 말을 전하는 무당—편집자 주)를 겸하고 있는데, 이 부분만은 오랫동안 요시다(吉田)씨의 지배를 받지 않았음이 『시소우조

우시키(司曹雜識)』(사사봉행기록(寺社奉行記錄))에 상세한 공문서가 있어서 이것을 기록했습니다. 하코네(箱根) 또는 구마노(熊野)에서 도를 닦는 여자가 비구니이었던 것과 관련이 있는 것 같아서 무녀의 근원을 알기 위해서는 아무래도 게보즈(毛坊主) 및 수행승(行人)에 관하여 명확하게 할 필요가 있습니다.

일전에 말씀드린 조선의 양수척(楊水尺)에 관한 것은 『고려사(高麗史)』의 기사가 최초임이, 최근 복각된 『아언각비(雅言覺非)』(정확히는 『疋言覺非』가 맞다. 정약용(1762~1836)의 저작—인용자주)에도 보입니다("물풀로 생업을 삼는다"). 쇼우죠(倡女)의 기원으로 유기(柳器)를 만든다고 하는 것도 우리나라의 구구쓰와 비슷하며, 정약용의 설로는 수척(水尺)은 즉 무자(巫玆)라고 합니다. 무자는 아마 mutcha로 수척(水尺) 또는 물(訓)챠(音)이며 즉 오늘날 무녀인 무당을 말하는 것으로 생각합니다. 이 무리가 북방에서 내려와 거란(契丹)과 내통하여 고려조선을 괴롭힙니다. … (중략) … 뜬 구름 잡는 듯한 이야기이지만 우리나라의 구구쓰가 규슈(九州)에서 올라온 것을 생각하면 조선을 통과하여 대륙에서 유입된 집시의 일종이 아닐까 라고 생각합니다.

구구쓰(조선에서 온 귀화민 설)

일본의 무녀와 게보즈(毛坊主)의 관계는 조선의 양수척(楊水尺)과 무당의 관계와 비슷한데, 오에노 마사후사(大江匡房)가 『가이라이시기(傀儡子記)』「구구쓰기(遊女記)」에 서술한 것처럼 구구쓰와 구구쓰녀(女)의 관계에 비정(比定)된다고 야나기다는 구마구스에게 보내는 편지에 적고 있다. 이것은 나중에 야나기다 자신이 강하게 부정한 '조선과 구(旧) 일본의 민속비교'이며 '오로지 직관적인 첫 인상으로 쌍방의 생활상이 이렇게나 닮았다니, 본래 인연이 전혀 없었다면 이와 같이 일치할 수 없다며 거의 탄성을 내질렀던' 인물이 바로 그 자신이었음을 증명하는 문장이라고 할 수 있다. 마찬가지로 같은 해 12월 10일 밤에 구마구스에게 보낸 편지에 “소생에게는 구구쓰가 중대(中代)에 귀화한 사실을 입증할 만한 근거가 있습니다. 근간에 공표하여 비평을 구할 생각인데 이 가정이 맞다면 한국에서 동일한 형태의 무민(巫民)를 찾아보는 것이 순서가 될 것입니다. 만약 집시가 동방으로 내려온 흔적이 있다고 한다면 그 또한 재미있는 추론이 될 것입니다.”라고 썼다. 집시 설은 몰라도 구구쓰(조선에서 온 귀화민) 설에는 꽤 자신감이 있었음을 알 수 있는 글이다.

아유가이 후사노신(鮎貝房之進)이 『잡교(雜攷)』 제5집으로 「백정·부수척·양수척(白丁·附水尺·楊水尺)」을 1932년에 출판했는데 야나기다는 이들 논문과 관심영역이 중복되는 기타 사다키치(喜田貞吉. 역사학자·1871~1939)의 「속법사고(俗法師考)」 「구구쓰 명의고(名義考)」가 1920년과 1922년의 논문이었음을 고려한다면 야나기다가 『고려사』나 조선실학자의 저작에 나타난 조선의 피차별민이었던 ‘양수척(楊水尺)’이나 ‘무당(무녀)’에 착안한 것이 그보다 훨씬 이른 시기였으며, “야나기다로서는 이 학문을 체계화하는 것에 열중해서 주변을 살펴볼 여유가 아직 없었다.”는 것이 사실이 아님을 부정해야만 한다. 게다가 이 무렵 그의 문장에는 『동국여지승람(東國輿地勝覽)』이나 『동국통감(東國通鑑)』이라는 서명이 보이므로 야나기다가 조선의 옛 전적을 읽었음이 명백하다. 또, 『석신문답(石神問答)』에는 “숲을 ‘huro’ 또는 ‘muro’라고도 하는 것은 옛 한국어의 무례(牟禮, 산)에서 온 것으로 생각한다.”라고 쓰고 있기 때문에 그가 조선어에 관심과 약간의 지식을 가지고 있었음을 알 수 있다. 이마니시 류(今西龍), 이나바 이와키치(稻葉岩吉)의 논문과 저작을 읽고 조선사·조선의 샤머니즘·백정에 관한 지식을 얻은 것이 확실하다.

즉, 이 시기에 야나기다 구니오는 명백히 조선의 양수척과 일본의 구구쓰를, 조선의 무당과 일본의 무녀를 "비교"해서 생각하려고 했다. 그리고 이 경우 "비교"란 공통점과 차이점을 분석적, 객관적으로 비교함으로써 뿌리가 같으며 조상이 같다는 것, 한쪽에서 다른 한쪽으로 관여하여 영향을 주고 전이(轉移)한 것임을 증명하려 했었다고 해도 좋을 것이다. '조선과 만주의 어떤 사람인지도 모르는 사람이 쓴 기사를 가져와서 공상의 배경으로 삼으려 했다'는 것은 바로 야나기다 자신에 대한 반성, 자기비판이었던 것이다.

3. 야나기다학(柳田學)의 전환과 그 영향

광대(廣大)에 대하여

그렇다면 왜 야나기다 구니오는 「무녀고」나 「게보즈고(毛坊主考)」를 잡지에 게재한 채 단행본으로 출판하지 않았으며 또 그 문제도 계속 발전시키지 않고 중단해버렸는가 하는 의문이 든다. 조선의 양수척과 일본의 구구쓰, 조선 무당과 일본 무녀의 병행성은 그 후에도 조선과 일본에서 재발견되는 형태로 한일 비교민속학의 큰 테마가 되었다. 예를 들면 송석하는 「전승음악과 광대」라는 논문에서 "광대와 그와 같은 종류의 예인(藝人)에 사당(社堂)(사당(社黨)·사장(社長)·사당(祠黨) 모두 사당·사장으로 발음된다)이 있다. 그들은 보통 이리 저리 세상을 떠돌면서 표면적으로는 가면극·인형극·속요·무용·곡예를 하지만 이면에서는 머슴을 상대로 매춘(남자는 계간(鷄姦))을 하는 무리이며, 광대와의 관계는 다음 장에서 약술하겠지만, 그 기원 또한 아주 옛날로 거슬러 올라간다. 최근 들어 사찰이 사당을 이용하므로 마치 사노(寺奴)인 것처럼 보이는데 안성 청룡사 사당, 남해 화방사의 승노(僧奴)가 바로 그러한 예이다. 이 사당이 헤이안(平安)시대의 일본 꼭두각시(傀儡子)와 명칭은 다르지만 동일한 것임을 오에노 마사후사의 『가이라이시기(傀儡子記)』의 기술내용(인용문 생략)으로도 알 수 있으며, 또 북방의 적속(狄俗)과 유사하다는 것도 알 수 있다. 그리고 그 후 일본에서는 오히려 이 말을 목우(木偶)에만 사용하고 "구구쓰"라고 발음하는데 학자들 중에는 한국의 광대가 그 원래 말이라고 하는 사람도 있다"(원문 한국어)고 서술하고 있다(『조선민속고(朝鮮民俗考)』, 일신사(日新社), 1960).

광대·사당은 구구쓰 집단과 마찬가지로 떠돌이 예능집단으로 남사당(男社堂. 男寺堂이라고도 함)은 예능과 남색(男色)을, 여사당(女社堂)은 가무, 매춘, 점을 치는 등 구구쓰와 구구쓰녀(遊女)와 매우 흡사하며, 또 남녀 사당이 부부가 되어 이동하는 일도 적지 않는데 조선에서는 예능민과 유녀와 무녀는 극히 천시되는 집단이다. 송석하 이외에도 다키카와 마사지로(瀧川政次郎 법제사학자·1897~1992. 『유녀의 역사(遊女の歴史)』), 스기야마 지로(杉山二郎 미술사가·1928~. 『유녀의 계보(遊女の系譜)』)와 같이 한국과 일본의 예능, 샤머니즘, 제례 등의 교류와 영향관계를 지적하는 논자가 적지 않다. 그 의미에서 야나기다가 언젠가 의식의 밑바닥에 묻어버린 구구쓰(조선에서 온 귀화인), 일본의 미코(무녀)와 무당의 동원성(同源性)에 관한 가설이 대단히 시사적이었다고 평가할 수 있다[5]. 그러나 구마구스에게 보낸 서간문에서

---

5) 가이라이시(傀儡子)가 대륙에서 왔다는 도래설은 야나기다 구니오(柳田國男)이후에도 몇 사람이 더 주장하고 있다. 최근에는 스기야마 지로(杉山二郎)의 『유목의 계보—유라시아의 표박민(漂泊民)』(청토사(青土社), 1988)이 유라시아를 거쳐 일본에 온 예능민, 유민의 계보를 추적한

'구구쓰가 중대(中代)에 귀화한 사실을 입증할 만한 근거가 있습니다. 근간에 공표'한다고 약속한 논문은 결국 쓰지 않았으며, 그 대신 쓴 것으로 생각되는 「무녀고」에서도 구구쓰의 도래설이 상당히 약화된 형식으로 언급되었다(단, 일본 무녀의 기원이 해외에 있다는 사실은 시사되었다).

야나기다학(柳田學)의 '전향'

이것은 야나기다 구니오가 산인론(山人論)에서 '상민(常民)'론으로 전향했다는 설과도 관계되는데, 거기에 3·1 독립운동·대역사건(大逆事件)·관동대지진 당시 조선인학살사건의 영향을 받은 것으로 생각하는 경향이 있다. 「무녀고」 「게보즈고(毛坊主考)」가 잡지에 게재된 채로 다시 활자화되지 못한 문제에 대하여 오카야 고지(岡谷公二. 1929~)가 『귀족원 서기관장(貴族院書記官長) 야나기다 구니오(柳田國男)』(축마서방(筑摩書房), 1985) 중에 고라이 시게루(五來重. 종교사·불교민속학자·1908~1993)의 질문에 대한 야나기다의 답을 소개했다. 그 답은 "『게보즈고(毛坊主考)』나 『속성연혁사(俗聖沿革史)』는 본원사(本願寺)의 성립에 대하여 언급하고 있는데 그것은 또 동시에 황실과도 관계가 있으므로 그러한 책이 다시 간행되면 안 된다."고 했다. 확실히 오카야 고지의 저서에도 인용되어 있듯이 구마구스에게 보낸 편지에는 "『게보즈고(毛坊主考)』에서 본원사 문제, 특종 부락문제를

내용으로 읽어볼 만하다. 니시무라 신지(西村眞次)는 『일본문화사점묘』(동경당(東京堂), 1937)의 「중세의 표박(漂迫)민중」에서 가이라이시와 상카, 데고나 등을 연관 지어 집시가 가이라이시의 조상이라는 설을 주장하고 있다. 그는 와세다 대학에서 인류학을 강의했었는데, 손진태가 그 강의에 출석했었다.

해명할 작정이었으며 평범한 미신에 관한 서술이 아니었음을 입증할 수 있다(1914년 5월16일)"고 되어 있는데, 이것이 피차별 부락의 기원과 성립에 밀접하게 관련되어 있음을 스스로 밝힌 것이다. 야나기다 구니오는 이런 문제를 회피하려는 듯이 「무녀고」, 「게보즈고(毛坊主考)」를 잡지에 게재한 채 방치하였으며 그 연구의 중심을 '상민(常民)'이라는 표현으로 대상화하였는데, 여기에 야나기다 구니오의 굴절점, 전향점이 있었다고 생각해도 무리가 아니다. 바로 이것이 야나기다의 '전향'이었다고 표현할 수 있으며 '비교민속학'적 지향을 '일국민속학(一國民俗學)'으로 수렴해가는 계기가 되었다고도 생각할 수 있다. 그리고 여기에 또 하나 '한・일(韓日)' 동조론(同祖論)을 금기시하는 것도 관련되어 있다고 볼 수 있는 것이 견강부회는 아닐 것이다. 즉, 그것은 전후 기마민족 정복설을 예상하게 하는 조선반도에서 온 이민족의 도래를 도출하는 것이었으며, 천황가의 조상신으로써 아마테라스 오미카미(天照大神)가 일종의 무녀적인 존재임을 생각한다면 그것은 천황가가 조선반도에서 온 도래인 계보를 잇는다는 결론에 도달하지 않을 수 없게 된다. 야나기다의 구구쓰(집시) 설은 그것과는 별개로 그의 무녀론, 게보즈(毛坊主) 론 안에 용해되어 있다. 거기에 황실과 피차별 부락의 기원문제, 그리고 도래인과 황실의 관계라는 일본사에서 가장 미묘하고 복잡한 문제가 얽혀 있다. 비교민속학을 부정하고, 일국민속학(一國民俗學)의 설립과 산인론(山人論) 폐기, 비상민론에서 상민론으로의 전개(전향)가 서로 얽히고 중복되면서 '야나기다 민속학'을 형성해나간 것이다.

'남'에서 '북'으로

이러한 야나기다 구니오의 "전환(전향)"이 생성 도중에 있던 조선민속학에 어떠한 영향을 미쳤을까. 비교민속학으로의 금욕은 첫째, 일본민속학 쪽에서 발생할 수 있는 조선의 민속현상에 대한 건전한 관심을 약화시켰다. 조선민속학은 조선인 학자의 전적인 관리 영역이 되든지 혹은 총독부의 '식민지 민속학'의 직분 영역이 되든지 해서 일본 민속학자는 오히려 "조선을 모르는 것"이 당연시되었다(일본의 '국어(日語)'학자가 조선어를 모르는 것이 당연하듯이). 손진태나 송석하의 조선민속학은, 소위 일본(남쪽)에서 "보급로"를 차단하는 형태로, 최남선이 말하는 '불함문화계통'·북방의 샤머니즘문화·유목민적·수렵민적인 기마민족의 "북쪽" 민속 문화에 편중되었다. 손진태가 일본의 민속학 잡지에 발표한 「소도(蘇塗)」·「돌멘」·「민가(民家)」에 관한 논고는 도리이 류조(鳥居龍藏. 인류학자·1870~1953)의 동북아시아 연구에 이어진 것으로 "만선(滿鮮)"지역의 "만선연구"로 호칭할 수 있는 것이었다.

송석하의 민속극, 가면극에 관한 연구도 무속신앙과의 관계에 있어서 "남쪽"(일본)보다도 "북쪽"의 샤머니즘과의 관련성이 강하다. 아키바 다카시(秋葉隆)·아카마쓰 지죠(赤松智城. 종교학자·1886~1960)는 조선무속을 연구함과 동시에 "만선(滿鮮)"을 현지 답사로 연구했다. 도리이 류조, 시라토리 구라키치(白鳥庫吉. 동양사학자·1865~1942), 니시무라 신지(西村眞次. 역사학자·1876~1943)와 같이 인류학·고고학·사회학으로 기울어짐으로써 조선민속학을 가지고 "자기성찰의 학문"의 민속학이라는 성격을 희박하게 만들어 버렸다. 야나기다 구니오가 한일을 중심으로 하는 '민속의 비교'를 배제한 것이 일본민속학에 있어서 한일 비교(교섭・전파)를 하는 것을 이단시하게 만들었다. 앞서 거론한 기다 사다키치, 니시무라 신지, 이마무라 도모, 무라야마 지준, 아키바 다카시, 다키카와 마사지로의 민속학적 업적과 공헌이 일본민속학의 내부에서는 아직까지도 거의 인정받지 못하는 것은 그것이 야나기다의 일국민속학(一國民俗學)의 아킬레스건임을 나타내는 것이라고 할 수 있다. 식민지지배하의 조선에서도 존재할 수 있었을 뻔한 조선민속학과 일본민속학의 제휴・교섭・교류가 '조선민속'에서 유산(流産)되었다. 그것은 조선민속학의 반일 내셔널리즘보다도 야나기다 민속학의 '일국민속학(一國民俗學)'의 체질에 더 큰 책임이 있다.

4. 아키바 다카시(秋葉隆)의 조선민속학

학문으로 조선문화 연구

조선민속학에 야나기다 구니오보다 더 실질적인 영향을 준 일본인학자 아키바 다카시에 대하여 언급하고자 한다. 그는『조선민속』제3호의 집필 겸 발행자로, 제1호부터 적극적으로 기고했다는 사실은 이미 서술했다. 그는 경성제국대학 법문학부 소속의 종교학 사회학연구실 교수로, 동료 종교학자인 아카마쓰 지죠(赤松智城)와 공저로『조선무속의 연구』(대판옥호서점(大阪屋号書店), 1938)와『만몽(滿蒙)의 민족과 종교』(대판옥호서점, 1941)를 출간하였고, 혼자 집필한 것으로는『만주민족지』(만일문화협회(滿日文化協會), 1938),『조선무격(朝鮮巫覡)의 현지연구(現地硏

究)』(양덕사(養德社), 1950), 『조선민속지(朝鮮民俗誌)』(육삼서원(六三書院), 1954) 등을 집필하였다. 『조선민속』 이마무라 도모 기념호의 칼럼기사에서도 알 수 있듯이 그는 원래 영국사회학을 공부한 사회학자로 조선의 민속 문화를 연구하기 시작한 것은 1926년 창설된 경성제국대학에 부임할 때 탔던 연락선 안에서 이마무라 도모가 쓴 『조선풍속집』을 읽은 것이 계기가 되었다고 본인 스스로 말하고 있다.

당시 경성제국대학은 가장 '젊은' 제국대학으로 신진기예의 학자들이 모여 있었다. 국문학(;日文學)의 다카키 이치노스케(高木市之助. 1888~1974), 국어학(;日語學)의 도키에다 모토키(時枝誠記. 1900~1967), 종교학의 아카마쓰 지죠는 30대, 40대의 젊은 학자였고, 유럽유학에서 막 돌아온 아카바 다카시 또한 신진기예의 사회학자이었다. 그에게 있어서 조선이라는 지역은 거의 "처녀지"였는데, 유럽에서 마리노프스키, 라도크리프 브라운 등 최신의 영국문화인류학, 사회학의 방법론을 배웠으며 당시의 이마무라 도모나 무라야마 지준과 같은 "아마추어"학자와는 전혀 다른 학문적 이론, 방법론을 조선민속학의 세계에 도입했다는 의미에서 그 공적이 크다. 무당 자신을 인포먼트(보고자)로써 현지조사 중에 '무가(巫歌)'를 채집하거나 입무과정(入巫過程), 의식, 그리고 굿의 순서나 구조, 무구(巫具)나 성소(聖所), 무속의 가정적·사회적인 위치에 관한 연구 등 현재 한국민속학의 무속연구의 원형을 아키바·아카마쓰의 『조선무속의 연구』에서 찾을 수 있다고 해도 과언이 아니다. 즉, 그는 조선민속의 연구세계에 근대적 학문의 방법론을 확립시켰다.

그런 의미에서 그는 조선민속학에 큰 공헌을 했다. 그는 무라야마 지준과 같이 경찰·관청에 의지하는 조사연구가 아니라 실제 현장에 나갔는데 『조선무속의 연구』에서는 조선의 90여 곳을 돌아보았다고 한다. 이런 조사여행에 송석하, 손진태와 같은 조선인 연구자, 또 후에 문화인류학자가 된 당시 경성제국대학 학생이자 조수였던(아키바의 사회학연구실에서 유일한 사회학전공 학생) 이즈미 세이치(泉靖一. 1915~1970)가 동행했으며, 그들을 통해서 현지조사를 기본으로 하는 민속학, 사회학, 문화인류학이 조선에 뿌리내리게 되었다. 이것은 총독부중심의 '식민지 민속학'과는 획을 달리 하는 것이지만, 식민지 최고의 연구·교육기관인 경성제국대학은 식민지 정책과 전혀 무관하다고는 할 수 없는 곳이다. 여기에서 조선 문화 연구가 행해졌다는 데에 딜레마가 있었다고 할 수 있다.

사회구조 관찰

아키바의 공과(功過)는 조선민속학을 근대적 학문으로 성립시킴과 동시에 한편으로 '근대적' 학문, 아카데미즘 형식이 지적·문화적 찬탈 형식으로 이루어졌다는 것이다. 즉, 그는 진지하고 독실한 '조선'사회의 "관찰자"였는데, 그것이 '학문'·'대학'이라는 피보호막에 가려진 상태에서 행해진 관찰·조사였으며, 또 엄연한 "제국(대학)"이라는 권력으로 지지되었던 것이다. 물론 아카바다카시의 조선민속연구가 직접적으로 정치권력이나 식민지 지배체제의 비호를 받았거나 원조나 조력을 받았던 것은 아니었을 것이다. 오히려 그것이 그의 학구(學究)활동, 연구에 마이너스로 작용한 부분도 적지 않았을 것이다. 그는 1954년에 출간된 『조선민속지』의 서문에 "종전으로 조선에서 철수할 때 피로하고 고달픈 병든 몸을 이끌고 보따리 끈이 끊어지기도 하고 배낭을 질질 끌다시피 하면서 가지고 온 옛 원고를 토대로 계속해온 30년 연구의 일부이다. 늙고 병 많은 몸으로, 느리디 느린 소걸음처럼 이어온 연구로써 원래 대단한 업적은 아니지만, 대학에서 공무도 보면서 하느라 환갑을 지나 내놓은 저술이다. 특히 최근에 다시 재발한 큰 병을 앓으면서 겨우 세상에 태어난 이 책은 소위 늦둥이가 너무 귀여워 늙어가는 것이 즐거운 느낌이 있다."고 썼다.

경성제국대학이라는 '외지'의 대학에 봉직하지 않았으면 적어도 조선에서 철수하는 고난이나 조사·연구의 현장을 잃어버리는 이른바 연구자에게 치명적이라고 할 수 있는 불행을 겪지 않아도 되었을 것이다. 물론, '경성' 부임이 그에게 그러한 현장을 제공했다는 사실을 생각하면 새옹지마라고 할 수 있을 것이다. 그는 서문의 중간부분에 이렇게 서술하고 있다. "단지 원통한 것은 조선에서 다년간 연구를 함께한 우리의 학우 송석하와 손진태가 이미 죽어서 책을 증정하여 함께 기뻐할 수 없는 것이다. 멀리 서쪽 하늘을 바라보며 명복을 기원할 뿐"이라고. 조선민속학을 인문과학, 사회과학으로 성립시켰다는 의미에서 아키바 다카시는 송석하, 손진태와 같은 조선인 학자에게 좋은 "학우(學友)"였다고 할 수 있다. 그는 조선민속학의 동반자였다. 그러나 그는 그 자신이 관찰자의 틀에서 벗어나지 못했다. 또 그렇기 때문에 그는 조선사회의 신앙, 문화를 분석하는 데 기초 이론이 되는 조선의 사회·문화에 관한 이중구조 모델을 제시할 수 있었다고 할 수 있다.

조선문화의 이중구조 모델

아키바 다카시는 조선연구에서 조선사회에 있어서 문화의 이중구조 모델, 즉 남성본위의 유교문화(한자문화)와 여성중심의 무속문화(한글문화)라는 이중구조를 상정하여 조선사회의 다양한 장면에서 이러한 문화·사회의 이중성을 볼 수 있다는 논리 모델을 제시했다. 그는 이렇게 서술하고 있다. "자본주의, 과학문화, 기독교, 마르크시즘 등 다채로운 서양문명에 침식되지 않은 모습으로 남아있는 조선의 사회는 대체로 여성을 중심으로 하는 무격(巫覡)적 고대문화의 운재자(運載者)와 남성본위의 유교적 신문화(新文化)의 지지자라는 이중조직 속에서 이해된다." 또 다음과 같이 서술하기도 한다. "종래 상층사회의 유식계급(有識階級)이 지지해온 유교가 오늘날 조선사회의 원동력으로 어떠한 실력을 발휘 할지 의심스러운 것에 비하여, 항상 무식한 하층 여자의 미신으로서 전자의 경멸과 탄압을 받아 온 무격적 전통에 오히려 깔볼 수 없는 집요함이 있다는 것을 고려하면 우리들은 오히려 조선사회의 구조가 무격도(巫覡道)의 몸체에 유교의 옷을 입힌 것이라고 해도 과언이 아닐 것이다."(「촌제(村祭)의 이중조직(二重組織)」, 『한국무속논집』, 오성사(晤晟社): 서울, 1983).

'상층-남자-유교-한자-조상제사'라는 계열에 대하여 '하층-여자-무속-한글-토속신앙'이라는 계열의 문화 이중성은 조선사회에서 매우 현저하게 관찰되는 것이다. 일견 남성우위, 유교문화라는 매우 견고한 사회처럼 보이지만 그 바탕에는 여성의 경제활동, 여성끼리의 네트워크(예를 들면, '계'로 불리는 타노모시코우(頼母子講) 조직 등)에 기반·기초를 둔 여성문화가 있으며, 이것이 정신적으로도 사회적으로도 밑바탕에서 지탱해주는 역할을 한다고 생각된다.

이러한 아키바 다카시의 이중구조모델은 오늘날에도 한국사회를 분석·이해하는 데 유효한 모델이며, 유교문화라는 상층·표층의 문화와 하층·심층의 무속문화라는 이중구조는 예를 들어 한국의 상층인 기독교문화와 그것을 밑에서 지지하는 무속문화(샤머니스틱한 기독교)라는 이중성이나 북조선의 상층 공산주의(주체사상) 이데올로기와 하층의 유교적·무속적 이데올로기라는 이중성 문제로 바꾸어 읽을 수 있다고 생각한다. 이것은 아키바 다카시의 사회학적 관찰과 분석으로 현장답사에서 귀납한 문화구조의 모델이며, 소위 '관찰'과 '동반'이라는 아키바 다카시의 입장에서 그러한 '문화'의 안쪽에서가 아니라 바깥쪽에서, 어떤 의미에서는 메타 차원에서 관찰한 하나의 결과로 볼 수도 있었던 것이다(한국을 연구하는 문화인류학자 요다 지호코(依田千百子. 1943~)는 「조선문화의 이중성에 관한 일고찰」이라는 논문에서 아키바 다카시의 이중구조 모델을 발전적으로 고찰했다—『조선민속문화의 연구』, 유리서방(瑠璃書房), 1985).

이러한 의미에서 전후 일본문화의 분석모델로 '죄 문화(罪の文化)'에 대하여 '수치문화(恥の文化)'를 제기한 루스 베네딕트의 『국화와 칼』과 닮은 면이 있는 작업이었을 것으로 생각된다. 즉 '수치문화'에 집착하는 일본인에게는 그러한 자기초상, 자화상을 그리는 것이 어렵다. 객관적인 분석모델을 발견할 수만 있다면 그 사회를 내재적으로 파악할 수 있게 된다. 아키바 다카시가 조선의 민속현상을 해석하는데 도움을 주었던 것은 야나기다 구니오의 "자기성찰"과 전혀 다른 방법, 즉 타자를 "관찰"하고 객관적으로 조사·기술하는 방법론에 의거한 것이었으며, 이것은 야나기다 구니오가 '일국민속학(一國民俗學)'에서 도출해내지 못한 방법론이었다.

그렇지만, 이것을 민속학과 사회학(문화인류학)의 학문적 방법론의 차이로 간주하는 것은 문제를 축소화시킬 뿐이다. "비교"라는 관점을 가지지 못했다 라기 보다 그러한 “비교” 관점을 배제하려고 했던 야나기다 민속학과, 원래 글로벌한 비교시야를 가지고 다른 문화와의 충돌, 전개와 그 구조성에 흥미를 가진 영국의 문화인류학적 소양을 충분히 활용한 아키바 다카시의 조선민속연구는 자연히 다른 길을 걸었던 것이다. 야나기다는 패전 후 곧 ‘신국학(新國學)’으로 『조선(祖先)의 이야기』를 집필했고, 아키바 다카시는 ‘조선에서 철수할 때 피로하고 고달픈 병든 몸을 이끌고 보따리 끈이 끊어지기도 하고 배낭을 질질 끌다시피 하면서 가지고 온 옛 원고를 토대로’ 30여년 꾸준히 연구를 해온 것이다.

5. 조선민속학과 일본민속학

한·일(朝日) 민속학의 교류

한국에서도 조선민속학과 일본민속학의 관계에 대하여 다음과 같은 견해를 볼 수 있다.

> 손진태와 송석하는 일본민속학계의 주요한 학술잡지인 『향토연구』와 『민속학』에 각각 논문을 발표했고, 일본의 민속학자인 야나기다 구니오나 다른 민속학자들에게 한국의 민속학 잡지인 『조선민속』에 각자 논문을 발표하게 함으로써 조선민속학자와 일본민속학자들 사이에 학술적 교류가 존재했다. (원문 한국어)

이러한 ‘교류’가 “한국 민속학의 연구가 일제시대 일본의 학문에 영향을 받아 성립했다는 주장”의 근거가 된다고 한다(임돈희·로저 L. 자네리, 「한국민속학사의 재조명」, 『비교민속학』 제5집, 1989). 그러나 ‘교류’ ‘영향’이라는 것이 지금까지 고찰한 대로 최남선, 이능화와 같은 선구적인 민속학의 경우, 조선총독부 문화정책의 중심적인 과제가 된 『조선사』 편찬사업으로 상징되는 민족주의적인 역사관 말살에 대항하는 조선인의 민족주의적 저항으로 나타난 것이다. 또, 1930년대 손진태, 송석하의 『조선민속』의 경우에도 경찰권력, 관헌의 명령으로 이루어진 구관(舊慣)조사라는 민속조사의 '식민지민속학'에 대한 반발과 비판이 있다는 것도 앞에서 이미 살펴보았다. 그리고 일본민속학 쪽에 야나기다 구니오의 예로 알 수 있듯이, 조선의 민속, 조선민속학에 대한 관심이 결여되었다라고 하기보다 그러한 학문적 관심을 봉쇄하고 은폐하려는 경향이 있었으며, 오히려 무관계, 무관심한 태도를 적극 택했다. 아키바 다카시가 이룬 조선민속학의 성과가 일본의 민속학 세계에서 거의 무시되는 이유는 그러한 사정이 바탕에 깔려 있었기 때문이다.

손진태, 송석하와 야나기다 구니오의 관계, 또 일본의 민속학계, 민속학자의 교류에 대하여 일본의 민속학자인 다케다 아키라(竹田旦. 1924~)는 다음과 같은 발언을 했다. "손진태나 송석하와 같은 훌륭한 연구자가 당시 조선의 내성적 반성을 토대로 나타난 것이 아니라는 것입니다. 역시 아까 언급한 대로 야나기다 민속학의 영향을 받은 것으로 인정됩니다. … (중략) … 손진태씨가 유명한 것은 야나기다 구니오의 제자로써 일본 땅에 국한된 것이고 과연 전쟁 전의 조선에서는 어떠했을까요." 또 이런 발언도 했다. "전쟁 전에 야나기다 선생님이 계신 곳에 조선의 학자가 많이 드나들었습니다. 가장 자주 드나들던 사람이 손진태씨라고 들었습니다만, 손진태씨의 업적은 야나기다 선생님의 그늘에서 그 활동이 나타난 것으로 생각됩니다."(좌담회 「야나기다 민속학과 조선」, 『계간 야나기다 구니오 연구』, 백경사(白鯨社),

1973)

그러나 양영후는 「야나기다 구니오와 조선민속학」에서 손진태는 야나기다 구니오의 제자라고 하기보다 니시무라 신지(西村眞次), 쓰다 소키치(津田左右吉)를 사사했다고 지적했다. 손진태는 일본에 유학 가서 와세다대학교에서 배웠는데, 거기에 니시무라, 쓰다가 강사로서 일본사와 일본문화사를 가르치고 있었다. 또 송석하가 감화를 받은 아키바 다카시나 아카마쓰 지준 등 경성제국대학교 교사들의 무속연구는 사회학자, 종교학자의 입장에서 이루어진 것으로써 야나기다 구니오의 민속학과는 차원이 다르다는 것은 이미 언급하였다. 또 양영후는 손진태, 송석하의 논문 모두 일본의 잡지에 일본어로 발표된 것보다 조선에서 조선어로 발표된 것이 많음을 증명하였기 때문에, 다케다 아키라의 발언이 단순히 무책임한 인상에 의거한 왜곡된 "조선민속학자"상이었음이 밝혀졌다.

그리고 미나카다 구마구스에게 "하찮은 이야기꺼리가 많은 향토에 대하여 연구하려는 자가 입으로 외설스럽다고 헐뜯어서 무슨 연구를 하겠는가."라며 비판받은 야나기다 구니오의 '고상한' 민속학에 비해서 외설담을 채집한 『명엽지해(蓂葉志諧)』를 교정, 편찬하여 간행한 손진태나, 오나니(자위행위)의 조선어에 관한 논문(「'Onanie'의 조선어에 대하여」, 『돌멘』, 1933년 10월호)을 쓴 송석하의 민속학은 민중의 외설담이며, 또 건강한 '생활사실'에 기초를 둔 것이라고 할 수 있다. 손진태 전집 제3권(대학사(大學社): 서울)에는 『조선민담집』과 함께 『명엽지해(蓂葉志諧)』 『속지해(續志諧)』 등이 수록되어 있다. 손진태의 서문에 의하면 "『명엽지해』 1권은 현종시대 때 문인 홍만종이 추천한 책"으로 "조선문헌 중에서는 거의 볼 수 없는 외설담을 많이 채집하였는데 이것은 비천한 개인이 창작한 것이 아니라 모두 민중, 농민의 이야기"라는 것이 특징이며, "나는 매우 감동했다"고 서술했다. 또, 『속지해』는 정대일(丁大一)이 수집한 외담집(猥談集)이고, 손진태 자신도 「농민외담약간편(農民猥談若干篇)」을 제공하여 『명엽지해』와 합본으로 손진태 편으로 간행했다고 서술하고 있다(원본은 정대일을 저작 겸 발행자로 하여 1932년에 동경 삼문사(三文社)에서 비매품으로 발행되었다). 이와 같이 유교적 금기를 깨뜨리는 것 또한 조선민속학 과제의 하나라고 할 수 있는 것이었다.

조선민속학과 내셔널리즘

조선민속학은 1930년대 일본에 의한 식민지지배 시대에 반일 내셔널리즘을 기반으로 형성되었다. 그것은 조선의 '국어학'이나 '국문학'이 형성된 것과 거의 같은 시기이며, 3·1 독립운동 이후 조선민족의 민족주의 고양과 그에 대한 조선총독부의 사탕과 채찍의 '문화정치'와 무관하지 않다. 그러나 조선의 민족주의는 오로지 그 표적이 일본과 일본문화를 향해 겨냥되어 있었기 때문에 전통적인 중국문화·한문·유교문화에 대한 대항하는 '민족문화'의 주장은 미약했으며, 또 서구근대문화에 대한 비판·저항이 약해져 버렸다. 이능화가 자민족의 민속 문화의 역사를 한문으로 쓴 것이나 최남선이 조선무속을 북방아시아의 샤머니즘문화에 부연하는 것으로 중국문화권에 대항하려 했던 것은 조선 민족주의의 한계를 나타내고 있는 것으로 생각한다. 손진태는 무속신앙, 송석하는 민간예능에 관하여 선구적인 연구를 했는데, 현재의 한국 민속학이 역시 무속신앙과 예능에 집중되는 경향을 보이는 것도 민속학과 민족주의가 자기도 모르게 긴밀함이 있기 때문으로 생각된다.

조선민속학이 일본민속학에서 배우고 영향 받은 것이 있다고 한다면 이러한 '일국민속학(一國民俗學)'의 민족주의에서 받았을 것이다. 조선이 소중화, 즉 중국문명의 문화적 식민지로서 '민족주의'에 눈떴을 때 그 땅은 이미 일본이라는 신흥제국주의국가의 식민지가 되어 있었다. 반일이 민족주의가 되고, "비교민속학"의 성립 가능성이 높은 한일비교연구가 지금까지 일본에서도 한국에서도 제대로 이루지지 않았던 이유는 '일국민속학(一國民俗學)'의 동질성에 의한 것이며, 극단적으로 말하면 이것이야말로 야나기다 민속학의 유산이었다고 할 수 있다. 한국의 민속학자이며 사회인류학자인 최길성(1940~)은 「한국무속연구를 통해본 민족주의」(『한국민간신앙의 연구』, 계명대학교출판부: 대구, 1989)라는 논문에서 최남선, 이능화, 손진태와 같은 조선민속학의 선구적 연구자의 '무속연구'에 국한해서 그 민족주의적 경향을 비판적으로 고찰 연구했다. 그는 조선(한국)의 '무속연구'의 목적과 경향에는 두 시기를 설정해서 생각할 필요가 있는데, 하나는 해방 전의 "독립적 민족주의"경향이며 다른 하나는 해방 후의 "독립적 민족주의를 기반으로 하면서 근대화의 반대급부적 경향"을 지적할 수 있다고 한다. 전자가 최남선, 이능화, 손진태이며, 후자는 주로 해방 후의 국문학(한국문학) 분야의 연구자들이라고 한다. 조선민속학이 조선의 민족주의와 관련이 깊은 것에 대하여 한국 민속학의 내부에서 자기비판의 계기가 생겨났다고 할 수 있다.

반일과 내셔널리즘의 결합은 조선민속학을 속박했지만, 일본민속학은 거꾸로 '조선'의 부재로 인하여 계속 속박되었다. 이것이 "이웃에 있으면서 학문을 하는 두 민족이 서로 기탄없이 이해하는 상태"(야나기다 구니오, 「학문과 민족결합」)에 있어야할 사람들의 현실이었다.

3. 좌담 · 토론

1) 주요 질의 내용

1. 조선 총독부 촉탁으로 이루어진 일본인 연구자들의 한국 민속에 관한 조사 방침과 시각은 어떠한 것이었는가? 조사의 범주, 조사 방법, 한국 민속에 대한 인식 등

2. 일제강점기 조선총독부와 일본인 연구자들의 조선 민속 연구 성과에 관한 일본 학계의 평가는 어떠한가? 그리고 그러한 연구 성과가 일본 민속학계 내에서 어떠한 위치를 차지하고 있으며 어떠한 의의를 가지고 있는가?

3. 조선 총독부는 내선일체 황국신민화를 유도하기 위해 한국 민속 문화에 관한 어떠한 정책을 시도하였는가? 풍속 교정, 미신 타파, 神社 정책 등.

4. 일제 강점기 "조선 총독부의 식민지 문화정책" 연구에 관한 학계의 관심도와 연구 동향은 어떠한가? 현 단계 연구 성과물들이 어느 정도 집적되어 있는가?

5. 위의 연구 성과물들이 존재한다면 그 연구 성과물을 본 연구소의 성과물들과 상호 공개 공유할 수 있는 방안을 마련하고 싶다. 그에 대한 의견은?

6. 본 연구소에서는 1945년 이전 일본 잡지 자료에 실린 한국 민속 관련 자료를 수집하고 있다. 이 시기 간행된 잡지들의 목록과 거기에 실린 기사 색인 등의 정보가 어느 정도 데이터베이스화 되어 있는가? 되어 있다면 검색 및 열람시스템은 어떻게 이루어지고 있는지? 그러한 자료를 한국에서 이용할 수 있는 방법

이 있는가?

7. 한국 구비문학과 일본 구비문학의 비교연구(일제 강점기 동안 수행된 것이나 강점기 자료를 대상으로 이루어진 연구) 동향과 그 성과에 대해 알고 싶다.

8. 한국 민간 신앙에 대한 일본 연구자들의 시각과 연구 방법론에 대해 알고 싶다.

2) 좌담회 내용 정리

질문 1. 조선 총독부 촉탁으로 이루어진 일본인 연구자들의 한국 민속에 관한 조사 방침과 시각은 어떠한 것이었는가? 조사의 범주, 조사 방법, 한국 민속에 대한 인식 등

사회자 : 동양학 연구소 중점연구소 측에서 준비한 질문에 대해 여러분들의 의견을 듣고자 합니다만, 괜찮을까요? 그럼 먼저 첫 번째 질문입니다. 조선총독부 촉탁 신분으로 활동했던 일본인 연구자들에 의해 한국 민속에 관한 여러 조사가 실시되었습니다. 그들이 그러한 조사를 시행할 때의 조사 방침과 시각은 어떠한 것이었는가? 또 조사의 범주, 조사 방법, 한국 민속에 대한 그들의 인식은 어떠한 것이었는가 하는 점입니다. 그야말로 이마무라 도모부터 아키바 다카시에 이르기까지 폭넓은 얘기가 되겠습니다만 말씀들을 해주시면 감사하겠습니다.

가와무라 : 저는 민속학 연구의 전문가가 아니라 이 문제에 대해 적절한 대답을 할 수 있을지 모르겠습니다. 다만 한국 유학을 마치고 일본에 돌아와서 한 10년간 여기저기 조사를 한 적은 있습니다. 그 이후로는 별로 하지 않고 있어서 오히려 현재 한국에

서 연구가 얼마나 이루어지고 있는지 혹은 일본의 젊은 연구자들 사이에서 연구가 어떻게 되어가고 있는지 제가 묻고 싶을 정도입니다.

조선총독부의 중추원에서 여러 가지 형태로 보고서가 나왔고 대개 그 중심이 된 인물이 무라야마 지준이었습니다. 그는 조선의 귀신이라든가, 조선의 풍수 등에 대해 조사했고 이러한 것들이 책으로 출간되었지요. 저는 이 책들을 서울의 고서점에서 구입을 했습니다. 일본에서도 복각판이 나오기는 했지만 워낙 책값이 비싸기도 하고……. 또 몇 년 전에 최길성 씨가 한국에서 한국의 젊은이들을 위해 번역본을 내기도 했지요. 단, 무라야마 지준은 어떠한 사람이고 어떠한 연구를 했는가 하는 문제를 포함해서 일본 쪽에서는 거의 연구가 되어 있지 않습니다. 1945년 조선총독부가 없어졌지요. 그러나 그 이후 조선총독부의 연구를 계승한 기관이 일본에는 없습니다. 오히려 은행 쪽에서는 조선은행의 자료가 일본의 모 은행 창고에 보관되어 있다든지 하는 얘기는 들었습니다. 조선총독부의 중추원 자료가 어떻게 되었는지, 물론 경성제대에 있던 것은 서울대에 이관되었고, 그리고 국립도서관에 있던 것은 현재 한국의 국립도서관에 보관되어 있습니다. 일본에 돌아온 것도 있고 또 손실된 것도 있고요. 조선총독부 중추원에서 실시한 조사 당시 무라야마 지준이 작성한 원 보고서 같은 것들이 어떻게 되었는지는 전혀 알 길이 없습니다. 아마도 소실되었거나 혹은 어디엔가 있어도 아무도 모르겠지요. 그리고 일본에서는 조선총독부가 실시한 이러한 연구 활동에 대해 전혀 혹은 거의 연구가 되고 있지 않은 상황이라 할 수 있습니다. 굳이 이야기를 한다면 게이오대학(慶應大學)의 노무라 신이치 씨가 무라야마 지준에 관한 연구를 했고 아마 어디선가 발표도 했었지요? 또 이마무라 도모에 관해서는 제가 한 것 정도 이외에 본격적인 후속 연구가 없는 걸로 알고 있습니다. 원래 이마무라 도모는 학자라기보다는 아마추어였고 게다가 경찰관이었으니까요. 학자들 사이에서는 제대로 평가를 받지 못했습니다. 소민쇼라이(蘇民將來; 일본 신화에서 역병을 물리쳐 준다고 하는 신, 혹은 재앙을 회피하기 위해 쓰이는 부적—편집자 주)도 그의 에세이 같은 저서에 간단하게만 소개되어 있습니다. 또 사실 아무도 거기에 대해서 학문적 보고서 내지 제대로 된 연구 성과로 보지 않았고 또 연구도 이루어지지 않은 게 현실입니다. 연구의 방법면에서 이야기하자면 이마무라 도모도 그렇고 무라야마 지준도 그렇고 어디까지나 위로부터의 조사, 즉 앙케이트 조사서를 만들어서 그것을 가지고 조사를 하는 그런 식이었지요. 마을 현장 안으로 파고들어 거기서 직접 보거나 듣거나 묻는 것이 아니라 전부 앙케이트로, 어떤 마을 굿이 열리는지, 굿의 내용은 무엇인지, 누가 하는지……. 전부 그런 식이었으니까요. 또 분명한 것은 그러한 질문들에 솔직한 답변을 했는지가 대단히 의심스럽다는 것입니다. 경찰이라고 하는 것은 단속을 하는 입장이니까요. 마을 굿의 경비를 누가 대는지 같은 것을 사실대로 이야기하면 마을에 안 좋을 수도 있고. 누가 돈을 댔는지 누가 관계하고 있는지 등에 관한 질문에 마을 주민들이 얼마나 솔직한 대답을 했겠느냐 하는 것입니다. 또 당연히 이들 조사자와 피조사자 간에는 한국어를 할 수 있는 인물이 중간 매개 역할을 하지 않으면 안되었죠. 무라야마 지준이나, 이마무라 도모, 아키바 다카시 등은 한국어를 잘 못했지요. 이마무라 지준은 조금은 할 줄 알았던 것 같고, 이마무라 도모나 아키바 다카시는 못한 것 같습니다. 따라서 당연히 조사는 전부 한국어가 가능한 조수가 채록을 했겠지요. 따라서 조사 보고서를 100퍼센트 그대로 자료로 쓰는 것은 꽤나 위험한 일이라는 것입니다. 특히 북한의 경우 한국과는 달리 추가 조사가 불가능하니까요. 한국의 경우에는 예를 들어 아키바 다카시의 단오제에 관한 연구가 어느 정도 신빙성이 있는 것인지 추가 조사가 가능하지만 북한은 이게 불가능한 상황이라는 것입니다. 그러나 바꾸어 말하면 북한의 민속 조사에 관해서는 총독부가 행한, 무라야마 지준 같은 사람들이 쓴 보고서 말고는 없다고도 말할 수 있지 않을까요. 아까 말한 이마무라 도모의 소민쇼라이 역시 현재 평안남도에 들어가서 추가 조사를 해서 그의 조사를 증명할 방도가 없죠. 평안남도에 건너가서 소민쇼라이에 대해 연구하고 싶으니 보내달라고 하면 아마 …… <웃음>. 저는 두 번 정도 북한에 건너간 적이 있고 세 번째는 입국을 거부당해서 가고 싶어도 갈 수가 없었습니다.

무라카미 : 조선총독부의 정책 방침으로서의 내선일체론을 민속 조사활동이 지향했는가 하는 문제에 대해서는 어떻게 생각하십니까?

가와무라 : 조사는……만주나 대만에서도 중간조사가 실시되었습니다. 물론 이러한 조사들은 총독부 정책에 이용하기 위한 것이었겠으나, 그러나 기본적으로는 현재 어떠한 관습이 있고, 어떠한 미신이 있으며, 어떠한 신교를 신봉하고 있느냐 하는 현실 있는 그대로를 조사한다, 우선은 거기서부터 시작한 것은 틀림없는 일입니다. 사람들을 어떻게 이끌어 갈 것인지 하는 단계에까지는 가지 못했다는 것입니다. 지금 있는 것을 현지 조사한다, 라는 방침이었던 것은 틀림없습니다. 그러나 원래 무라야마 지준이라는 사람이 불교계 사람으로 모 종파의 사람이었으니까 그러한 사람이 이른바 미신을 조사할 때에는 그야말로 미신, 혹은 유사종교

라는 관념 하에, 이른바 민간신앙으로서 백퍼센트 현실 조사는 하지 못했을 것입니다. 그의 조사 어디에선가는 '이런 미신을……' 이라고 하는 시선이 그 안에 있었다는 것이지요. 이러한 것들을 포함한 필터를 통해 그들이 남긴 조사 자료를 읽지 않으면 안 된다는 것입니다. 어쨌든 이 자료들이 일본에 있어서나 한국에 있어 사용하기 힘든 자료라는 점은 틀림없는 것 같습니다.

사회자 : 마쓰모토 선생님에게도 잠시 이야기를 청해 듣고 싶습니다만, 마쓰모토 선생님은 이 문제에 대해 어떻게 보고 계십니까?

마쓰모토 : 질의서에 있는 용어 얘기부터 하고 싶습니다. 1945년 이전의 일본인 연구자들의 신분에는 총독부 촉탁 신분의 연구자와 경성제대 교수였던 사람, 또 시부자와 게이조(澁澤敬三) 등은 남해안 지역의 조사를 실시했습니다만 그들은 총독부로부터 촉탁을 받지 않은 인물이었지요. 총독부의 허가를 받았는지 어땠는지에 관해서는 모르겠습니다만. 촉탁뿐만이 아니라 여러 계층의 사람들이 연구를 했다는 것을 우선은 말해 두고 싶습니다. 총독부로부터 급료를 받지 않았던 사람들이 총독부를 위해 자료를 제출했는지에 관해서는 모르겠지만요. 제가 쓴 짧은 글 중에 이러한 흐름에 대해 죽 살펴본 것이 있습니다. 즉 문헌 목록에 관한 것입니다. 질문 6번에 해당하는 얘기가 되겠습니다만. 전전(戰前)부터 일본인이 쓴 한국 민속 관계 문헌 목록을 모은 것인데 우선은 1980년대까지의 문헌 자료를 목록으로 만들었습니다. 이 목록의 상당 부분은 비교민속학회 몇 호에선가 「친족연구문헌목록」이라는 형태로 실려 있습니다. 그리고 2003년도에는 2000년까지의 새로운 자료를 찾아 낸 것이 아마 2천 수 백 건에 이릅니다. 저 자신도 2002년도에 일한문화교류기금으로부터 일본

에 있는 한국 연구자들의 디렉터리를 만들어 달라는 의뢰를 받았습니다. 거기에 이름이 실려 있는 사람 전부를 조사한다든지, 한국 조선문화연구회 멤버들의 업적 리스트를 작성하는 일을 했습니다. 한국학술진흥재단의 돈을 받아 전남대의 최혁 선생을 대표로 하는 연구에서 앞의 목록을 만들었으니까 그 후속 목록을 만들어 달라는 의뢰를 받아 목록을 작성해서 2000년도에 원고를 이미 넘겼습니다만. 아직 인쇄는 안됐습니다. 지금은 어떤 상태인지 최 선생님이 2천 건을 넘는 자료를 모아 놓고 계신지도 모르고요.

사회자 : 2천 수백 점이라니 대단한 성과네요. 일본인 연구자들 중 대표적인 연구자들, 즉 이마무라 도모, 그리고 무라야마 지준, 아키바 다카시, 아유가이 후사노신 등이 여러 가지 조사에 관계했습니다만, 그들의 조선 민속을 바라보는 관점이랄까요 그런 것들이 조금씩 달랐을 것입니다. 제 개인적인 인상으로는 예를들어 이마무라 도모 같은 경우는, 말하자면 일본에 민속학이라는 게 없던 시절이라, 1908년도 그 무렵이었죠. 야나기다 구니오가 도오노모노가타리(遠野物語; 야나기다 구니오가 펴낸 일본 설화집. 일본 민속학의 시작을 알리는 기념비적 저작—편집자 주)를 낸 것이 1912년도였으니까, 야나기다 구니오조차 그런 상태였으니까요. 모두가 더듬더듬 방향을 모색하고 있던 시대였으니 조사 방침이랄까 그런 것들이 확립되어 있지 않았던 시대였지요. 그런 것을 지금의 시점에서 이것은 틀렸다든지, 혹은 이런 방식은 틀렸다든지 하는 평가를 내리는 것은 무리가 있다고 봅니다. 그러나 단지 가와무라 선생님도 말씀하셨듯이 소민 쇼라이 등이 지금 남아 있다면 지금의 연구자들에게도 매우 커다란 임펙트를 끼쳤을 것이고 ……, 아키바 다카시도 그것을 읽고 ……. 어쨌든

조선총독부가 행한 혹은 식민지 시대 시행한 민속 조사에 대해 한마디로 평가한다는 것은 어려운 일이라 생각합니다. 게다가 마쓰모토 선생님께서도 말씀하신대로 2000년도까지 2천 수백 점의 연구문헌 목록이 추가되고 있고 ……. 또 예를 들어 요전에 최길성 선생님께서 서울대에서 소장하고 있는 아키바 다카시의 조선 관련 사진자료들을 보여주신 적이 있는데, 그러한 자료들은 이제까지 거의 아무도 본 적이 없는 것이지요. 이러한 상황이니 식민지 시기 민속학적 연구 성과는 어떠한 것이었는지를 평가는 일은 이제부터라고 생각합니다.

가와무라 : 노무라 신이치 씨의 홈페이지에 무라야마 지준이 찍은 사진이 공개되어 있지요. 그것은 무라야마의 유족들로부터 빌려 온 것인데 식민지 시기 찍은 여러 사진 자료들입니다. 그걸 보면 아, 당시 마을 굿이 이런 것이었구나 생각하게 되죠. 이런 것들을 포함해서 당시에 대한 평가는 지금부터라고 할 수 있습니다. 아키바 다카시의 경우는 그러한 자료들을 일본에 가지고 돌아오지 못했기 때문에 그게 서울대에 남아 있는 것이지요. 반면에 무라야마 지준은 가지고 왔기 때문에 자료들이 일본에 남아 있는 것이구요. 또 그러한 자료들이 현재 여기저기 흩어져 있는데, 그런 것들이 한 군데에 정리된 상태로 보관되어 있다면 연구하기가 수월하겠지요. 그런 문제가 있고 또 이건 일본의 출판사정 문제이긴 하겠지만 이마무라 도모의 연구물 중에서 좋은 것만을 추려 낸다든지 아니면 아키바 다카시의 논문집을 출간한다든지 하면 좋을 텐데 좀처럼 그러한 작업이 이루어지지 않고 있는 상황입니다. 그야말로 연구의 계승이란 측면에서 문제가 있는 것이지요.

질문 2. 일제강점기 조선총독부와 일본인 연구자들의 조선 민속 연구 성과에 관한 일본 학계의 평가는 어떠한가? 그리고 그러한 연구 성과가 일본 민속학계 내에서 어떠한 위치를 차지하고 있으며 어떠한 의의를 가지고 있는가?

사회자 : 읽으면 꽤 재미있는 것들이 있는데 좀처럼 그러한 자료에 접근하기 힘든 것이 현 실정인 것 같습니다. 그러면 두 번째 질문으로 넘어가겠습니다. 일제강점기 조선총독부와 일본인 연구자들의 조선 민속 연구에 관한 일본 학계의 평가는 어떠한가? 그리고 그러한 연구가 일본 민속학계에서 어떠한 위치를 차지하고 있으며 어떠한 의의를 가지고 있는가? 에 관한 질문입니다. 앞의 이야기와 중복되는 부분이 있습니다만 의견이 있으시면 …….

가와무라 : 그에 관해서는 사회자께서 더 잘 아시지 않습니까?

사회자 : 전혀 그렇지 않습니다만. 어쨌든 제 생각으로는 이건 전혀 다른 이야기이긴 합니다만. 조선총독부가 실시한 가장 기본적인 사업 중에 고적조사가 있지 않습니까? 이것은 구로이타 가쓰미(黑板勝美) 주도하에 실시되었죠. 이는 조선의 역사를 만드는 과정에 여러 연구자들이 관여한 것입니다만, 분명히 거기에는 지배자의 고적조사, 역사 조사의 성격이 있습니다. 그렇지만 예를 들어 구로이타의 학문 계통을 보면 그는 해외에서 공부한 사람입니다. 당시는 전 세계가 식민지 전성기였지요. 그러한 시대 조류에서 식민지 지배하에 있는 국가의 역사를 어떻게 보존하고 기록할 것인지에 대해 그 자신 많은 생각을 한 것 같습니다. 그러나 그것은 물론 지배자로서의 식민지 역사의 보존이었지요. 또 당시에는 박물관이 많이 지어지던 시기였으므로 박물관을 만들어 자료들을 보존한다든지 또 박물관에 문화재를 전시한다든지

하는 사업의 의미를 생각해 보면 그것이 정말 한국 문화에 도움을 준 일인가, 오히려 일본 측의 대외 과시용에 불과한 것이 아니었는가 라는 평가도 있을 수 있습니다. 그러나 당시 발굴 조사라는 것은 무엇보다 현지보존주의였지요. 가장 최신의 방법을 써서 했을 것입니다. 또 일본 고고학자들에게 있어 식민지 조선은 대단히 흥미로운 지역이었을 것입니다. 당시 일본에서는 황실의 왕릉은 파 볼 수가 없는 것이었는데 반해 조선 왕릉의 발굴 조사가 비교적 자유로웠다는 것입니다. 말하자면 일본에서 팔 수 없는 것을 한국에서는 파 낼 수가 있었다는 것이죠. 제 개인적으로는 도자기에 대해 많이 알고 있고 또 관심이 많습니다만 계룡산의 도자기. 지금은 꽤 가치가 높은 양식으로 평가받고 있습니다만, 왜 이곳이 일본의 발굴 조사 대상에 포함되었느냐 하는 것입니다. 당시에는 수많은 고적조사가 이루어졌는데 (도자기에 관해서는) 이곳 딱 한군데 밖에 없습니다. 그 사정을 보면 이렇습니다. 당시에는 도굴이 극성이었지요. 한국인의 이러한 도굴을 일본 관헌이 극력 방지하여 이것을 조사하고 올바로 기록한다. 어쨌든 당시의 조사는 조사로서는 정말 귀중한 작업이었습니다. 단지 조사 기간이 너무 짧았고 놓친 부분도 상당히 많습니다만. 오늘날 한국 연구자들이 당시의 조사를 인용할 때-인용되는 경우는 매우 드물지만 말입니다- 오늘날의 관점으로 '여기가 틀린 거 아니냐', '이런 조사 방식은 너무 거친 게 아니냐' 라는 식의 평가를 내립니다. 하지만 당시로서는 최신의 연구 방법을 동원한 것이고 학자들로서는 고고학의 양식에 입각하여 조사를 실시한 것이라는 것입니다. 따라서 실제 현장에서 조사를 행한 사람과 지배체제와의 사이에는 상당히 복잡한 사정들이 얽히고설켜있어 한 마디로 결론을 끌어내기 어렵지 않느냐 하는 것입니다. 이러한 사정은 민속조사에 있어서도 마찬가지 아닐까 하는 생각입니다만, 어떻게 생각하시는지요?

가와무라 : 그러니까 예를 들어 무라야마 지준의 경우에도 한국 쪽에서 좀 더 빠른 시기에 추가 조사를 실시해서 이것은 여기가 틀렸다든지, 여기는 아니라든지 하는 것을 밝혀냈더라면 좋았을 것을, 지금부터 하는 건 좀 …… 어려울지도 모르겠군요.

사회자 : 아직 할 수 있는 부분이 남아 있을 것입니다. 나카오 가쓰미(中生勝美) 씨가 펴낸 책, 최길성 선생의 글도 실려 있습니다만 『식민지 인류학의 전망』이라는 책도 굉장히 훌륭한 저서라고 생각합니다. 여기서 최길성씨도 말하고 있습니다만, 식민지 시대에 실시된 조사가, 한국에서 일제히 거행된 아 그게 1960년대던가요? “민속 종합 조사” …….

최인학 : 한국민속종합조사말입니까? 72년, 73년이었지요.

사회자 : 그 조사 때에도 식민지 시기 일본인들에 의해 이루어진 조사가 굉장히 도움이 되었다고 말하고 있지요. 그런 부분은 어쩔 수 없는 거 아닌가요? 예를 들어 우리가 지금 조사를 할 때도 ‘할아버지, 전에 이러이러한 얘기가 있지 않았습니까? 혹은 이런 마을 축제가 있지 않았나요?’ 하는 식으로 전에 있었던 연구물들을 가지고 접근을 하니까요. 그런 면에서는 꽤 이용이 되지 않았을까요. 최인학 선생님 어떠신가요?

최인학 : 당시 조사에 저도 참가를 했습니다만, 그것은 전후 실시한 최초의 본격적인 민속조사였지요. 그 때 총독부가 실시한 민속 조사가 꽤 도움이 되었습니다. 그러나 조사의 연결성은 없었습니다. 전전과 전후 민속에 있어서 말이죠. 어디까지나 새로운 시스템과 새로운 연구 주제를 가지고 실시한 것이니까요. 그런 문제가 있습니다.

사회자 : 한국민속종합조사와 같은 것은 일본에서는 할 수 없는 굉장한 조사였습니다. 그 조사에는 최길성 씨라든지 조동일 선생 등도 참가한 걸로 알고 있습니다만, 어쨌든 이때 총독부 시절의 자료가 참고는 되었을 것으로 봅니다.

가와무라 : 단순 참고는 했을 것입니다. 그러나 이것을 머릿속에서 제대로 총괄하고 정리해서 이러한 방식은 안 되고 이런 식으로 하면 좋을 것 같다는 식은 아니었지요. 어디까지나 기존 총독부의 조사가 참고용으로만 쓰이고 조사 자체는 완전히 새로운 조사였다고 할 수 있지 않을까요?

사회 : 그렇군요. 좀처럼 선행 연구의 계승이랄까 연결성은 말하기 어렵군요.

마쓰모토 : 국립민속박물관에서 조선의 부락제 …… 조선총독부에서도 조선의 부락제에 관한 조사를 실시했습니다만…그러니까 마을 대동제에 관한 조사를 실시한 적이 있습니다. 최길성 씨 등이 기획을 하시고 ……. 역시 이런 일에는 최길성 선생의 이름이 나오는 군요 ……. 그때 전국 각 지역을 망라해서 조사서를 내려 보냈는데, 그때는 주로 학교 선생님들에게 많은 협조를 구했다고 합니다. 이때 조사 자료를 전부 집성해서 자료를 인쇄해서 이용할 수도 있게 되어 있습니다. 저도 그걸 전부 보았습니다만, 그것을 소화해 내는 것도 좀처럼 녹녹한 일이 아니었습니다. 국립민속박물관에서 그것을 분석해서 연구 성과를 보고한다는 얘기를 4, 5년 전에 들었습니다만, 아직 성과는 안 나온 모양입니다. 그것을 보면 조선의 부락제와 한국의 부락제 사이의 변화가 보일 것이고 또 조사 지점이 동일하다면 총독부의 무라야마 지준의 연구가 어떠한 것이었는지 거꾸로 증명할 수도 있겠지만, 아직 성과가 나오지 않은 것 같습니다.

사회자 : 일본민속학회의 연구자들이 참고하거나 이용했는가, 혹은 응용한 면은 있을까요?

우치다 : 한국어를 아는 사람이 적지 않을까요? (일동 웃음)

사회자 : 역시 한국의 연구자들이 일본에 대한 이해가 깊네요. 일본 쪽 연구자들의 한국 이해는 좀 부족하지 않은가 라고 말할 수 있을 것 같습니다.

질문 3. 조선 총독부는 내선일체 황국신민화를 유도하기 위해 한국 민속 문화에 관한 어떠한 정책을 시도하였는가? 풍속 교정, 미신 타파, 神社 정책 등.

사회자 : 세 번째 질문입니다만, 조선 총독부는 내선일체 황국민화 정책을 달성하기 위해 특히 한국 민속 문화와 관련해서 어떠한 정책을 시도하였는가? 풍속 교정, 미신 타파, 神社 정책 등등에 관한 의견을 듣고 싶습니다.

가와무라 : 조선신궁의 제신으로 스사노(일본 천황가의 황조신(皇祖神)이자 태양신인 아마테라스오미카미(天祖大神)의 남동생인데 천상계를 어지럽히고 포악을 저지르자 지상계로 추방되었다—편집자 주)를 세우려 한 것은 스사노가 도래인이라는 것을 인정한 것입니다. 또 다른 측면에서는 거꾸로 스사노가 조선을 지배했고 그런 스사노가 다시 조선에 돌아와 조선신궁의 제신이 될 뻔 했다는 것이죠. 이것은 일본의 신이 종교적인 측면에서도 조선을 지배하게 되는 것입니다. 이토오 히로부미(伊藤博文)의 경우 과연 이것은 너무나도 조선인의 마음을 거스르는 것이었죠. 그래도 어쨌든 (이토오 히로부미를 신격화하는) 하쿠분지(博文寺)인지는 세워지지 않았습니까? 그것은 내선일체가 아니라 그 반대였지요. 오히려 조선민중의 반발을 사는 게 당연했지요. 스

사노라든지 아마테라스오미카미 또는 히로부미를 신으로 만들어 조선인에게 숭배를 강요했다는 것은요…….

사회자 : 조선신궁은 남산에 있었지요? 마쓰모토 선생님은 어떠신지요?

마쓰모토 : 일본의 신사는 도리이(鳥居)가 있고, 시메나와(注連縄)가 있고 또 신이 머무는 신목(神木), 바위라든가 또 건물이 있지요. 한국에도 신사신앙과 비슷한 요소가 있지요. 금줄이 있고 또 형태는 다르지만 도리이와 같은 것이 있고 신이 머무는 바위나 나무가 있고 ……. 또 그 앞에 음식물을 바치고 기도를 올린다든지 하는 것이죠. 이것이 일본에서는 하나의 세트가 되어 조선에 들어왔던 것이죠. 단지 일본의 신사를 가지고 들어온 사람들이 조선에도 옛날부터 이러한 요소가 있었다는 것을 알고 있었는지 어땠는지에 관해서는 잘 모르겠습니다만.

가와무라 : 아마 몰랐을 것입니다.

히구치 : 글쎄요 역시 민속 조사를 실시한 사람과 그것을 가지고 들어온 사람과는 분명 차이가 있는 것이죠. 조선이나 오키나와에 적극적으로 신사를 짓기는 했습니다. 그리고 또 한 가지 생각나는 것은 내선일체나 황국민화라고 하는 것은 역시 마지막 단계에서 폭발적으로 일어난 움직임이라 그것이 역시 긴 스판 속에서 느슨해지거나 아니면 긴박해지거나 한 것이 아니고, 또 처음부터 일본이 조선총독부를 만들어 내선일체를 도모하려고 한 것은 아니었다는 식의 여러 다양한 의견도 있습니다. 가장 무서운 시기는 아무래도 1934년·43년 그 무렵이었으니까요. 아무래도 일관해서 어떠했는지를 보는 것도 중요하겠지만 어느 시점에 어떠한 일이 있었는지를 좀 더 잘게 잘라서 분석할 필요가 있는 것 같습니다.

우치다 : 저는 문외한입니다만, 괜찮다면 질문을 좀 ……. 야나기다 구니오가 전후에 한 발언이 잡지 『전망』에 실려 있습니다만, 야나기다의 발언의 요지는 "나는 전향은 하지 않았다. 전전과 전후 모두 일관했다." 구속이나 추방을 당한 사람들에 대해서 학회 등에서 찬성을 표한 사람들이 있지요. 그들을 가리켜 야나기다 구니오는 그들은 몇 년 사이에 완전히 다른 태도를 취했다"고 잡지 『전망』에서 비판하고 있습니다. 그러니까 잡지 제3호던가요? 거기에 쓴 논문에서는 비교민속학에 대해 부정적인 태도를 취하고 있는데, 보기에 따라서는 이때 황민화 정책이 절정에 달하던 것을 보고, "이건 아니다. 이때야말로 내선일체론보다는 오히려 한일 문화가 다르다는 것을 이야기해 두어야 한다"라고 그 자신 생각한 것이 아닌가라고 볼 수도 있습니다. 즉, 이것이 황민화정책에 대한 비판을 취하지 않는 것은 아니지만 결국 이것은 일본 문화의 고유성을 강조하는 것이 되는 것이죠. 이와 같이 전시중에 야나기다 구니오의 미묘한 입장 변화가 있었던 게 아닌가 라는 생각이 듭니다. 좀 전 히구치 씨의 발언과 관련해서 1910년 직전에 「비교론」을 썼던 야나기다가 1940년대에 왜 갑자기 태도를 바꾸는 것인가? 이것은 한국에 대한 일본 정부의 사정이 악화되는 것을 목격하고 난 후의 어떠한 판단이 작용한 게 아니냐 하는 것입니다만, 어떻게 생각하시는지요?

가와무라 : 야나기다에 대한 비판론은 야나기다가 조선의 농무성에 들어가 조선의 토지 조사에 관여한 것과 관련 있습니다. 토지조사라는 것은 국가의 돈으로 먹고 사는 입장이고 ……. 분명히 그러한 일에 종사를 한 적이 있습니다. 그것은 국가 관리로서의 일이고 민속학자로의 길과는 또 다른 것이었지요. 그런 의미에서 야나기다 구니오는 조선총독부의 정책, 혹은 일본제국주의

의 정책에 협력적인 입장이지 비판적인 입장은 아니었다고 할 수 있습니다. 따라서 내선일체의 신앙에 관해 그가 반대를 하는 의견을 발표했다는 것은 우선 가능성으로 보아서는 없었을 것입니다. 또 비교민속학이라는 것은 …… 야나기다 구니오에 있어 최대의 관심은 일본민속학을 건설하는 것이었으니까 전전이나 전후에 이것에는 변함이 없다고 말할 수도 있겠지요.

히구치 : 야나기다는 일관되게 조직의 인간이었지요. 조직의 정점에 서서 ……. 그리고 제 개인적으로 화가 나는 것은, 예를 들어 한국 조사에 야나기 무네요시(柳宗悅)가 참여를 하게 되지요. 그러면 지금의 우리들로서는 도저히 할 수 없는 일들을 그들은 하는 겁니다. 그런 것은 경찰이라든지, 차량, 군대가 참여하지 않으면 절대 이루어질 수 없는 일이지요. 돈을 쓰거나 권력을 이용하거나 ……. 물론 야나기는 이데올로기적인 측면에서는 제국주의에 비판적인 인물입니다. 그러한 사람들의 사상과 행동이 일치하지 않는다는 얘깁니다. 야나기다 구니오의 경우에도 이건 미야모토 씨와 같이 농촌 조사를 하던 때의 일입니다만, 한 농민의 취재를 마치고 나서 "미야모토 군 지금 그 치는 너무 더럽지 않았나?"라고 했다는 겁니다. (웃음) 그 말을 듣고 미야모토가 너무 황당했다는 얘기가 있습니다만. 아까는 얘기를 지나쳤습니다만, 식민지 시대는 35년간 지속되었지요. 이 기간 동안 예를 들어 최남선 같은 인물은 마지막에는 친일을 하게 되지만, 처음에는 일관되게 조선의 아이덴티티에 집착하지요. 그러한 사람이 변해간다. 혹은 아키바 다카시의 경우에도 결국 전쟁의 마지막 단계에서 제자들을 전장으로 내몰게 됩니다. 그러한 것들을 지금의 척도로 보면, 저자는 뭔데 친일을 한 거야라고 쉽게 말하지만 그 당시가 되어 그 현장을 살아보지 않으면 비록 연구자에 관한 것

이라도 거기까지 생각하지 않으면 좀 참담한 일이 되지 않을까 하는 생각입니다.

질문 4. 일제 강점기 "조선 총독부의 식민지 문화정책" 연구에 관한 학계의 관심도와 연구 동향은 어떠한가? 현 단계 연구 성과물들이 어느 정도 집적되어 있는가?

사회자 : 4번 질문에 관해서입니다. 어떻게 생각하십니까?

가와무라 : 꽤 되어 있습니다. 나도 10년 전에 편집위원으로 참가해서 이와나미쇼텐(岩波書店)에서 식민지문화에 관한 시리즈(총8권)를 간행했는데, 정치, 경제, 사회자, 문화 전반에 걸친 내용으로 나는 문화를 담당했습니다. 그 이후 개별적인 장르에 관해서 상당히 진전이 있었습니다. 한국인 또는 한국에서 온 유학생에 의한 식민지시대 조선의 미술전, 전람회, 박람회에 관한 연구서도 1권 나왔습니다.

마쓰모토 : 2000년 이후의 연구는 온라인으로 검색해서 이런 연구가 나와 있구나 하는 정도로 알고 있습니다. 우에노 히로코 씨가 작년에 전전(戰前)의 대만에 관한 연구와 또 최근 식민지시대 연구에 관한 시점에 대하여 동경대학교 아시아문화연구소의 연구정례회에서 발표한 것이 있는데, 오늘 테마에 적합할 것 같아서 본인에게 양해를 구하지 않고 복사해왔습니다. 나중에 읽어보시기 바랍니다.

사회자: 일본 국내 식민지문화정책에 관한 연구동향을 정리해서 나중에 최인학 선생님께 보내주시면 어떨까요?

마쓰모토 : 한국학술진흥재단에 보고가 되어있다면 한국에서 이미 이용할 수 있을 겁니다. 문헌목록을 일본어, 한국어, 영어로 만들었습니다.

사회자 : 식민지총독부시대에 식민지정책에 관한 연구는 1990년대 식민지문화, 식민지인류학, 식민지민속학 등 선생님의 작업도 포함해서 계속 나왔습니다. 이들 연구는 한국과 대만, 동남아시아에서 일본의 식민지정책에 어떤 문화정책이 수반되었었는지에 관한 것이었습니다. 그리고 전 세계적 관점에서 식민지시대가 무엇이었는가, 식민지정책 안에 문화정책은 어떤 것이었는가, 라는 것을 재검토하고 인류학은 어떤 역할을 했는가 하는 내용이었습니다.

따라서 한국만을 대상으로 하는 연구는 그다지 많지 않습니다. 오히려 1990년대에 이론적인 검토가 이루어졌다고 할 수 있습니다.

그리고 자료 발굴, 즉 식민지조선에 있어서 일본문학, 일본인이 쓴 문학, 한국인이 일본어로 쓴 것, 대만어로 쓴 것에 관한 연구가 1990년대에 많이 나왔습니다.

옛날에는 자료를 구하러 돌아다니거나 비싼 돈으로 겨우 한권씩 구입했던 것들이 지금은 전집으로 나와 있습니다. 그래서 요즘 젊은이들은 편해졌지요. 국민문학이라든가. 그런데, 일본에서의 연구가 한국에는 별로 소개되어있지 않습니다. 그래서 이러한 교류를 통해서 지금 일본에서는 이러한 연구가 되어있다는 것을 정보로써 알려줄 수 있으면 좋겠습니다.

질문 5. 위의 연구 성과물들이 존재한다면 그 연구 성과물을 본 연구소의 성과물들과 상호 공개 공유할 수 있는 방안을 마련하고 싶다. 그에 대한 의견은?

사회자 : 5번 째 질문은, 앞으로 상기의 일본측 연구성과와 본 연구소의 연구성과를 상호교환 및 공유하고 싶은데, 의견은? 그 방안에 관한 의견을 나누고 싶다는 것입니다.

이미 마쓰모토 선생님이 말씀하셨듯이 지금 한국과 일본에서 연구되어 있는 것을 일방적으로 데이터화해서 달라고 하시면 그 작업만 해도 굉장히 힘든 작업이라 …….

가와무라 : 일본에서 그 작업토대를 다 만드는 것은 무리입니다. 개별 장르를 연구하는 연구자는 있지만, 그러한 토대를 만들어주는 연구회나 학회는 별로 없는 것 같습니다.

사회자: 그것을 해주는 사람이 바로 최길성 씨입니다.

가와무라 : 하지만 최길성 씨는 학회가 아니니까.

사회자: 하지만 비교민속학회 등을 통해서 가능한 협력해드릴 생각은 있습니다. 개인적 입장에서는 좀 힘들겠습니다.

질문 6. 본 연구소에서는 1945년 이전 일본 잡지 자료에 실린 한국 민속 관련 자료를 수집하고 있다. 이 시기 간행된 잡지들의 목록과 거기에 실린 기사 색인 등의 정보가 어느 정도 데이터베이스화 되어 있는가? 되어 있다면 검색 및 열람시스템은 어떻게 이루어지고 있는지? 그러한 자료를 한국에서 이용할 수 있는 방법이 있는가?

사회자 : 6번 질문은 본 연구소(동양학연구소)에서는 1945년 이전의 일본잡지에 게재되었던 한국민속 관련 자료를 모으고 있습니다. 이 시기에 발행된 잡지의 목록이나 기사 색인에 관한 정보가 어느 정도 데이터베이스화되어 있는지? 되어있다고 한다면 그 검색 및 열람시스템이 어떠한 형태로 되어 있는가? 그 자료를 한국에서 이용할 방법이 있는가? 하는 것입니다.

마쓰모토 : 데이터베이스화는 한국이 더 발전되어 있습니다. 문헌목록 자체는 옛날에 다케다 선생님이 편집하신 일본민속학회에서 발행된 잡지를 목록화한 것. 홍문당(弘文堂)에서 나온 두

권에 1945년 이전의 것은 거의 망라되었습니다만, 채록(採錄)되어 있지 않는 잡지가 발견될 가능성은 있습니다. 누락된 것을 발견해서 보충하는 형태가 될 것입니다.

전경수씨의 『한국인류학 백년』도 거의 반이 문헌목록인데, 내가 편집한 문헌목록도 거의 들어가 있으며 누락된 것도 상당히 보충되어 있습니다.

최인학 : 일본에서 총망라 정리된 것은 없습니까? 있다면 참고했으면 합니다.

마쓰모토 : 단지 민속학으로 제한해서 한 것은 없지만, 국립국회도서관이나 다른 기관에서도 온라인으로 검색이 가능해졌으므로, 키워드로 각각 검색해보는 것이 좋을 것 같습니다.

질문 7. 한국 구비문학과 일본 구비문학의 비교연구(일제 강점기 동안 수행된 것이나 강점기 자료를 대상으로 이루어진 연구) 동향과 그 성과에 대해 알고 싶다.

사회자 : 7번 질문은 한국구승문학과 일본구승문화의 비교연구—식민지 시기에 행해진 연구 및 식민지 시기를 대상으로 한 연구—의 동향 및 그 성과를 알고 싶다는 것입니다만, 이 질문에 관해서는 최인학 선생님께서 가장 잘 알고 계실 것 같습니다.

질문 8. 한국 민간 신앙에 대한 일본 연구자들의 시각과 연구 방법론에 대해 알고 싶다.

사회자 : 8번 질문은 이 시기의 한국민간신앙에 관한 당시 일본연구자들의 관점이나 연구방법에 관해 알고 싶다는 것입니다.

가와무라 : 이 시기에 의식적인 연구방법은 대표적으로는 아키바 다카시가 있고 그 외 무라야마 지준의 연구가 있는데, 아직

연구의 초창기였으므로 미신타파라든가 계몽적인 사고방식이 있었던 것은 사실입니다.

특히 무라야마 지준은 경찰관이었는데 당시 경찰관은 굉장히 다양한 일을 했습니다. 출입국관리부터 미신타파, 교육, 산불방지 등의 업무를 했었는데, 이런 미신은 안 된다는 기본적인 지도도 포함됩니다. 그는 불교관점에서 그 외 미신에 관해서는 안 된다는 것이었습니다.

사회자 : 일본에서도 그랬지만, 미신타파는 식민지정책으로만 행해진 것이 아니라 근대화 정책 안에서 이루어졌고, 일본 국내에서 어느 정도 시스템화 되어 관리되던 것이 한국에서는 제대로 조사되지 않은 채 그대로 실시되었던 것입니다.

가와무라 : 오히려 조선에서 일본 측의 불교, 기독교, 천리교 등이 어떤 형태로 행동하려고 했었는지. 단지 미신타파가 아니라 —당시 한국의 불교는 더 차원이 높았을 것으로 생각되지만—혼간지(本願寺)가 조선에서 어떤 식으로 하려고 했었는지 하는 것에도 흥미를 가지고 있으며, 그러한 목적이 최근에 조금씩 제기되고 있습니다. 혼간지가 북해도에서 했던 포교방식을 이번에는 조선에 가지고가서 그대로 시도했다든지 하는 점입니다.

단지 민간신앙 차원이 아니라 기독교나 불교의 조선 진출 문제도 동시에 연구해볼만 합니다.

마쓰모토 : 민속학자 이외에 법률학자들이 먼저 관련조사를 했지요. 명치유신이후 사법성(司法省)이 민법을 만들 때 일본 전국의 민사관련조사를 해서 책 2권을 완성했었는데, 그와 동일한 방법으로 조선반도에서도 민사에 관련된 것을 어떻게 해결했었는지 정리했습니다. 단, 명치유신이후 일본의 경우처럼 철저한 조사는 아니었지만, 상속의 경우에는 이러하다고 확정해버립니다. 이

후 그런 소송이 생겼을 때 그것을 기준으로 민사재판을 내립니다. 무라야마 지준의 조사는 그 후 훨씬 나중 일이므로 그들의 연구가 총독부의 법제 안에서 어느 정도 활성화되었는지 모르지만, 법제가 먼저 이루어진 것은 확실합니다.

3) 자유토론

최인학 : 무라야마 지준과 아키바 다카시가 한국의 무당에 관해서 조사했지만, 한국의 무당을 샤먼의 틀 안에 고정시키고, 무당을 샤먼의 틀 안에 가두어 버리려는 경향이 있었기 때문에 '한국의 무당은 문란하다, 전통적으로 문란하다고 했습니다. 그러나 최근 한국에서는 무당을 샤먼이라고 호칭하는 사람이 적어졌습니다. 종교적인 면에서는 샤머니즘의 범주 안에 들지만, 구체적으로 한국의 무당은 샤머니즘이 아니라고 합니다. 아키바 다카시와 무라야마 지준이 유럽에서 배운 사고방식을 한국에 도입해서 그대로 한국의 무당에 적용시키려는 경향이 있었기 때문에 왜곡되지 않았는가 하는 추측도 최근에는 제시되고 있습니다. 이런 한국의 의견에 대해서 어떻게 생각하십니까?

가와무라 : 누가 무당을 샤먼이라고 부르기 시작했는지 정말 알고 싶습니다. 무라야마 지준이 샤먼이라는 말을 사용하기는 했습니까?

최인학 : 샤머니즘을 광의에서 사용했는지 협의로 사용했는지, 광의로는 샤먼의 범주에 들어가겠지요.

가와무라 : 무당이 서양의 아카데미즘에서 말하는 샤먼에 해당한다고 누가 그랬을까요?

최인학 : 혹은 선교사들이 먼저 말한 것을 그대로 사용했을지 모른다는 점도 고려해볼 만합니다.

사회자 : 다양한 미션의 기독교가 들어와 있었습니다. 그 사람들이 포교활동을 펼치는 가운데 분류해서 이것은 샤머니즘, 이것은 애니미즘이라는 식으로 유럽의 범주를 적용했을 가능성도 있습니다.

최인학 : 이번에 우리들이 수집한 자료와 연구를 책으로 출판하고, 또 이 간담회의 내용도 한국학술진흥재단에 보고할 계획입니다. 그리고 내년에도 이러한 간담회가 좀 더 발전된 형태로 개최되었으면 좋겠습니다만, 어떠십니까?

연구소 소장 : 저는 기관의 대표자이므로 일단 제안은 받은 것으로 하고, 지금 당장 대답하기는 어렵습니다. 개인적으로는 훌륭한 연구회이므로 다양한 곳에서 다양한 기관과 같이 공동개최하는 것이 바람직하다고 생각합니다.

사회자 : 공동개최한 비교민속학회 일본지국장으로써 적극 협력해드리겠습니다. 단, 센슈대학교에 또 부탁할지, 어떤 주제로 할지는 모르겠습니다. 아마 다른 주제로 하게 되겠지요. 이번 간담회에 법학부나 다른 학부에서도 많은 관심을 보여주셨습니다. 아까도 말씀드렸습니다만, 역시 제일 먼저 조선반도에 법학자가 들어갔었고, 또 식민지문제는 민속학계의 문제에 국한되지 않으므로 법학이나 경제학의 선생님에게도 지도받을 것이 있다고 생각합니다. 그런 식으로 주제를 확대해나간다면 저도 자리를 마련하기 쉬울 것 같습니다.

판권
소유

개화기에서 일제강점기까지
한국 구비문학과 민간신앙의 지속과 변용

2007년 10월 20일 초판 인쇄
2007년 10월 25일 초판 발행

[값 18,000원]

엮 음 동양학연구소
발 행 단국대학교출판부
등 록 1968년 2월 27일 제03-00095호

경기도 용인시 수지구 죽전동 126번지
(전화 031-8005-2405 팩스 031-8005-24051)

편집 · 성두현 / 표지디자인 · 이어진

인 쇄 DNB

Published by Dankook University Press

Printed in Seoul, Korea

ISBN 978-89-7092-391-8 94810
ISBN 978-89-7092-374-1 (세트)